U0619020

引资购商

中国制造2025新思维

顾雏军◎著

人民东方出版传媒

东方出版社

自 序

本书是由我在人民日报社旗下《中国经济周刊》发表的文章拓展而来，第一篇的主要内容是论述中国制造 2025 需要新思维，本书提出的新思维就是用"引资购商"的战略替代已使用了 30 年的国策"招商引资"。本篇从招商引资的"没落"引入"引资购商"在未来中国经济转型升级中的作用和价值，阐述了"引资购商"的必要性、可行性和紧迫性；提出了"引资购商"对"一带一路"新国策形成了一定的战略互补性；也探讨了一些实现"引资购商"的方法，如建立"中国制造 2025 产业并购整合基金"，解释了这类基金的组建、运行和退出的机制及其特点；本篇的第七章指出了"引资购商"最迫切的需要是培训大量有国际竞争力的职业经理人和世界顶级企业家。本篇第七章还讲述了我收购科龙电器的故事，在我坐牢前，它是一个成功者的光环；我坐牢后，这个故事讲走了样，显然有必要把个中的真相完全讲清楚。本篇较为理论性和学究味，不耐烦的读者可以只读第一章《概论》和第七章《"引资购商"急需培训最纯洁职业经理人和世界顶级企业家》即可。

本书的第二篇实际上就是"引资购商"的一个例子，讲述的是采用"引资购商"进行全球商用车行业并购整合的战略战术，分析了全球商用车七雄形成的历史和原因，以及全球商用车七雄技术演化史、技术现状和环保壁垒。本篇也分析了全球商用车七雄的财务现状，以及它们是怎样成为投资者眼中的"金融鸡肋"的，并提出了整合全球商用车行业战略战术的一些我个人的思考。也许能供那些财大气粗到控制1000亿美元而又雄心勃勃的枭雄们引为参考。如果没有一个高明的并购及整合的战略战术，整合失败的风险很高，到时虽不至于血本无归，肯定会元气大伤；但是如果成功了，就是商界英雄，其并购整合的故事一定会写进全球最著名的MBA教科书，至少十数年中会受到大三大四的学生，甚至研究生的"顶礼膜拜"。在此我还借机告诫一下那些只有一两百亿美元资金的好事者，不要认为七雄只是七只正在打瞌睡的纸老虎而已，仅靠这点小钱就妄想整合全球商用车行业是不明智的，别看这十年全球商用车行业慵懒如一池静水，可是这点钱要把这池静水搅浑起来却不容易。君不见德国大众（Volkswagen）用约400亿美元将商用车七雄之二曼（MAN）和斯堪尼亚（Scania）收入囊中之后，也不敢贸然发力嘛！也许大众刚开始收购时也有整合全球商用车行业的雄心壮志，但是仍然不得不花六七年时间韬光养晦，就像姜太公那样在这池静水边耐心垂钓。不过真是时运不济，天有不测风云，大众环保丑闻竟由几位美国业余环保卫士揭发出来，很快臭满全球，现已是山雨欲来风满楼，不知财大气粗的大众汽车能否逃过这一劫。即使能死里逃生，也必将元气大伤，说不定会断臂求生，重新把曼和斯堪尼亚卖掉。若如此，则怀揣1000亿美元的枭雄们就有变成英雄的机会了。我这个曾经历过成王败寇过山车的退翁，有机会看后生们称雄世界或者搅得周天寒彻也是别有一番滋味在心头的。

拙著能与读者见面，首先要感谢我以前的同事兼部下胡晓辉、徐万平、张细汉先生为我提供一个安宁舒适的写作环境，当然也要感谢他们为本书提出了许多有益的意见和建议，特别要感谢他们与我一起回忆了我们当年收购科龙的细节，这样第一篇第七章《格林柯尔收购科龙电器》一节才能写得像现在这样准确和细腻。本书更要感谢姜宝军、亢悦、王文竹、丛海涛、张耀寰、吴慧曼、鲍瑞卿等博士，也要感谢李懿、李雪娟、熊斌、周玮等超天才网的微观经济助理研究员，没有他们帮助查阅和翻译浩如烟海的参考资料，在这么短时间撰写成书是完全不可能的，同样也要感谢我当年在科龙MBA培训班的学生陈婕、王建伟、田小锋、任来玲、梁鸿、唐宗友、薛岩、苏挽、陈少君、高定基、王映东、汪平、刘礼、孙长国、彭力国、司晓龙、陆许辉、胡家春、任涛、李春华等，没有他们与我之间的讨论和互动，第二篇最后一章《答学生问》也是不可能成文的。最后，请允许我借此书出版之机，向一直关心顾雏军冤案和科龙事件的善良人们致以衷心的感谢和感激！谢谢大家！

顾雏军

2016 年 1 月

CONTENTS
目 录

第一篇

关于"引资购商"替代"招商引资"的战略思考

第一章　概论

在改革开放初期，我国经济发展水平低下，亟须国外资本、技术和管理经验，而国际上正在兴起由工业发达国家主导的第四次产业大转移。招商引资是我国基于当时基本国情和世情而提出的一项重要国策。招商，即通过优惠政策招揽国外企业、引进项目；引资，即通过各种渠道将国外资金引入到国内项目上来，解决国内资金缺口问题。这项国策的根本目的是希望通过引入国外项目和资本，获得国外先进的技术、设备和管理经验，加快工业化发展进程，进而提升我国整体经济实力，从而在国际市场上赢得一定的话语权。

三十多年过去了，招商引资在我国确实取得了辉煌的成就，我国每年承接成千上万个外商投资项目，工业生产能力有了显著提升，发展成为举足轻重的世界工厂，国民生产总值也跃居世界前列。然而，招商引资也逐渐暴露出一些问题：招商引资增速开始减慢，项目大量向房地产、金融业等领域集中，而制造业项目开始急剧萎缩，一些低端制造业流向东南亚，而一些中高端制造业则回流发达国家。这些问题的根本原因是我国当初低廉的劳动力成本近年飙升，人口红利逐渐消失。原先依靠我国低廉的生产要素价格赚取巨额利润的外国企业无心恋战，重新调整其全球产业布局，将一些工业制造项目撤出中国，导致我国出现产业的平庸化趋势。本质上讲，招商引资吸引来的企业仅仅是把中国制造放在价值链的中低端，并没有把核心技术带入中国，我国原先期望的技术溢出效应十分有限，一旦中国生产成本优势不再，缺乏忠诚度的外国企业便会迅速抛弃中国转往他处，而缺乏自主知识产权和创新能力的我们的自主企业还不足以在世界市场上独自撑起中国制造这杆大旗。中国的经济发展已经处于一个历史性的转折时期，作为国民经济主体的制造业亟须转型升级和跨越式发展。2015 年 5 月，国务院公布了《中国制造 2025》，正式提出了中国制造强国建设分"三步走"战略。在这个战略的指导下，结合当今的国际形势以及我国自身的发展条件，我认为，要想迅速实现工业制造强国的战略目标，打造具有国际尖端竞争力的工业制造体系，必须牢牢抓住当前难得的机遇，以国际视野和开放心态，实施"引资购商"的新战略！

"引资购商"是指在政府的引导下，募集多方资本构建产业基金等资本容器，聚焦经济支柱产业和新兴战略产业，选择处于国际先进乃至顶尖水平的国外制造企业作为目标，发起控股并购或整体并购，将零配件和总装制造逐步复制至中国，挟世界顶级品牌和技术以及中国制造成本优势，不仅占据中国市场的主场优势，而且进一步提升国际市场的领导地位，进而夺得全球市场的行业定价权与规则制定权，最终形成政府、投资者、企业和劳动者多方共赢的局面。与"招商引资"依靠行政优惠措施吸引外资不同，"引资购商"依靠的是市场机制，通过市场化为主的跨境并购、重组、整合获取和整合国际高端生产要素，借以快速学习、消化和吸收西方先进的工业技术、管理经验、研发和供应链体系。借助全球资本和中国市场融合所形成的千钧之势，"引资购商"将能够迅速在国内制造业几十个行业中形成新的增长点，其与中低端制造业外流的对冲力度强大，可谓带动国内产业升级和经济转型的最行之有效的手段。

随着我国经济增速放缓，经济发展的很多制约因素凸显出来。中国制造业在中低端的传统成本优势不复存在，而在中高端尚未确立产业链主导地位，自主创新能力不足，难以适应国内消费需求换代升级的要求。在这样一个历史转折时期，我们不能完全被动遵循国际产业转移路径亦步亦趋，而是要另辟蹊径寻求一种新动能突破这些制约因素，否则，随着国内产业空心化和制造业平庸化进程的加速，中国经济将可能落入"中等收入陷阱"，实现《中国制造 2025》和经济转型升级的决心将会因重重矛盾和困难而迟缓。"引资购商"是一种突破力，能够突破我国经济和技术发展瓶颈、突破国际分工中的中低端定位、突破自主创新的"孤岛效应"，从跨国公司手中争夺行业整合主动权。当前，第四次工业革命的浪潮方兴未艾，在西方发达国家再工业化的国际背景下，我国必须运用"引资购商"，在技术创新追赶窗口收敛之前突破发达国家的技术限制和封锁，才能构建我国中高端制造业和新兴高技术产业的国际竞争力。"引资购商"是实现《中国制造 2025》的创新思维，是历史转折时期中国经济发展的正确选择。

"引资购商"在当前的国内外经济条件下是完全可行的，也是十分紧迫的。我国在招商引资阶段形成了良好的工业基础和庞大的外汇储备，这是"引资购商"战略落地的有利前提条件。中国作为世界上最具规模也最具潜力的市场，其所蕴含的巨大商机举世称羡，一旦有"引资购商"所带来的高投资效率和高劳动收入支撑，将切实体现消费驱动的经济拉动效果，中国将再次成为全球投资者和企业家取得商业成功的宝地。虽然中低端传统成本优势流逝，但是我国在中高端制造业上尚存一定的成本优势，还没有被发达国家完全挤压，这一成本优势通过"引资购商"战略加以整合和利用，不仅能继续延续我国制造业的传统优势，而且依靠巨大市场腹地形成的战略纵深，将激发出创新潜力，从而能培育出新的国际竞争力。当前，世界上主要发达国家正处于产业遭受重创、汇率持续走低的经济低迷时期，正是我国企业走出去、融入世界经济、重新调整国际分工定位的大好时机。我们要利用世界经济周期的低谷，抢在其他国家还没有摆脱困境和成功转型之前，利用其他国家无法攀比的庞大外汇储备，抓住时机"引资购商"，加快技术创新、产业结构调整和经济转型的步伐，扭转制造业平庸化和产业空心化趋势，促进居民可支配收入水平可持续提高，借机化解迫在眉睫的地方债务和房地产泡沫。我们目前的形势可谓是千载难逢，"机不可失，时不再来。"

2015年3月，我国政府提出"一带一路"战略，这一世纪大战略为我们实施"引资购商"提供了更为有利的国际环境。"一带一路"有利于国内那些已经生存不下去的"老鸟"、"旧鸟"在沿线国家找到新的栖息之地，化解国内的过剩产能，从而为"引资购商"腾出了资源和空间，而我国和沿线国家"五通"所形成的更广阔的市场空间、更优越的经济规模性、更低廉的成本条件和更充沛的资源保障，将进一步放大"引资购商"的战略成果。但是，需要引起警醒的是，国际产业梯级转移的扩大化可能加重国内产业空心化的不利局势。"引资购商"有利于及时弥补国际产业转移形成的缺口，同时，"引资购商"也有利于为"一带一路"提供新的动力，带动沿线国家工业化和经济均衡发展，进一步加强我国在"一带一路"中树立起来的大国风范。因此，"引资购商"对"一带一路"有着一种互补关系，如能善加利用并与"一带一路"共同作为我国经济对外延展的两翼，"引资购商"所引来的凤凰将会为我国带来"百鸟朝凤"的祥瑞气象。

"引资购商"对我国经济发展的意义重大。简而言之，在国内，"引资购商"可以加速地方产业结构调整和现代产业体系构建，刺激内需和激发消费转型升级，实现经济增长方式的转变；在国外，"引资购商"可以提高中国产业的国际竞争力，获得国际产业分工中的高端主导地位。"引资购商"是一种增殖型、正反馈的对外投资，通过实施"引资购商"，我国的对外开放必将从量的增长发展到质的飞跃。而"引资购商"与"一带一路"之间形成双轮驱动、双向开放的互补性，将为我国的全面开放和深化改革打开一个波澜壮阔的全新局面。

近些年，我国企业曾有过多次"购商"的尝试，大多都没有达到理想的效果。究其原因，既有战略思路问题，也有实现途径问题和操作手法问题。从战略思路上看，我们需要以"引资购商"的创新思维作为指导，并将之上升到国家战略的高度系统实施；从实现途径看，我们需要采取市场化为主的产业并购整合基金模式，地方政府要实现职能转型和角色转化，在产业基金管理和运作过程中起到指导和引导的作用；从操作手法看，我们需要具有国际视野和操作能力的企业家和决策团队以及具有国际水准的职业经理人团队，从而能够担当得起世界级企业的跨文化并购整合和战略调整重任，引领中国企业在国际舞台上纵横捭阖。

第二章　招商引资走向没落

一、招商引资成就辉煌

招商引资，顾名思义，包含着两种经济行为：一是招商，即通过优惠的政策招揽国外企业、引进项目；二是引资，通过各种渠道将国外资金引入到国内项目上来，解决国内资金缺口问题。根据我国招商引资的发展历史来看，我国是在改革开放的背景下，为了实现我国市场经济的顺利发展，利用劳动力、土地以及税收等优惠政策形成一个良好的投资环境，从而吸引国外厂商进入我国进行投资，以期通过资本的溢出效应，带动我国经济增长、经济结构优化和技术进步等。

招商引资策略是在我国的改革开放初期提出的。那时候，中国的经济百废待兴，基础薄弱，需要国外的资金和技术来实现我国工业现代化发展，从而带动经济发展。1978 年中国共产党十一届三中全会提出的以社会主义现代化建设为党的工作重心，为招商引资政策奠定了基础。1979 年，邓小平正式公开提出"可以利用外国的资金和技术……吸收外资"。1980 年，深圳等经济特区设立，这标志着招商引资的开始。在随后的几年里，沿海港口城市、沿边开放城市逐步开放，经济技术开发区和经济特区优惠政策开始实施，保税区设立，都推动了我国的招商引资策略的落实。1992 年，邓小平同志南方视察发表重要讲话，强力推动招商引资。同年，多个城市实行开放城市和地区的经济政策，招商引资带给国家的出口规模急速增大。2001年，我国正式加入世界贸易组织（WTO），对外开放全面展开，外商直接投资（FDI）有了较大的增长，并向多领域扩展。2006年，我国银行业全面对外开放，金融领域FDI开始增长。

从改革开放初期到21世纪开始的几年，招商引资策略的规模和范围经过30余年达到了它的鼎盛时期。2005年，我国实际使用的外商直接投资达到603.25亿美元，当年外商直接投资的项目数为44000余个。外商投资企业的进出口总额超过8000亿美元，同比增长25%，占我国全年进出口总额（14221亿美元）的58.5%。至2014年，尽管我国的外商直接投资项目数量有所下降，但是我国实际使用的外商直接投资金额已经超过美国跃居世界第一，达到了1195.6亿美元。

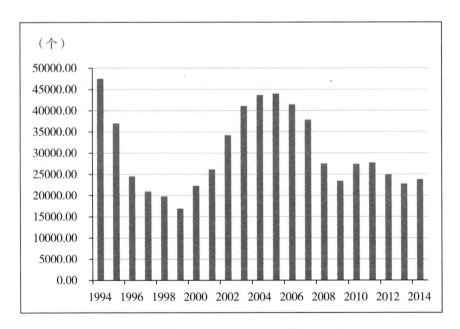

图2-1　外商直接投资项目数

数据来源：国家统计局

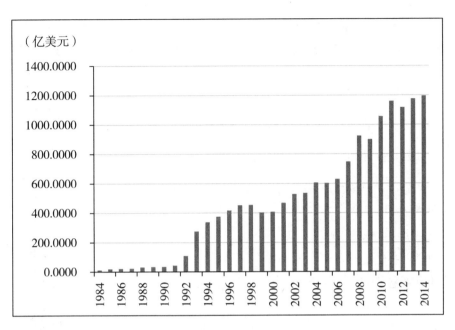

（亿美元）

图2-2 我国招商引资实际利用外资额

数据来源：国家统计局

招商引资作为我国改革开放的重要国策，三十余年来，对我国的出口、经济增长、产业结构、劳动就业以及所有制改革等均产生了重大的积极作用。在招商引资的带动下，我国的工业生产总值由1978年的人民币1602.9亿元，增加到了2014年的227991亿元；进出口总额由1980年的570亿元，增加到了2014年的264334亿元，增加了463倍，其中2014年的出口总额为143911.7亿元，是1980年该数据的530.6倍。我国的国内生产总值（GDP）也从1978年的3650亿元增加到了2014年的636462亿元。

招商引资对于我国第二产业，主要是制造业的积极影响尤为明显。从招商引资的对象来看，自改革开放初期大多数项目便集中在制造业，而制造业的发展又会同时带动相关的服务业、房地产业、建筑业的发展。由图2-4可以看出，我国第一产业的比重逐年下降，第二产业占GDP的比重稳定在40%多，而第三产业的比重则逐步增加，我国的产业结构随着招商引资的发展有了调整。在第二产业中，制造业产品增加值占全部商品增加值的比重由 1978 年的 30% 上升到了 2005 年的 52%，反映了我国制造业在招商引资的拉动下迅猛增长，成为我国产业结构中重要的组成部分。同时，招商引资促进了一部分新兴产业的诞生，如通信行业。1978 年我国的电话普及率只有 0.38%，而到 2008 年，我国的电话用户总数却超过了 9.78 亿，对 GDP 直接和间接的贡献度超过 10%。

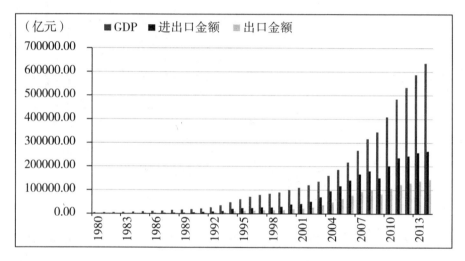

图 2-3　我国 1980—2014 年 GDP、进出口总额、出口总额

数据来源：国家统计局

21 世纪初，招商引资政策对我国制造业建设的贡献达到了鼎盛时期。2004 年，外商直接投资在制造业的项目数达到了历史最高水平的 30386 个；外商直接投资在制造业的企业数在 2003、2004 两年的增长率分别为 9.06% 和 6.8%；具体到个别产业，如电子及通信设备制造业，在进入 20 世纪 90 年代以后年平均增长率达到 20%，对经济增长的贡献率达到了 18%；制造业中的纺织服装服饰业在 2007 年之前，其固定资产投资累计完成额同比增长率一直保持在 40% 以上；机械设备的出口同比增长率在 2005 年之前围绕在 40% 上下浮动。

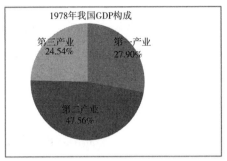 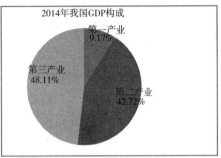

图 2-4　我国产业结构分布

数据来源：国家统计局

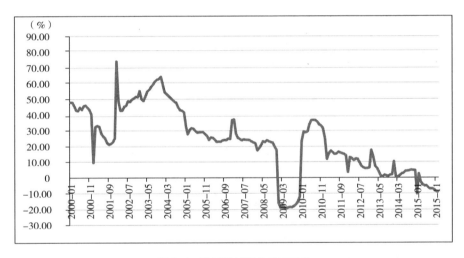

图 2-5　我国机械设备出口同比

数据来源：Wind 数据库

二、招商引资拉动制造业发展的合理性和必要性

招商引资是我国在改革开放初期，确立了以经济建设为中心以后提出的国策。在当时的世界经济格局和我国的经济形势下，招商引资的双方，即外国企业和我国内部两方面，都存在极强的实施招商引资政策的驱动力。招商引资政策拉动中国制造业的发展，其合理性和必要性，主要体现在以下几个方面：

第一，与发达国家相比，我国具有巨大的劳动力成本落差。

1978 年，我国的职工年平均工资只有 615 元，按照当年的美元汇率计算折合 358 美元，而同时期计算的美国职工年平均工资为 12160 美元，是中国劳动力的 34.25 倍。到了 1990 年，中国的职工年平均工资达到 2140 元人民币，按当年汇率计算（我国当年采用的是汇率双轨制，此处我们采用国家公布外汇价格，若按照国内调剂外汇价格计算则我国劳动力更为低廉），折合 447 美元，而美国则是 23605 美元，是中国的 52.76 倍。我们还比较了历史上的每小时薪酬落差。1996 年，中国北京的最低小时工资标准是 1.6 元人民币，同年美国的最低小时薪酬则是 4.75 美元（约合 39.47 元）；至 2007 年，北京最低小时工资达到 4.36 元人民币，而美国则是 5.85 美元（约合 44.5 元）。造成如此巨大的劳动力成本落差的原因，除了我国整体经济水平落后以外，还在于我国劳动力市场上充裕的劳动力供给。我国在城市化进程中，产生了大量的农村剩余劳动力，这一部分劳动力往城市转移便形成了庞大的城市新增人口，劳动力市场供给的增多降低了劳动力成本，特别是对于劳动密集型产业来讲，中国的低劳动力成本扩大了产业利润空间，使得这类企业在改革开放初期便毫不犹豫地转移到中国。

第二，中国市场潜在需求的拉动。

除廉价的劳动力外，吸引外商来华投资的另外一个重要因素就是中国潜在的市场需求。中国一直拥有庞大的人口基数，至 1978 年我国人口已经超过 9.6 亿，并且仍然有巨大上涨的惯性。人口数量多即意味着购买需求大，同时随着改革开放的深入，之前被压抑的购买力也呈井喷式爆发，这正是西方企业看重的市场潜力。我国 20 世纪 80 年代出现的家用电器购买热、21 世纪初出现的手机购买热以及 2010 年以后的汽车购买热，充分体现了中国市场需求的巨大潜力。我国城镇居民家庭每年的可支配收入在 1978 年是 343 元人民币，1987 年达到 1002 元，2001 年则达到 6859 元。另外，体现国家富裕程度的恩格尔系数显示，我国仅用了 10 年时间，便由接近贫困（57.4，1978 年）迅速下降到偏向温饱（51.4，1988 年），至 2000 年，这个指标已表明我国已迈入较富裕阶段（39.4）。

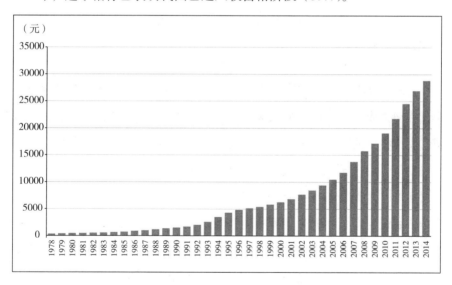

图 2-6　城镇居民家庭年人均可支配收入

数据来源：国家统计局

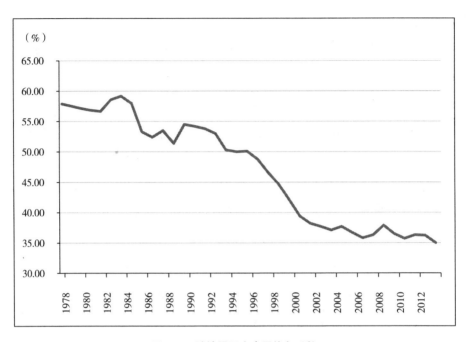

图 2-7 城镇居民家庭恩格尔系数

数据来源：Wind 数据库

第三，新中国成立初期至改革开放前，中国建立了一定的工业基础。

劳动力成本低、市场需求大固然是吸引外商的重要因素，然而能够实现产业转移则要求东道国必须具有能够形成制造业支撑体系的能力。新中国成立以后，我国依据马克思（Karl Heinrich Marx）的社会再生产理论以及列宁的"生产资料生产优先增长规律"，确立了国家产业结构的变化必然是"制造生产资料的生产资料生产增长最快，其次是制造消费资料的生产资料生产，消费资料生产则为最慢"，选择了重工业优先的发展道路，着重发展冶金、燃料、电力、机械制造等项目，提出了要从落后的农业国逐步转变为强大的工业国的目标。至 20 世纪 70 年代，与其他劳动力廉价国家相比，我国已经形成了一定的制造业基础，在"一五"计划期间，我国在东北、华北和沿海地区建立了一批工业基地，施工了 1 万多个工业项目。其中，我国第一座飞机制造厂有了第一架喷气式飞机出厂、第一个机床制造厂建成、第一座电子管厂建成、第一座拖拉机制造厂兴建等。尽管生产方式和生产效率仍较发达国家低下，但是已经形成了较为完备的工业体系，在某些领域形成了一定的竞争力，许多重要的工业产品由不能制造转变成了可以生产，并且培养了一大批有工业素养的管理人员和技术工人。我国在新中国成立头 30 年的基础建设，是外资企业在招商引资初期选择我国而非其他具有廉价劳动力的国家（如印度）的重要原因。

第四，中国急需发展经济。

十一届三中全会决定，把我国的工作重心转移到经济建设上来。招商引资的提出，从我国的角度来讲，是迫切寻求经济快速增长的选择。新中国成立初期的 GDP 总量一直处于世界低端水平，1960 年，我国 GDP 总量占世界 GDP 总量 4.3%，人均 GDP 排名倒数第二，处于联合国划定的贫困线之下。为了发展经济，我国必须要发展第二产业特别是工业。为了使我国的工业体系有一个长足发展，我国提出招商引资国家战略，目的就是希望充分利用我国的自然资源和劳动力资源，通过引入项目资金，同时引入先进的技术，从而提高产品竞争力，增强我国工业实力，提高国民收入，促进就业，加速现代化建设步伐。

第五，社会可投资财富存在巨大缺口。

我国要发展工业，需要有一定的资本积累，而当时受到了外汇缺口和资本短缺的限制，难以进行，此时利用外资有助于弥补这两个缺口，推动我国经济增长和结构转换。然而随着进出口贸易活动的增加，特别是我国正式加入 WTO 以后，我国近 10 年的投资储蓄率和外汇储备较改革开放初期已经有了极大的提升。

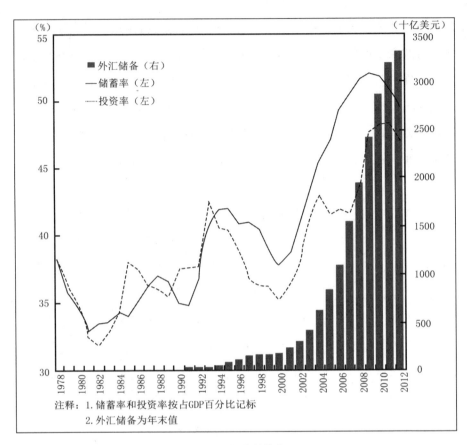

图 2-8 投资储蓄率

数据来源:中国统计年鉴 2013、IMF(2013)、*China's External Economic Policy in Shifting Development Pattern*

三、招商引资对制造业的影响已经没落

第一，外商直接投资增速放缓，项目数量减少。

如果把我国的经济比作一艘航船，那么招商引资策略就是航船上的帆，牵引着我国三十多年的乘风破浪奋勇向前。然而，随着我国经济的发展和世界经济格局的演变，招商引资这面风帆已尽显疲态，其动力已经大不如前。根据国家统计局数据，我国吸引外资的金额总量持续增长，至 2014 年，我国实际使用的外商直接投资金额达到了 1195.6 亿美元规模，超越美国跃居世界第一，但是，外商直接投资流入增速下滑。根据商务部的资料，2013 年全国设立外商投资企业 22773 家，同比下降 8.63%；外商在我国的直接投资项目数量也大幅下滑，2014 年为 23778 个，仅接近于 2005 年高峰时期投资项目（44001）数量的一半。

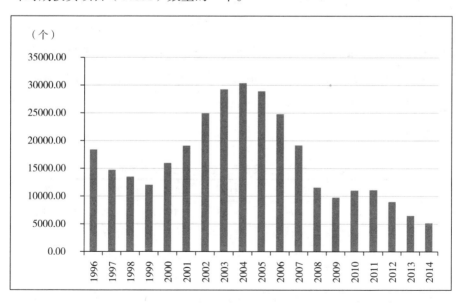

图 2-9　外商直接投资制造业项目数

数据来源：国家统计局

从外商直接投资的流入结构看，外商直接投资的增加部分主要来自服务业，尤其是零售、运输和金融业，而制造业的FDI则出现明显的下降趋势，尤其是对劳动力成本敏感的低端制造业。从存量结构看，2014年，服务业的外商投资比重攀升到55%，与此同时制造业的外商投资比重下降至33%。制造业项目个数锐减到5000个，与2004年相比跌幅高达80%。自2013年起，制造业不再是我国外资项目引进最多的行业，批发和零售业务以7000多的数量成为外资引入项目最多的行业。

第二，外商直接投资中的低端制造业向东南亚转移。

从近30年招商引资集中的行业分布来看，除2013年和2014年这两年外，制造业一直遥遥领先地稳坐外资引入的第一把交椅。而在制造业中，以劳动密集型为特点的、转移成本较低的低端制造业，如珠三角的纺织业、长三角的电子零件制造等，则是招商引资策略下吸引外资的主力。然而，我国的制造业自2008年已经出现外资撤出的现象。撤出的外资有相当一部分如服装纺织业流向了人力成本更为低廉的东南亚。东南亚的FDI金额自2010年起有了大幅增加，至2014年，已经超过1328亿美元。其中增加幅度最大的要数马来西亚，由2009年的14.53亿美元增加到了2014年的107.99亿美元。

表2-1　外商直接投资流入金额(单位：百万美元)

国家	2009年	2010年	2011年	2012年	2013年	2014年
中国	95000	114734	123985	121080	123911	128500
东南亚	46134	105151	93535	108135	126087	132867
印尼	4877	13771	19241	19138	18817	22580
马来西亚	1453	9060	12198	9239	12115	10799
菲律宾	1963	1298	1852	2033	3737	6201

数据来源：《世界投资报告2015》

第三，中高端制造业回流发达国家。

中国通过招商引资承接了国际产业转移而发展成为"世界工厂"，逐渐嵌入到了全球价值链中。中国由于具有一定的工业基础，吸引了一部分中高端制造业，但是由于产业链中的核心技术被外国企业牢牢抓在手中，发达国家主导着产业价值链的配置和走向。经济危机过后，部分发达国家为了本国经济及就业的需求，召回了部分中高端制造业，而这部分回流的制造业原本大部分都在中国。

表2-2　部分撤出外资公司列表

公司	行业	离开原因	资本流向
福特汽车（Ford）	汽车制造	成本上升	美国本土
佳顿公司（JARDEN）	消费品	成本上升	美国本土
松下电器（Panasonic）	家电	成本上升	日本本土
大金工业（Daikin Industries）	家电	成本上升	日本滋贺县

第四，我国制造业的格局正在改变。

目前来看，如果按照制造业对技术的依赖程度来划分，在改革开放的三十多年里，招商引资带来的企业大多集中在制造业的低端和中端，形成了我国目前的优势产业：纺织服装业、皮革业、普通家电业、橡胶制造业、塑料制造业等，而对于精密机械制造业、交通运输设备制造业、石油加工冶炼业等则根本没有随着招商引资"引进来"，使得我国目前在这些高端制造业上没有吸收到国际上先进的技术，生产力水平仍然较低。根据国家统计局1995年发布的第三次工业普查数据，在我国的大中型企业主要生产设备中达到国际水平的仅占26.1%，国内先进水平的占27.7%，属国内一般和落后水平的分别占33.4%和12.8%，也就是说有接近50%的生产能力为低技术水平。特别是油气行业，至1995年末该行业符合国际先进水平的设备数量为0。

另外，从我国近年来的制造业从业人员的学历分布也可以看出我国高

端制造业的匮乏。2012 年，广东省佛山市发布了《佛山人才资源分布状
况分析》，文中称，佛山每万名从业人员中拥有大专及以上学历的人数为
2172 人，在制造业领域，这一数据仅为 1438 人。这意味着平均每 7 位制
造业从业人员，仅有 1 位拥有大专及以上学历。

　　制造业在招商引资中的没落，表现为低端制造业和中低端制造业流向
东南亚国家，部分中高端制造业回流发达国家本土，剩下仍然支撑工业局
面的则是中端制造业。我国的中端制造业通过招商引资形成了一定的工业
基础，并且经过多年来的打拼和积累，产业链和配套环境也已经成熟，在
国际上已经形成了一定的竞争力，我国依靠中端制造业来支撑工业产业的
格局可以保持我国在世界上屹立至少 5 年。然而，即便是我国的中端制造
业，其研发投入也处于世界落后水平，以汽车工业为例，我国汽车工业研
发经费占营收的比重只有不到 2%，然而该项费用在著名的汽车企业如大
众、丰田等的比重则为 3.5% 到 5% 不等。我国制造业欠缺的自有技术使得
我们阻挡不住制造业衰退的步伐。

表 2-3　我国汽车工业研发费用占比

年份	研发经费支出（亿元）	营收（亿元）	百分比（%）
2003	107.30	8144.20	1.32
2004	129.50	9134.30	1.42
2005	167.80	10108.70	1.66
2006	244.80	13818.90	1.77
2007	308.80	17201.40	1.80
2008	388.70	18767.00	2.07
2009	460.60	23817.50	1.93
2010	498.80	30762.90	1.62
2011	548.00	33617.30	1.63
2012	591.30	36373.10	1.63
2013	727.80	37155.30	1.96

数据来源：中国汽车工业协会

缺少专业技术、缺乏创新能力和自主知识产权的中端制造业，最终会随着时代的发展，其附加值和利润逐步减少，最终将失去产业支柱的地位、失去驱动国家发展的动力。

四、招商引资在制造业方面没落的原因分析

招商引资在我国是一种政府主导的模式,各地政府优惠政策的背后,实际上是为外国企业提供廉价成本(包括资源、人力),使得他们实现自己利润最大化的最终目标。而我们则是希望得到这一过程中所带来的出口增加、投资增大以及产业和技术的升级。所以说,招商引资的行为主体是"商",经济活动的活跃与否取决于外商是否有在中国投资的意愿。招商引资在中国的没落,本质上是中国当下的投资环境对西方企业的吸引力已经减退,使得西方企业在全球产业链重新布局,以谋求利润的最大化。

第一,劳动力成本优势削弱。

外国企业来中国,归根结底是因为我国廉价的劳动力资源和广大的市场需求。所以在我国投产的大多是一些劳动密集型生产企业,而作为世界工厂的我们一直走着一条粗放式发展道路,从事的是人力资本密集、核心技术空缺、产业链利润较低的环节,依靠廉价的劳动力成本和庞大的生产规模来赚取微薄的利润。一旦我国的劳动力成本优势消失,一直以来为工业生产总值贡献过半的制造业便会轰然倒塌,"商"走"资"撤。

表2-4 小时最低工资标准(单位:元)

年份	北京	上海	江苏	浙江	福建
2005	7.30	6.00	3.60	4.30	/
2006	7.90	6.50	4.60	4.80	/
2007	8.70	7.50	5.00	5.30	4.70
2008	9.60	8.00	5.00	5.70	4.80
2009	9.60	8.00	5.00	5.70	4.70

续表

年份	北京	上海	江苏	浙江	福建
2010	11.00	9.00	5.40	6.50	4.70
2011	13.00	11.00	6.50	7.70	6.50
2012	14.00	12.50	8.30	7.70	7.90
2013	15.20	14.00	9.50	8.70	8.80
2014	16.90	17.00	11.00	12.00	10.10

数据来源：Wind 数据库

　　根据数据显示，我国的劳动力成本近 20 年来增长迅速。1990 年，我国的职工年平均工资约为 447 美元，是当年美国职工年平均工资（23605 美元）的 1/53。而到了 2013 年，我国职工的年平均工资则已经上升到了 8313 美元，是美国的 1/6。特别是 2011 年以来，我国的劳动力薪资水平呈几何态势急速上扬。以全国的每小时最低薪资来看，长三角地区 2014 年的每小时薪资较 2009 年翻了一番。再考虑到人民币汇率 5 年之内上扬了至少 30%，我国的廉价劳动力已经不再廉价。

表 2-5　农民工行业分布（单位：%）

年份＼指标名称	制造业	建筑业	交通运输、仓储和邮政业	批发零售业	住宿餐饮业
2008	37.20	13.80	6.40	9.00	5.50
2009	36.10	15.20	6.80	10.00	6.00
2010	36.70	16.10	6.90	10.00	6.00
2011	36.00	17.70	6.60	10.10	5.30
2012	35.70	18.40	6.60	9.80	5.20
2013	31.40	22.20	6.30	11.30	5.90
2014	31.30	22.30	6.50	11.40	6.00

数据来源：国家统计局

　　伴随着劳动力成本的上升，农民工在制造业中的比重持续下滑恰恰说明了我国低端制造业的萎缩。2008 年，我国农民工有 37.2% 是在制造业中，而到了 2014 年，这个比例却只有 31.3%，下降部分大多转移到了建筑业中。

第二，其他生产成本增加。

除劳动力价格的上涨导致生产成本增加以外，中国近年来由于经济发展带动的房地产价格攀升、物流费用增大等因素也提高了外商企业在华的生产成本。高土地成本、高商务成本和高生活成本，既会影响新的、潜在的投资进入，又可能导致已经进入的投资者撤资或减少追加投资，特别是存在国家间和地区间相互竞争的情况下。同时，高生活成本还会影响人才聚集和劳动力供给，影响一个地区的城市化进程，进而不利于招商引资。

第三，政府各项优惠政策力度下降。

2007 年，中国出台《企业所得税法》，对外资企业的税收提高了 10 个百分点，缩减了它们的利润空间。2014 年，国务院发布了《国务院关于清理规范税收等优惠政策的通知》，要求各地各部门认真排查本地区、本部门制定出台的税收等优惠政策。这条通知的出台，是由于在招商引资的过程中，部分政府为了吸引项目落户，在和其他地方政府的竞争中胜出，而采取了一系列过多过滥的优惠政策，导致了地方政府间的恶性竞争。该行为扰乱了市场的秩序，使得市场的优化配置作用没有能够很好地发挥出来，引入的项目对地区经济的贡献缺乏效率。通知出台以后，对各地区政府的优惠政策起到了限制作用。

第四，地方政府过度依赖"土地财政"，减少了对工业项目的扶持。

受到发展水平的限制和"GDP 至上"的政绩观影响，部分地方对"土地财政"过度依赖。目前我国的土地财政主要依赖扩大新增建设用地规模，通过土地出让来获取收益，地方政府主要的建设资金来源于土地出让收入，这样客观上促使了多卖地、快卖地、早卖地、贱卖地，牺牲了子孙后代的利益。不少地方处于"土地财政"依赖期，土地收入成为地方政府补充发展资金不足的主要来源。一些地方不是建设用地指标不够，而是卖地指标不够，这就极大地影响了土地节约集约利用。如此一来，地方政府对于工业扶持的热情和力度远远不如"卖地"的热情和力度，极大地影响了制造业的发展。

第五，工业基础以中低端为主，高端制造业缺失，外商投资企业对于成本变动的敏感度过高。

由于资本进入中国的主动权在发达国家企业的手中，只将产业链中的中低端加工制造环节搬入中国，而设计、研发等都留在国外，使得我们国家形成的产业集群只能算是严重依赖外商的外向型产业。在产业结构中，越是技术密集型的企业，其对于劳动力成本、自然资源成本的敏感度越低，越不容易转移。我国招商引资引入的制造业企业之所以出现大规模转移，正是由于这些企业处于制造业的中低端和低端，对于成本变动的敏感性过高。

第六，垄断利润使得外资企业缺乏产业升级的动力。

我国在招商引资初期，曾使用"以市场换技术"的战略，以期将外资企业引入以后，能够享受其溢出效应学来先进的技术，从而推进我国产业升级。然而，目前看来我们的目标远没有实现。跨国公司在中国利用自己的技术优势，往往在市场上形成了寡头垄断的市场格局，为了维护自己的垄断利润，外商投资企业牢牢把控着核心科技，缺乏将技术引入中国的动力，甚至还会使用专利保护等手段阻止技术溢出。例如个护行业的宝洁、联合利华，以及汽车行业的德国大众等。所以，当中国的生产成本上升时，外商投资企业为了追求利润最大化，与其选择花费成本进行产业升级和技术更新，还不如将生产链条在全球重新布局，一部分转移到成本更低的国家，另一部分则回流本土。

第七，缺乏一流的职业经理人队伍。

从过去几十年的历史经验来看，外商投资企业确实带给中国一定的企业管理经验，提高了我国职业经理人的企业管理水平。然而，由于绝大多数外商投资企业只是处于低端和中低端，由这些企业培养出的职业经理人缺乏长远的战略眼光，面对外商投资企业的衰退，他们没有能力想出相应的解决方案。也就是说，中国在这么多年的招商引资模式下，没有能够培养出一批能与世界顶尖企业争锋的最纯洁的职业经理人队伍。

第八，招商引资初期吸引外资的国内市场和经济形势已经发生了结构性变化。

改革开放初期，外国资本看中了中国庞大的市场，经过了三十多年的发展，中国的市场更加庞大，但是其结构已经发生了变化。随着国内生产总值的剧增以及人均可支配收入的增加，对于中低端消费品和资本品的需求总量基本已经稳定，而在高端领域，中国仍有巨大的需求潜力。这就使得：（1）由于中国市场需求的饱和以及竞争格局的稳定，国外中低端的中小企业已经无意进入中国；（2）针对中高端制造，中国有庞大的市场需求，但由于科技缺失，本国供给不足，只能从外国企业进口，而这些企业往往不肯将高端设备的研发和生产基地设在中国。

另外，中国的宏观经济目标已经从单纯的追逐经济增长转向了追求质量的经济发展。粗放式发展的中低端制造业已经不符合时代的特征和国家的发展要求，能够促使我国成为制造业强国的高端制造才是实现宏观目标的必然选择。

总而言之，我国劳动力市场和整体经济环境的变化，使得利益驱动的国际制造企业在全球产业布局时，将招商引资期间原本为了节省成本而布局在我国的低端制造业转移出去、中高端制造业回流本土，造成我国制造业的萎缩。同时，由于我国近年资本市场的快速扩张，使得招商引资进来的企业转向第三产业，偏离了我国引入先进技术的初衷，造成了我国制造业的平庸化和资产泡沫。科学技术是第一生产力，国际经验告诉我们，国家在经济发展的过程中，如果在制造业还没有升级到高科技含量的高端制造业时，就将第三产业特别是金融业定为国家经济支柱，那么必将倒在经济危机的泥潭之中。所以如何实现产业升级、实现《中国制造 2025》的最终目标，我们需要新的思维！

第三章 "引资购商"是我国经济发展的正确选择

一、"引资购商"的定义

"引资购商"是替代招商引资的升级战略，是指在政府的引导下，募集多方资本构建产业基金等资本容器，聚焦经济支柱产业和新兴战略产业，选择处于国际先进乃至顶尖水平的国外制造企业作为目标，发起控股并购或整体并购。将零配件和总装制造逐步复制至中国，挟世界顶级品牌和技术以及中国制造成本优势，不仅占据中国市场的主场优势，而且进一步提升国际市场的领导地位，进而夺得全球市场的行业定价权与规则制定权，最终形成政府、投资者、企业和劳动者多方共赢的局面。

虽然"引资购商"与招商引资一样，都是政府发展经济、促进就业的政策选择，目的都在于引进资本、项目和客商，但两者具有重大区别：

首先，两者的行为本质不同。招商引资是政府主导下的行政行为，主要通过行政化手段实施。地方政府招商引资的主观性、随意性很大，盲目圈地，乱设产业园区，配套设施建设要么过于超前要么严重滞后，有关投资、融资、工商、税收、配套的优惠政策和承诺常常无法落实，引进来的企业怨声载道的事件常有发生，狡猾的外商要挟多地政府待价而沽之事常有，投资者抱怨骗商者亦有之，不仅造成国家资源大量闲置和浪费，政府也往往得不偿失，而且还时常损害政府信誉；另一方面，国内招商引资竞争日趋激烈，常有两地甚至多地政府恶意招商之事发生，为了争夺资本和项目，时有地方政府招商引资政策与行为超越国家法律法规，无视市场规律作用，造成不同商业主体之间的不平等竞争，既违背了市场经济的公平法治原则，也扭曲了商业主体的正常市场行为。而"引资购商"则是政府引导下的市场行为，主要通过市场化手段实施，不仅可以有效地避免招商引资的种种弊端，而且也可以使政府在尊重市场基础作用的前提下，更好地发挥对宏观经济的调控功能和对微观经济的引导功能，更好地制定和实施社会经济发展计划和产业发展规划。

其次，两者的实施过程和方法不同。招商引资需要政府自导自演、披挂上阵，通常要投入大量的人力、物力和财力，组建专门机构和班子，完善基础设施，改善投资环境，制定优惠政策，设立产业园区，美谓之"筑巢引凤"，同时有关政府官员会自动放下身段到国外组织一次又一次的宣传推介活动，再来来往往地进行多轮公关、考察、拜访和招待安排，然后才能期望有一定的结果。而"引资购商"只需要政府做好引导、服务和监管工作，科学地制订好社会经济发展计划、产业发展规划和鼓励政策，选择好专业化的投资并购团队，建立和使用好政府引导资金，"引资购商"绝大部分工作由专业团队按照市场化原则进行商业操作。

再次，两者的可控程度不同。招商引资具有极大的偶然性和被动性，各种资本要素和商业主体能不能被招引过来，不仅仅取决于当地资源优势、投资环境和政府努力，更取决于各种资本要素拥有者和商业主体的主观判断、投资能力和发展愿望，政府当然可以选择招商引资的对象，但更多的时候是政府被动地接受招商引资对象的选择，而且这种选择受多种因素影响，常常是"煮熟的鸭子飞了"；而"引资购商"则具有更明显的确定性和主动性，如何运用现代资本市场和创新金融工具，选择哪些产业领域，选择哪些目标企业，选择什么样的专业团队，何时完成投资并购计划，如何通过重组、整合、上市等产融一体化运作手段最终实现产业转型升级目标，一般都是可把控的，因此具有更明显的确定性和主动性。

最后，两者对优化市场与行政环境的意义不同。由于自身强烈的行政色彩，招商引资极易产生官商勾结、权钱交易、权大于法等违法腐败现象，长期来看，不利于建设高效廉洁的政府形象和公平法治的市场环境；由于自身具足的市场经济性质，"引资购商"更有利于政府转换职能，改善政府形象，为各种商业主体创造一个依法经营、公平竞争的市场环境，建设成为一种高效廉洁的新型投资环境。

二、"引资购商"的必要性

对于我国在新时期实现制造业转型和经济增长方式转变,"引资购商"之所以非常必要,主要表现在以下几个方面:

第一,对于我国制造业而言,招商引资政策已经走到了尽头,建设制造业强国必须要有新思维,"引资购商"是目前更适合我国的替代性政策选择。

20世纪80年代以来,中国通过招商引资成为第四次国际产业转移的最大承接地,有数据显示,1979年至2012年,中国共引进外商投资项目763278个,实际利用外资总额达到12761.08亿美元,有力地推动了中国的经济发展、技术进步和管理现代化。虽然招商引资激发出了中国制造业的生机和活力,但招引过来的大多是劳动或资源密集型工业项目,真正的技术或资金密集型高端制造业项目及其高端配套环节寥寥无几。2008年国际金融危机以来,中国劳动力、土地、物流和环境成本持续攀升,招商引资政策优惠力度越来越低,低端制造业开始向东南亚国家转移,而欧美国家和日本也在积极实施"再工业化"战略,重点布局未来高端制造业和战略新兴产业,中端制造业也开始向发达国家回流。高端制造业项目多属于技术或资金密集型产业,对于普通劳动力、土地、物流、环境甚至政策因素依赖程度较低,很难通过招商引资方式吸引过来。因此,要进一步升级经济产业结构,转变经济增长方式,建设世界制造业强国,必须要有新思维,探索新的途径和政策,以前卓有成效的招商引资政策现在已经走到了尽头。

由于招商引资主要借助于行政化措施和手段,通过普通劳动力、土地、物流与环境成本优势和政策优惠吸引外资外商,比较适合于发展劳动及资源密集型产业，政策效果具有很大的偶然性和被动性。而"引资购商"主要借助于市场化措施和手段，对于普通劳动力、土地、物流、环境和政策因素依赖程度较低，更适合于获取技术或资金密集型产业项目，政策效果具有更大的确定性和主动性。因此，"引资购商"是目前更适合我国建设制造业强国的替代性政策选择。

第二，全面推进"一带一路"和《中国制造 2025》国家发展战略，建设制造业强国，需要把"引资购商"作为新国策。

2015 年 3 月份以来，中国政府先后发布《推动共建丝绸之路经济带和 21 世纪海上丝绸之路的愿景与行动》和《中国制造 2025》两份文件，正式提出"一带一路"的国际经济发展战略和建设制造业强国的国内经济转型战略。

"一带一路"战略将全面推进中国与沿线各国在基础设施、贸易与投资、能源、区域一体化、人民币国际化等多领域进行广泛合作，促进中国要素流动转型和产业转移。《中国制造 2025》是中国版的"工业 4.0"发展规划，确立了三步走建设制造强国的国家战略，将全面推动中国经济产业结构转型和经济增长方式转变。

"一带一路"战略的深入发展必将会让国内大量的资本和传统产能按照国际产业梯级转移规律转移到沿线国家。我们可以合理地预见到，随着"一带一路"战略的展开，沿线国家低成本的生产要素和资源、尚待开发的巨大市场、"五通"所带来的经贸往来机会等因素，将会吸引更多的中国劳动密集型企业走向"一带一路"上的友好国家；而海外国家级工业园在友好国家营造出的一片片"绿地"将有利于国内企业抱团出海、安全有序地转移出去，在国内由于成本不断攀升已无法生存的这些传统产业将在"一带一路"上找到新的栖息之地。但是，如果没有"引资购商"及时弥补产业加速向外转移带来的缺口，中国就会有产业空心化的风险；如果没有"引资购商"在补偿投资替代效应的同时实现产业结构调整和技术逆向外溢,也势将动摇中国制造业高、中、低端产业布局、结构调整、技术升级、经济转型的决心。

"引资购商"着眼于中国制造与西方工业发达国家之间存在的巨大差距,以大胆创新的国际化产业思维和金融思维,通过有计划有选择的跨境并购、重组和整合,为中国引入国际高端制造企业及其高端配套环节,助力中国迅速提升工业制造水平和科技水平,可谓全面推进"一带一路"和《中国制造 2025》国家发展战略的最上选政策和策略之一。"引资购商"能够高效地为中国带来制造业几十个行业的新增长点,高效地实现产业链高端环节向国内转移和技术升级,当然,几十个行业"引资购商"引进国外尖端企业所形成的强大动能,必将带动中国这几十个行业的技术飞跃及其全球行业地位的攀升,这是《中国制造 2025》能够成功实现的切实可行的保证。而"引资购商"和"一带一路"之间形成双轮驱动的效果,将为中国的全面开放和深化改革打开一个波澜壮阔的全新局面,同时,"引资购商"带来的新的经济增长引擎也将成为"一带一路"的火车头,带动沿线国家的工业化和经济均衡发展,进一步加强中国在"一带一路"战略中树立起来的大国风范。

第三,中国经济发展正面临着"中等收入陷阱",如何跨越"中等收入陷阱",进入高收入国家行列,需要把"引资购商"作为应对策略。

从改革开放以来,我国经济经过三十多年的快速发展,从 1980 年到 2014 年,GDP 从 4546 亿元人民币增长到 636463 亿元人民币,人均 GDP 从 463 元人民币增长到 46531 元人民币,我国从低收入国家中脱颖而出,进入中等偏上收入国家行列,但经济增长速度呈现出逐步减缓趋势,从年增长 10% 以上下滑到 7% 上下。同期,人民币对美元、欧元、英镑、日元等主要货币全面升值,人口老龄化和环境污染问题日益严重,人口红利与对外开放红利开始逐步消失，劳动力、土地、物流成本和资源价格与欧美国家之间的差距也在大幅缩小甚至倒挂，我国正面临着"中等收入陷阱"的严重威胁。如果不能顺利实现经济发展方式的根本转变和经济产业结构的实质转型，必将导致经济增长乏力，发展后劲不足，最终陷入持续低迷或停滞状态，同时引发贫富分化、高知识阶层就业困难、社会动乱因素增加、金融体系风险增大甚至放大等一系列社会、政治、经济和金融问题，某些迹象已在我国初露端倪。

"中等收入陷阱"的主要成因在于实体经济转型失败、经济增长方式退化，因此，推动实体经济转型和经济增长方式转变是我国跨越"中等收入陷阱"的唯一途径。所谓实体经济转型主要是从中低端制造业向中高端制造业转型，从劳动和资源密集型产业向技术和资金密集型产业转型；所谓经济增长方式转变主要是从外延式增长转向内涵式增长，从资源推动型增长转向智慧创新型增长，从资本输入依赖式增长转向资本输出带动式增长。"引资购商"正是完全符合这种经济发展逻辑和要求的政策选择和整体策略，通过资本输出迅速引进高端制造业及其高端配套环节，大幅提升中国工业的制造水平、科技水平和管理水平，大量培养高科技研发人才、技术熟练工人和职业经理人队伍，从而推动实体经济转型和经济增长方式转变，助力我国一举跨越"中等收入陷阱"，进入高收入国家行列。

第四，西方工业发达国家控制着全球大部分高端产业链，中国仍处于国际产业链的中低端位置和水平，中国建设制造业强国，必须另辟蹊径。

西方发达国家凭借着对国际金融、资本、技术与品牌的垄断地位，控制了全球大部分高端产业链及其关键环节，国际及海湾产油国资本主要输入欧美经济体系，再进入国际经济大循环，而广大发展中国家只能凭借着劳动力、资源、市场和低成本制造优势，在西方发达国家主导的世界经济体系中被压制在国际产业链的中低端，远离各产业链的制高点和高利润区。

西方发达国家企图通过政治、经济、军事、文化等多种手段维持这种局面，以保持其国际经济特权和优势，而广大发展中国家正在通过自身的努力发展打破这种局面，为自己赢得更公平、更有利的国际经济地位和发展空间。21世纪以来，以金砖国家为代表的新兴经济体迅速崛起，极大地改变了原有的国际经济格局和秩序，但也遭到了西方发达国家的多方面掣肘和压制。

我国制造业经过多年的艰辛努力，已经取得了长足发展和进步，参与国际合作与竞争的能力明显增强，但与西方工业发达国家相比仍然有相当大的差距，除了高铁、核电、基建、电商等少数产业领域外，在大部分高端制造产业领域，我国仍处于中低端位置和水平。制造业大而不强，自主创新能力弱，关键核心技术与高端装备对外依存度高，以企业为主体的制造业创新体系不完善；产品档次不高，缺乏世界知名品牌；资源能源利用效率低，环境污染问题比较突出；产业结构不合理，高端装备制造业和生产性服务业发展滞后；信息化与工业化融合深度不够，产业国际化程度不高，企业全球化经营能力不足。要推进制造业强国建设，必须着力解决以上问题。

目前，我国已成为世界第一贸易大国、第一出口大国和第二进口大国，这种对外经济关系地位既加大了对外部经济的依赖，也孕育着不断增加的贸易摩擦。而我国具有比较优势的产业主要是劳动和资源密集型产业，由于劳动力成本和资源价格上涨，进一步扩大和加深对外经济关系，客观上要求我国经济产业结构必须转型，经济增长方式必须转变。因此，发展高端制造和装备业，赶超世界先进工业制造水平，实现产业结构转型、增长方式升级是我国进一步引领发展中国家、融入世界经济体系必须面临的现实挑战。

中国以往想通过"以市场换技术"、"以合资学技术"而实现赶超欧美工业发达国家的战略意图也并不完全成功，反而促使欧美发达国家和企业进一步加大知识产权保护力度，严格限制核心技术、工艺、设备、人才、品牌和研发体系向我国进行转移和输出，以保持其国际竞争实力和垄断优势，也要求我们必须在战术和策略上另辟蹊径。"引资购商"是对以往招商引资政策的扬弃，可以有效地规避西方国家所设置的多重经济、技术和环保壁垒，通过完全市场化的跨境并购、重组和整合，积极主动地获取国际高端制造企业及其高端配套环节，借以快速学习、消化和吸收西方先进的工业技术、管理经验、研发和供应链体系，迅速提高我国的工业化和信息化融合发展水平，这既是在经济发展的战术和策略上另辟蹊径，也是在建设制造业强国的政策层面上进行创新。

第五，"引资购商"是中国制造向中国创造转型的必要途径，也是中国参与国际竞争、掌握未来主导权的必要举措。

国际金融危机影响未去，第四次工业革命浪潮席卷而来，世界经济格局正在因此而发生深刻变化。欧美发达国家启动再工业化进程，不仅是重新重视制造业的作用，从中国撤回制造业也绝不是简单的回归，而是企图抢占第四次工业革命的制高点，在高端制造业和新兴产业发展中保持领先，并通过在全球经济治理中已具有的规则制定主导权强化这一优势，例如，德国率先启动工业 4.0 国家行动，期望在新一轮工业革命中占据先机；美国通过跨太平洋战略经济伙伴协定（TPP）力图占领全球贸易标准制高点，对亚太地区经济发展和区域一体化施加影响。中国作为正在迅速崛起的最大新兴市场国家，虽然拥有巨大的市场资源和制造能力，但是制造业的创新能力偏低，未能充分发挥在数字化、智能化和定制化方面的"后发优势"，世界工业技术创新的"追赶窗口"正在收敛，在这种形势下，中国要在全球新一轮经济和技术竞争中掌握主动权和主导权，就必须转变思路，转换角色，以全球产业发展和技术创新动力对接中国市场和资源，进而整合全球市场和资源，打造全球高端产业市场链和价值链。如果我们继续以招商引资的思路，满足于承接发达国家的产业转移，跟在其身后亦步亦趋，不仅无法增强中国工业经济的国际竞争力,而且必将继续长期承受高端制造业缺失的平庸化过程。"引资购商"通过主动把握战机,采取措施促进中国制造业向高端价值环节攀升,使中国制造业由低成本竞争模式向高创新竞争模式转变,从而在未来的国际产业分工体系中夺取主导地位,实现国家经济的整体转型和升级。因此,"引资购商"是我国在新一轮世界经济再平衡中抓住全球产业重新布局机遇、构建中国制造业未来竞争力的主动之举和必要行动。

第六,以自主创新为主的内源式经济转型升级方式面临瓶颈,"引资购商"可以高效整合全球创新资源,突破科技创新中的"孤岛现象"。

随着中国劳动力、土地等生产要素的成本优势大幅度减弱,曾经萦绕在招商引资头上的光环在慢慢褪去,国内中高端制造业纷纷向欧美本土回流,中低端制造业向东南亚国家转移,国内制造业出现平庸化趋势,仅存的中低端制造业正在艰苦支撑着我国 7% 左右的 GDP 增长。同时,过去多年的房地产经济泡沫,以及近年来的互联网经济泡沫和金融资本市场泡沫,使社会资本不断游离实体经济,向非制造业加速转移,对于本就缺乏资本支撑的中国制造而言,这无异于釜底抽薪,中国制造业因此而出现停滞甚至衰退绝不是危言耸听。

中国政府已认识到制造业转型升级的重要性,陆续推出了七大战略性新兴产业和《中国制造2025》等国家级发展规划,但要落到实处显然困难重重。一方面,国际资本更愿意通过向低成本地区再一次产业转移的方式而不是技术升级方式应对中国本土生产成本上升的压力,在东南沿海地区生产成本优势丧失后,继续向中国内陆省份或东南亚地区寻找成本洼地;另一方面,由于本土企业往往缺乏全球化的品牌、高端技术专利和供应链支撑,通过自主创新和研发核心技术实现转型升级,进程缓慢且缺乏成本效率,甚至很难突破国外同行的专利壁垒,从而很难快速追赶西方先进制造企业。为了提高制造业附加值,中国在"十二五"规划中明确提出要加强自主创新能力,并选择了七大战略性新兴产业,但从政策实施效果看,并没有达到预期目标,其中一个重要原因就是缺乏迅速获取并进一步整合国际先进生产要素的手段和能力。我们并不否认自主创新能力的重要性,而是强调加强自主创新能力不必闭门造车,要与主动学习、消化和吸收西方先进技术、工艺、研发和管理经验相结合。别人有的,我们可以买来变成我们自己的;别人不成熟的,我们可以买来之后在它的基础上继续完善;要善于站在巨人的肩膀上,提升自己的高度,壮大自身的力量。"引资购商"就是遵循这样的一个开放型思路,借助于资本和市场的力量,高效整合全球创新资源,在自主创新过程中学习、消化和吸收西方先进的东西,同时,在学习、消化和吸收西方先进的东西过程中加强自主创新能力和水平。

第七,跨国公司是市场配置资源的主要载体,也是建设制造业强国的骨干力量,"引资购商"可以迅速为中国培育壮大一系列跨国公司,增强全球资源整合能力,集聚配套产业链,带动实体经济转型,促进经济增长方式转变。

从500强上榜企业看,我国跨国公司主要集中在国家垄断行业,如中车、中粮主要依靠国内市场的行政性垄断地位或低成本优势发展壮大。在高端制造产业领域,我国明显缺乏像苹果、通用电气(GE)、波音、空客(Airbus)那样具有世界支配性影响力的跨国公司,这是由于总体上科技实力不足、自主创新能力不强、品牌的世界影响力不够、高端要素缺失等所致。

经济日益全球化的大背景下,跨国公司是市场配置资源的主要载体,也是建设制造业强国的骨干力量。一个经济强国必须拥有一大批世界顶级的跨国公司,才能在全球竞争中立于不败之地。在招商引资时期,我们招来的主要是国外公司基于中国成本优势考虑转移过来的中低端环节,那些产业关联度大、科技含量高、市场竞争力强的关键项目和高端项目根本不会因为成本原因转移到中国来。此外，在招商引资过程中，我们只是被动地接受投资，只有初级生产要素的流入，而高级生产要素仍然留在原地，同时核心企业产权、管理决策权和资源配置主动权都掌握在外商手中，在这个不平等的单向输送过程中，我们怎么可能培育出具有国际影响力的跨国公司呢？"引资购商"战略是根据实体经济产业链转型升级的需要获取世界技术领先企业的所有权，拥有了产权控制地位的中国企业就能够在全球范围内拥有组织生产与销售的主动权，就能够控制核心技术、工艺、品牌、研发和供应链等高附加值资源和关键环节，从而能够掌控产业链利益的分配主导权。通过这种方式才能够打造真正强大的跨国公司，才能够主导国际产业链的进一步集聚和延伸，带动中国实体经济转型，促进中国经济增长方式转变。

三、"引资购商"的可行性

在当前条件下,"引资购商"是完全可行的,这表现在以下几个方面:

第一,门类齐全、独立完整的庞大工业制造体系,为我国"引资购商"、建设世界制造业强国奠定了物质技术基础,也为我国借力"引资购商"在新一轮科技革命与产业变革中脱颖而出、重塑全球工业制造分工体系提供了必要条件。

经过数十年的快速发展,我国已建立起门类齐全、独立完整的工业制造体系,不仅成为支撑我国社会经济发展的重要基石,也成为促进世界经济贸易发展的重要力量。尤其是改革开放以来,我国顺应全球产业转移和结构调整趋势,积极对外招商引资,大力发展制造业,重要工业品产量不断攀升,多种产品产量稳居世界前列。目前,在 500 种主要工业产品中,中国有 220 种产量位居世界第一;在国际标准行业分类的 22 个行业中,中国产值均居第一或第二。钢铁、水泥、原煤、电解铝、造船产量均占全球 45% 以上。2013 年,我国规模以上工业主营业务收入 102 万亿元,超过全球 1/5,成为名副其实的全球制造业中心。同时,持续的技术、工艺和管理创新,也大大提高了我国制造业的综合竞争力。载人航天、载人深潜、大型飞机、卫星导航、超级计算机、高铁装备、百万千瓦级发电装备、万米深海石油钻探设备等一些重大技术装备取得了突破性进展,形成了一批具有国际竞争力的优势产业和骨干企业。从 2013 年起,我国制造业规模已超越美国,跃居世界第一位。因此,我国已经具备坚实的物质技术基础和条件,有基础、有条件通过"引资购商"对接国际高端制造业,主动吸收和整合国际高端制造企业,重塑国际产业分工体系,建设世界制造业强国。退回到20世纪90年代,"引资购商"的战略是既不敢想,也不可为。而今天"引资购商"的工业基础已经完全具备了水到渠成的战略态势。

第二,我国已经发展成为世界上最大的新兴经济体和对外贸易国,不仅为制造业发展提供了广阔的国内市场空间,也为制造业发展开拓出更广阔的国际市场空间。通过"引资购商"加速中国工业制造体系转型升级,具有必要的国内外市场基础和需求支撑。

近年来,随着国内居民收入水平的不断提高和消费结构的持续转型,特别是城镇化、信息化进程的加快,新兴消费增长点和新型消费业态不断形成,国内市场规模快速扩大。2013年,我国社会消费品零售总额达到26.2万亿元,相当于GDP的41.2%,已成为世界第二大消费市场。根据瑞士信贷银行2014年发布的《全球财富报告》,中国占全世界中产阶级比例为30%,人数已达到3亿人;预计到2019年,内地资产在百万美元以上的富豪人数将翻一番,达到230万人,比美国和印度的增长速度都要快。这一群体将对工业产品质量和品牌提出更高要求,成为拉动中国消费结构转型升级的主导力量。消费品市场的兴旺和需求升级带动消费品生产的扩大和结构调整,消费品生产的扩大和结构调整又进一步拉动生产资料生产的繁荣和加速转型,所以,我国主要生产资料产值和销量纷纷跃居世界前列,形成世界最大的生产资料市场。我国日益庞大的国内市场规模及其上升空间,不仅为中国通过"引资购商"加速工业制造体系转型升级提供了强劲的国内市场支持,也对国际资本和高端制造企业接受我们的"引资购商"计划形成了强大的内在吸引力。根据中国欧盟商会发布的2012年商业信心调查,97%的欧盟受访企业肯定中国在其全球战略中的重要地位,近一半欧盟受访企业的在华收入占其全球收入10%以上。

2013年以来,我国成为世界第一贸易大国、第一出口大国和第二进口大国,也成为越来越多的国家和地区的最大贸易伙伴。虽然西方发达国家对中高端工业产品的需求日趋稳定，但中国、东南亚乃至整个亚洲和新兴经济体正处于城镇化和工业化快速发展阶段，人口加起来已超过30亿，占到全球人口近一半，是世界经济未来增长的最大潜力所在。因此，中高端工业品的国际市场需求和增长空间还非常巨大，这对全球高端制造业，也对中国制造业通过"引资购商"实现转型升级形成长期有效的巨大市场需求和强有力支撑。

第三，巨大的外汇盈余和储备为我国"引资购商"建设世界制造业强国奠定了雄厚的资本基础，同时，越来越多的国际金融资本和产业资本涌入中国，以分享中国经济改革和发展的红利，也成为可以利用的资本力量。

伴随着招商引资和进出口贸易的迅速发展，中国通过长期国际收支顺差积累起了世界上最大的外汇盈余和储备。中国在2006年超过日本成为世界上持有外汇储备最多的国家，到2013年外汇储备已高达3.82万亿美元，远远地把世界其他国家甩在身后，如此庞大的外汇储备为"引资购商"打下了雄厚的资本基础。

可惜的是，长期以来我们没有把实体经济辛辛苦苦挣来的外汇，去反哺实体经济，增强制造业实力，提升制造业水平，却将其绝大部分投向了以美元计价的西方国家货币资产和债券，尤其滑稽的是，竟然成为了美国的最大债权人。而且，由于自身的风险控制以及投资管理能力存在问题，当前中国外汇储备的实际管理收益率很低并经常为负值。国家巨额财富面临着保值和增值的困难，战略价值更无从谈起，看不出这样做对于我国的经济发展和金融安全有多大积极作用，反而动辄受制于美国财政和金融政策的威胁。

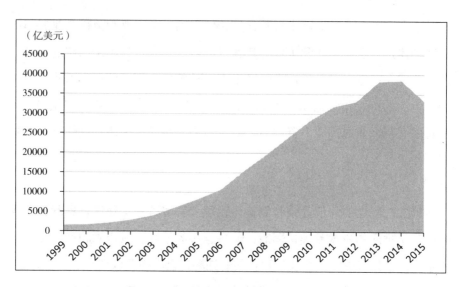

图 3-1　中国的外汇储备（1999—2015 年）

数据来源：国家外汇管理局

　　与此同时，无论是国际产业资本还是国际金融资本正大举进入中国投资市场。欧美日资本和我国港澳台地区资本最早进入，早已成为中国资本市场上的活跃力量。最近，海湾六国石油美元资本也准备调整其全球投资组合，准备重金进入中国投资市场。根据国家外汇管理局统计，2003 年以来，无论是经常项目还是资本项目下，我国国际收支几乎每年都保持双盈余状态，而且盈余额几乎每年都在 1000 亿美元以上，最高年份一举超越 5000 亿美元；就资本项目盈余额而言，尽管年度波动很大，但总体呈现出急剧扩大趋势。外商对中国制造业直接投资一直保持在每年 400 亿美元上下，最高年份超过 500 亿美元。与外资形成鲜明对照的是，尽管我国对外直接投资近几年急剧上升，2014 年超过 1000 亿美元，但我国制造业对外直接投资一直不到 100 亿美元。这不仅说明国际资本是我国对外"引资购商"可以利用的力量，也说明我国通过对外"引资购商"建设世界制造业强国还有很大的空间，也还有很长的路要走。

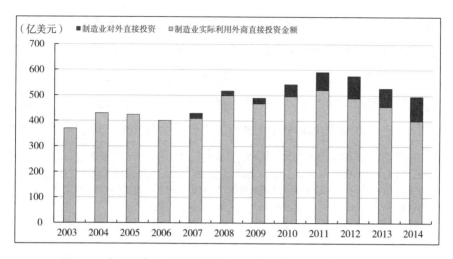

图 3-2　中国制造业对外直接投资和实际利用外商直接投资对比情况

数据来源：国家统计局

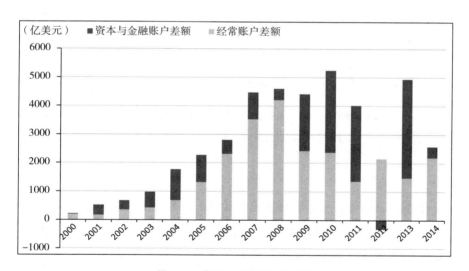

图 3-3　中国国际收支盈余情况

数据来源：国家外汇管理局

　　所以，"引资购商"可以使中国在外汇储备问题上化劣势为优势，在外资利用问题上化被动为主动。通过充分利用巨额外汇储备和国际资本支持获得一批世界级的跨国公司，拥有其核心产品、技术、工艺、品牌、研发及供应链体系,借以加速国内产业和产品结构升级,促进产业和企业增长方式转型,提升产业和企业国际综合竞争能力,为人民币国际化打造坚实的产业基础,从而将实施《中国制造2025》国家战略规划、建设世界制造业强国和发挥巨额外汇储备优势、提高外汇储备财务收益、引导外资进入实体经济、推动人民币国际化进程等有机地结合起来,可谓是最为有效的一举多得、一举大得的外汇储备利用方式。

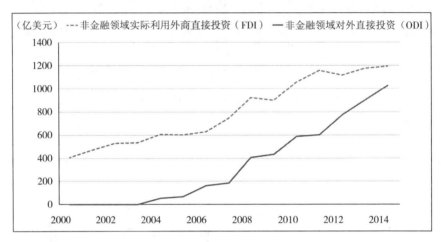

图3-4　中国非金融领域对外直接投资及非金融领域实际利用外商直接投资对比情况

数据来源:国家统计局、历年中国统计年鉴、历年统计公报

第四,欧美国家及日本经济陷入低迷,西方工业企业遭受打击,主要货币汇率持续走低,而中国经济仍能保持中高速增长水平,为"引资购商"实施跨境并购提供了千载难逢的机遇,也为并购之后预留出了足够的企业价值增长空间。

2008年世界金融危机横扫欧美国家和日本,至今已有7年时间,欧美国家和日本经济仍不景气,尤其是欧洲国家,经济低迷,工业低迷,汇率更低迷,而且看起来还要低迷下去,其经济增长速度大多在2%以下徘徊甚至为负数,失业率长期高企甚至有些国家高达40%,欧元、英镑、日元对美元和人民币汇率持续贬值。反观中国，虽然经济增长出现了新常态，但 GDP 增长速度仍保持在 7% 上下，远远领先于世界主要经济体，这为我国"引资购商"提供了千载难逢的机遇。从近几年国际并购案例来看，欧美市场上的并购活动明显增多，而且不乏中国企业对欧美企业发起以小博大、以弱夺强的跨境并购事件。统计数据显示，2014 年中国企业并购欧美企业的总数为 209 例，比 2008 年的 71 例大幅增加，其中，联想以 28 亿美元收购摩托罗拉智能手机业务，再次引起国际社会感叹。

欧美国家和日本经济持续低迷，为我国对外"引资购商"减少了障碍。一是减少了政治障碍：欧美国家和日本长期出于意识形态歧视和知识产权保护因素，对于发展中国家尤其是中国对其企业发起并购具有强烈的抵触和歧视心理，常常设置很高的政策壁垒。而在经济持续低迷状态下，为了尽快拉动国内经济增长，需要积极吸引外资，拓展在中国的市场空间，政治上会保持更为宽松的态度。二是减少了竞争对手：欧美国家和日本经济强盛时期，相对于许多发展中国家，其国内先进制造企业通常富可敌国，凡有企业有意出售，无论是在财务实力上，还是在文化认同上，中国企业都很难有优势。现在，很多欧美和日本企业自身难保，处于风雨飘摇之中，对外并购能力大大下降，反而成为被并购目标的可能性大幅度增加，我们对外"引资购商"的竞争对手也大幅度减少。

西方工业企业遭受打击，经营业绩下滑，企业市值下降，为我国进行跨境并购提供了安全边际。在金融危机之前，拥有世界先进技术、设备、工艺、品牌、研发及供应链体系的工业制造企业，即使遭遇财务危机或经营困境，往往出于种族偏见和制度文化差异因素，一般也不太可能愿意出售给中国企业；即使有个别企业愿意出售给中国企业，其高昂报价也是中国企业不愿意接受的。在金融危机之后，由于难以承受成本激增与市场低迷双重压力，不少国际顶尖制造企业都经营惨淡，裁员减产，甚至主动求售或宣告破产。这时，不仅不太在意收购方来自哪国，而且报价也相对合理,如果由中国企业接手,对其无疑是雪中送炭,不仅可以降低生产成本,增强企业竞争力,而且可以进入中国市场,拓展中国市场空间,更可以改善经营业绩,提升企业价值。

欧元、英镑、日元对美元汇率稳中有降,而美元对人民币汇率持续走低,则进一步降低了我国对外"引资购商"的成本。金融危机以来,欧元、英镑、日元汇率在大幅度波动与震荡之后,还是没能避免一路走低的命运。统计数据显示,2005 年美元兑人民币的平均汇率在 8.20 以上,2015 年 6月底跌至 6.22 左右;欧元、英镑、日元(100 日元)、加元兑美元的平均汇率分别在 1.25、1.82、0.91、0.83 左右,2015 年 6 月底分别跌至 1.12、1.52、0.83、0.81 左右;2005 年,欧元、英镑、日元(100 日元)、加元兑人民币的平均汇率分别在 10.20、14.92、7.45、6.77 左右,2015 年 6 月底分别跌至 6.95、9.45、5.17、5.04 左右,这意味着我国以人民币或美元外汇对欧美

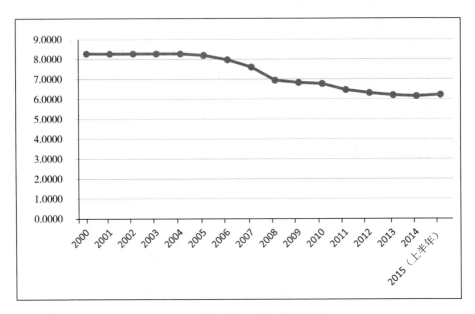

图 3-5　美元兑人民币汇率走势图

数据来源:国家统计局

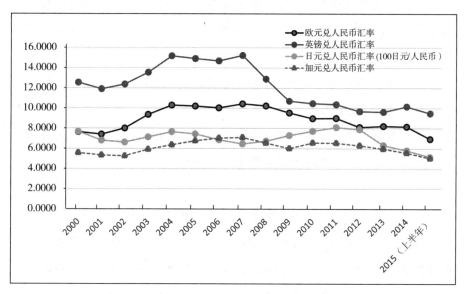

图 3-6　欧元、英镑、日元、加元兑人民币汇率变化图

数据来源：国家统计局、彭博数据库

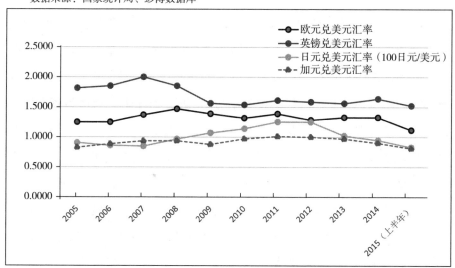

图 3-7　欧元、英镑、日元、加元兑美元汇率变化图

数据来源：国家统计局、彭博数据

和日本高端制造企业进行跨境并购的成本已大幅降低。曾经价值百万欧元的欧盟资产，2005 年平均价值 125 万美元或 1020 万元人民币以上，而到 2015 年 6 月底平均价值降为 111 万美元或 695 万元人民币；曾经价值 1 亿的日元资产，2005 年平均价值 82.64 万美元或 745 万元人民币以上，现在平均价值降为 81.30 万美元或 517 万元人民币。因此，中国对欧洲和日本企业进行跨境并购，正处于比较有利的时机，不仅可以缓冲人民币升值压力，还可以化解大量持有美元储备的汇价损失。

第五，"引资购商"将全球高端制造价值链及其高价值配套环节引入中国制造业，中国比较成本优势和广阔市场空间将使其全球销售收入和利润具有倍增潜力，日益开放和融合的国内外资本市场也为其跨国重组和上市打开了方便之门，这使得"引资购商"作为跨国投资活动具有足够安全的退出通道和获利空间。

"引资购商"将全球高端制造价值链及其高价值配套环节引入中国制造业，但投入的并购资本能不能获得安全合理的投资回报，这是"引资购商"能不能取得商业成功的关键问题。如前所述，相对于欧美发达国家和日本，高端制造业在中国仍具有明显的比较成本优势和广阔的市场发展空间，国外被并购企业不管是与中国国内同类企业进行重组整合，还是将其高端价值链及其高价值配套环节复制到中国来，其全球销售收入和利润都具有倍增的潜力，这是"引资购商"在实体经济层面取得成功的保证，也是"引资购商"在资本运作层面取得成功的基础。国内外资本市场日益开放和融合，为被并购企业跨国重组和上市打开了方便之门，在实体经济层面取得成功的基础上，对外购商所投入的资金将具有足够安全的退出通道和获利空间，从而回报引资平台的投资者。事实上我们对一起成功的"引资购商"的评价，就是以这起"引资购商"的年化平均投资收益在 15% 以上作为成功与否的评判标准的。

第六，国家出台一系列政策措施，尤其是推出"一带一路"国际发展战略和《中国制造 2025》纲领性规划，与中国企业"走出去"战略良性对接，为我国推行"引资购商"、整合全球优势资源创造了良好的国际环境和政策环境。

当前，中国劳动力丰裕而资本短缺的时代正在成为过去，国内资本积累和国家外汇储备日益丰厚，中国已成为世界对外直接投资的大国。自2003 年起，中国政府开始提倡中国企业"走出去"，更加全面和深入地融入世界经济和国际分工体系中。特别是十八大以来，中国经济进入新常态，经济增长的速度和动力发生了变化，国家提出了"一带一路"国际发展战略和《中国制造 2025》纲领性规划，力争重塑中国和中国制造业的未来发展优势。

新形势下，跨境并购政策利好频出。2014 年 9 月，商务部发布新修订的《境外投资管理办法》，确立了"备案为主、核准为辅"的管理模式。人民银行和银监会相继出台了鼓励自贸区金融创新措施和《商业银行并购贷款风险管理指引》文件，证监会也大幅放松了对上市公司实施并购活动的限制。国家相关政策的不断推出为"引资购商"提供了宽松的政策环境和强大助力。

2015 年 3 月，中国政府制定并发布《推动共建丝绸之路经济带和 21世纪海上丝绸之路的愿景与行动》，标志着"一带一路"正式成为我国寻求更大范围资源和市场合作的世纪大战略，以此将亚欧非各国之间的互利共赢合作推向新的历史高度。这不仅将为"引资购商"创造更加有利的国际环境，也将促进中国要素流动转型和国际产业转移。通过"一带一路"建设，帮助沿线国家和地区进行道路、桥梁、港口等基础设施建设，发展纺织、服装、机械、家电甚至汽车制造、钢铁、电力产业等，既可以充分利用、转移和输出我国中低端生产制造能力，帮助沿线国家和地区提高经济发展水平和生产能力，也可以顺应我国产业技术升级的需要，为我国发展高端制造业和高端制造环节腾出资源和空间。"一带一路"构建了主要面向发展中国家和新兴经济体的对外开放格局,由此所实现的巨大市场空间和更高的市场增长潜力意味着我们的优势产能将有着更优越的规模经济性、更有利的成本条件、更充沛的资源保障,为我们发展高端制造业及高端配套环节、掌握产业链主导权、实现创新引领的经济增长提供了优良的产业环境,成为"引资购商"取得丰硕商业成果的有力保障。

在"引资购商"的新思维下,《中国制造 2025》和中国企业"走出去"战略将实现良性对接,中国制造业将通过利用国内国外两种资源和两个市场加速转型升级。"引资购商"在《中国制造 2025》和"一带一路"等国家战略推动和政策环境支持下,必将为中国培育出一批属于自己的站在世界产业巅峰的顶尖跨国公司,引领和加速中国经济转型升级,开创出一个中国企业纵横天下、引领世界产业潮流的新时代!

四、"引资购商"的紧迫性

机不可失，时不再来，"引资购商"对中国和中国企业而言是十分紧迫的。

第一，"引资购商"可以及时应对第四次工业革命浪潮的颠覆性冲击。

随着现代通信和信息技术的迅猛发展，以数字化、网络化、智能化为特征的第四次工业革命浪潮方兴未艾，有可能对国际经济和产业格局产生颠覆性冲击，从而对未来国际政治和经济秩序产生深远影响，全球竞争格局也将因此而发生重大变革，我国在新一轮国际产业升级中面临着严峻挑战。金融危机以来，为了把握第四次工业革命所带来的机遇，进一步加强在先进制造、高端装备、生物医药、新型能源、新型材料等实体经济领域的领先优势，发达国家纷纷实施"再工业化"战略，以重塑本国制造业的竞争优势，抢占新一轮全球贸易和投资的制高点。美国在推动"实体经济回归"和"制造业回流"，德国在推进工业4.0升级版战略，日本在发动新经济振兴计划。一些发展中国家也在加快谋划和布局，积极参与全球产业再分工，承接产业及资本转移，拓展国际化发展空间。因此，我国制造业面临着发达国家和其他发展中国家的双向挤压。根据上文对"引资购商"的可行性分析可知，我国制造业目前具有难得的"引资购商"机遇和条件，但如果继续拖延下去，这些机遇和条件必将发生重大变化，我们可能会错失历史良机。因此，我们必须放眼全球，固本培元，加紧战略部署，着眼建设制造强国，化挑战为机遇，抢占国际制造业新一轮竞争的制高点，决不能错失历史良机，更不能留给后人以任意贬损的机会。

第二,"引资购商"可扭转目前的经济下滑趋势,助力国家跨越"中等收入陷阱"。

"中等收入陷阱"似乎是国家发展中的宿命。拉美国家经济在经历了20世纪50至80年代的快速增长之后落入"中等收入陷阱",至今仍在痛苦地挣扎;日本经济经历了二战后的超级繁荣,但在进入20世纪90年代之后骤然减速,出现"失去的20年"。经过三十多年的高速经济增长,中国已经进入中等偏上收入国家行列,并成为世界第二大经济体,但和20世纪80年代的拉美国家一样,开始面临着"中等收入陷阱",也和20世纪90年代的日本一样,存在着严重的资产泡沫问题,同时,有效需求不足、贫富差距拉大、出口增速下降、经济增速下滑等问题日益突出。从长期来看,如果不能继续保持中高速增长,中国经济很容易滑向"中等收入陷阱"。从短期来看,中国资本市场和房地产市场孕育着多种风险,一旦爆发,会对实体经济造成巨大伤害。当前7%的经济增速创造了中国15年来的新低,很有必要借力30余年来经济高速增长的惯性,通过"引资购商"加速实体经济转型和经济增长方式转变,在传统经济发展模式的增长动力衰竭之前形成新的经济增长动力,避免像拉美和日本经济那样突然失速,陷入长期停滞,从而激发资本市场和房地产市场危机。

第三,"引资购商"可以迅速阻止我国目前面临的产业平庸化趋势,追赶世界最先进、最顶端的制造技术水平。

中国处在全球价值链分工体系中中低端位置,工业制造技术研发能力和水平还远远落后于西方工业发达国家。中科院中国现代化研究中心发布的《中国现代化报告2015》显示,2010年中国工业经济水平比德国落后约100年,比美国落后约80年,比日本落后约60年。虽然研究角度未必全面,数据未必严谨,但趋势还是让人触目惊心的。金融危机以来,随着劳动力、土地、资源等生产要素成本的快速上升,以往落地中国的中低端制造业开始向印度、越南、印尼、马来西亚、孟加拉国等生产要素成本更低的发展中国家转移，而中高端制造业面临着欧美和日本、韩国等发达国家的激烈竞争，并出现明显回流趋势。如果不及时采取重大应对措施，我国中低端制造业将继续流失，中高端制造业将不断回流，同时，高端制造业又很难通过招商引资方式吸引过来，那么，中国制造在全球价值链分工体系中的生存发展方向将会被发达国家和其他后发展中国家不断挤压，产业平庸化趋势将愈演愈烈，工业制造技术研发能力和水平滑坡，造成实体经济衰退，国家经济保持在中高速平稳发展基本目标将会遇到越来越多的困难。

要想振兴制造业，防范产业平庸化，阻止技术能力和水平滑坡，中国唯一的选择就是从中国制造转向中国创造。抓住当前社会资本和外汇储备比较充沛时机，通过"引资购商"在国际范围内选择和购买高端制造企业，吸收和消化其先进技术、工艺和管理经验，阻止中高端制造业向发达国家回流，留住中高端制造企业及其供应链，培育和发展高端制造企业及其供应链。

第四，"引资购商"可以满足民众目前对提高就业和收入水平的强烈诉求。

根据其他国家的发展经验，人均收入进入中等国家行列的时期是各种社会矛盾的集中多发期，只有保持经济持续高速增长，才能不断提高民众就业和收入水平，才能不断提高民众生存与发展质量，才能保持社会和政治稳定。在当前人口红利和生产成本优势逐步消失的大背景下，只有从提高技术研发水平和资金利用效率入手才能保持经济继续增长。"引资购商"能够同时从资本和技术入手提高社会生产率，进而提高人均产出率，提高居民收入水平。所以，通过"引资购商"促进制造业转型升级，才能实现保就业、保增长、保稳定的国家政策目标，为在发展中解决矛盾和化解矛盾争取足够的时间和空间。

第五,"引资购商"可化解迫在眉睫的地方债务危机和房地产泡沫。

中国经济风险集聚的两大爆发点是地方债务和房地产业,而地方债务又和房地产业联系密切。目前很多地方政府高度依赖土地财政偿还债务,一旦土地财政枯竭,或房地产市场调整严重影响到地方政府卖地收入,那么地方债务危机就会有全面引爆的风险。在这种情况下,政府对房地产问题也无可奈何,既担心泡沫现在破裂殃及地方政府债务和银行贷款安全,导致金融经济危机,又担心泡沫继续膨胀引发社会不满和动荡,导致社会政治危机。

地方债务危机和房地产泡沫,只有在经济持续高速增长中才能逐步化解。首先,地方债务偿还依赖于地方财政收入增长,而地方财政收入增长的主要方式是地方政府税收增加,在现有税率制度不变的情况下,只有保持地方经济高速增长才能带动地方税收的快速增长。其次,要让房价不跌,又要消除民众对高房价的不满,唯一的办法就是增加民众的收入,使民众能够接受高房价,这归根到底还是要保持经济高速增长。因而,化解中国地方债务危机和房地产风险的根本办法在于使经济保持高速增长。从短期来看,经济增长速度已经下降到7%左右,仍处在下降通道中,要保证到期的地方债务能够偿还,地方政府的最终选择是尽快提高经济增长速度,因此,通过"引资购商"实现经济产业结构转型和经济增长方式转变,对中央和地方政府来说都是一种最好的可行性选择。

第六,"引资购商"必须把握住目前的世界经济低谷时期。

2007年美国次贷危机后,全球经济整体上陷入低迷,欧美国家和日本货币贬值,企业盈利状况变差,破产率升高,这为我国企业实行跨境并购提供了更多机遇;经济低迷、经营状况变差使国外企业更愿意接受收购要约，也使被购企业市值降低，有利于收购方以较低的对价达成并购交易。

2014 年以来，美国经济出现复苏迹象，欧洲的希腊债务危机近期又有所缓解，俄罗斯成功扛住欧美经济制裁，印度经济增长开始提速，这些都为全球经济复苏创造了一定基础。中国应在全球经济实现全面复苏之前快速推出"引资购商"政策，在国外高端制造企业价值回归之前对其实施购并。否则，一旦企业经营状况大幅度改善，会使其所有者降低转让意愿，也会导致我国企业和投资者因目标企业报价太高而不愿意接手，或接手后经济回报很低反过来又会造成产业并购整合基金募资困难，最终都会影响到"引资购商"的投资效果和战略意图的实现。

第七，"引资购商"决不能错失当前我国外汇储备比较充沛的条件。

长期的国际收支尤其是贸易顺差使我国积累了巨额外汇储备，2015 年 6 月末，中国外汇储备余额为 3.69 万亿美元，占全球外汇储备的 1/3。但我国外汇储备存在大幅减少的风险：一是从 2011 年起我国开始出现贸易逆差，通过贸易增加外汇储备会越来越难；二是由于自身投资能力和风险管理水平问题，外汇储备的收益率很低甚至有时为负值，国家财富面临保值增值的困难；三是全球范围内的量化宽松政策会使我国的外汇储备存在贬值风险；四是外汇储备主要投资于以美元计价的西方货币资产、国债以及对其他发展中国家的直接投资，很少用于投资并购国外优质企业。此外，日本、韩国等外贸型国家，以及印度、印尼、越南等发展中国家，在经济转型和承接中低端制造业转移之后也会拥有大量外汇资产，会在我国"引资购商"过程中与我们竞争，增加我们的购商成本和难度。

第八，世界经济一体化与区域化发展趋势对"引资购商"构成了严峻挑战。

一体化趋势体现的是相互开放、相互渗透和相互融合，不断地重塑着国际产业分工协作体系；区域化趋势体现的是相互区隔、相互分离和相互独立，持续地强化着国际产业多元竞争格局。任何一个国家、任何一个地区直至任何一个企业都希望在国际产业分工体系中居高临下，在国际产业竞争格局中养尊处优，但只有极少数国家、地区和企业有条件、有能力、有机会达到这一步。以欧美为代表的西方工业发达国家目前处在领先位置，以金砖国家为代表的部分发展中国家正奋起直追。如何积极顺应国际经济一体化与区域化的发展趋势，实现国家富强、民族振兴目标，这是摆在每一个发展中国家和地区面前的重大课题。中国前有西方工业发达国家堵截，后有多个新兴经济体围追，要想通过"引资购商"建设世界制造业强国，既需要有强大的战略定力，也需要有只争朝夕的历史紧迫感。

五、"引资购商"的重大意义

"引资购商"对于我国具有多方面的重大意义，主要表现在：

第一，"引资购商"将为我国培育出新的经济增长点，为 GDP 高速增长和职工劳动收入倍增打开新的上升空间，也为国家财税收入健康增长、打破土地财政困境、化解地方债务危机奠定新的经济基础，助力我国大力推进《中国制造 2025》，一举跨越"中等收入陷阱"。

目前，我国面临着经济增长后劲不足，职工收入增速低于经济增速，国家财税收入过度依赖资源和房地产行业等瓶颈问题，"中等收入陷阱"危机初现。国家审时度势，推出"一带一路"国际发展战略和《中国制造 2025》经济转型战略，战略意图都在于打破经济发展瓶颈，跨越"中等收入陷阱"，成为世界制造业强国。

"引资购商"目的在于集中社会资本和国际资本，有计划有选择地并购国际高端制造企业及其高端配套环节，将其高端制造及研发环节复制到中国，通过进一步吸收、消化和提高其先进技术、工艺、管理和装备水平，促进我国经济产业结构转型和经济增长方式转变，培育出一批高端制造产业和新兴战略产业，助推我国经济提档升级，从而为 GDP 高速增长和职工劳动收入倍增打开新的上升空间，也为国家财税收入健康增长、打破土地财政困境、化解地方债务危机奠定新的经济基础，使职工劳动收入和国家财税收入增长建立在国民经济增长的基础之上，只有这种同步增长才是健康的、可持续的增长，才能够真正助力我国跨越"中等收入陷阱"，实现《中国制造 2025》规划目标。

第二，"引资购商"将打破全球制造价值链中利益分配格局严重不均衡的局面，加速中国制造形成国际竞争能力的进程，使中国制造在新一轮的国际分工过程中夺取主导地位，掌控国际贸易的定价权和话语权。

20世纪80年代之后，欧美等发达国家聚焦高附加值的核心业务，把低技术、低附加值的加工组装环节外包出去，而中国通过招商引资承接了国际产业转移而发展成为"世界工厂"，逐渐嵌入到了全球价值链中。但是这个价值链是由西方工业发达国家主导的，中国位于中低端环节，与处于价值链中高端位置的西方工业发达国家相比，所获得的经济利益相差极其悬殊，对国际贸易的定价权和话语权与我们的贸易大国地位也极不相称。中国1亿件服装还换不来一架空客飞机，几万名工人的劳动价值还比不上微软一件专利所创造的价值，这种尴尬现象存在于很多产业领域，说明国际贸易利益分配格局严重不均衡。

"引资购商"，意味着有选择地获取国际高端制造业中的战略性资产，意味着国际高端价值链及其关键配套环节向中国复制，意味着在全球货币和资本市场变化中捕捉战略时机，意味着中国制造以积极主动、开放包容的心态融入世界。"引资购商"凭借引资所形成的资本优势，凭借购商所形成的"所有权优势"，实现中国从国际产业价值链的参与者向整合者转变，从国际贸易规则的接受者向制定者转变，使中国制造通过直接植入而快速升级形成国际竞争能力，在新一轮的国际产业分工过程中夺取主导地位，掌控国际贸易的定价权和话语权。

第三，"引资购商"以国内市场为基础，统筹国内国外两个市场，有利于高效刺激国内消费需求增长和促进国内消费结构提档升级，从而带动经济保持中高速增长。

三十多年的招商引资使得中国成为"世界工厂"，其特点是两头在外，大进大出，从国外大量进口原材料和关键零配件，再向国外大量出口产成

品和半成品，但关键技术和零配件的研发生产仍由国外掌控。这一政策的
实质是利用中国的人口红利，将投资和出口作为拉动经济增长的双引擎，
以成本洼地吸引资本流入，以价格优势拉动出口增长。由于招商引资所承
接的产业转移在国际产业分工体系中处于中低端环节，所获取利益十分微
薄，中国劳动力作为制造企业的雇员，收入水平不高；同时作为制造产品
的消费者，消费能力也有限。

"引资购商"通过国际并购获得国外领先技术、工艺、品牌和管理经
验服务于国内制造业及关联配套产业升级，一方面可以支撑更大幅度的劳
动力价格上升，保证企业雇员获得更优厚的收入和福利，大幅度提高对高
品质产品的消费能力；另一方面，由于拥有更优越的成本条件、技术水平
和创新能力，高科技创新产品供应不断涌现，进一步刺激国内消费结构提
档升级，从而拉动经济实现中高速增长。

**第四，"引资购商"有助于实现政府职能转变，充分发挥金融资本市
场的杠杆作用，以市场化手段引导社会资本和国际资本进入中国实体经济
领域，以促进经济产业结构调整和经济增长方式转变。**

招商引资操作是政府主导，市场化程度不高。作为行政主体，政府的
市场敏感度和商业洞察力远远不如金融家和企业家，由行政主体从事市场
行为，容易出现决策失误和效率低下等问题。而地方政府靠比拼"政策吸
引力"招商，不仅消耗了地方经济资源，也导致人为的区域市场壁垒和行
业生产过剩，从而导致地方政府仅仅依靠土地、矿藏和传统产业优势来发
展经济而变得越来越不可持续。

"引资购商"依靠的是市场机制，由市场在资源配置中起主导作用，
政府在其中起指导或引导作用，而企业家和投资家则根据自己对国内和国
际的商业洞察力进行战略决策和行动。通过跨境并购整合，充分发挥企业
家、金融家的商业运作能力和金融资本市场的杠杆作用，使中国制造业得

以集聚国际高端生产要素，向国际高端产业价值链及其高端价值环节挺进。

在金融、互联网、房地产等经济泡沫高涨，大量金融资本脱离制造业而向外游离的今天，"引资购商"通过改变政府、市场与企业之间的角色关系，形成政府引导、企业主导、市场调节的合作机制，使得游离在外的金融资本重新回归制造业，不仅有利于重振制造业，也把制造业与服务业、金融业之间的市场关系导入良性互动轨道，从而促使产业结构调整和协同发展，实现经济增长方式转变。

第五，"引资购商"有助于充分利用我国已经十分庞大的外汇储备和超前建设的基础设施，革除外汇储备日益庞大所造成的弊端，避免基础设施超前建设所形成的浪费，兴利除弊，增强对未来国际经济发展趋势的驾驭能力。

一方面，我国国际收支顺差积累起日益庞大的外汇储备，由于结售汇制度的存在造成国内人民币流动性泛滥，对国内通货稳定和经济增长形成负面影响，对国外人民币汇率稳定和出口贸易增长也形成巨大压力，同时，由于外汇储备投资管理能力不高，每年收益很低甚至为负数。2003 年以来，中国对外直接投资从开始起步到迅猛发展，目前已出现超越外商直接投资的趋势。根据联合国的《国际投资报告》，中国成为仅次于美国的世界第二大对外投资国，对外直接投资金额在 2014 年底达到 1160 亿美元。中国对外直接投资的迅猛增长主要源于外汇储备的持续攀升，但从投向结构来看，中国对外直接投资真正用于制造业跨境投资与并购的比例仍然偏低，不到 9%，同时，中国在外汇储备管理上仅以保值增值为目标，以获取金融资产收益为主，偏重于投向以美元计价的西方货币资产和债券，处于低效运作和利用状态，未能对国内实体经济转型发展形成有效支持。

另一方面，无论是中央政府推出的历次货币量化宽松，还是地方政府形成的庞大债务，其中大部分都投向了基础设施建设，中国因此而具有世界领先的高速公路、铁路和航运系统，也具有非常发达的互联网、通信设施，还具有大片空置的工业厂房和民用建筑，这些超前建设的基础设施已远远超越我国目前的生产和生活需要，如果不能尽快有效地利用起来，将形成我国宝贵资源的大量闲置和浪费。

而"引资购商"则可以通过集中资本实施跨境并购，把国际先进的高端制造企业及其高端制造环节引入中国，把巨额外汇储备转变为促进实体经济转型升级的资本优势，把超前建设的基础设施转变为发展高端制造业的有利条件，从而兴利除弊，扩大我国实施《中国制造2025》战略规划的基础优势和资本实力，增强我国对未来国际经济发展趋势的主动驾驭能力。

第六，"引资购商"可以为我国迅速培养出世界顶尖的科技研发人才、高水平的技术熟练工人和国际化的职业经理人队伍，大幅缩小我国与西方工业发达国家之间的科学技术差距，从而加速我国从科技大国迈向科技强国的历史进程。

改革开放以来，尽管我国在科技领域取得了长足进步，但与西方工业发达国家仍存在着巨大差距，这不但体现在航空与汽车发动机、半导体芯片、航天飞机、数控设备中心、工业机器人、生物医药、高新材料等前沿科技产业领域，也体现在科研人才、技术工人、职业经理人等科技和管理人才方面。

"引资购商"可以跨境并购国际最高端制造企业及其高端配套环节，通过学习、消化、吸收和提高其最先进制造技术、工艺、装备、研发体系和管理经验，促进科学技术转移和管理经验交流，为我国迅速培养出世界顶尖的科技研发人才、高水平的技术熟练工人和国际化的职业经理人队伍，大幅缩小我国与西方工业发达国家之间的科学技术差距，使我国从科技大国迈向科技强国，从职业从业人员大国迈向职业经理人管理强国，为早日把我国建设成为世界制造强国奠定科技基础，提供创新动力。

第七，"引资购商"是有利于我国外汇储备取得增殖收益的对外投资，也是对我国的经济发展产生正反馈作用的对外投资，从而能够实现我国对外开放从量的增长发展为质的飞跃。

"走出去"战略提出以来，中国开始倡导中国企业对外直接投资，同时，为了实现外汇储备的保值增值，中国也开始通过国家主权基金等途径对巨额外汇储备加以利用。近年来，随着中国对外经济的发展，越来越多的中国企业、中国公民赴海外进行跨境投资，中国已经成为世界第二大对外投资大国。随着"一带一路"以及人民币国际化战略的深化，中国的资本账户将更加开放，中国的对外投资将势不可挡地继续保持增长。作为一个发展中国家，中国日益增长的对外投资是一个全新的历史现象，但是，与之形成反差的是，中国的对外投资行为在理论层面尚缺乏高度的概括和指引。

为了对我国的对外投资行为进行概括分析，我将对外投资从两个角度进行了分类。首先，我根据对外投资对外汇储备的影响把对外投资划分为两类：A 外汇储备耗散型对外投资；B 外汇储备增殖型对外投资。A 和 B 的区别在于当前对外汇储备的使用是否会带来未来外汇储备的持续增量流入。其次，我按照对外投资对母国经济的影响把对外投资分为三类：I 正反馈；II 负反馈；III 零反馈。所谓反馈，就是指对外投资对母国经济的作用机制，当对外投资对母国经济的净影响为正就称之为正反馈，对母国经济的净影响为负就称之为负反馈，对母国经济既不会产生正面效应也不存在负面效应，就称之为零反馈。

按照这两个对外投资分类标准，我国的对外投资可以表示如下：

表 3-1　我国对外投资类型的划分

	对外投资方式举例	增值类型	反馈类型
（1）	国家主权基金投资	B（增殖型）	III（零反馈）
（2）	国企资源型投资	A（耗散型）	III（零反馈）

续表

	对外投资方式举例	增值类型	反馈类型
（3）	引资购商	B（增殖型）	I（正反馈）
（4）	中国公民投资海外房地产	A（耗散型）	III（零反馈）
（5）	中低端制造业海外转移	A（耗散型）	II（负反馈）

举例来说，国家主权基金投资虽然有利于实现外汇储备保值增值，但是由于其财务投资的属性与国内经济没有建立起联系，因此属于增殖型、零反馈对外投资。国企资源型投资主要集中在传统能源和矿产领域，资源行业周期性高、价格波动大，近期资源商品价格大幅下挫使得这类对外投资的存量资产还出现了负收益，同时由于资源商品属于全球可贸易品，海外资源投资并不能起到降低国内资源投入成本的作用，因此，国企资源型投资可以被概括为耗散型、零反馈对外投资。近期涌现出的中国公民、企业投资海外房地产的行为则一方面消耗了现有的外汇储备却不能带来未来的外汇储备增长，另一方面这种发生在海外的消费行为对于我国经济增长没有起到任何实质性作用，因此是一种耗散型、零反馈的对外投资。而中低端制造业海外转移所伴随的对外投资则在消耗外汇储备的同时造成国内投资和雇佣机会向海外的移转，因此是耗散型、负反馈的对外投资。

"引资购商"很明显是增殖型、正反馈的对外投资，在所有的对外投资方式中有着极为突出的优良品质。"引资购商"是以掌控高端生产性资产为目的的权益型对外投资，这种对外投资能够显著提升国内投资效率和劳动收入，还能够以产业链高端环节的支配地位带动相关配套工业和服务业发展，是一种能够对中国经济发展产生正反馈作用的对外投资。"引资购商"改善了我国的对外经济结构，提升了我国的产业素质和国际竞争力，从长远来看必将实现外汇储备的增殖，从而是一种外汇储备增殖型的对外投资。

通过积极实施"引资购商"，中国的对外开放必将从量的增长发展到质的飞跃，从而进入一个全新的历史阶段。

第四章 如何实施"引资购商"

一、启蒙者的探索之路

"引资购商"的商业逻辑十分简单，但是没有广阔市场背景支撑的制造企业整体收购风险很大，能够上升到国家战略高度的高端制造业的并购行为更是历史上鲜见。

随着中国整体经济实力的增强，特别是 2001 年底加入世贸组织后，中国的企业，不管是国企还是民企，对走向国际化都跃跃欲试，尝试了多次很有轰动效应的跨国并购。其中，制造业也不乏抓人眼球的并购，但总的来说，这些制造业的并购，有的成为跨国并购失败的典型案例被写入了教科书；有的还迷失在并购后焦头烂额、不知所措的整合之中；而真正能确立企业全球竞争优势地位、打通国际国内技术和市场、带动国内产业有效升级的跨国并购却是凤毛麟角。

分析这些案例，不难发现中国海外并购中的最大掣肘因素是缺乏一支忠诚且具有国际水准的职业经理人团队，而且更缺乏具有国际视野的企业家及其决策团队。

案例一：上汽收购双龙汽车

2004 年至 2005 年，上汽斥资 5 亿多美元，前后两次收购韩国双龙汽车（Sang Yong Motor）的股份至 51.33%，成为绝对控股的大股东。韩国双龙汽车曾是韩国继当时现代（Hyundai Motor）、起亚（KIA）、三星（Samsung Motors）、大宇（Daewoo）之后的第五大汽车制造商，素以 SUV 车款（运动型多功能汽车）闻名，也有"韩国奔驰"之称，在韩国高端汽车品牌中具有较高地位，但在 1997 年亚洲金融危机爆发令整个韩国汽车业遭灾之后，随着韩国第一大车企现代和第二大车企起亚合并，三星汽车、大宇又相继被法国雷诺（Renault）、美国通用汽车（GM）收购，处在竞争激烈的韩国汽车市场之中的双龙，终究还是没能摆脱经营岌岌可危的命运，最终也被债务团甩手变卖了。对上汽而言，作为当时中国汽车业的顶梁柱之一，随着合资品牌桑塔纳、别克等汽车开遍大街小巷，也逐步滋生了进军全球、跻身世界的雄心，其并购韩国双龙汽车一是希望通过跨国兼并，学习构筑全球汽车经营体系，逐步构建自身的全球化战略；二是希望获得双龙的 SUV 以及世界先进水平的柴油发动机技术，与上汽自主产品体系形成有力互补，重组后可以充分发挥双方在产品设计、开发、零部件采购和营销网络的协同效益，提升核心竞争力。

然而韩国双龙本身在世界汽车市场上充其量只是一个三流品牌，其汽车销量多年徘徊在 9 万—15 万辆之间，出口比重不足 50%，国际市场占有率根本微不足道。而且在 2005 年前后，小排量、低油耗 SUV 汽车开始兴起，俗称"油老虎"的韩国双龙 SUV 已经出现了销量下滑的苗头，不巧之后 2008 年全球金融危机爆发让油价飞涨，就更加速了这一过程。不仅如此，韩国双龙汽车的动力技术和生产装配技术也主要仰仗的是德国奔驰（Mercedes-Benz），其世界领先的柴油发动机技术、豪华轿车等都是和德国奔驰联合开发的，而且其核心技术力量还是掌控在德国奔驰手中，一旦离开德国奔驰，韩国双龙汽车恐怕就会成为一个没有灵魂的躯壳。所以，这就意味着上汽根本不可能通过并购韩国双龙汽车实现技术升级的并购战略目标，这也映射出上汽的并购管理团队本身还缺乏国际视野，对于并购之后的技术和市场前景都明显高估了。

果不其然，并购后的双龙并未给上汽带来理想中的业绩，而且更致命的是，由于上汽也没有对韩国强势工会做出充分预案，特别是并购时还签署了《特别协议》，导致双龙工会强势到上汽管理层的每一个经营决策都要经过工会许可，令上汽在并购整合路上寸步难行。当初上汽设想中的技术引进在工会力量的反对下早已成为泡影；上汽与双龙管理层一起提出减员增效、收缩战线等"精兵简政"的计划也遭到了双龙工会的反对；而且工会每年的劳资谈判都会伴随着罢工，这让双龙在经营上更加雪上加霜。2009 年 1 月，双龙申请法院接管，上汽正式放弃对双龙的经营权。同年 2 月 6 日，韩国法院批准双龙的破产保护申请，正式启动双龙破产保护程序，意味着上汽对双龙并购的彻底失败。

这么一个三线品牌一点儿也不值得上汽费尽周折去收购，更不值得另签一份《特别协议》专门对工会做出让步，这再次表明当时上汽并购管理团队的国际视野和国际化企业管理能力较为不足，尤其对国际上的工会运作缺乏了解，导致后期并购整合陷入困境，举步维艰。这也充分说明了如果并购的决策者和组织者不能根据自己的战略意图在选择并购对象上做认真仔细的前期研究和论证，就会为最终并购的失败埋下祸根。

上汽花四十多亿元人民币为中国企业家买来了深刻的教训，中国的企业要实现国际化战略目标，企业家必须具备国际化的战略视野、国际化的管理能力和国际化掌控风险（包括法律、政治和财务风险）的能力，否则很可能并购后大幅亏损甚至血本无归。

如果当时上汽收购韩国双龙汽车时能够拥有一支具有国际视野的团队，根据自己的战略意图选择合适的并购目标，清晰了解当地的法律与文化障碍，知道采取何种最有效的方式解决国际并购中的各种冲突，获得整合主导权，就不会在错误的地方和一个错误的时机，选择一个错误的并购对象，签一份错误的并购补充协议，创造一个错误的并购案例。

案例二：联想收购 IBM 笔记本电脑事业部

2004 年 12 月 8 日，联想集团有限公司和 IBM 签署协议，以 17.5 亿美元的交易价格（其中 6.5 亿美元现金，6 亿美元联想股票换股，承担 5 亿美元净负债）收购 IBM 个人电脑事业部（PC 部门）。IBM 是当时全球计算机产业领导者，其笔记本品牌 Thinkpad 曾经横扫业内 3500 项大奖，拥有无可挑剔的技术性能，更被视为高端、品质和商务的象征，但是随着 PC 业务越来越低端化，IBM PC 业务的辉煌战绩被电脑新秀戴尔、惠普等的攻势逐渐淹没，1998 年 IBM PC 部门就出现过高达 9.92 亿美元的亏损，2001—2004 年累计亏损达 9.65 亿美元。当时 IBM 做出判断，至少在企业市场，个人电脑业务领域已经很难再出现大规模的创新机会，所以 IBM 要向具有高利润率回报的咨询及软件服务业务聚集，出售 PC 业务成为必然选择。联想集团是当时中国最大的 IT 企业，2000 年在国内 PC 市场占有率已经接近 30%，2003 年面对惠普、戴尔等风卷残云般的猛烈进攻，接连败退的联想集团最终顶住压力，建立"渠道+直销"双业务模式，绝地反击，成功逆袭。联想集团雄心勃勃地一举并购 IBM 这一国际 PC 机市场上的最高端品牌，是希望裹挟国内廉价的劳动力成本和当时极低的制造业综合成本优势，在坐稳国内 PC 市场龙头老大交椅的同时，能兵不血刃地占领国外 PC 机市场的战略高地，一跃成为国际同行中的领军企业。

简要回顾不难发现，联想通过收购 IBM PC 部门获得了 Thinkpad 高端商务品牌，也获得了 IBM 核心技术、研发人才、市场网络、渠道客户等稀缺资源，在国内市场站稳了高端品牌地位，成为了国内业界具压倒性优势的龙头老大，当然更重要的是进入了国际市场，使其在全球的 PC 市场份额从不足 3% 增长到了近 20%，成为世界上最大的 PC 生产商。但是略有遗憾，十年来联想一直没有夺得国际市场上个人电脑的话语权和定价权，冲击世界顶级品牌的战略目标也还没有实现。

不过值得肯定的是，在收购 IBM PC 部门过程中，联想通过双方在生产、研发和市场上的整合行动打造了一支具备国际视野和国际管理能力的职业经理人团队，这是联想本次收购最大的成功，也让联想有了足够的底气连续进行摩托罗拉手机和 IBM 低端服务器的并购。而且尽管联想在整合 PC 业务上一波三折，甚至需要柳传志二度出山，但我认为就整合 IBM PC 业务而言，也没有谁会比联想集团做得更好，现在联想集团已经进入世界电子行业大公司的行列，这份成就和荣誉就起源于联想对 IBM PC 部门的收购。所以说，在联想做强做大的道路上，收购 IBM PC 部门显然是一个重要的里程碑，在当代中国早期海外并购史中，这也是一个令国人自豪的海外并购案例。

案例三：吉利收购沃尔沃轿车

2010 年，吉利汽车耗资 15 亿美元从福特手中收购瑞典沃尔沃轿车公司（Vowo Cars Corporathon）100% 的股权，但是福特并没有转让沃尔沃最有价值的关于安全和环保方面的知识产权。福特选择出售对象的标准是不会对福特产生直接竞争，而吉利需要沃尔沃的品牌、技术和产品体系以及沃尔沃覆盖全球的营销体系。

不过此时沃尔沃早已失去自己的设计与制造平台和配件体系，这些早已被整合入福特平台体系当中。福特的平台体系又被业界称为品牌杀手，凡是纳入平台的品牌必然会失去自身特色与独立技术发展路线，变成福特平庸的影子。被吉利收购的沃尔沃早已变成一个没有技术灵魂的空壳子，重拾独立发展路线何其艰难。在不能使用福特知识产权平台的前提下，吉利如果要利用沃尔沃的设计和制造技术，只能和沃尔沃一起另起炉灶，建立全新共享平台。建设共享的设计与制造平台和配件体系必然是一项耗时弥久、投入巨大的工程。根据吉利发言人提供的信息，吉利在并购完成后，又陆续向沃尔沃投入 110 亿美元，未来还会再投入 110 亿美元。从这样大手笔的投资可以看出吉利在扎扎实实投入汽车工业的基础工作，带着雄心壮志做一家百年老店，而不是只做一些表面功夫，值得每一位工业人尊重。

然而国际上汽车巨头如通用汽车、丰田早已进入量产千万辆规模俱乐部，中等规模汽车如菲亚特 – 克莱斯勒（Fait-Chrysler）年销量虽然在 400 万辆以上，依然倍感生存压力。而吉利和沃尔沃汽车年产量加起来也不到 100 万辆。就规模经济而言吉利对沃尔沃的并购存在先天不足，注定了并购整合之路荆棘满途。对平台即期的高投入形成的负债与经营业绩增长严重不匹配，以吉利集团总资产 1261.6 亿元人民币、净资产 323.6 亿元人民币承担这样的投入，其结果必然会造成财务负担过重，甚至将来有可能拖垮吉利，这样的故事在海内外的并购史上屡见不鲜。如果吉利当初采用产业基金模式实施并购，则既可以避免财务负担过重，又可以通过资本市场实现投资人的顺利退出，从而实现多方共赢。

吉利收购沃尔沃这一海外并购案例给中国企业家走出海外提供了一些值得借鉴之处，其可借鉴之处在于，吉利集团当年作为一家只有 229.2 亿元人民币总资产（67.8 亿元净资产）的企业，筹集了 27 亿美元（184.4 亿元人民币）实施收购，其中各地政府直接投入或帮助吉利获得低息信贷支持共计 110 亿元人民币，成为吉利筹资的主要来源。同时也提出了中国企业家要想取得海外并购的成功，顺利完成并购只是中国企业国际化进程"万里长征"的第一步，而对并购企业的强有力的整合（包括技术、研发与市场整合），才会迅速提升企业的品牌价值。

二、海外并购缺少高端制造业成功案例的原因分析

高端制造业分为传统型与创新型。

传统型高端制造业如飞机制造、核工业等具有市场成熟度高、资本密集、技术密集、相对垄断等特点。并购这类企业的最大难点在于规模大、管理难度高,并购金额高,动辄过百亿、上千亿元人民币。

创新型高端制造业如机器人制造业、芯片制造业除了资本和技术密集以外,还具有长期持续性大规模投入,技术更新换代极快、风险高等特点。并购这类企业的最大难点在于后期投入高,技术风险高,运营风险大。

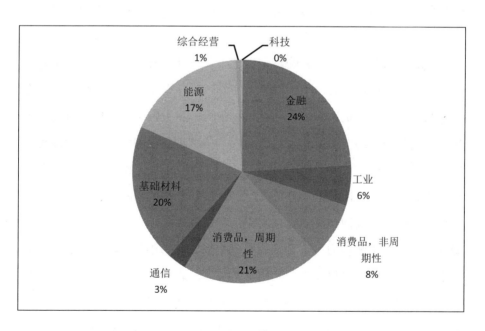

(注:2014年中国海外并购中,工业、科技和通信三个高端制造业比较集中涉及的并购仅占总并购金额的9%。)

图4-1 2014年中国海外并购分布(按目标行业划分)

数据来源:彭博数据库

正是基于高端制造业的以上特点，国内企业大多缺乏与之相匹配的管理能力和掌控能力，导致当前海外并购较少涉及高端制造业。最主要的症结在以下两点：

第一，自身管理能力和水平不够，担心无法掌控被收购企业，导致被收购企业经营恶化，甚至牵连到收购方本身。

中国企业并购的主要是发达国家的企业，在这一过程中，中国企业面临的主要问题不仅在于缺乏国际化管理经验，而且与被并购对象相比，管理水平与管理能力都没有优势。国外企业的股东如果有很高意愿出售企业，一定是该企业经营困难，赢利不足甚至亏损，这样的企业急需的是更高水平的管理团队，股东通常是在几经变换管理团队收效不大的情况下才出售企业。如果用"引资购商"办法并购这样的企业，却没有强势和高水平的管理团队进入，最终并购整合肯定不会成功，轻则举步维艰，重则血本无归。正是这种担心，而且也是真实的风险吓退了中国的海外高端制造业并购。中国企业走出国门十几年，尽管有不少失败案例，但也有一些成功案例成为今天的宝贵经验。例如2005年联想收购IBM PC部门后就遇到经营上的曲折，在2008年金融危机中，国际化的联想集团第三季度业绩出现严重滑坡，单季亏损9700万美元，成为联想历史上最惨痛的一次亏损。于是，柳传志再次回到联想，重新出山担任联想集团董事长。这个回归的老帅硬是压住了洋势力，将联想的业务市场回归中国市场，继沃德辞职之后不久，阿梅里奥也辞职，杨元庆重新担任了联想集团CEO。一场国际化风险，被柳传志通过回归国内市场强势化解，演绎了进一步退两步的无奈之举。联想并购IBM PC业务中，柳传志两度出山的故事，透露出中国"引资购商"的一个玄机，即并购外企之后，应充分开发中国市场，就有可能获得宝贵喘息时机，赢得整合重组的宝贵时间；除此之外还多了一条捷径，能让被购企业走向良性发展的空间。事实上，收购沃尔沃的吉利也正在利用中国汽车市场迅速发展的宝贵时机，试图使沃尔沃重焕青春，只是不知道是不是还有足够的时间，但是吉利选择的发展方向肯定是对的。

可惜像柳传志这样的中国企业家少之又少可谓凤毛麟角，畏惧海外高端制造业并购的重重风险，很多中国企业家都深恐识浅而谋大，力小而任重，终受其祸而不敢轻言介入。

第二，并购海外高端制造业，无论是传统型还是创新型，收购金额都是十分巨大，很多企业缺乏有效筹资途径。

大部分战略性、支柱性的海外高端制造业企业的市值少则十几亿，多则几百亿，甚至上千亿美金。面对这么庞大的收购资金，大部分中国制造业企业缺乏有效的筹资途径。以吉利收购沃尔沃轿车为例，吉利27亿美元筹资当中60%来自于政府支持甚至直接投入，否则以吉利区区229.2亿元人民币的总资产，67.8亿元人民币的净资产和高达70%以上的资产负债率根本筹措不到这么多资金。

以我非常看好的油服项目为例，威德福（Weatherford）是世界油服重量级美国企业，也是油服寡头阵营中规模较小的一家，目前市值约91亿美元，最终收购价格可能超过100亿美元。中国最大的民营油服企业烟台杰瑞石油服务集团股份有限公司总资产仅108.9亿元人民币，市值256亿元人民币。如果没有政府的引导资金以及在这个背景下的市场融资，仅由民企按照市场运作，以国内民企融资渠道的现状，上演蛇吞象的奇迹几乎不可能。

三、"引资购商"要求迅速培养国际化的企业家和职业经理人

通过"引资购商"收购国际一流高端制造企业，意味着收购方将同时接手被收购企业的企业实体、无形资产与市场，并实施有效重组和整合，以实现收购方的收购意图与战略部署。同时，世界领先的高端制造企业不仅是高端技术的聚集地，更是高端人才的聚集地，拥有成熟的管理体系与管理文化，这就要求收购方的职业经理人团队具有高水平的国际视野和管理能力。除了在全球范围内寻找和招聘行业顶级的职业经理人之外，突击强化培训职业经理人实际上是一条迅速定向建立职业经理人团队的捷径。培训在很多企业家看来是一个既耗时又费力的工作，但是磨刀不误砍柴工，有目标的定向培训反而是一项化难为简的工作。当然在"引资购商"的商业操作中，企业家本身的培训更为重要，因为最后的关键的拍板定案都是要企业家本人决定的，风险和利益的权衡责任更大，企业家的最终决断是任何职业经理人团队甚至外聘的顾问团队都代替不了的。所以在"引资购商"的商业操作中，企业家素质的提升是不能绕开的一个环节，而企业家素质的提升只能依靠培训一途，别无他径。

从 2013 年开始，我就带领我原来的格林柯尔集团和科龙集团的核心高管，共同策划和创建了超天才网职业经理人培训学院和超天才网企业家培训学院。超天才网职业经理人培训学院以职业经理人为培训对象，目标是培养出一支既了解中国国情又具有国际视野的最纯洁职业经理人队伍，形成中国企业走向国际市场的中坚力量。

我们还注意到中国民营企业家在改革开放以后才成长起来，短短三十多年的发展，民企对 GDP 贡献率已超过 60%。各种国有企业和民营企业集团、上市公司迅速壮大，他们的管理团队和企业家也都在长期的国际贸

易和国际合作中扩大了自身的国际视野，并且积累了大量与国外企业打交道的经验。然而与欧美两百多年的企业文化积淀相比，我们的企业家在如何通过并购整合、进一步做大做强并融入国际社会方面还有很多课程需要学习。超天才网企业家培训学院正是为培养具有国际素养的企业家的目的而设立的，目标就是培养在致命风险管控、海内外并购整合方面游刃有余的企业家。

经过这两年多的积累，超天才网职业经理人培训学院已经研究了几百家公司，其中大多数是上市公司，已经形成了几百份的公司研究报告。我们要求全部研究报告，必须对所研究公司的未来发展状态进行预测，并一直做跟踪研究报告。而在我们的培训中，我们正是通过比对这些跟踪研究报告来对学员的能力提升做出客观评价，和学员讨论并取得一致共识之后，写入学员个人培训结业档案，以向用人单位推荐或供猎头公司选用。在现有研究报告当中，我摘取了一些研究结论，举例如下：

1. 在金珍君担任李宁公司执行董事及执行副主席之初，我们研究结果就准确预测了当年在达芙妮取得巨大成功的金珍君，在李宁公司是不会获得成功的。果然，金珍君在李宁公司指挥了两年多一点儿的时间，就心灰意冷地黯然退出。

2. 我们成功估算京东上市前一年，即 2013 年的销售额为 680 亿元人民币，而不是当时刘强东向媒体披露的超过千亿元人民币，这与 2014 年京东上市时公布的 670 亿元相差仅为 1.5%。

3. 2013 年 9 月，我们对正在因限制"三公消费"而陷入困境的高端餐饮公司湘鄂情进行了深度研究，认为湘鄂情唯一的出路是利用湘鄂情高端品牌的剩余价值，走中低端路线，在地级及其以下城市大规模快速开展加盟连锁业务（收取品牌加盟费），由此转型为中低端连锁餐饮业态，主要依靠标准食品供应和中央厨房作为新的赢利点。

4. 2014 年我们多份研究报告认为，电动公交车按照 60% 的补贴方法一定会滋生骗补行为,现在果然发生了很多这样的案例。

5. 我们在 2014 年就成功预测 2015 年人民币将贬值到美元兑人民币汇率 6.45 以上,果然截止到 2015 年 12 月,美元兑人民币汇率已到达 6.50。

6. 超天才网职业经理人培训学院成立之初,我们很快就发现了电商不愿持续盈利的核心秘密,这也是亚马逊一年盈利、其后一年甚至两年必定亏损的根本原因。因为电商持续盈利的利润是支撑不住上百倍市盈率的股价的,所以亚马逊制定了电商不能连续几年报告盈利的电商利润报告铁则。显然,京东上市后也不敢违反这个铁则。

7. 未来 5 年中国最重要的家电公司(包括黑白家电)不会超过三家,兼并收购将是中国家电业未来 5 年的主线。

8. 中国的互联网公司业绩都不能支撑其股价,所以中国的互联网公司都靠不断制造有幻想的故事来支撑其股价,当这些故事不能再吸引投资人注意的时候,股价就会大跌,投资者会在 2016 年或者最迟 2017 年开始对互联网公司讲的故事不感兴趣。

9. 尽管我们还不知道所谓僵尸企业的准确定义,但根据超天才网对全部中国近 2800 家上市公司的研究,没有争议的僵尸企业已超过 100 家。

10. 2014 年 12 月,美国 2014 年第三季度经济数据终值发布,美国第三季度实际 GDP 年化增长率高达 3.9%,这使国际货币基金组织(IMF)上调了其对美国未来两年的经济预期,在 2015 年 1 月发布的《世界经济展望》中,IMF 对美国 2015 年和 2016 年 GDP 年增长率的预期分别是 3.6% 和 3.3%。但是我们在 2014 年 12 月的研究报告中就指出,美国 2015 年的 GDP 年增长率不会超过 3%,甚至 2016 年的 GDP 年增长率依然会在 3% 以下。

总之,我们超天才网职业经理人培训学院和超天才网企业家培训学院就是要培养可以屹立于世界之林的企业领袖和管理大师,我们要让我们的学员真正融入到企业领袖和管理大师的历练环境,深度感受到企业领袖和管理大师走过的荆棘道路,真实去经历企业领袖和管理大师的砥砺成长过程。我们要求我们的学员大胆对所研究的企业进行预测，我们的口号是：
"如果学员在培训中十次预测失败，能够换回毕业后实际运作中的一次预
测成功，那么你的培训就是一本万利的职业投资。"虽然武侠小说中的主
人公都是历经磨难才能成为不败的英雄，但是商场不是武林，职场不是江
湖，很少听说过弄垮一家大企业的职业经理人，别人还会再给你重新证明
自己的机会。同样，一败涂地的企业家也是很难东山再起的，甚至元气大
伤的企业家如果不借外力帮助也是不会梅开二度的。即使在虚构的武侠小
说中，作者也都是崇尚培训的，只是培训的方法比较另类而已，君不见，
一个在山洞中疗伤的青年，如果不是碰巧得到前人的一本武功秘籍进而练
成绝世神功也是不敢重出江湖的。超天才网培训的方式不是教那些商场中
的诡异绝招，而是试图一步一个脚印地打通学员的"任督二脉"，使学员
能够洞察光怪陆离商场中的陷阱、光芒万丈商业神话中的真相、挣扎在荆
棘丛中的坚守者明天可能的辉煌。学员从超天才网毕业的那一刻未必就是
一个合格的总裁或董事长，但超天才网要求学员至少能看懂总裁或董事长
决策的目的，并且能预判这些决策的效果。假以时日，接受培训的学员一
方面能够一步一步走向个人事业的辉煌，另一方面也可能为"引资购商"
贡献自己的力量。目前国内企业的海外兼并收购都是保留外国企业的原管
理团队的，所以，兼并者第一批派出的人员就是要能看懂别人的玩法，能
够研判别人决策的效果，当派出人员终于能做出更高明的决策的时候，那
时"引资购商"的战略从并购走向行业整合的时机也就成熟了。可见，国
际化人才的成长和成熟永远是"引资购商"能够取得成功最重要的保证。

四、高端制造业"引资购商"要求企业必须与政府合作

第一,"引资购商"必须与地方政府合作。

《中国制造2025》是我国的一项既定战略规划,也是各地方政府重要的工作指南。各地方政府在任期内,都希望能够有所建树,实现本地的GDP、税收和就业高增长,因此各地方政府有强大积极性支持通过"引资购商"实施海外并购。在本书的第六章,我列举了一个例子。政府投入100亿元人民币引导资金作为劣后资金,组建规模为600亿元人民币的"中国制造2025产业并购整合基金",用提出的"引资购商"的方法,并购海外高端通用航空企业,将该企业生产结构复制到中国,经过不到3年时间,可为当地政府每年创造4000亿元人民币的工业产值,并为地方政府贡献超过2000亿元人民币的GDP,每年创造120亿元人民币的工业税收,并最终创造30万个就业岗位。可见,地方政府有强大的愿望和动力推动"引资购商"的项目实施。

另一方面,对于"引资购商"的实施,地方政府的支持也是保证"引资购商"能够实施强有力的信用背书。反之,如果没有各地方政府的有力支持,企业难以获得并购海外高端制造业所需的资金,而且也不能优惠得到工业用地和厂房以及所需要的各项配套服务设施,也就难以促成上下游产业集群的集聚与壮大。

第二,必须有中央政府宏观政策和金融手段上的支持,否则"引资购商"的广度和深度不够。

由于高端制造业企业市场的价值动辄几十亿、上百亿美元,如果没有

中央政府对国家战略性产业投资宏观政策和金融手段上的支持，单靠个别企业或者财团，"引资购商"的实施也很难顺利完成。

与此同时，2014 年底我国仍有 3.3 万亿美元的外汇储备一直处于低效利用状态，却找不到好的出路。他山之石可以攻玉，放眼世界，新加坡、阿联酋等国家利用外汇储备建立的国家主权基金不仅取得了不错的回报，增加了国民财富，还解决了长期出超对国内金融和商品市场的冲击。不过由于这些国家经济纵深过浅，大部分主权基金只能投向国外资本市场，肥水流入外人田。我国是一个工业大国，不仅产业门类齐全，而且拥有良好的工业基础，更重要的是幅员广阔、人口众多，能够提供充足的资源与市场，正好适合国家主权基金大显身手，而不必像新加坡、阿联酋等国的主权基金大部分资本只能向外输出。

值此国家高端制造业产业升级之机，中央政府通过支持地方政府实施"引资购商"，有效发挥国家主权基金的作用，更能体现党中央在国家长远经济战略方面一贯的先导性。

第三，形成国策，上下一心，方能速成！

应该看到，"资本优势"与"成本势差"是"引资购商"这个我国的高端制造产业升级策略行之有效的两个前提与基础。

"资本优势"来自于中国拥有世界上最大的外汇盈余和储备。随着内需启动，外贸不再是拉动中国经济增长的决定性力量，外汇结余增长可能会逐步减速甚至出现负增长。未来 10 年，如果不善加利用，"资本优势"有逐渐消失的危险。

"成本势差"来自于中外高端制造业成本差异。未来 10 年，随着生产要素成本的快速提升，科技与品牌对经济增长贡献越来越大，如果不及时利用，"成本势差"也会迅速缩小直至消失。如果企业在 10 年内不能达到世界一流水平，那么我们在高端制造业的制造成本优势也将随着生产要素成本的快速提升而消失殆尽。

当人口红利的窗口关闭之时，命运之神又给我们这个百年艰难拼搏的民族敞开了"引资购商"这扇通往辉煌未来的大门。我们如果犹豫不决、徘徊彷徨，我国很可能失去跨越"中等收入陷阱"的难得历史机遇。因此只有将"引资购商"纳入顶层设计并形成国策，才能统一思想，强化认识，上下一心，形成合力，在短短 10 年左右的时间窗口期内再铸辉煌。

第四，通过志同道合的民企抱团出海并购海外高端制造业可以绕开相关壁垒。

在国内企业海外并购的大潮中，国有企业一直以一个强势群体的面目出现。这个强势包括强大的资金实力、经营能力及优越的政府关系等。然而，国企的海外投资往往会在政治层面引发激烈反应，由于国企与政府的特殊关系，西方国家总会用异样眼光来看待国企。国企从事海外并购，常常被认为是国家意志，进而上升为"中国威胁论"，引发政治海啸。如中海油收购尼克森（Nexen），清华紫光收购美国内存芯片制造商美光科技（Micron Technology）。实践证明，以民企身份实施收购往往可绕开海外并购中的政治性风险。

但也应该看到，民企的综合实力远不如国企，这客观要求多家志同道合的民企抱团出海，如果地方政府能在后台鼎力相助，成功的概率可大幅提升。同时，"多家民企抱团＋产业并购整合基金"的形式还能弱化背后的政府背景，化解高端产业并购中的政治歧视。

总之通过产业并购整合基金引导民企抱团实施"引资购商"，对海外高端制造业实施并购，可快速让发达国家高端制造业根植于中国，此举不失为一条捷径。

五、"引资购商"案例——油服行业

下面以油服项目为例，分析"引资购商"的具体运作方法。

据 BP 发布的《2035 年全球能源展望》报告，2013—2035 年期间全球能源需求有望增长 37%，年均增速达到 1.4%。其中石油需求有望以年均 0.8% 的速度增长。化石燃料到 2035 年在初级能源中的比重从 2013 年的 86% 降低到 2035 年的 81%，但依然是能源的主导形式。而即使考虑到 GDP 增速下调和能源强度下降等因素，亚洲尤其是中国和印度两国仍然是能源需求增长的主要来源。

油田服务行业为油气勘探开发的全过程提供技术装备和服务，是油气产业链的高端环节。领先的油服业不仅有利于中国国内的油气储量开采，实现中国的页岩气革命梦想，而且在高端环节的国际竞争力也有利于中国获取全球油气资源和掌握油气产业链主导权。

油服行业进入的技术壁垒非常明显。油服行业分为 33 项服务细项，而且不同的作业环境和作用习惯要求不同的技术和设备，特种技术和设备种类繁多。整个油服行业技术密集度很高，要求企业具备比较强的研发设计能力，而且随着油气开采逐渐走向深井、水平井和深水区，油气勘探开发的难度逐渐增大，对油服企业的技术要求也更高。国际上三大综合性油服公司，各有各的核心技术。比如说，哈里伯顿（Hauiburton）的强项是采油工艺、工程建设、测井和钻井工艺，斯伦贝谢（Schlumberger）在测井、物探、钻井工艺和采油工艺方面都有优势，贝克休斯（Baker Hughes）在物探、钻井工具与钻头、测井方面位居前列。当前制约我国油服业最大的"绊脚石"依然是技术，核心技术主要掌握在国外几家大公司手中。

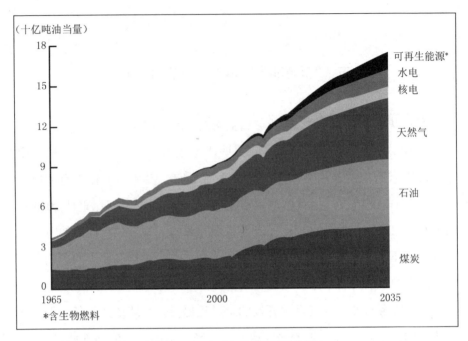

图 4-2　2035 年能源消费结构图

数据来源：BP 发布《2035 年全球能源展望》

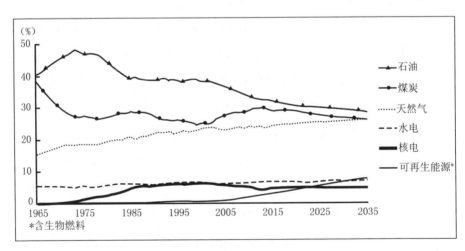

图 4-3　各类初级能源的比重

数据来源：BP 发布《2035 年全球能源展望》

当前油价低迷，正是中国油服企业海外购商、逆市整合的最佳窗口期。国际油气公司、油服公司为了应对油价低迷正在调整战略，并购、资产剥离或出售等交易极其活跃。而中国作为世界上第一大的石油消费国，老油田增产日益困难，地质条件和油藏条件复杂的储量勘探开发是长期趋势，通过海外购商突破油服行业的技术和规模壁垒适逢其时，机不可失。

中国油服业虽然与世界油服巨头相比在技术水平上存在差距，但是同时也具有一些得天独厚的优势，具有成长为国际优势产业的潜力。油服行业赚的是辛苦钱，健康、安全和环境问题一直是令整个业界最头疼的挑战，特别是随着世界石油储量的消耗，未来的油气开采面临的地质条件更加复杂和恶劣，这要求油服人员生活观上不能太小资，必须具有吃苦耐劳的素质，而在这方面我们具有发达国家不具备的优势。另外，我们巨大的油气内需决定了国内油服的市场前景相对国外油服更加稳定和广阔。因此，如果我们能够抓住油价低迷带来的行业调整机会一举突破油服巨头的技术和规模壁垒，必将塑造出一个具有国际优势地位的油服产业。

具体实施步骤如下：

步骤一：由地方政府引导设立"中国制造 2025 产业并购整合基金"。

步骤二：锁定并购目标，利用产业并购整合基金对海外油服目标企业实施收购。

步骤三：在保留被收购油服企业现有服务、制造中心与研发中心的同时，在该地方政府的辖区内复制这个油服企业的服务、制造中心与研发中心，同时建立世界一流的培训中心，将中国工人吃苦耐劳的精神与世界顶尖技术相结合，打造出全球性价比最高的油服队伍。在起始阶段，服务和设备销售主要面对中国市场。

步骤四：被收购企业复制到中国后用 3 年时间实现量产并达到技术与被收购企业同步，由于中国油服队伍的高性价比优势，利润应会成倍增长。以该复制的企业为核心，在本地形成优势产业集群，油服市场由陆上、近海向深海拓展，进而实现产业的长期良性发展。

步骤五：以世界上素质最好的油服队伍、先进的设备和技术，抢占世界油服市场，确立市场的领导地位（关于此行业，我心中的中国梦是世界的油服队伍中有超过一半的人讲中国话）。

步骤六：量产后3年重新上市，通过在资本市场上的增值，保证在7年内实现基金安全退出。实现量产后3年左右，将总产值提升至少3倍以上。此时，将被收购的企业重新整体上市，市值至少可达到原有市值3倍以上。

通过对一家到两家一流油服企业实施"引资并购"，我们估计2025年油服行业将进入国际一流油服阵营，年营收将超过4000亿元，贡献GDP2000亿元，支撑就业20万人。届时，掌握世界领先的油服制造和钻采技术的中国人将成为世界油服市场的主力，活跃于从波罗的海到南太平洋海域，成为我们这个吃苦耐劳的伟大民族征服海洋的生力军。

六、展望

如果将"引资购商"的运作方法从油服行业复制到其他高端制造产业，并在全国适合"引资购商"的所有地区总投入达到 2000 亿美元，收购国外十几家制造产业的核心企业，在中国这些地区复制它们的生产制造部分，形成该行业上下游的产业集群，奠定该行业的世界领导地位，夺取这些产品的国际市场定价权和行业规则制定权，那么到 2025 年，将创造 1000 万个新的高端制造业就业机会，新增 2 万亿元人民币以上的高端产品出口，推动中国高端消费强势增长，拉升 GDP 多增加 2—3 个百分点。"引资购商"是我国经济转型和产业升级的捷径，能够促进我国十几个制造行业迅速达到国际领先水平，形成在这些行业中的全球领导地位，打造一批中国制造的百年老店，真正实现《中国制造 2025》的宏伟规划。

我们正在与一些地方政府合作建立总规模达 100 亿美元的"中国制造 2025 产业并购整合基金"，涉及的行业包括通用航空、汽车核心零配件、功率半导体和新能源等产业，我们期望尽快为各地政府创建"引资购商"的样板案例，我们相信"引资购商"这个中国制造 2025 的新思维和新战略能够迅速在全国推广起来，并为我国"十三五"和"十四五"的经济转型贡献新亮点。

这个设想我们称之为"即发计划"，让我们祝福《中国制造 2025》即刻出发吧！

第五章 "引资购商"与"一带一路"的互补性战略思考

一、"一带一路"的宏观背景

当前，中国正在积极推进"一带一路"战略。"一带一路"的核心内容是"五通"：政策沟通、设施联通、贸易畅通、资金融通、民心相通，战略目标是与沿线国家共建利益共同体、命运共同体和责任共同体。

"一带一路"处在一个特殊的宏观背景下，即中国经济增长放缓，进入"新常态"。"三期叠加"让连续增长近40年的中国经济放慢了脚步，统计数据显示，2003年至2007年我国经济年均增长11.6%，2008年至2011年年均增长9.6%，2012年至2014年年均增长7.6%，2015年前三季度比去年同期增长6.9%。

中国经济放缓的主要原因是出口增长率下降和固定投资下降。2008年，中国外贸在入世7周年后首次增速低于20%，此后再没有回到高速增长的轨道，并开始陷入负增长。据海关统计，2015年前三季度我国进出口总值17.87万亿元人民币，同比下降7.9%。数据显示，中国的出口增长出现了较为明显的放缓趋势，出口占GDP的比例也同样出现下降趋势。

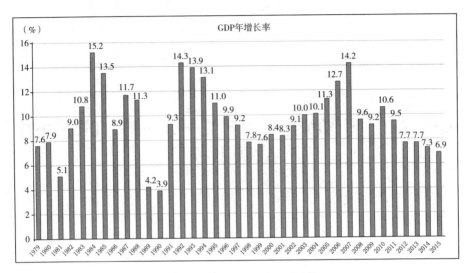

图 5-1　中国经济增长"新常态"

数据来源：国家统计局

图 5-2　出口对中国经济增长的贡献

数据来源：国家统计局

"三驾马车"中的主力——固定资产投资增速连续下滑。中国国家统计局发布的数据显示,2015 年 1—10 月份,中国固定资产投资约 44.74 万亿元,同比名义增长 10.2%,而从 2004 年到 2014 年的固定资产投资平均增速为 20.98%。

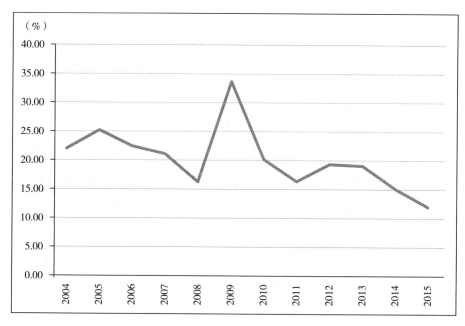

图 5-3 固定资产投资增速

数据来源:Wind 数据库

中国经济增长面临着结构调整和转型升级的压力,但是,这个转型将会是一个较为漫长的过程,并不会马上实现。目前,中国经济面临着一个紧迫的挑战,就是经济增长放缓、有效需求不足造成的产能过剩现象。《2014·中国企业经营者问卷跟踪调查报告》显示,企业经营者选择"整个行业产能过剩"的占 41.4%,其比重为近 5 年来的最高值。产能过剩主要集中在中上游的资本密集行业,以钢铁、水泥、平板玻璃等基础设施建设相关行业的产能过剩现象尤为突出。如何解决好产能过剩和产业转型升级之间矛盾关系不仅是一个宏观决策的系统工程,而且需要集中全民智慧不断创新，才能少走弯路、高效破局。

"一带一路"是新时期全方位扩大对外开放的战略，也是寻求新的经济增长点的战略。"一带一路"将为中国的经济结构调整提供一个更为广阔的平台和更为开放的环境。作为一个宏观战略，"一带一路"无疑有着其丰富的内涵，不可能仅限于单一的政策目标。但是，基于当前的宏观经济背景，"一带一路"在提出的初期并不讳言为中国的过剩产能寻找出路，后来逐渐演化为借助资本流动和产能合作推进国内的结构调整和经济发展。

根据"一带一路"战略，中国钢铁、水泥、电解铝、平板玻璃等产能过剩行业的产能通过国家基础设施建设"走出去"得到释放。此外，国内中低端制造业本来就面临着向综合成本更加低廉的国家转移的趋势，随着"一带一路"战略的落实，这一趋势还将会加速。但是，无论是基础设施建设还是中低端制造业的转移都意味着投资、税收以及相应的雇佣机会的转移，这就有可能对经济增长造成不利影响。找到一种快捷的办法，对冲这些不利影响，是当务之急。我提出的"引资购商"战略，易于实施，收效迅速，对冲力度强大，互补效果明显，是新形势下的一种切实可行的经济发展战略。

事实上，中国已经面临伴随资本外流和产业向外转移而产生的产业空心化风险。一般认为，所谓空心化是母国制造业大规模向外投资而导致国内制造业份额下降且又无法得到及时填补的经济现象。近年来，中国包括劳动力成本在内的综合制造成本上升幅度较快，特别是劳动力成本。改革初期大量廉价劳动力带来的"人口红利"正在丧失。劳动人口连续 3 年下降，据预测未来 50 年，中国的劳动力还将缩减 1/5。在劳动力人口萎缩的同时，工资水平相对于生产效率和利润增长上升得更快。成本上升导致中国企业正在失去传统的竞争优势，劳动密集的制造业将出现加速向海外转移的趋势。与此同时，制造业陷入不景气，产能过剩、经济效益持续滑坡，低收益预期进一步助推了资本流失。商务部统计数据显示，2014 年，制造业实际使用外资金额为 400 亿美元，同比下降 12.3%。2015 年以来，PPI 指数一直在荣枯线徘徊，下行压力难以缓解，外商出现加速撤离的趋势。2015 年 Q3 的国际收支数据中，外商直接投资流量显著下降，仅为 339 亿美元，创下了自 2009 年第二季度以来的新低。《第一财经日报》（2015 年 10 月 26 日）的一篇报道称："2000 多家台资企业大举'撤离'东莞，500 万工人'无工可打'被逼离开。"这篇报道在质疑："中国制造业最坏的时刻是不是已经到来？"

与外资流失相对应的是，中国的对外直接投资迅猛发展。2014 年，我国境内投资者共对全球 156 个国家和地区的 6128 家境外企业进行了直接投资，累计实现非金融类对外直接投资 6320.5 亿元人民币。以美元计，全年累计实现非金融类对外直接投资 1231.2 亿美元，同比增长 14.2%。从行业构成情况看，制造业对外投资的比例约占 10%，且呈上升趋势。

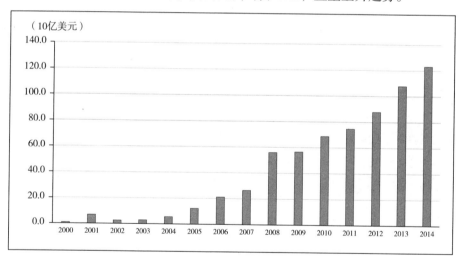

图 5-4　中国对外直接投资

数据来源：国家统计局

"一带一路"的"五通"意味着沿线国家的基础设施建设投资将带动我国产能和资本的大规模输出，同时，国际产业梯级转移规律会以加速和扩大的态势从沿线国家"虹吸"国内资本。这不仅加剧了人们的担心：如果资本加速外流对国内投资产生替代效应，是否会导致经济增长进一步放缓以及就业更加困难？

我的观点是，通过"引资购商"实现产业链高端环节向国内转移和技术升级，是应对和补偿投资替代效应，并实现产业结构调整的最迅速有效的战略。我认为，发挥"引资购商"和"一带一路"两个战略的互补性将为"一带一路"的可持续推进提供最有力的保障。在中国经济转型升级和产业结构调整问题上，习近平总书记曾用"腾笼换鸟"和"凤凰涅槃"这两个形象的比喻来说明总体操作思路。在对外经贸战略上，这给我的启示就是："引资购商"和"一带一路"发挥互补作用，才能腾笼换来凤凰，全面对中低端制造业进行产业转型升级，以期求最终凤凰涅槃的效果。

二、"引资购商"与"一带一路"互补性的经济逻辑

（一）"引资购商"填补"一带一路"的基础设施产能和中低端制造业向外转移带来的空缺，同时实现本国生产效率的提高和产业转型升级。

"一带一路"通过基础设施投资实现中国与沿线国家"互联互通"，为生产力要素的有序流动和产业的可控转移创造了条件。按照国际产业梯度转移的规律，中低端制造业向劳动力成本更低廉的沿线国家转移是不可抗拒的必然规律。但问题在于，中国的中低端制造业虽然已经失去了基于成本的竞争优势，基于技术创新的中高端制造业还没有发展起来，随着产业和投资向外转移就带来了制造业空心化的担忧。

"引资购商"意味着对外投资的同时拉动国内投资，在中低端制造业转移出去的同时，实现中高端制造业的生产本土化、技术高级化、产品全球化，能够保证国内经济活动规模和就业水平的健康增长，弥补"一带一路"投资向外转移带来的空缺。"引资购商"把投资标的锁定在制造业转型升级所需要的战略性资产上，推动了制造业在产业价值链上的攀升，而在产业链高端环节培育出的企业对成本变动的敏感性降低，产业空心化的系统风险将会有效降低。此外，"引资购商"凭借所有权优势将决策中心转移到中国，培养了中国的跨国公司和具有国际化视野的高管人员，增强了中国企业驾驭全球资本的能力，让中低端产能和资本向外转移不再构成本国经济增长的约束条件。

（二）"引资购商"为沿线友好国家提供局部工业化的成功经验，例如建立局面安全和经济效益与世界接轨的工业园或经济特区的宝贵经验，推动沿线国家的工业化和经济均衡发展，进一步加强中国在"一带一路"战

略中树立起来的大国风范。

中国作为最大的发展中国家,"一带一路"意图重塑的全球化不是"重商主义"的全球化,是要体现中国大国风范的全球化,是有担当的全球化。金融危机后全球经济进入经济再平衡期,"一带一路"可以化解过剩产能,但不是输出不均衡的增长方式,要发扬中国的大国风范和在全球经济增长中的引领作用,帮助沿线国家实现经济平衡发展和经济繁荣,为全球经济找到新的增长点,逐步打造出一个以中国经济为火车头带动下的利益攸关的国际经济带。而"引资购商"能够保持火车头的不断更新,牵引力不断加大,以保证经济带持续发展所需的动力。

最近有学者去印尼考察和调研"一带一路"时发现,印尼政府与社会的确欢迎更多的中国直接投资,但是他们也希望,来自中国的直接投资不仅仅是低附加值与高污染行业的转移,而是能够帮助印尼实现经济可持续发展与增长引擎转型升级的项目。

关于如何帮助和给予方面,中国人有一个传统的智慧,就是"授人以鱼,不如授人以渔"。只有帮助沿线国家发展工业化,能够实现收入增长和就业增加,经济实力持续上升,才是最根本的帮助。"引资购商"通过对国际战略性资产的并购摆脱了原有的经济增长路径,不仅为中国经济这个"一带一路"的火车头不断增强动力,而且为沿线国家提供了利用国内外资本发展工业化的制度设计和经验。"引资购商"让中国工业化向中高端环节迈进,由此培育的先进技术、品牌资本和高级人力资本等是中国向外输出能力的强大依托。"引资购商"使得"一带一路"不仅是简单的商品、产能输出,还包括服务、资本以及发展经验的分享。

"引资购商"和"一带一路"共同构成一个新循环,就是以国内产能和资本为载体,整合发达国家的品牌和技术,来共同满足广大发展中国家的需求,特别是一路一带上的友好国家对经济增长的渴望。

（三）"引资购商"是正确处理中国与"一带一路"沿线国家产业竞合关系、实现双赢互惠的基本保障。

传统上，各国以资源禀赋为基础进行最终产品的国际贸易，但是随着贸易自由化和信息技术发展，贸易成本不断降低，全球分工体系不断演进，最终产品的生产过程逐渐发展成各国沿产业链以比较优势为基础进行合作分工的过程，我们可以观察到，这种全球化的分工越来越分散化、碎片化，各个国家和地区沿着产业链各环节形成了复杂的、动态的竞合关系。

作为世界上最大的、发展水平最高的发展中国家，中国的产业体系特征无疑对沿线国家产生巨大的影响。中国的产业体系首先非常完整，其次，相当多的产业进入门槛不高，沿线国家在产业发展过程中很难不与中国的产业形成竞争关系。在处理区域内产业竞争与合作的关系上，中国作为"一带一路"战略的提出者和主导者，固然要发扬大国风范主动帮助沿线国家建立优势产业，但只有通过"引资购商"实现产业转型升级，才是最根本的处理国家和地区之间产业竞合关系的办法，以保证中国工业和中国经济的长期牵引作用和榜样作用。中国的企业实现了向产业链中高端发展，才能避免产业链中低端的"红海"困扰，沿线后进国家的企业在产业链中低端才有利可图。只有中国的企业不断提升了对全球产业链的资源配置和组织能力，整个产业链的价值创造才能得以持续增加，沿线后进国家的利益分配基础才会扩大，才更有可能在产业链环节建立大国优势并与中国的产业形成互补关系，以保证几十年良性发展，而不至于陷入某些国家政府换届周期性的争吵之中。

（四）"引资购商"为海外产业园区提供源源不断的产业合作动力，从而切实提高和保障了"五通"经济效益。

"一带一路"的核心内容是"五通"，其主要意义是通过基础设施建设降低区域内协作的成本。基础设施建设具有的资本投入高、负债水平高、回收周期长以及高度的地缘政治敏感性等特点，进一步加剧了基础设施建设的财务风险。沿线国家在全球金融危机之后，大多处于经济调整期，在基础设施建设融资方面普遍存在一定的顾虑，同时也面临着融资困难和技术落后的窘境，即使勉力自行进行基础设施投资，其规模和技术水平也十分有限，主要是服务于本国现有产业的发展。

要保障和加强基础设施建设的经济性和可持续性，就不能把"一带一路"仅等同于"五通"，换句话说，不能孤立地看待基础设施建设，要认识到基础设施建设是手段而不是目的。基础设施建设是推动产业合作的"桥梁"，这座桥梁让中国和所在国能够"互联互通"成为一个开放式网络，而海外产业园是提供双方产业合作的关键网络节点。事实上，基础设施项目必须促进当地经济发展和产业合作，取得经济效益，给所在国的政府和人民带来福祉的同时，也给融资方提供合理的综合回报，这样才能保证基础设施建设资金来源的持续性。

"引资购商"让中国企业在全球分工体系的组织管理中起到主导的作用，能够充分利用"五通"创造的良好环境实现生产过程在中国与"一带一路"沿线国家之间的优化配置，从而为海外产业园提供了源源不断的合作动力。

三、"两只鸟论"带来的启发

2006 年习近平总书记最早提出"两只鸟论",一个是"凤凰涅槃",一个是"腾笼换鸟"。"腾笼换鸟、凤凰涅槃"是对如何解决中国经济结构调整和增长方式转变这一根本性问题的最好诠释。

习总书记曾指出,"凤凰涅槃"靠自主创新、技术的创新、品牌的创新。通过"引资购商",植入国际领先的制造企业,参与并购整合的国内企业就能彻底脱胎换骨,通过双方资产的重组、整合和优化,跨越完成从国内传统的低技术水平和低技术创新能力企业向国际领先的高技术水平和高技术创新能力企业蜕变,实现浴火重生、"凤凰涅槃"。

习总书记也曾指出,腾笼不是空笼,要先立后破,还要研究"新鸟"进笼"老鸟"去哪? 30 余年来得益于我们丰富而廉价的劳动力比较优势,我们与发达国家之间产生了巨大的制造成本势差,再加上招商引资的各种优惠政策强力拉动,我们自然成为发达国家低端制造业的承接地,这更像是一个顺势而为的过程。30 余年后的今天,中国经济增长步入新的阶段,中国制造业需要结构调整,需要有更多的中高端制造和高端制造。而随着成本比较优势的弱化,"良禽择木而栖",招商引资已经失去了昔日的动力,这时就需要"引资购商"积极主动地把产业链高端环节嫁接进来,加快产业转型升级和技术创新的步伐以应对产业空心化造成的经济衰退威胁。

从物理学看,这次由于中国生产成本增加而不得不向周边国家进行低端制造业的产业转移,是不可抗拒的熵增过程,是自发产生的,就像水向低处流、热水在空气中变冷一样,如果放任自流,就是一个能量耗散过程,本可以做功的能量就会被白白浪费掉,如果在过程中间加入发电装置,则水向低处流和热水变冷都可以发电。同样,如果把这次无序的低端产业转移有序地组织起来，则这些本来让地方政府无奈伤心的故事，就会变成国家的传奇，由国家在"一带一路"沿线的友好国家组建中国的国家工业园的办法，就是一个化腐朽为神奇的、行之有效的办法。旧鸟搬家常常会面临水土不服，甚至在新家的险恶环境下不死也要掉几根毛的窘境，"一带一路"海外产业园的建设为腾笼换出的旧鸟找到新家，彻底扭转这种窘境，而且，这些海外产业园不仅给这些旧鸟提供一个安全的新家，驻扎进工业园的中国各类银行、金融机构也能继续对飞出去的旧鸟提供必要的资金支持，中国的产业体系也会继续给他们提供各种零配件配套，旧鸟们不仅能在新家生蛋，同时也会反哺祖国的经济。俗话说："树挪死、人挪活"，这些走出去的企业家，大多数都是中国第一代企业家，他们是中国这30余年腾飞最宝贵的财富，他们在新环境下发现新商机的能力很强，这是发达国家那些养尊处优的企业家完全不能比拟的，采用国家工业园的办法构建的良好环境必定会成为中国经济的新增长点，这些背靠祖国支持的旧鸟也必将在"一带一路"的指引下，越飞越高、越飞越远。"引资购商"就是那只"腾笼换鸟"换来的凤凰，它必将成为新局面下百鸟朝凤的凤凰，那将是一派和谐和祥瑞的繁荣景象。

四、"一带一路"需要样板工程

"一带一路"覆盖的区域占世界 GNP 的 55%，全球人口的 70%，已知能源储备的 75%。"一带一路"覆盖广泛，所需要的基础设施投资也是巨大的。如据亚洲开发银行估计，2010 年至 2020 年 10 年间，亚洲各国要想维持现有经济增长水平，内部基础设施投资至少需要 8 万亿美元，平均每年需投资 8000 亿美元，仅印度未来几年的基建就需要 1 万亿美元。如此巨大的基础设施建设需求对"一带一路"来说确实是机会，但更意味着挑战和风险。基础设施部门在国内是最主要的亏损部门。将大量资金投入低回报和高风险国家是否明智？在这个过程中如何保证中低端产能的有序转移？如何处理与沿线国家产业之间的竞合关系？如何吸引各方参与、撬动社会资本等，都是需要认真思考的问题。

在我看来，要保障"一带一路"的成功，第一，要把"一带一路"的发力点从单纯的基础设施建设转变为基础设施建设与产业园建设运营相结合；第二，不能撒胡椒面，要集中资源首先建设成一些国家级海外产业园作为样板工程，利用政府在国内长期招商引资工作中的经验和能力，取得有示范效应的初期成果；第三，为了保障海外产业园不沦落为低水平的产业园，使其真正能够持续地成为所在国工业化和经济增长的引擎，就需要"引资购商"和"一带一路"形成双轮驱动的互补效应。

（一）历史经验

回顾历史经验，可以发现，中国在利用产业园实现经济转型和有序开放方面可以说是非常成功的。

产业园作为一种招商引资模式，直接而显而易见的好处是，政府能够在地理相对集中的区域提供公共服务，从而效率更高。此外，政府的资金投入和基础设施建设预算毕竟是有限的，通过优惠政策招商引资能够对国际资本和社会资本起到撬动作用，实现产业集聚和产业发展。但除去这两点之外，我认为最为重要的意义还在于，产业园充当了改革开放的"实验室"，改革开放的政策在这里落地，在这里得到总结深化和推广。

中国的改革开放走的是一条务实的、渐进主义的路线，中国1978年开始实行对外开放政策。1979年7月，广东和福建两省率先实行开放政策。1980年，深圳、珠海、汕头、厦门成为经济特区，在财政、投资和贸易等方面享有一系列特殊优惠。初期的探索取得了极大的成功，以深圳为例，1980年到1984年，全国平均的GDP年增长率是10%，而深圳的GDP年增长率为58%。1984年，经济技术开发区，也就是国家工业园开始在更大的范围内发展。从1984年到1988年，中国在珠三角、长三角等沿海开放城市建立了14个经济技术开发区。1988年，海南省全省被作为第五个综合的经济特区。1989年上海浦东新区被设为新的经济特区。1992年，国务院决定建设35个经济技术开发区，将经济技术开发区从沿海发展到内陆，并且开始重视技术密集型产业的培育。到2013年3月，中国已经有191家国家级的经济技术开发区，并且逐渐演化出不同形式的经济特区，例如高技术产业开发区、自由贸易区、出口加工区等。2006年中国政府批准设立"国家级境外经贸合作区"，如今已在某种程度上成为中外合作的重要模式。

"一带一路"可以化解国内产能过剩，帮助中低端产能有序转移，海外产业园为此提供了一条非常有效的出路。海外产业园让企业不是无序地、漫无边际地走出去，而是有一个整体战略布局。海外产业园为对外投资搭建平台，降低单个企业对外投资成本和经营风险。海外产业园便于在当地形成产业集群和产业链分工，从而提高国内产业在海外布局的成本效率和技术外溢效率。

海外产业园还可以为"一带一路"沿线国家提供中国改革开放的经验。中国通过产业园积累了工业化初期利用外资发展本国经济的经验和教训，这正是沿线工业化后进国家所需要的。以中白工业园的产生来说，2010 年 3 月，白俄罗斯总统说，中新合办的苏州工业园很成功，我们也要搞招商引资，能不能搞个中白工业园。由此可见，虽然国内的招商引资已经走向没落，但是招商引资在"一带一路"沿线的工业化后进国家还是有其价值的。中白工业园目前是中国在海外参与建设的最大工业园区，是推进"丝绸之路经济带"建设的标志性工程。该工业园距白俄罗斯首都明斯克市 25 公里，总占地面积 91.5 平方公里，基础设施总投资额近 60 亿美元。根据发展规划，未来中白工业园将吸引超过 200 家高新技术企业入驻，就业人口达 12 万，最终形成结构布局合理、产业协调发展、科技水平含量高、社会经济效益明显的综合开发区和集生态、宜居、兴业、活力、创新五位一体的国际化空港新城。

据悉，中国海外港口控股公司在 2015 年 11 月 11 日正式掌管巴基斯坦瓜达尔港自由贸易区。根据协议，中国海外港口控股有限公司将获得该自贸区部分土地的使用权并掌管该自贸区，租期为 43 年。瓜达尔港是"一带一路"的一个标志性工程，是"中巴经济走廊"计划的一部分。有报道称，中国计划将瓜达尔港打造成一个交通中心，并将建造一条 3000 公里长的陆上运输走廊，把它与中国的新疆连接起来。巴基斯坦是中国的传统友好国家，这个项目从地缘政治上看具有突出的战略意义。但我认为，真正把这个项目做成一个"一带一路"上的样板工程，就不能仅把它当成一个基础设施建设项目，要考虑后期的园区运营和产业合作，最终把瓜达尔港的定位从区域交通中心变成区域经济中心。

（二）他山之石

他山之石可以攻玉，研究和总结新加坡海外产业园区的成功经验，对于我国落实"一带一路"战略具有重要的启示意义。

20世纪90年代初期,新加坡为了实现在2000年进入第一梯队发达国家的目标,出台了若干战略规划,其中包括"区域化2000",海外产业园区的建设就源于该项计划。"区域化2000"由政府主导在关系友好的东道国选址建设工业园区,入驻园区可享受相应的优惠政策,从而吸引新加坡企业及跨国公司入驻,带动当地就业和经济发展。新加坡通过建设海外产业园区成功实现了"立足周边、扩大腹地"的区域化发展战略,海外投资存量从20世纪90年代初的100多亿美元迅速增加到2010年的3933亿美元,不仅与周边国家形成了良好的区域合作关系,还通过产业转移实现了本土产业升级和总部经济。

新加坡的海外产业园精准地瞄准了东道国经济发展的需求,真正实现了合作共赢,在当地站稳了脚跟,在世界形成了声誉。以新加坡苏州工业园为例,对于这块中新两国"深层次合作试验场",李光耀提出了"软件转移"的概念。根据两国政府协议,新加坡软件转移包括了规划建设管理、经济发展管理、公用行政管理三方面。近20年的发展,苏州工业园形成了一个世界知名的高新技术产业基地,累计实际利用外资260多亿美元,引进了91家世界500强企业在区内投资了150个项目,2013年全区实现地区生产总值1900亿元。以占苏州市3.4%的土地、5.2%的人口创造了全市15%的GDP以及25%的实际利用外资。

新加坡很善于找中国的痛点。20世纪90年代中期的苏州工业园主要吸引外资,解决就业、地方财政等问题。21世纪的中新天津生态城则要在污染的土地上建一座能够体现绿色、低碳、循环发展和生态文明理念的新城,解决中国城镇化中的经济发展和生态瓶颈之间的矛盾。现在,新加坡在广州建的中新广州知识城发力点在智慧城市方面,规划了知识产权综合聚集区、腾飞科技园、高端智能装备和智慧科技园等10个知识型的专业功能园区。

作为一个港口城市,我们看到新加坡在海外基本不建港口,而是做海外产业园的管理和运营,不仅获得了高附加值利润,而且赢得了口碑。这些都是我国在"一带一路"沿线国家建国家工业园的样板工程,它们给我们提出一整套与所在国打交道的经验和教训,加以总结,可使我们少走弯路、节省时间、减少浪费,快速建成构思缜密、管理规范、运行高效、具有大国风范的中国国家工业园。

"一带一路"以"五通"作为核心内容,并不意味着基础设施建设就是唯一内容。基建项目利润率较低,且负债率较高,中国在非洲的投资以往多集中在基础设施建设,修路架桥通航后进口非洲的能源等自然资源和大宗商品,同时把国内生产的产品出口到非洲。但是逐渐发现这种模式在非洲不可持续,因为现在非洲国家的失业率很高,有些国家的失业率甚至达到50%,对于这些国家,为其解决就业问题比在人烟稀少的荒凉地带修路更有价值。此外,基础设施建设虽然让进出口贸易成本降了下来,但是和当地的经济发展并没有形成其他更为密切的联系,大宗商品价格下跌以后,资源依赖的非洲国家贸易逆差就有所扩大,从而影响到基础设施建设项目的偿付能力,即使项目是援建性质,非洲国家也因为自身利益受损而质疑中国的动机。

实际上,沿线国家不仅有对资本的需求,还有对技术和管理的需求。"一带一路"不仅要输出资本,还要输出先进技术、管理经验,帮助后进国家的发展和繁荣。这一点上,我们应该学习借鉴新加坡的做法,例如在做天津生态园时,新加坡就让有关清洁技术、生态科技、信息科技和现代服务业等类型的企业"组团入园"。如果仅从能不能提供大规模基础设施建设所需资本来看,中国虽然有竞争优势,但也不是完全没有对手。例如,日本宣布为亚洲提供1100亿美元的基础设施基金,另外还有希望重返亚太和拉拢欧洲的美国。通过海外产业园提供中国工业化的最优实践和管理经验才是中国独特而难以模仿的,从而也更有价值的优势。

（三）生意、政治与软实力

首先，海外产业园是一个很好的生意。海外产业园有助于建立跨境产业链合作机制，拓展我国在海外的产业和贸易发展空间，将中国资本、技术与当地低成本资源和劳动力结合起来巩固我国的产业链竞争优势。正是由于海外产业园是一个好生意，事实上我们可以看到，在海外产业园的建设运营中已经不乏中国民营企业的身影了。而从基础设施产业链的角度看，我们可以发现，海外产业园其实是基础设施产业链的延伸和拓展，海外产业园的运营不仅能够实现修路架桥等基础设施建设的经济效果，同时又因为提供产能合作场所，与当地形成了较为密切的经济联系，有效地降低了基础设施建设可能产生的浪费及还款风险，特别是政治风险。基础设施产业链一体化所产生的经济效应显然会对社会资本产生吸引力和激励作用，从而能够更好地撬动社会资本与政府合作进行沿线基础设施建设。

其次，海外产业园也是政治。我们要在"一带一路"沿线国家中重点选择那些与我国关系良好、政局稳定、资源优势比较突出的国家设立海外产业园。政府则利用其政治谈判优势让中国中低端产业、劳动密集型产业以优惠条件转移出去，为中国产能有序向外转移保驾护航。最终，通过政治推动和政企合作，我们选择一些海外产业园将其打造成国家级的、高层次的样板工程，让它们如同嵌入在"一带一路"上的珍珠熠熠发光，增强"一带一路"对沿线国家的政治说服力和对地缘政治的影响力。

最后，海外产业园是软实力的展示平台。中华文化、"丝绸之路"文明在这里重新焕发生机，水乳交融，渗透到当地人民的生产生活中去，润物无声地推动"一带一路"建设。中国作为一个最大的发展中国家，其经济发展经验在这里得到充分展示，提供给沿线国家学习和效仿。而中国在产业园运营和产业集聚方面积累的丰富知识和经验在这里外溢和扩散开来，形成带动和辐射周边的产业链和产业集群。

2014年11月亚太经合组织北京峰会期间，习近平主席在有关演讲中全面阐述"互联互通":"我们要建设的互联互通,不仅是修路架桥,不光是平面化和单线条的联通,而更应该是基础设施、制度规章、人员交流三位一体,应该是政策沟通、设施联通、贸易畅通、资金融通、民心相通五大领域齐头并进。"结合习近平主席的阐述,我的理解是:修路架桥只是为"互联互通"创造了一个基本条件,而海外产业园实现了生意、政治和软实力的"三位一体",它是落实"五通"的最好载体。

五、建立互补性的观念和机制

(一)双向开放平台融合

"一带一路"主要针对亚欧大陆,这个区域的国家普遍存在自然资源丰富,但是长期得不到技术和资金支持的局面,特别是落后的基础设施建设成为其经济发展的一个瓶颈。而中国经过30余年的改革开放,具备了资本对外输出的能力,也积累了一定的技术储备和基础设施建设产能基础,但是自然资源相对不足,人口红利正在消失,转型期间经济减速也导致结构失衡矛盾更加突出,中国亟须寻找新的经济增长点以实现经济社会可持续发展。"一带一路"实际上是以"空间重组"的方式实现经济转型和可持续发展,把中国和沿线国家的资金、技术、劳动力、自然资源等经济资源整合重构、合理开发,激发沿线国家经济活力的同时也为中国的发展提供新的增长点。而从"一带一路"地缘取向看,这条资本扩张路径具有明显的向西走和向南走的特征,所涉及的沿线国家也大都是发展中国家和新兴经济体。

实际上,中国提倡对外资本输出政策并非始于"一带一路",而是要追溯到21世纪初的"走出去"战略。中国企业的对外直接投资流量在2005年达到了126亿美元,此后在"走出去"战略的推动下逐年快速增长,现已成为发展中国家中的第一对外投资大国和世界第二大对外投资大国。"一带一路"战略提出后将对中国企业"走出去"产生重大的影响,让"走出去"服务于更大的国际经济战略,实现产业更大规模的国际梯度转移,特别是过剩产能和劳动密集型产能的转移。然而,"一带一路"虽然与企业"走出去"关系密切,是"走出去"的一个重要方向,但并不是"走出去"的唯一方向。企业"走出去"是有多种战略目的和动机的,有向能源和矿产资源丰富的国家走的,有向劳动力成本低廉的国家走的,也有向技术先进、拥有优质品牌资产、市场成熟的国家走的,从10年来"走出去"的现实看,其中最主要的动机和方向仍然是获取能源和矿产资源。而根据当前中国经济转型和产业升级的需要,我提出"引资购商"的新战略,将"走出去"的方向和标的明确为经济发达国家的技术、品牌等制造业资产上,旨在通过跨国并购引进发达国家的先进产业、产业链关键环节和优势资产。

"一带一路"和"引资购商"这两个战略相结合,体现的是"双向开放"的观念。我认为,只有"双向开放"的对外投资战略,才能推进中国的经济转型升级和产业结构调整,才契合新一轮"全球化"的本质特征。"一带一路"构建了主要面向发展中国家和新兴经济体的对外开放格局,通过区域市场整合产生的规模经济性以及更加低廉的资源和劳动力成本挖掘中国产能和技术的成本优势。而"引资购商"与之配合主要面向发达国家开放,通过发达国家的先进技术和管理经验的逆向外溢推动中国经济向创新驱动转型。"双向开放"共同形成全方位深化的对外开放格局,其实质就是更加积极主动地参与国际竞争、优化区域布局、构建以我为主的国际生产网络和创新网络。

中国作为一个发展中国家,正处在一个由吸引外资、输入资本向对外投资、输出资本转变的转折点,这个过程中的对外投资对于国内经济有什么影响,经验还比较少,根据发达国家对外投资的历史经验,大规模对外投资很有可能对国内经济产生负面影响。例如,19世纪中期的英国是当时的"世界工厂",曾经制造世界工业品产出的40%。此后,英国工业资本大举输出,到20世纪初一度超过国内投资,致使英国国内生产不断下降,技术进步速度放缓,最终被美国和德国超过,从"世界工厂"跌落为工业品进口国。20世纪70年代到80年代,美国出现两次传统产业转移浪潮,引起国内投资下降,劳动密集型产业和传统制造业不断转移到海外,制造业产出下降,就业萎缩,贸易赤字和财政赤字恶化。美国政府在发现问题后,一方面稳定制造业生产,另一方面加快制造业高端产业或产业高端环节的发展，利用新技术革命弥补国内制造业萎缩带来的损失。在 90 年代的新技术革命中，美国通过对高端产业控制力的掌握，积极发展信息技术和生物医药技术，从而弥补了产业空心化对经济的冲击，而且推动美国经济进入了新一轮的高涨。2008 年后，奥巴马政府意识到产业空心化的后果，提出了"再工业化"的口号，并大力扶持制造业，推动了美国制造业的发展。

我们提出"一带一路"的背景与 20 世纪 80 年代的日本有些类似，当时日本也出现劳动力、土地等综合成本不断上升的局面，因此掀起了数次向海外转移生产的高潮。日本根据"雁阵模式"以自己为雁首把纺织品、机械等劳动密集型产业按照区域发展梯度转移出去，试图为国内高新技术产业和服务业的发展腾出空间。但是由于高端产业发展相对较慢，未能弥补国内产业转移形成的空缺，日本也出现了产业空心化趋势，是当前日本巨额贸易赤字的一个直接原因。我们和 20 世纪 80 年代的日本还存在一些本质区别。当时日本已是发达国家，对外投资的水平和产业结构都处于较高水平，汽车和微电子等部分领域与欧美国家不相上下，形成了丰田、松下等具有全球知名度的大型企业，日本企业开展国际化经营的条件也比较成熟。而我国是发展中国家，产业国际竞争力不及当年的日本，同时，我们是赶超型经济，资本输出处于初级发展阶段，企业海外发展缺乏经验。因此，在"一带一路"加快产能梯度转移，为国内转型腾出空间的同时，更要注意产业转移的规模、速度和秩序，对于制造业要加快升级，及时通过"引资购商"将高端产业发展起来，避免出现产业空心化。

除了发达国家以往的经验需要借鉴外，我们还要考虑到中国经济处于转型换挡期间这个现实。一直以来，中国靠投资和出口形成经济增长的动力，现在"新常态"下要逐渐转变成将消费需求作为经济增长的动力。但是，这个转变不会一蹴而就，而是一个较为漫长的过程，在这个过程中仍然要保持一定的经济活动水平，也仍然需要维持一定的国内投资水平。这就意味着我们尤其要重视在转型换挡期间让对外投资和国内投资之间有更多的互补性而不是替代性,在"引资购商"和"一带一路"之间的关系上持有"双向开放"的理念。

从中国经济转型和产业升级这个根本目标出发,"一带一路"和"引资购商"都是中国对外投资战略的有机构成部分,两者不可偏废其一。以化解中国的"过剩产能"问题为例,不能单靠在沿线国家大搞基础设施建设这个办法解决,彻底化解"过剩产能"的办法是让相关生产部门成为一个真正意义上的全球竞争者。我不否认在沿线国家推动国内"过剩产能输出"是解决当前投资效率低下的一条有效途径,但是只有"一带一路"与"引资购商"形成合力,才可以既有可持续性又从根本上解决问题。

以单向输出的思路化解"过剩产能",在我看来,效果有限、缺乏长期的可持续性经营模式。钢铁、水泥等基础设施原材料的输出从短期看可能去了一定的库存,缩短了产能过剩周期;但是从长期看,如果没有替代性的投资弥补缺口,则意味着国内投资水平下降。此外,"过剩产能输出"意味着国内投资依然没有实现产业结构和产品结构的调整升级,依然走着投资效率低下的老路。最后,再从"过剩产能"接收国家的角度来看,即使是有基础设施建设的需要,这种中低端的产能和产品哪里不能提供?为什么就一定得消纳中国的"过剩产能"呢?把"过剩产能"这种落后的生产方式从中国转移到沿线国家去,沿线国家又能得到什么长远的好处呢?只有沿线国家经济持续发展上去了,才有可能在未来 10 年,甚至更长时间需要和消化我国的过剩产能,为我国赢来过剩产能重组和升级的空间和时间。而且,当我们用单向输出的观念解决"过剩产能"问题,不考虑沿线国家的长远利益,也很容易被看作是自私自利的"重商主义",那我们又如何能超越至今仍为欧洲受援助国津津乐道的"马歇尔计划"呢?所幸"过剩产能输出"这种说法现在已经提得少了,取而代之的是"国际产能合作"这种提法。我认为,这不仅是文字上的修饰,更是认识上的提升,因为"国际产能合作"隐含着平等合作而不是一厢情愿的互补性,也蕴含了"双向开放"面向国际市场、面向国际竞争的积极内涵。

拿钢铁行业来说，毋庸置疑，这是一个存在严重产能过剩的行业，而且是全球性的产能严重过剩。据中国钢铁工业协会的资料，2014年，全球粗钢需求16.5亿吨，而全球钢铁产能为22.4亿吨，其中，中国钢铁行业的产能过剩问题尤其严重，产能利用率不到70%。面对全球性产能过剩带来的生存危机，钢铁行业必然会经历一个全球并购整合提高行业集中度的过程，一个典型的案例是2014年安赛乐米塔尔（Arcelomittal）和新日铁住金（NIPPON STEEL & SUMITOMO METAL）合作以15亿美元的价格收购蒂森克虏伯（Thyssen Krupp）位于美国亚拉巴马州的热轧带钢厂。中国钢铁企业以生产低附加价值产品为主，在全球产能过剩的局面下，"一带一路"为过剩产能寻找出路只能暂时地、部分地化解困局。我认为，应该抓住当前钢铁行业全球整合的机会，通过"引资购商"迅速提升中国钢铁行业的市场议价能力和技术创新能力，这才是标本兼治化解产能过剩的办法。

"双向开放"要做到两个平台的对接和融合，一个平台是"一带一路"的海外产业园，让产能按国际梯度转移规律实现有序输出和转移；另一个平台是"引资购商"的政府引导产业并购整合基金，瞄准和引入国内产业升级所缺乏的战略性资产，提升中国对产业链的国际掌控能力以及产品国际竞争力。两个平台融合以形成双轮驱动效应，让国际国内产能之间能够实现持续动态互补。

（二）以点带面风险缓释

基础设施对于经济发展具有"乘数效应"，这种"乘数效应"在收入水平较低的发展中国家尤为明显。"一带一路"沿线很多发展中国家尚处于工业化起步进程中，庞大的人口伴随着城镇化和收入增长，对基础设施提出了巨大而迫切的需求，但是限于自身的资金匮乏以及建设能力不足，其基础设施供给严重滞后。根据亚投行的分析，以达到世界平均水平为目标，亚洲地区在 2010 年至 2020 年期间的基础设施投资需求约为 8.22 万亿美元。而联合国贸发会的一项研究则表明，发展中国家整体在 2015 年至 2030 年期间每年的基础设施投资需求在 1.6 万—2.5 万亿美元。

"一带一路"提出了在沿线国家实现"五通"的战略愿景，而基础设施建设是实现"五通"的主要手段。中国具有基础设施建设的能力和经验，为了满足"一带一路"基础设施建设的资金需求，发起设立了初始资本金为 1000 亿美元的亚洲基础设施投资银行，另外还有 400 亿美元的丝路基金、1000 亿美元的金砖开发银行以及 1000 亿美元用于防范金砖国家金融风险的外汇储备资金池与之配合。

从宏观战略的角度审视，"一带一路"沿线国家基础设施投资是一举多得的"好牌"。首先，基础设施投资具有稳定的收益和现金流，特别是具有对冲通货膨胀的作用，能够使得中国对外投资的资产组合更加稳健和多元化；其次，基础设施投资为"互联互通"创造了良好的基础条件，降低沿线贸易和投资活动的交易成本，从而能够扩大出口和实现产能转移，特别是推动过剩的基础设施建设产能体外循环；再次，为沿线国家的基础设施建设提供金融支持有利于扩大人民币的境外使用，从而推进人民币的国际化进程。

但是，当我们把宏观战略从大方向、大原则推进到执行和落实阶段，就必须注重海外基建项目的风险评估以及时机和优序选择。其中，最为突出的风险体现在以下几个方面：

其一，海外基础设施建设项目的政治风险。我们强调"一带一路"和"马歇尔计划"不同的一点是，"一带一路"是不搞意识形态认同和政治影响力配合的资本输出。但我们面临的尴尬现实是，海外基础设施建设中的政治风险是无法回避的，总会遇到一些并不是有钱有建设能力并加上无私援助的心态就能解决的政治问题，甚至会成为一些国家的选择话题，陷入周期性党派利益争吵的旋涡之中。

基础设施建设项目往往会对沿线国家的经济发展、生态环境和社会环境产生重大影响,这必然意味着沿线国家政府深层次的介入。而基础设施建设项目的投融资金额巨大、涉及利益广泛而深入,沿线国家的体制是否健全,操作是否透明对项目有很大的影响,其中,沿线国家如果出现政治不稳定、政权更迭,更是基础设施建设项目不容忽视的风险来源。当基础设施建设项目可能涉及不止一个国家时,地缘政治关系就成为项目更大的不确定性因素。

自"一带一路"战略提出以来,已经出现过多起中国海外建设项目由于政治风险而带来的不确定性事件,最典型的是科伦坡港口城项目。

2015 年初,斯里兰卡新政府在大选结束后就对前总统拉贾帕克萨发起的一些大型项目进行重新评估,包括中国援建的科伦坡港口城项目。前总统拉贾帕克萨被认为在态度上较为"亲华",中国曾向拉贾帕克萨政府提供了大量贷款,用于修建高速公路等基础设施,目前,中国已经累计在斯里兰卡投资援建基础设施工程约 60 多亿美元,包括公路、铁路、机场和港口等。新政府上任伊始就出于政治考量把火烧到了中国基建项目上,迄今为止该项目仍未重新启动。

据美媒报道,斯里兰卡投资促进部部长卡比尔·哈希姆(Kabeer Hashim)对这个投资十多亿美元的项目表示了安全方面的担忧。哈希姆对记者说:"必须全面审视港口城项目。不能把安全敏感区域的土地交给另一个国家。"而外媒的解读是,由于中国在斯里兰卡的投资,以及中国在周边地区影响力的增强,而引起印度的严重关切,印度认为中国帮助缅甸、孟加拉、斯里兰卡和巴基斯坦等国家建设港口等基础设施,目的是进入或者包围印度洋。外媒认为,印度洋周围的港口犹如散落的一颗颗珍珠,当它们串联起来就是一条环绕印度洋的珍珠项链,这被称为中国的"珍珠链"战略。斯里兰卡新任总统所在统一国民党曾明确表示,会在印度和中国之间采取平衡策略,不会像前任政府那样——"基本是在用和中国的亲密关系来激怒印度"。中国在斯里兰卡遇到的问题不是孤例，缅甸的水电项目、泰国的高铁项目、希腊的码头基础设施建设项目都在一定程度上因政治风险而受到负面影响。

其二，海外基础设施建设项目的偿付风险。"一带一路"上的沿线国家有不少是经济基础比较薄弱的发展中穷国，还有不少国家在经济发展方式上比较依赖自然资源，国际大宗商品价格下跌导致政府收入锐减，此外，一些国家在金融危机中还出现了比较严重的债务危机。从平均意义上看，"一带一路"沿线国家整体的偿债能力并不强，这也是造成"一带一路"沿线基础设施建设滞后的内在因素。

图 5-5 是普华永道根据 IMF 数据得到的沿线国家公共财政状况。

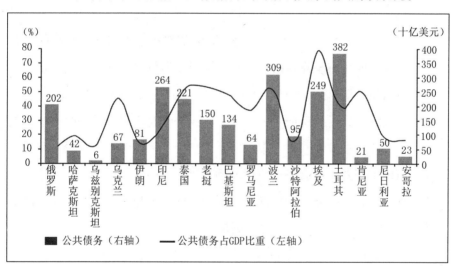

图 5-5　沿线国家公共债务及占 GDP 比重

数据来源：pwc，Strategy& ，Chinese Outbound Funding PPT

图 5-6 是普华永道根据美国能源局、IMF 等数据资料计算出来的沿线国家政府预算达到收支平衡点时原油价格。

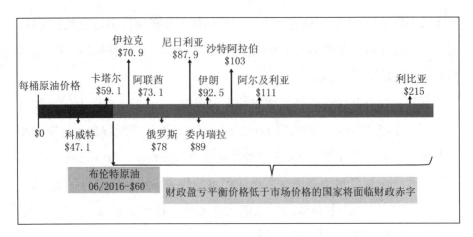

图 5-6   沿线主要石油出口国政府预算达到收支平衡点时的原油价格

数据来源：pwc，Strategy& ，Chinese Outbound Funding PPT

2014 年 11 月 3 日，墨西哥交通和运输部宣布由中国铁建牵头的联合体中标首都墨西哥城至克雷塔罗的高铁项目，但仅隔 3 天后，墨西哥就宣布取消中标并重新招标。2015 年 1 月 30 日，墨西哥财政和公共信贷部声称，由于国际油价大跌导致政府收入锐减，墨西哥政府决定无限期暂停这一项目。还有，委内瑞拉曾获得了中国的大笔信用贷款，但是在油价下跌后偿债能力出现了问题。再有一个典型的例子就是希腊，这个国家在欧债危机中的表现不佳，偿付能力出现问题。至于一些还在战火、地区冲突和恐怖主义中挣扎的国家，其偿付能力就更是堪忧了。

其三，基础设施建设项目本身具有时间周期长、运营风险大的特点，在海外建设和运营项目更容易出现延误和损失。这一点很明显，无须过多解释。

针对海外基础设施建设这些突出的风险和挑战，我认为，推进"一带一路"必须要有一种优序选择、以点带线、以线带面的观念，不能到处撒胡椒面。所谓"面"就是"五通"，所谓"线"就是沿线国家的基础设施，所谓"点"就是海外产业园。要认识到，即使我们有庞大的基础设施建设资金池支持，但是相对于沿线国家几万亿美元规模的需求仍不过是杯水车薪，没有"点"、"线"、"面"的相互呼应和推动，"五通"难以顺利实现。

其实，基础设施不应该只局限在公用事业、公共工程和交通设施上，人们对于基础设施内涵的认识应该随着经济社会的发展而不断深化和扩大。在我看来，产业园也是一种基础设施，而且具有良好的产业链延伸性，并能够通过雇佣当地劳动力、传播技术知识和管理实践，为当地的人力资本成长和提升管理素质创造条件。

海外产业园是中国与沿线国家经贸合作的平台。它发挥着效率提升、技术创新、企业孵化、示范带动和外部辐射的功能，是"一带一路"互联互通的重要承接点。

海外产业园与基础设施建设之间是相互促进的关系，两者结合可以促进"一带一路"战略的有序推进。产业园区在有限的地理空间集聚众多企业，以点带线，以线带面，快速取得经济效益，有利于促进"一带一路"战略早开花、早收益，降低投资风险。

海外产业园通过雇佣大量当地员工，帮助解决当地劳动力就业问题，从而增加居民收入和促进社会稳定。随着收入提升，居民的需求结构升级，刺激产业升级，带动园区内外工业化发展和城市化进程，形成良性循环。

海外产业园塑造了一个良好的营商环境，通过资本、劳动力和技术纽带同当地政府、企业和居民形成稳固关系，有利于双方在共同的生产生活中培育互信共识、加强文化纽带，从而起到降低政治风险的作用。

海外产业园使得国内外的产业转移和产业升级形成互动关系，依靠国内的产业升级不断地向海外园区导入生产技术和经营理念相对成熟的先进企业，提升当地的劳动力素质和生产能力，成为沿线国家经济增长的持续动力。

海外产业园充分利用了中国长期"招商引资"积淀的成功经验，不仅通过向基础设施产业链后端延伸提高了投资回报，同时将设计规划、管理流程、组织制度等软实力和基础设施建设硬实力结合起来，这将是中国对外投资中难以模仿和复制的独特竞争优势。

（三）创新驱动协同演进

中国经济增长放缓、进入"新常态"是"一带一路"战略的宏观背景和国内状况。在新的历史时期，中国的经济增长要实现从要素驱动、投资驱动向创新驱动转变，长期以来靠投资、劳动力、资源、环境等要素的低成本大量投入来驱动经济增长的方式越来越不具有可持续性，未来经济增长的动力和源泉主要来自技术创新和制度创新等供给侧因素。

在转换中国经济增长引擎的过程中，"一带一路"首先有"腾笼换鸟"的作用，在欧亚大陆实现以中国为雁首的产业有序转移，为国内产业转型升级腾出空间。"一带一路"还立足于现实，通过基础设施建设出海等措施化解当前过剩产能带来的突出经济风险，为国内产业转型升级赢得时间。但"腾笼换鸟"并不是"一带一路"对于转变经济增长方式的全部意义。

在我看来，"五通"所实现的更大的、一体化的市场空间不仅意味着我们可以获得更为低廉的生产要素、更大的出口市场，还意味着我们可以在更大的范围内分摊创新的研发成本和提升创新投资效率，为中国经济的转型升级创造更为有利的条件。

习近平主席在访问蒙古国时曾指出："中国愿意为周边国家提供共同发展的机遇和空间，欢迎大家搭乘中国发展的列车，搭快车也好，搭便车也好，我们都欢迎。"中国发展的列车要在减速行驶中换上创新驱动的引擎，更多依靠人力资本、技术进步等要素质量，那么，内因决定外因，在带动沿线各国联动发展的路径上，也要重视人力资本积累、知识外溢等供给侧要素对沿线国家长期可持续发展的作用。特别是对一些东盟国家来说，他们的经济发展水平和我们比较接近，我们想发展的，东盟国家也想发展，我们想淘汰的，东盟国家也想淘汰，要处理好与沿线国家的产业竞合关系，就更有必要提高我们自己的创新能力。在"一带一路"上我们不能穿新鞋走老路，走老路到不了新地方。

向创新驱动转变是一个艰难的转变。据汤森路透（Thomson Reuters）的研究，2012年，以专利为主要指标的全球创新企业百强排名，中国企业无一上榜，以知名商标为主要指标的世界品牌100强中，中国也仅有4个。国家知识产权局对于25家具有代表性的创新型企业统计显示，其无形资产占企业总资产比例平均仅为0.65%，而其中知识产权资产占无形资产的比例仅有16.98%，与发达国家的平均水平差距显著。此外，根据经合组织对全球价值链的最新测试结果，我国出口包含的国内增加值比例只有67%，而美国、德国和日本分别为89%、85%和73%。这些数据凸显了我们的创新能力不足问题。

更为复杂的是，我们还面临第三次工业革命浪潮的冲击，第三次工业革命进一步弱化了中国的要素成本优势，对中国的产业结构调整和转型升级形成了压制。在这场浪潮中，美国提出"制造业行动计划"、德国提出"工业4.0计划"、欧洲提出"未来工厂计划"，发达国家重塑制造业优势导致制造业回溯，传统"雁阵理论"所预言的后进国家产业赶超路径被封堵。这已是一场创新的全球博弈。

发达国家产业转移的历史已经证明了资本输出是一把双刃剑。中国作为最大的发展中国家进入了资本输出的时代，无论是"一带一路"，还是"引资购商"，都是通过国际化、全球化探索新的经济增长路径。只有发挥两者的互补性，让对外投资的逆向技术溢出效应超过资本外流和产业空心化效应，才能更大限度发挥对外投资对我国经济发展的正向作用。

在让对外投资发挥对经济发展积极效应方面，培育自主创新能力是极为关键的，它在很大程度上决定了我们对于逆向技术溢出的吸收能力。但是，这绝不意味着我们应该关起门来搞创新。"引资购商"的最终目的还是为了发展我们自己的创新能力，而且"引资购商"提高了自主创新的效率，与自主创新相互作用、相互促进，表现在：

首先，随着全球分工体系的不断演进，现在的创新也变成开放式的创新，我们必须要突破边界，利用全球的创新资源打造国际竞争力。2013年，商务部针对进行外向型对外直接投资活动的中国企业的调查中，受访企业将"从境外获得知识产权资产、研发技术团队、研发管理经验"列为开展对外直接投资最重要的目标之一。

其次，越是价值链高端的创新越需要一个地理集聚的环境，例如硅谷对信息技术人才的吸引和创新资源的集聚。对于基于区位优势的创新，我们既不可能通过技术贸易和高科技产品的进口获取其技术和管理知识，也不可能简单地通过雇用几个海外留学回来的人员就能掌握其中的技术诀窍，有些创新资源是有黏性的。在这种情况下，我们只能通过海外投资和并购当地的领先企业，并以此为平台吸纳海外高端人才和获取创新资源。

再次，基于研发成本的考虑，我们可能会考虑把海外研发中心做一个重新布局，还有些情况下，我们为了接近市场资源，也可能会考虑把海外研发中心的地理位置做一个调整，例如，利用国内在研发成本上的相对优势实现研发的本土化，这些战略操作都是以获得所有权为前提条件的。

又次，在创新驱动这条路上，既要有平常心，又要认识到在全球刀光剑影的创新博弈中，"难得者时，易失者机"。除了要坚定不移地坚持发展自主创新能力、创建中国自己的品牌，也要积极地把握时机，通过跨境并购加快自主创新能力和自主品牌的建设步伐。

最后，中国作为一个巨大市场以及面向"五通"形成的更大的市场，为创新成果的商业化提供了广阔的空间，为创新的健康可持续发展提供了坚实基础。中国若通过"引资购商"有效吸收和整合全球先进技术和知识，并且站在巨人肩上发展自己的创新能力，中国毫无疑问会成为一个全球创新领导者。而通过跨境并购获得全球生产网络和全球创新网络的驾驭能力，我们也将能够在"一带一路"上输出资本、输出产品，更输出技术和服务，为沿线国家的工业化提供源源不断的动力，实现中国和沿线国家的共同演进。

如果能以"一带一路"和"引资购商"为中国经济向外延展的两翼，则中国经济和中国制造都会因此而获得新一轮的高速持续增长。

第六章　如何组建和运作"中国制造 2025 产业并购整合基金"

十八届三中全会强调"市场在资源配置中要起到决定性作用"，这是中国新一轮经济体制改革的核心思想，其中的关键是处理好政府和市场的关系。作为替代"招商引资"的战略选择，"引资购商"是通过市场化为主的产业并购整合基金模式整合国际先进生产要素，从而推动中国制造业转型升级和实现跨越式发展，最终实现《中国制造 2025》的宏伟目标。在产业并购整合基金的组建和运作中，市场逻辑和资本力量将发挥主导作用。但是由于"引资购商"以中国产业升级和经济转型为最终目标，其实质是一项大胆创新地融合国际化产业思维和金融思维的经济政策，因此，产业并购整合基金作为落实"引资购商"的金融工具，政府对其的宏观指导和引导作用也是必不可少的。

那么，"中国制造 2025 产业并购整合基金"究竟有哪些特点？又应该如何组建和运作呢？现进行简要阐述。

一、基金的特点

如前文所言，"引资购商"是指在政府的引导下，募集多方资本构建产业基金等资本容器，聚焦经济支柱产业和新兴战略产业，选择处于国际先进乃至顶尖水平的国外制造企业为目标，发起控股并购或整体并购的一种替代"招商引资"的新战略。

"中国制造2025产业并购整合基金"是指为落实《中国制造2025》国家产业发展规划，实现"引资购商"新战略，在天才纵横国际企业管理（北京）有限公司的积极倡导之下，由地方政府下属的产业投融资平台与多层次社会投资者共同发起成立的私募并购整合基金。

"中国制造2025产业并购整合基金"一方面是私募股权基金，它具有私募股权基金的共性，例如：在资金募集上，它通过非公开的方式向特定机构募集；在投资上，它采取股权投资方式对目标企业进行投资；在投资期限上，它属于中长期投资，可达5年至10年，甚至更长，而且是封闭性投资，在投资期内不退出；在退出机制上，它采用IPO、股权转让等方式进行退出。

另一方面，"中国制造2025产业并购整合基金"也具有独有的特性，主要表现在以下三点：

（一）属于政府引导基金

从以往中国企业对外直接投资的金融支持方式看，虽然已经初步形成国内银行贷款、国际银团贷款、公司债券、股权融资等多种方式，但是支持力度明显不足。为了适应中国对外直接投资不断发展的要求，建立多元化的金融支持体系、培育专业化的金融支持主体、实现政策性金融与商业性金融的协调发展是极为必要的。"引资购商"以私募股权基金为工具实现跨境并购整合，为中国对外直接投资建立了一种新型的金融支持方式。

跨境并购本身是一项高风险的投资活动，在整个并购和并购后整合过程中稍有不慎就会导致并购失败。私募股权基金不仅为海外并购带来了丰富的资本和并购金融工具，更为重要的是带来了专业的并购整合经验和风险控制手段，从而扩大了价值增值空间、提高了并购成功率。从国际资本市场的现实来看，私募股权投资基金在跨境并购中发挥着越来越重要的作用，已经是跨境并购的一支主导力量。而"引资购商"作为中国对发达国家发起的对外直接投资，又是以掌控品牌和技术等高端生产要素并对其进行整合为主要内容，在整个过程中面临着资本和经验的双重瓶颈，面临着极为复杂的外部环境，更需要借助私募股权基金的专业性。特别需要指出的是，以私募股权基金模式实现"引资购商"是一种市场化机制，这将有利于规避和淡化跨境并购中所面临的政治风险，特别是规避目标公司所在地对于高技术领域逆向并购中的一些政策阻挠。

作为市场化的运作方式，"中国制造 2025 产业并购整合基金"首先是遵循商业逻辑的私募股权基金。"引资购商"把目标企业从国外复制到中国，最终在中国形成上下游产业集群，实现中国制造业的转型升级和创新发展，首先利用了中国与国外同类型的中高端制造业仍存在的"成本势差"。除此之外，"引资购商"的价值增值途径还包括：对高端生产要素进行区域重组、促进中国产业转型升级、释放中国市场的巨大潜力以及通过对中高端产业链的掌控地位促进国内中高端产业集聚和关联产业发展等，其中所内含的商业逻辑和巨大价值增值潜力是吸引全球资本的基础。

但是与一般的私募股权基金不同，政府引导是"中国制造 2025 产业并购整合基金"的一大特色。从本质上看，"中国制造 2025 产业并购整合基金"是与国家鼓励和发展中高端制造业的产业政策相关联的，是一种体现了国际化产业思维和金融思维的产业政策工具。基于中国在中高端制造业与西方发达国家存在的现实差距，"中国制造 2025 产业并购整合基金"支持符合《中国制造 2025》的海外并购行为，以逆向并购整合海外高端制造业企业的控制权为基本手段，促进国内经济转型升级，体现的是开放的、国际化的产业思维。同时，"中国制造 2025 产业并购整合基金"采用了私募股权基金形式作为多方资本容器，改变了原来的财政直接扶持和补贴的政策运行机制，利用基金杠杆作用拓宽融资渠道，进行市场化透明运作，最大限度提升政府资金使用的透明度与效率，是政府资金投入方式和运营机制的有益探索，能够在发挥市场主体作用的基础上有效提升产业政策效果。由此可见，虽然采用了市场化的运行机制，但是设立"中国制造 2025 产业并购整合基金"的根本目的是为了促使我国由"制造大国"向"制造强国"转化，是为了落实"引资购商"新战略，因而与国家鼓励中高端制造业发展的产业政策契合，与中国对外直接投资进入新阶段的历史转折点相关，因此在整个组建和运营过程中就需要政府发挥指导和引导作用，以产生良好的政策效果。

政府引导资金既可来源于中央政府，也可来源于地方政府。我国目前尚有 3 万多亿美元的外汇储备。长期以来，这些外汇储备没有很好的投资渠道，且投资多为财务投资。为提高我国外汇储备的利用效率，我们建议国家可将部分外汇储备投资于《中国制造 2025》所鼓励发展的重点领域，这样既提高了我国外汇储备的使用效率，又加快了我国制造业的转型升级和创新发展。地方政府资金的来源主要有三种：一是地方政府自己的财政收入，二是地方政府向政策性银行所借的款项，三是地方政府融资平台的商业融资。政府出资后不参与基金的日常管理，并在约定的期限内退出，同时获得对应的投资回报。政府的引导资金虽然不在基金中占据主要部分，但政府出资大大提高了基金的信誉，有利于吸引其他多层次的社会资本纷纷跟进投资，具有很强的引导作用。

实践中，政府引导基金往往以"母基金"的方式运作。母基金（FOFs）与一般的基金不同，它是指投资于基金的基金，是以股权投资基金作为投资对象的特殊基金。政府引导基金通过与普通合伙人（GP）合作成立子基金来将资金投入到实体经济中去。

在法律结构上，政府引导基金通常以独立事业法人形式设立，由有关部门任命或派出人员组成的理事会行使决策管理职责，并对外行使政府引导基金的权益和承担相应义务与责任。在管理模式上，地方政府一般会成立政府引导基金管理委员会（或投资决策委员会）作为政府引导基金的最高投资决策机构，行使政府引导基金决策和管理职责，管理委员会一般不直接参与政府引导基金的日常运作。在投资运作上，政府引导基金遵循"政府引导、市场运作、科学决策、防范风险"的原则。在退出方式上，政府引导基金可以通过上市减持、股权转让、企业回购等多种途径实现获利退出，并获得地方经济转型、GDP 增长率提高、税收和就业人数增加等诸多收益。

目前，一些地方政府已经开启了这种政府引导的产业基金模式。以湖北省长江经济带产业基金为例，湖北省政府财政出资 400 亿元作为引导基金，然后向金融机构、大型企业和社会投资机构共同募集 1600 亿元，形成总规模为 2000 亿元的母基金，并通过设立子基金等方式再次放大。湖北省长江经济带产业基金再根据各市州的出资情况，按照不低于 1:5 比例在各市州设立分期母基金或子基金。

湖北省政府对产业基金的引导作用主要体现在两个方面。一是发挥财政资金在湖北省长江经济带产业基金中的引导作用，在章程中规定：湖北省长江经济带产业基金管理委员会并不直接对基金进行管理，而是由专门的基金管理公司对基金进行管理。基金管理公司实行混合所有制，经营管理层以职业经理人为主，人员主要通过市场化方式产生。二是借鉴上海自贸区经验，制定针对产业基金、基金管理公司以及产业基金投资项目的服务便利化、财政税收、产业配套等政策，为基金营造良好的发展环境。

（二）并购对象为海外高端制造业企业

"中国制造 2025 产业并购整合基金"以海外高端制造业企业为并购对象，目的在于取得海外技术、品牌和渠道等战略性资产，在此基础上获取和培育国内高端生产要素，从而实现中高端制造业向国内的复制和促进国内经济转型升级。

以海外高端制造业为并购对象，首先符合"中国制造2025产业并购整合基金"所要实现的政策目标。《中国制造2025》指出："我国制造业大而不强，自主创新能力弱，关键核心技术与高端装备对外依存度高，以企业为主体的制造业创新体系不完善；产品档次不高，缺乏世界知名品牌；资源能源利用效率低，环境污染问题较为突出；产业结构不合理，高端装备制造业和生产性服务业发展滞后；信息化水平不高，与工业化融合深度不够；产业国际化程度不高，企业全球化经营能力不足。"在中高端制造业，中国与西方发达国家存在较大的技术差距，单纯依靠自主创新效率不高，同时也很难突破国外的专利技术壁垒。从这些年国内企业自主研发的实际效果来看，真正达到世界先进水平的成功例子还较少，更为普遍的状态是相当多的国内企业长期处于对国外技术领先企业的技术追赶中，甚至因其追赶步伐缓慢导致技术差距日渐扩大。"中国制造2025产业并购整合基金"以国外高端制造业企业为并购标的，可以通过"所有权优势"迅速获取和整合领先技术和先进管理经验，突破技术壁垒和产业链主导权限制，加速推进中国经济转型升级，从而是一个效力极高的政策工具。

以海外高端制造业为并购对象，同时也符合"中国制造2025产业并购整合基金"所要求的财务目标。在中国企业"走出去"的这十几年里，海外并购多以资源型并购为主，其价值增值空间有限，风险收益主要与大宗商品的价格波动性相关，变化较大。而对海外高端制造业的并购属于市场型并购或效率提升型并购，其价值增值空间巨大，风险收益较大，并有制造业中高端环节"成本势差"以及中国市场对产品品质和品牌的巨大需求潜力等因素形成强有力支撑，长期来看将呈现出确定向上的趋势，中短期来看，由于发达国家经济仍然处于再平衡期间，海外高端制造业资产的估值处于合理区间，也为"中国制造2025产业并购整合基金"实现财务收益提供了安全边际。根据并购海外高端制造业企业的风险收益特征，我们将"引资购商"方案的财务评价标准设置为年化平均投资收益率为15%

以上。

以通用航空业为例,"中国制造 2025 产业并购整合基金"将其纳入重点投资领域。这是因为我国的通用航空业在技术上与国外先进国家存在很大差距,同时,在市场发展水平上与我国世界排名第二的国民经济地位和民航市场份额也极不相符。因此,在通用航空业领域以"引资购商"战略实现国外领先技术向国内的外溢和产业链配套环节的协同发展,既有利于推动通用航空产业在国内的跨越式发展,形成国民经济新的增长点,也符合基金自身对财务收益的要求,实现了政府和社会资本多方合作共赢。

技术方面,我国飞机的发动机制造技术十分薄弱。目前,用途最广的民用发动机主要被美国和英国所垄断,我国民用发动机的研制才刚刚起步。我国飞机发动机与国外相比,其在技术设计、材料等方面的差距在短期内是无法缩小的。

市场方面,全球通用飞机市场主要集中在美国、加拿大、德国、巴西、英国、澳大利亚、南非等国家。截至 2013 年底,上述国家拥有的通用飞机数量分别约为 21.0 万架、3.6 万架、2.2 万架、2.1 万架、2.0 万架、1.3 万架、1.2 万架。而同期,我国仅有通用飞机 3857 架,与前述国家差距甚大。其中,我国拥有涡轮飞机 2522 架(涡桨飞机 151 架,涡轮喷气飞机 2371 架),活塞式飞机 890 架(单引擎 794 架,双引擎 96 架),直升机 385 架。截至 2013 年底,中国拥有小型固定翼飞机 1239 架,尚不及美国小型通用飞机数量的 1%。

发展水平方面,我国通航机场占民用机场比例仅为 46%,而美国已达96%,我国适合小型通用飞机的起降点不到 400 个,且大多不对社会公众开放。

但展望未来,我国通用航空业又存在巨大的发展潜力,在未来十余年内就会有万亿级别的市场。中国 2025 年 GDP 总量很有可能赶上美国,从人均 GDP 看,中国 2015 年人均 GDP 约为 8000 美元,约为美日德英等发达国家（3.7万美元）平均水平的1/5，以美国目前的通用飞机拥有量21万架为参照进行估算，假设2025年中国的通用飞机拥有量相当于美国目前水平的1/5，中国届时就将拥有4.5万—5万架通用飞机。根据国际经验，一国人均GDP达到6000美元以上时，通用飞机消费将进入快速成长期。而我国低空空域使用管理政策在2014年全面放开，为通用航空消费潜力的释放提供了政策条件。此外，中国富豪阶层快速增长，粗略估计，中国大陆千万富豪人数约102万，上亿富豪人数约6.35万，市场调研数据表明，有意向购买通用飞机的富豪人数比例达到20%—30%。综合以上因素，中国2025年通用航空飞机拥有量保守估计也将达到5万架。实施"引资购商"后，中国通用航空飞机年产量能够达到5000架左右，2025年产量可达1万架，基本占领25%的国内市场。按照每架飞机1000万美元计算，每年的销售额约1000亿美元，再加上配件生产，可以直接带动GDP 800亿美元。

总之，我们对在通用航空领域拥有高端技术的企业发起跨境并购，以和我国庞大的需求潜力相匹配，其政策效果明确有力，财务收益从中长期看支撑因素也十分明显。

（三）并购方法为控股并购或整体并购

"中国制造2025产业并购整合基金"以海外高端制造业为投资对象，在此基础上进行的一系列战略操作，并最终实现其政策目标和财务目标是以取得目标企业的所有权和控制权为前提的，因此"中国制造2025产业并购整合基金"的并购方法为控股并购或整体并购。

从根本上来讲，并购目的决定了并购手段。相当多的私募股权基金只以参股的方式对企业进行财务投资，希望能在短期内从目标企业获利退出，获利是其投资的唯一目的，但"中国制造2025产业并购整合基金"则有所不同。

"中国制造2025产业并购整合基金"服务于"引资购商"新战略，将并购对象确定为海外高端制造业企业是为了最终推动国内产业的转型升级和创新发展。但是，国内外并购双方不仅面临着政治经济体制、文化价值观念、产业环境等方面的差异，还面临着中高端制造业的技术地位、品牌地位、产业链地位等方面的差距，如果不能取得对于海外高端制造业企业的控制权，将难以实现对其所拥有的技术、品牌等战略性资产的控制，逆向吸收其先进技术的愿望也就沦为空谈。此外，为了确保"引资购商"的成功，需要在并购后完成利用"成本势差"对接中国市场、发展配套产业体系等步骤，而实现这些后续的战略操作不仅要求取得对目标股权的控制，还需要并购双方实现组织结构的融合、战略和企业文化的融合，因此，"中国制造 2025 产业并购整合基金"采取的是能够拥有战略决策权的控股并购或整体并购方式，不考虑财务投资类的参股方式。

当然，在海外并购中，绝对控股的收购难度也是最高的，这就需要在并购前精准地选择并购标的，在并购中对交易结构进行巧妙的设计，规避包括国内和国外的一些政策法规限制，而并购后期的整合则需要基金管理人不仅具备高超的资本运作能力，而且要有深刻敏锐的行业洞察力和丰富的行业整合运营经验。

二、基金的募集

组建任何一家基金，募集资金是必经的第一步。"中国制造 2025 产业并购整合基金"需要体现政府引导作用，其投资方向须符合国家产业政策目标，因此，与其他基金相比，在资金募集上别具特色，主要体现在政府引导资金为劣后资金和社会资金来源于长线机构投资者这两个方面。

（一）政府引导资金是劣后资金

政府资金和社会资金是"中国制造 2025 产业并购整合基金"的两大资金来源，其中政府资金属于引导资金，同时也是劣后资金。劣后资金的收益分配后于优先级资金，劣后资金对优先级资金提供垫底性担保。换言之，"中国制造 2025 产业并购整合基金"遭遇损失时，政府引导资金作为劣后资金，将会被优先用来偿付损失；"中国制造 2025 产业并购整合基金"获得收益时，政府引导资金作为劣后资金，其收益将被安排在社会资金获得约定收益之后。在很多情况下，风险最大的劣后投资也往往是收益最大的底层投资。

政府资金之所以为劣后资金，主要有两个方面的原因：其一，政府作为委托人或有限合伙人之一，除了通过基金的市场化运作实现政府资金的高效运用、GDP 和税收高速增长等经济目标外，还设立了劳动力就业和工资水平上升、发展创新经济、传统产业转型升级和新兴产业跨越式发展等政策性目标，因此，政府资金作为劣后资金体现了基金作为一种政策工具和手段的本质；其二，"中国制造 2025 产业并购整合基金"服务于"引资购商"新战略，而"引资购商"由于其操作过程的高风险性和高复杂性面临着融资缺口，需要由政府提供引导资金以吸引和利用多层次的社会资本。

具体而言, 政府作为劣后资金通过"中国制造 2025 产业并购整合基金"的运作将主要实现如下目标:

1. 增加 GDP 和税收

以通用航空业为例, 国外先进通用航空项目被整体并购且复制到中国后, 将带动我国的 GDP 和税收增长。

从图 6-1 可知, 2001—2014 年我国税收 /GDP 之值呈上升趋势, 2001 年为 13.88%, 2014 年升至 18.74%。

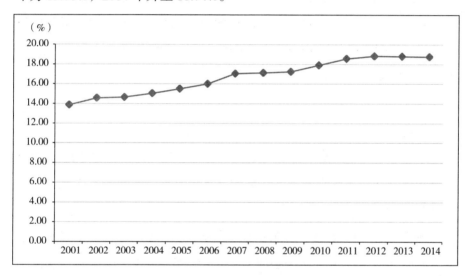

图 6-1　2001—2014 年我国税收与 GDP 之比

数据来源:国家统计局

地方政府在"中国制造 2025 产业并购整合基金"中作为发起者之一, 其投入的劣后引导资金如果为 100 亿元人民币, 其他社会资金以 1 : 5 的比例进行募集, 将能募集到 600 亿元人民币资金。之后, "中国制造 2025 产业并购整合基金"还可以 1 : 1 的比例向国内外金融机构借款 600 亿元人民币资金。这样, "中国制造 2025 产业并购整合基金"所募集资金共计 1200 亿元人民币。在此基础上, 收购一至两家总营业收入为 1200 亿元人民币（接近 200 亿美元）的海外高端通用航空企业（见表 6-1）。该企业经过整体并购后，复制到中国，经过几年后的整合，预计总产值较并购之初至少提升 3 倍，年营收将超过 4000 亿元人民币，将为地方 GDP 贡献超过 2000 亿元人民币。如果以地方税收/GDP 为 6%—10% 来计算，保守估算，该企业将为当地政府每年创造税收约 120 亿元人民币。以国家税收/GDP 为 10% 来计算，该企业可为国家每年创造税收 200 亿元人民币。实际上，由于"中国制造 2025 产业并购整合基金"收购的是海外高端通用航空企业，具备高、精、尖的先进技术，所以企业所创造的税收应更为可观。

由此可见，地方政府最初投入的 100 亿元人民币，通过基金几年的运作，可每年创造税收约 120 亿元人民币，而且随着企业产量的不断增加，地方政府的税收还会逐年增加。

2. 增加就业

仍以通用航空业为例进行说明。从表 6-1 可见海外高端通用航空企业营业收入与员工人数的平均比值为 422878，即该行业每 422878 美元平均对应着 1 人就业。

预期"中国制造 2025 产业并购整合基金"在完成对海外高端通用航空企业的并购整合后，国内通用航空企业在 2025 年将进入国际一流通用航空阵营，年营收将超过 4000 亿元人民币，按照当前的汇率水平，并参照当前海外高端通航企业的营业收入与就业人数的平均比值，通用航空企业为当地政府直接创造的就业人数将超过 14 万人，考虑到我国高级劳动力成本与国外可能存在的差距，再加上通用航空业上下游产业链间接增加的就业人数，通用航空企业可为当地政府创造共计约 30 万人的就业。

表 6-1　海外高端通用航空企业概况（截至 2014 年底）

制造商	市值 （百万美元）	营业收入 （百万美元）	员工总数（万人）	营业收入/员工人数（美元/人）
美国波音	86561.9	90762	16.55	548410

续表

制造商	市值 （百万美元）	营业收入 （百万美元）	员工总数(万 人）	营业收入 / 员工人 数（美元 / 人）
法国空客	49480	80656	13.7	588730
日本三菱重工 （Mitsubishi）	13600	36494	7.2	506861
加拿大庞巴迪集团 （Bombardier）	3220	20111	7.4	271770
美国湾流公司（Gulfstream）	——	8700	1.5	580000
美国西科斯基（Sikorsky）	——	7451	1.5975	466416
巴西航空工业公司（Embraer）	5130	6288.8	2.23	282009
法国达索航空公司（Dassault Aviation）	10040	4889	1.16	421465
美国豪客比奇（Hawker Beechcraft）& 美国塞斯纳公司 （Cessna）	——	4568	1.6	285500
美国贝尔直升机公司（Bell Helicopter）		4245	1.3	326538
美国卡曼公司 （Kaman）	1163	1795	0.48	373958
平均值				422878

数据来源：彭博数据库

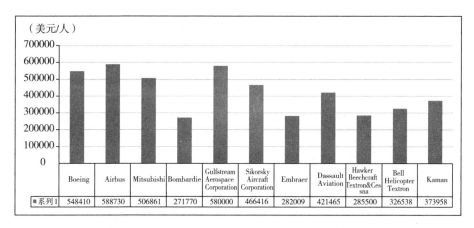

图 6-2 海外高端通用航空企业营业收入与员工人数比（截至 2014 年底）

数据来源：彭博数据库

3. 转型升级

长期以来，我国地方政府的收入严重依赖土地收益，形成土地财政。据国务院发展研究中心的一份调研报告显示，有些地方的土地直接税收及城市扩张所带来的间接税收已占地方预算内收入的40%，而土地出让金净收入已占政府预算外收入的60%以上。表6-2为我国23个省份土地财政依赖度排名（数据截至2012年底）。

表6-2　我国23个省份土地财政依赖度排名

省份	统计口径(承诺以土地出让收入为偿债来源的各级政府)	土地偿债规模(亿元)	土地偿债规模排名	土地偿债在政府负债偿还责任债务中的比重	占比排名
浙江	省、市、县政府	2739.44	2	66.27%	1
天津	市政府	1401.85	10	64.56%	2
福建	省本级、8个市本级、67个县级政府	1065.09	11	57.13%	3
海南	省级、2个市级、12个县级政府	519.54	20	56.74%	4
重庆	市本级及36个区县政府	1659.81	8	50.89%	5
北京	市本级、14个县政府	3601.27	1	50%—60%	
江西	11个市级、90个县级政府	1022.06	12	46.72%	7
上海	市级和16个区县政府	2222.65	3	44.06%	8
湖北	13个市级、72个县级政府	1762.17	6	42.99%	9
四川	18个市级、111个县级政府	2125.65	4	40%	10
辽宁	13个市级、49个县级政府	1983.2	5	38.91%	11
广西	自治州、市、县政府	739.4	16	38.09%	12
山东	14个市本级、81个县本级政府	1437.34	9	37.84%	13
江苏	13个市级、73个县级政府			37.48%	14
安徽	16个市级、78个县级政府	901.99	14	36.21%	15
黑龙江	8个市级、18个县级政府	652.88	17	36.10%	16
湖南	14个市级、96个县级政府	942.42	13	30.87%	17
广东	19个市级、63个县级政府	1670.95	7	26.99%	18
陕西	10个市级、32个县级政府	631.86	18	26.73%	19
吉林	6个市级、18个县级政府	586.16	19	22.99%	20

续表

省份	统计口径(承诺以土地出让收入为偿债来源的各级政府)	土地偿债规模(亿元)	土地偿债规模排名	土地偿债在政府负债偿还责任债务中的比重	占比排名
甘肃	10个市级、28个县级政府	206.54	22	22.40%	21
河北	11个市级、59个县级政府	795.52	15	22.13%	22
山西	6个市级、10个县级政府	268.94	21	20.67%	23

注：江苏没有公布土地偿债规模数字；北京没有公布比例数字及可供测算的数据，表中数据为估值；四川测算占比的分母为"市县两级政府负有偿还责任债务余额"，其他省份测算的分母为"省市县三级政府负有偿还责任债务余额"。

数据来源：中国经济研究院 《中国经济周刊》

随着近年来我国经济增速的放缓以及房地产热的冷却，地方经济发展模式亟待摆脱对土地的过度依赖，土地财政已经难以为继。《中国制造2025》指出："形成经济增长新动力，塑造国际竞争新优势，重点在制造业，难点在制造业，出路也在制造业。"我国要实现制造强国的战略目标，就必须加快制造业的转型升级和跨越发展。因此，并购整合基金将并购对象锁定为海外高端制造业，既符合地方政府的长远利益，也符合国家的产业政策。

（二）社会资金来源于长线机构投资者

"中国制造2025产业并购整合基金"以其跨境并购整合活动服务于地方产业转型升级和跨越发展，其运营期限一般需7年以上，这就需要长线投资者的资金支持。此外，由于"中国制造2025产业并购整合基金"并购标的具有资金密集和技术密集的特点，所需动用资金规模动辄上百亿元人民币，个人投资者力量微薄，所以一般情况下只接受产业资本或其他合格机构投资者的投资，这类投资主体投资行为较为理性、投资规模相对较大、投资周期相对较长，有利于"中国制造2025产业并购整合基金"的稳健运行。

根据《私募投资基金监督管理暂行办法》，私募基金应当向合格投资者募集。合格投资者是指具备相应风险识别能力和风险承担能力,投资于单只私募基金的金额不低于 100 万元且符合下列标准的单位和个人:(1)净资产不低于 1000 万元的单位;(2)金融资产不低于 300 万元或者最近 3 年个人年均收入不低于 50 万元的个人。此外,这些投资者也视为合格投资者:第一,社会保障基金、企业年金等养老基金,慈善基金等社会公益基金;第二,依法设立并在基金业协会备案的投资计划;第三,投资于所管理私募基金的私募基金管理人及其从业人员;第四,中国证监会规定的其他投资者。

三、基金的投资

"中国制造 2025 产业并购整合基金"以《中国制造 2025》为依据，同时结合各地经济结构特征及发展现状，确定适合各地引进的先进制造业。目前，并购整合基金拟投资的重点行业有：通用航空、功率半导体、数控机床、汽车零部件、商用车、机器人、油服、大型制冷空调、家电、农用机械、照明、新能源及特种钢等行业。

（一）投资领域

国务院颁布的《中国制造 2025》确定了我国制造业今后十年重点发展的领域为：新一代信息通信技术产业、高档数控机床和机器人、航空航天装备、海洋工程装备及高技术船舶、轨道交通装备、节能与新能源汽车、电力装备、新材料、生物医药及高性能医疗器械以及农业机械装备。

基于认真详尽专业的调研，我们以《中国制造 2025》为依据，进一步遴选出十数个拟投资领域，这些拟投资领域同时具备如下特点：

1. 在该领域内，国际上有众多拥有"高精尖"技术的企业可供选择，而不是只有一两家国际寡头企业，即存在并购的可行性。

2. 在该领域，国内外同行技术差距巨大，单纯依赖国内技术研发积累需要很长时间（如 10 年、20 年或更长时间）才有可能达到国际先进的技术水平，即存在并购的必要性。

3. 在该领域，国内需求巨大，或在未来十数年呈迅猛发展势头，唯有如此，在并购国际顶尖企业后，经过整合、复制，其营业额、利润才可能有 3 倍及以上的增长空间，该基金的投资者在退出时才会有丰厚的回报，即存在并购的合理性。

其他制造业领域如果也能满足以上条件，也是"中国制造2025产业并购整合基金"的可能投资领域。

经调研所遴选出十数个拟投资行业简介如下：

1. 通用航空行业

广义的通用航空产业是指利用航空器从事除商业航班（固定航线）飞行以外的所有民用航空活动，在国际上延续了几十年的繁荣并在急速发展之中。随着我国经济的蓬勃发展以及在空域管理改革上的破冰，通用航空产业发展也将迎来历史机遇期。我国目前在这个行业的设计研发能力、通航飞机数量、机场数量和飞行员数量等各方面都与世界发达国家有很大差距。以美国为例，美国拥有为数众多的通用航空制造企业，并在通用航空领域具有顶尖的实力。尤其是德事隆集团（Textron）旗下的豪客比奇、塞斯纳、贝尔公司这三家公司都是行业内的佼佼者，其动力系统、航电系统、机载设备等制造能力均处于世界领先水准。除此之外，美国还有数以千计的通用飞机结构和系统零部件生产企业以及众多的工具、设备、装备和原材料、专用系统、设备生产企业。美国已经形成了一个成熟的通航产业链。而目前，随着中国GDP与美国GDP的逐步逼近，通用飞机潜在市场需求得以释放。在我国通用航空市场潜力释放之前，提前布局，迅速占领这一产业的战略高地是刻不容缓的。由于我国在通用航空领域的发展现状与美国相差甚远，因此，我们有必要并购海外通用航空领域具有高端技术的飞机制造龙头企业，以和我国庞大的经济总量相匹配。

2. 功率半导体行业

我国大陆地区功率半导体器件起步较晚，技术和市场都相对落后。从功率半导体厂商的区域分布来看，主要是欧美和日本的厂商。在中国半导体市场上，国外厂商占绝对优势。美国功率半导体处于世界领先地位，拥有一批具有全球影响力的厂商,如德州仪器、威世、凌特等,美国厂商在功率 IC 领域具有领先优势;欧洲拥有英飞凌(Infineon)、意法半导体(ST)和恩智浦半导体(NXP Semiconductors)三家全球半导体大厂,无论是功率 IC 还是分立器件领域都有较强实力;日本厂商主要有东芝(Toshiba)、瑞萨电子(Renesas Electronics)、日本电气(NEC)等,日本厂商在分立功率半导体器件方面做得比较好。我国功率半导体企业研发及工艺技术水平相对落后,产品种类相对单一,和国外一流半导体公司在功率半导体市场的竞争能力有明显差别,目前,国内市场所需的功率半导体主要依赖进口。要实现节能减排,打造低碳经济,功率半导体技术必须要突破。"十三五"规划纲要明确将节能环保、新能源汽车等产业列为重点规划产业之后,半导体器件在我国的市场空间愈加宽广。中国企业对于功率半导体核心技术的掌握相对于欧美和日本企业还是非常少的。因此,我国应尽快并购国外先进半导体企业,以促进我国节能环保、新能源和新能源汽车等产业的迅速发展。

3. 数控机床行业

数控机床是现代制造业的基础装备,往往代表着一个国家基础制造业的水准。目前数控机床处于全球领先地位的国家是德国和日本。尤其是德国的德玛吉森精机(DMG)、西门子(Siemens)、舒勒(Schuler)以及日本的大隈(Okuma)、马扎克(Mazak)等公司代表着全球尖端的机床制造水准。德国机床侧重于自动化加工、高速高精度加工等方面,日本机床在超精密切削加工、误差补偿智能控制方面具有领先优势。这些国际企业的机床往往具有极高的控制精度和切削效率、寿命长、可靠性高、操作简易方便的特点,而我国的机床在加工精度、柔性制造、复杂曲面加工、误差补偿、数控系统等技术与德日机床相差甚远,产品质量和可靠性较低,目前主要以中低端机床为主打市场,而中高档机床以及精密大功率主轴等关键功能部件主要依赖于国外进口。因此，我国若想在数控机床制造业领域有所突破，需要将国外顶尖级的机床企业通过引资购商的方式复制到中国，这样才能使得我国的基础制造装备的机床行业具有明显的提升。

4. 汽车零部件行业

我国正处在汽车产业快速发展的关键时期，汽车零部件更是支撑汽车产业健康、稳定、快速发展的重要基础，发展我国汽车零部件产业具有重大意义。目前国际上领先的零配件公司主要有德国的博世（Bosch）、采埃孚（ZF）、日本的电装（Denso）、爱信（Aisin），加拿大的麦格纳（Magna），美国的康明斯（Commins）、李尔（Lear）、德尔福（Delphi）等著名公司，这些公司掌握着世界汽车发动机和底盘部件的领先技术。而目前，我国汽车零部件工业的关键零件均被外资企业所垄断，零部件技术发展严重滞后于整车产业发展。一些发动机、传动系统、车身附件、控制系统、安全系统等零部件仍依赖于进口，诸如高压共轨、自动变速器等关键技术依然不能实现国产化。此外，我国零部件企业普遍缺乏自主创新能力，研发费用占营收比例低下，远远不如国外公司的研发投入力度。汽车核心零部件产业，存在严重依赖外商的现象，这构成我国汽车工业的软肋。

5. 商用车行业

目前全球的商用车行业主要被欧美的七家大型公司所垄断，这些公司分别是德国的戴姆勒（Daimler）和曼（MAN），瑞典的斯堪尼亚（Scania）和沃尔沃（Volvo），意大利的依维柯（Iveco），美国的帕卡（PACCAR）和纳威司达（Navistar），这些公司在全球商业车技术中具有领先地位，尤其是发动机和底盘制造技术方面具有国际尖端水准，而且欧洲的欧 VI 标准和美国 EPA2013 等环保排放标准也是目前世界上最为严格的，这些商用车的技术与环保等贸易壁垒将以中国为首的发展中国家挡在外围，使之无法进入。而从技术上来说，我国商用车企业在发动机制造技术，以及自动变速箱、悬架系统、制动器、缓速器、主动安全系统等底盘技术方面与欧美国家具有长达 20 年的差距，在排放技术方面存在 10 年左右的差距。一些关键性的核心技术，比如自动变速箱、发动机高压共轨电喷系统和尾气后处理装置，仍然掌握在欧美这些商用车七雄手中，我国想依靠自主创新在短时间之内超越这些欧美商用车公司是十分困难的，因此只有通过全球性的海外并购，才能迅速掌握这些顶尖公司的核心技术。

6. 机器人行业

以"数字化智能制造"为核心的下一次工业革命的序幕已拉开，机器人将成为工业革命的新兴主体并在全球掀起产业化的风暴。中国制造业亟待注入新的生产力以寻求变革。目前全球一流的机器人公司有日本发那科（FANUC）、德国库卡（KUKA）、瑞士 ABB、日本安川（Yaskawa），这四大公司被称为机器人行业的"四大家族"。这些公司掌握了世界工业机器人的尖端技术，并广泛应用于汽车及其零部件制造业、机械加工业、电子电气行业等领域。2013 年起，我国已超越日本，成为全球第一的机器人市场，在未来几年将呈现井喷式发展，而国内产业规模尚未成熟，虽然具有庞大的市场，然而我国机器人在重复定位精度、控制算法、工艺装配与材料等技术方面与国外具有较大差距，尤其是诸如传感器、谐波减速器等直接影响机器人精度与速度的关键性部件，采用国外品牌居多，国外传感器质量相对稳定，使用寿命长，同时对复杂环境的响应灵敏，适应性较强。

7. 油服行业

油田服务是伴随着石油勘探生产而形成的，为石油公司提供工程技术专业服务的行业，服务贯穿了石油勘探、开发、生产等主要过程。主要油田专业服务包括物探、钻井、测井、定向井、完井、油田增产以及相关的装备制造等。全球最为著名的四大油服巨头——哈里伯顿、斯伦贝谢、贝克休斯和威德福,这四家综合性油田服务公司实力雄厚,优势明显。哈里伯顿的强项是采油工艺、工程建设、测井和钻井工艺;斯伦贝谢在测井、物探、钻井工艺和采油工艺方面均有优势;贝克休斯在物探、钻井工具与钻头、测井方面位居前列;威德福是世界知名专业石油机械生产供应商,公司已经形成了一套完整的钻井服务和产品体系。相对于国际油服行业,我国有比较独特的行业结构,但总体而言,技术水平落后,公司规模较小,市场地位低下。我国石油勘探开发业务主要集中于中石油、中石化和中海油三大石油公司。近几年,我国油服行业持续低迷,一方面是因国内投资减少,但更深层次的原因是服务板块创新能力和市场开拓能力不足。国内石油行业上游几乎没有多元主体投资,国内油田服务行业参与国际市场的竞争能力差,企业自我调整能力弱。

8. 大型制冷空调行业

众所周知,各大工厂、酒店和写字楼等,其主要能耗都集中在中央空调的用电上。欧美的大型制冷空调行业已经经历了几十年甚至上百年的发展,而我国民族品牌真正快速发展才几年时间,在技术上,核心技术不够成熟也是影响民族品牌质量的一个重要因素。我国大型制冷空调行业企业与世界制冷空调行业发达国家相比差距较大,尤其是如何生产性能稳定、能效比高、使用寿命长的大功率制冷空调的压缩机和如何优化设计大型空调制冷机组各大部件的匹配,制冷剂技术等方面也与欧美日等发达国家的相同领域存在较大技术差距。加上国有企业体制上的弊端,短期内难以与国外竞争对手相抗衡。

9. 家电行业

目前全球家电市场格局已经发生了转变。欧洲和美国的家电企业靠历史悠久的家电品牌长期控制欧美市场，但是家电生产越来越多是在中国企业进行 OEM 生产，故其生产规模都在不断萎缩。而日本家电业公司的生产和市场规模都在快速衰退，谋求转型。一些中国家电企业在欧美用了 20 年打造自主品牌，仍然远远没有打开局面，家电出口多以代工生产或贴牌生产为主，自主品牌不到 20%。家电业海外收购除了取得核心技术外，最主要是取得欧美国家的家电品牌。海尔收购通用电气白色家电得到 40 年通用电气家电品牌使用权，就是很好的尝试，我们预祝海尔利用这 40 年GE 品牌的缓冲期，能真正创建自己的家电国际品牌。

10. 农用机械行业

近年来全球农机需求不断增长，农机制造业总产值呈逐年增长的态势。全球的农机市场份额位居第一的是欧盟，第二是北美。在全球的农机企业当中，较为著名的有日本的久保田（Kubota）、美国的迪尔（Deere）和爱科（Agco）、德国的克莱斯（Claas）、意大利的菲亚特集团下 CNH Global N.V 等大型国际公司。这些顶尖级公司的农机朝向大型、高效、智能化和机电一体化方向发展，并适应大农场需求，农机技术得到极大提高。目前我国农机制造业销售收入不断上升，已成为世界农机制造大国。但农机产业基础薄弱，总体质量不高，技术含量偏低，中小型低端产品产能过剩，对技术含量和生产效率高的大中型农机产品，无法形成竞争能力，整个农用机械还没有形成先进的农业机械生产体系，农机行业整体水平与国外差距较大。

11. 照明行业

世界著名的照明公司有通用电气、欧司朗（OSRAM）、飞利浦（Philips）和松下等。其中，通用电气（GE）分为 LED、光源和灯具三大业务板块，为全球亿万用户提供完善的照明解决方案。作为全球最具创新能力的照明公司之一，欧司朗拥有多项世界领先的专利。飞利浦是世界上最大的电子产品公司之一，致力于推出创新的、以最终用户为导向的高效节能解决方案和应用产品。松下公司是一个跨国公司，积极地进行从基础技术、商品技术到新生产技术等全方位的研究开发与经营活动。中国照明市场 1999 年开始进入快速发展阶段，自此 10 年内是中国照明产业快速增长的黄金 10 年，产业规模得到最大化扩张。全球几乎所有知名的照明公司在中国采购产品或 OEM 生产，中国成为全球照明产品生产大国。但是国内一线品牌仍然被飞利浦、通用电气、松下、西门子等品牌占领。我国大多数照明企业都处在产品模仿阶段，缺少具有自主知识产权的核心技术，整体上影响了我国照明行业的自主创新和研发水平，例如我国 LED 照明和国外的差距主要在芯片技术等环节。目前许多国外企业诸如飞利浦、欧司朗等照明巨头，具有明显的出售意向，而此时正是我国并购这些海外照明企业的绝佳时机。

12. 新能源行业

当前，中国的能源与环境问题日益严重，新能源的开发利用越来越受到较高的关注。我国新能源行业已初具规模，但只能被称为新能源行业大国，而不能称之为新能源行业强国，我国新能源技术水平与美国等先进国家相比仍有较大差距。以美国为例，美国在智能电网、清洁煤、风能与光伏发电、电动车与储能技术上均处于领先地位。此外，美国还拥有第一太阳能（First Solar）这样全球著名的太阳能电池生产商，是太阳能行业中的龙头企业。以欧美为首的发达国家在技术与资本两个层面均拥有我国难以匹敌的优势。我国新能源产业的现状是产业发展基础薄弱，由于新能源产业起步晚，掌握的核心技术有限，开发成本较高，新能源还难以替代传统能源的主导地位。在当今煤炭、石油等传统能源大量消耗的形势之下，我国必须加快新能源产业发展，特别是有效开发和利用太阳能、地热能等新型能源，实现可持续发展。当前，新能源无疑是引资购商的一个热点行业，应予以高度的重视。

13. 特种钢行业

特种钢消费量与国家发达水平、工业化程度、技术进步水平和高端工业产品密切相关，日本、美国、欧洲都是当前世界上较大的特种钢生产和消费国。国外的领先特种钢企业具有生产专业化、产品高端化等特点。我国已是名副其实的钢铁生产大国，但还不能称为钢铁强国，与国外企业相比，我国特种钢行业整体水平相对落后，关键材料依赖进口，如新能源产业用特种钢、高速铁路用特种钢、高档轿车用特种钢及船用曲轴等；产业技术亟待升级，工艺技术、产品标准及技术开发与国外相比差距仍然较大；产品质量性能差距明显，如超高强度钢及模具钢；高端技术不能成熟应用，大飞机、高铁列车、核电机组、海洋工程领域所需大部分特钢高端材料处于研发试制阶段，无法实现国产化、规模化生产，而高温合金、钛合金、粉末冶金等高端材料的研发生产均落后于国际水平。在中国经济由粗放到精细、由低端到高端、由规模扩张到产品质量的升级中，应该大力引资并购海外一流的特种钢企业，这对加速特种钢产业的发展以推动行业转型升级是至关重要的。

（二）投资标准

"中国制造 2025 产业并购整合基金"进一步对被并购企业设定了以下三个投资标准：

1. 到 2025 年，在岗职工年平均工资不低于 2 万美元的前提下，企业在国际市场上仍能富有充沛的竞争活力和盈利能力。

2. 到 2025 年，投资标的对每年地方 GDP 的贡献不低于 500 亿元人民币。

3. 到 2025 年，投资标的必须能够吸引大量高精尖人才进入，其最终能够在当地创造高级技术人才就业岗位和附加就业岗位不少于 10 万人，人民生活处于小康以上状态。

海外企业须同时满足上述三个标准，"中国制造 2025 产业并购整合基金"才会将其纳入投资标的范畴。

（三）投资步骤

下文以通用航空业为例，简要说明"中国制造 2025 产业并购整合基金"的投资步骤。

步骤一："中国制造 2025 产业并购整合基金"对海外高端通用航空企业进行收购。

步骤二：被收购企业的零配件及初级研发优先复制至中国，并逐步替换被收购企业的零配件生产和初级研发，以降低成本，增强被收购企业的国际竞争力。

步骤三：被收购企业的全部制造业复制到中国，国外仍然保留甚至扩大总装生产能力和规模，并进一步扩大国际市场的销售能力和规模。中国制造基地全面覆盖配件制造、总装与研发。在中国市场，企业以技术与性价比优势取得国内市场主导优势。

步骤四：被收购企业复制到中国后用 3 年时间实现量产，利润增长 3-5 倍。以新建企业为核心，在本地形成优势产业集群，进而实现产业的长期良性发展。

步骤五：量产后 3 年内重新上市，通过在资本市场上的增值保证基金安全退出。

实现量产后 3 年左右，将总产值提升至少 3 倍以上。此时，将被收购企业重新整体上市，市值至少可达到原有市值 3 倍以上，我们预估"中国制造 2025 产业并购整合基金"在 7 年内可实现安全退出。

四、基金的管理

"中国制造 2025 产业并购整合基金"以海外高端制造业企业为并购标的，属于跨境并购，涉及流程复杂烦琐，时间周期长，潜在风险大。而"中国制造 2025 产业并购整合基金"又超越了一般意义的跨境并购，针对海外高端制造业企业实施"引资购商"操作，整个过程具有更高的风险性和复杂性，要求基金管理人必须兼具卓越的金融和管理才能、超凡的行业洞察力、丰富的实业管理经验和充裕的人才储备。

"中国制造 2025 产业并购整合基金"对于基金管理人的能力和素质有着极为苛刻的要求，普通投行仅具有一般意义上的增值服务能力，如项目尽调、价值评估、交易结构设计、投融资综合服务、合规审报、一般投后管理，尚不足以担此重任，这是由"中国制造 2025 产业并购整合基金"的管理性质所决定的。

首先，作为股权并购整合基金，基金管理人要有能力在并购后对标的企业进行一系列的重组改造活动，以实现价值增值。与仅仅获取投资收益为目的的金融资本不同，基金管理人在并购后要能为企业在完善治理结构、改善经营运作效率、推进品牌建设和市场渗透等方面进行指导。这意味着基金管理人要具备产业经营和资本运作两方面的综合能力。

其次，"中国制造 2025 产业并购整合基金"的并购整合对象是海外高端制造业企业，该类企业高度技术密集的特点增加了并购双方的信息不对称，这要求基金管理人对于该领域的技术发展路径、商业模式必须具备卓越的洞察力，才能精准地筛选并购标的、降低技术不确定性风险、提高并购整合成功率。由于所投资领域属于技术创新的前沿领域，技术进步日新月异，加之高技术产品的市场需求也复杂多变和难以预测，这种洞察力与建立在大量数据和信息基础上的总结和推断能力还有所不同，是一种融合了哲学思考、企业家精神、深厚行业经验积淀的决断力，这使得符合要求的基金管理人更为稀缺。

再次，"中国制造 2025 产业并购整合基金"的并购方和被并购方分别置身于东西方不同的两个国家，双方现实存在的技术差距、经济发展水平差异、制度和文化差异等极大地增加了跨文化并购整合的难度。尤其是被并购方由于其技术领先地位不可避免地存在优越感，而其经营管理嵌入在一个与并购方极为不同的环境中，基金管理人仅凭财力雄厚是远远不够的，还必须要具有国际化的视野和管理素质，在价值观、理念、战略管理水平以及对技术的理解上能折服被并购方的管理层和技术人员，并在经营管理人才储备上对其形成替代和威胁，才能完美地执行和实现"引资购商"的商业逻辑及其所要求的投资步骤。

最后，"中国制造 2025 产业并购整合基金"在并购后要完成一系列战略操作，如将海外生产线向国内的复制、吸收和整合外源型技术知识和管理经验、进行生产区域重组和研发策略调整等，从而贯彻"全球动力"嫁接"中国市场"的战略意图，基金管理人必须对中国国内市场趋势和本土经营管理方式有着深刻的理解，在这方面，我们完全不必迷信，也难以指望国外高大上的投行，而只能信靠本土培训合格的基金管理人。

千金易得，良将难求。合格基金管理人的缺乏可能会成为"中国制造 2025 产业并购整合基金"的一个瓶颈因素。为了确保成功地实施"引资购商"战略，"中国制造 2025 产业并购整合基金"需要突破这一限制因素。

此外，在格林柯尔集团实施大并购的年代，为了满足兼并收购、企业管理和行业整合的人才需求，在 2002 年至 2005 年间，我亲自教授培养了37 期共 875 名 MBA 学员，如今这些学员已在各行各业独当一面，同时，他们也是天才纵横公司并购管理团队重要的储备力量。

　　未来通过超天才网的培训平台，将能够培养出成千上万名具有最纯洁职业道德素养的职业经理人，这批新生力量将不断充实"中国制造 2025 产业并购整合基金"的管理团队，以确保国内外并购整合项目的成功。

五、基金的退出

与其他股权并购基金一样，"中国制造 2025 产业并购整合基金"通过并购整合和重组实现了提升企业市场价值、改善经营业绩的目标之后，将寻求通过上市、转售或管理层收购等退出机制出售所持股份，以实现资本增值。

由于采取股权并购整合基金模式，"中国制造 2025 产业并购整合基金"可在股权转让方式上进行灵活安排，例如联手产业资本提前锁定退出渠道，即选择国内外现有上市公司或非上市公司作为国内外对接、转移、复制与整合平台，经过一系列并购整合、重组及优化经营后，通过分拆、整合实现重组上市，或由上市企业以定向增发、股权互换等方式实现并购上市。

通过退出实现基金投资的安全性、流动性和收益性是所有股权投资基金的共性。但是，无论何种退出方式，"中国制造 2025 产业并购整合基金"作为"引资购商"战略的实施工具和政府产业政策工具，不能仅以实现财务收益和资本增值为唯一目的，"中国制造 2025 产业并购整合基金"的退出方式和退出时机选择必须有利于实现预期战略目标，简而言之，被收购企业在中国实现量产，利润增长 3—5 倍，当地政府的 GDP 和税收增加，当地传统产业实现转型升级，新兴产业实现跨越发展。这才是"中国制造 2025 产业并购整合基金"最终要实现的国家工业发展战略。

第七章 "引资购商"急需培训最纯洁职业经理人和世界顶级企业家

一、并购整合历来都是风险陷阱和收益神话的传奇故事

"引资购商"需要聚焦经济支柱产业和新兴战略产业,选择处于国际先进乃至顶尖水平的国外制造企业为目标,并在完成控股并购或整体并购之后,最多用3—5年就能占据国际市场的领导地位,夺得全球市场的行业定价权与规则制定权。而若能在整个中国的几十个制造行业都实施"引资购商",不仅可以迅速培育壮大一系列跨国公司,增强全球资源整合能力,集聚配套产业链,还可以带动中国实体经济转型,促进经济增长方式转变。简单来说,"引资购商"就是一场"一战得天下"的顶级并购。

但是不可否认,"引资购商"的实施难度也相对较高。麦肯锡管理咨询公司曾经做过调查,真正能实现预期目标的海外并购其实还不到30%,"引资购商"成功的难度也就可想而知了。2001年中国加入世贸组织以后,中国企业尤其是中国制造业企业纷纷加快了海外并购步伐,不乏以小博大、以弱并强的即兴之作。可是绝大部分的并购案例都还是发生在中小企业之间,几乎如"蜻蜓点水",没有在国际甚至在国内同行业中掀起什么波澜。能够引起一时轰动的真正成功的案例极其鲜见,可称得上"引资购商",

彻底打破全球技术与市场竞争格局，完全改变国际与国内行业游戏规则，"一战得天下"的成功顶级并购案例更是几乎没有。

当然关于并购失利的原因有很多，如并购时机把握不对、并购目标选择不当、并购战略不够清晰透彻、并购之后未能实施有效的整合管理等。但是归根结底，根本原因只有一个，就是缺少一个具有顶尖国际视野和睿智战略眼光的企业家领袖，以及具有一流国际并购经验和国际管理能力的最纯洁职业经理人队伍。所以成功的"引资购商"，必须具备足够成功的条件。相比政府的支持、投资者的合作以及基金管理者的参与，更为关键的条件显然是，组建一个世界顶级的企业家领袖和最纯洁职业经理人队伍。

近几十年来，就并购的战略眼光和其后集团整合而言，一个光彩夺目的案例就是沃达丰（Vodafone）收购美国空中通信公司（Air Touch）和德国曼内斯曼（Mannesmann）及其后市场整合，这是一个构思无比精巧、决策极其果断的大师杰作。在成千上万个成功的并购整合案例中，此案例真正是鹤立鸡群，十几年来其操刀手克里斯托弗·根特（Christopher Gent）一直为世界商界津津乐道也就不足为怪了。但是衬托着成功者光环的是一个个劳民伤财的失败案例，其中有新手的学费也有巨人的跟头，前者如上汽收购韩国双龙，后者如微软（Microsoft）收购诺基亚（Nokia）。本章列举了四个例子，试图告诫人们"引资购商"的并购整合并不是财大气粗就可以任性而为的纨绔之作，更不是同行冤家之间的斗气之争，而是一门精雕细琢甚至是鬼斧神工的艺术追求，求师学艺，切磋研道，应该是大师成长的一条捷径，甄别同道，网罗贤才，构建世界顶级团队，则是并购整合成功的必由之路，本章举例说理，都是为了道破个中玄机。

案例一：克里斯托弗·根特带领沃达丰成功收购德国曼内斯曼

2014 年，在《财富》杂志发布的年度世界 500 强榜单中，移动通信巨头沃达丰以 940 亿美元的利润荣登利润榜首位，被全球工商界誉为"最赚钱的公司"。回顾沃达丰从创立至今,在短短 30 年中,足迹遍布世界五大洲 30 多个国家,在全球拥有 4.39 亿直接用户,十多亿的换算用户,构筑了一个庞大的通信帝国。沃达丰在全球多个国家的扩张,主要通过收购兼并的方式进行,其扩张速度之快,可谓商业史上的奇迹,而在全球化市场整合中,沃达丰也注定是个绕不开的经典案例,其扩张手法之娴熟和巧妙,令全世界叹为观止。

沃达丰的前身是英国军用无线电设备制造商拉考电子公司(Racal)的一个电信部门,于 1982 年设立,在 1984 年转为附属公司,意味着沃达丰正式成立(当时公司名称叫 Millicom)。母公司拉考电子公司之所以这样出乎意料地只身挺进了移动通信行业,除了源于拉考电子公司创始人雷·布朗(Ray Brown)和卡尔德·克宁汉姆(Calder Cunningham)对市场机遇有着超级敏锐的感知力之外,还有就是沃达丰创始人额纳斯·哈里森(Ernest Harrison)和杰拉尔德·温特(Gerald Whent)与移动通信之间的一段奇缘故事。

20 世纪 80 年代,在眼光超前者的眼中,移动通信产业无异于一个印钞机产业,正如后来沃达丰创始人温特自己也说,移动通信相比传统行业简直就像在操纵轰鸣的印钞机,早期的沃达丰更像投资公司,CEO 更像基金经理,使用"印钞机"的最好方法就是——印钞机印钱、投向新市场、购买新印钞机。这样的描述的确一点儿也不夸张,因为:第一,从技术进步的角度看,移动通信技术与互联网技术是人类技术史上最具革命性意义的少数几种技术,移动通信技术是通信文明的重大里程碑,极大地改变着人类的生存质量,也必将带来滚滚财源。回顾近半个世纪人类在各类技术上的进步,通信行业无疑是技术进步最为显著的产业之一。第二,20 世纪 80 年代以来,人类在电力、汽车、航空航天、原子能等各种重大领域难以出现革命性的新突破,通信产业的革命性技术尤其显得耀眼,通信产业很容易与社会经济找到结合点,因而通信业必然成为点燃新财富的火种。第三，我们从沃达丰和中国移动及中国联通等国内外移动企业从近乎零起点奇迹般跃入世界 500 强领先企业的实证来看，移动通信的确在 20 世纪末，引发了全球财富的洗牌与再分配格局。可以毫不夸张地说，在 20 世纪后 20 年，上帝把一种改变世界风貌的技术送给了人类，谁拥有它，谁就拥有了财富金库的钥匙。

从近代以电磁技术为核心的通信新技术中，主要催生出电报和固定电话通信。对于电报来讲，由于相互之间存在电磁干扰，这就决定了电报业务不能随心所欲地经营，而必须有序化经营；对于固定电话通信业务，必须形成通信网才能实现大规模的民间通信，这个网络的建设规模较大，必然会形成垄断经营。不管是电报业务还是固定电话业务，在早期都存在着严重的垄断，这种垄断导致电信资费过高，民众的利益时常受到伤害，商业集团与民众的矛盾不断激化。在通信领域，为了调节商业集团与广大民众之间的矛盾，世界电信大国——美国率先诞生了一个中立机构 FCC（美国联邦通信委员会），其宗旨主要是进行通信管制，调节商家与民众之间的利益冲突，保障通信建设与运营有序化。这个机构由总统直接授权，独立于政府之外，常常通过司法审判来解决商民之间的纠纷。由于这种运作模式比较有效，欧洲国家纷纷仿效。欧洲诸国都成立了自己的通信管制机构，例如英国的 OFCOM（The Office of Communications）。我们通常所说的通信运营牌照，就是国家管制机构对电信企业从事服务和运营活动的授权，没有授权就没有资格开展通信服务。

自近代通信技术诞生，一直到 20 世纪 80 年代初，通信技术的发展相对缓慢，由于各国严苛的通信管制，通信业发展相对较慢，商家的利润也被严格限制。世界绝大多数的通信运营主要掌控在政府或国企手中，一个国家往往仅有一个通信运营商，例如英国电信、法国电信、德国电信。然而，自 20 世纪 80 年代开始，移动通信技术突飞猛进，移动通信技术使得传统电信管制中的垄断被打破，通信运营竞争成为可能。之后，发达国家的移动通信运营商如同雨后春笋，蓬勃生长。而另一个让人欣喜的情况是，移动通信创造出惊人的市场需求，一个浩大的金矿正等待人们去挖掘，这种技术蕴含着惊人的财富，但也只有极其睿智的商人才能洞悉到。总之一句话，20世纪80年代到90年代，通信市场成为全球冒险家的乐园，一幕幕惊天动地的财富传奇都在这个行业演绎。由于通信行业与生俱来的行业垄断特性，80年代之前，世界各国的通信产业基本由政府或政府指派的财团垄断。80年代初，资本主义世界展开了一场轰轰烈烈的私有化浪潮，移动通信技术的出现，使竞争进入通信行业成为可能。当然，对于经营者来说，要进入这个行业淘金，必须要拿到监管部门的经营牌照（经营许可证）。

1982年夏去秋来之际，英国电信管理部门开始拍卖移动电信服务牌照，第一张牌照被英国电信（BT）和Securicor组成的联合企业Cellnet成功获得。此时，距离英国电信管理部门第二张移动服务拍卖申请截止期还有一个月，一位电子行业的资深企业家简·斯腾贝克（Jan Stenbeck）拜访了温特，两人促膝长谈，大有相见恨晚的感觉。作为电子行业的资深行家，他向温特介绍了一种移动通信新技术，这种技术通过移动蜂窝组网，可覆盖陆地多数地方，实现人与人之间随时随地的移动通话，这种技术在不久的将来完全可以取代此前的各种通信技术，未来还能进行数据传输。由于简·斯腾贝克自身的企业Millicom集团是外资背景（美国），不符合申请英国移动服务牌照的条件，简·斯腾贝克自然期待可参股未来的移动电信公司。温特听得津津有味，随后与自己的团队开始钻研这一新生事物。应该说，这次会晤成为人类商业史上一次非同寻常的事件，因为它直接导致了之后的全球商业巨星——沃达丰的诞生。

此时的拉考电子公司由于业务增长缓慢，董事会亟待找到新增长点。当温特把涉足移动服务部门的想法抛出后，立刻得到哈里森和董事会的一致支持并认为这是一个极富价值的决策。经过英国电信管理部门对申请的3家企业最终评标，拉考电子公司脱颖而出，一举夺标。1985年，经过艰苦的工程测量和网络优化，拉考电子公司以 8 亿英镑（约 13.28 亿美元）的大手笔投入，建立了英国第一个无线模拟信号网络，随后推出移动通信服务，一跃领先于竞争对手也就是昔日的全英领跑者 Cellnet。1988 年 10 月，拉考电子公司旗下电信子公司在伦敦和纽约交易所上市，1991 年 9 月，这一电信子公司更名为沃达丰，因为温特曾高屋建瓴地指出，未来的通信公司不仅要提供通话服务（Voice），还必须涉足数据业务（Data），由此这个赫赫有名的公司名称沃达丰（Vodafone）便油然而生。自 1988 年上市以来，沃达丰的市值一直保持在 34.5 亿英镑左右（约 58.15 亿美元），1991 年进一步上升到了 36.1 亿英镑（约 63.21 亿美元），此时沃达丰已被公认为世界上最大的移动通信公司，沃达丰管理团队也随之一夜暴富。但与此同时，他们也深刻地意识到，身处暴富行业并不意味着财富就会滚滚而来，要想让这笔财富持久，海外扩张将是必由之路。

杰出的企业总是离不开成功的企业家和职业经理人团队，他们或怀揣梦想，敢于傲立云头，成为叱咤风云的强者，或眼光独到，有胆有识，不断书写着一段段惊心动魄的商业传奇故事。在沃达丰这颗璀璨的巨星背后，就有这样一个传奇人物，他就是 1985 年被温特一眼看中，加入沃达丰并于 1997 年成功上任的 CEO 克里斯托弗·根特。正是在他掌门的 18 年里（2003 年卸任），沃达丰彻底从一个只有不到 50 人的英国小电子公司跃变成为了全球移动电信行业的领头羊，世界上一系列惊心动魄的商业故事也都由沃达丰轮番上演，尤其在 1997 年至 2000 年，沃达丰的市值经历了空前绝后的 3 次飞跃，从 1997 年的 85.39 亿英镑（约 140.48 亿美元）迅速增长到了 1998 年的 192.85 亿英镑（约 322.83 亿美元）、1999 年的 356.74 亿英镑（约 575.96 亿美元）以及 2000 年的 2137.49 亿英镑（约 3403.10 亿美元），达到由始至今的最高值。在根特时代，沃达丰的经营模式和战略可以总结为：在世界移动通信市场迅速增长的前提下，通过世界一流的资本运作，购买和兼并国际移动通信服务企业，以实现迅速的国际扩张和占据国际移动服务市场,追求国际化和规模最大化。在世界商业领域,克里斯托弗·根特无疑是杰出经理人中的典范。

1999年1月,沃达丰决意登陆美国市场,根特宣布以620亿美元收购美国Air Touch公司。沃达丰并购Air Touch是出于这样的动机:第一,作为电信行业的后起之秀,沃达丰必须让自己的业务快速遍布全球,但这必然有一个战略次序,首先必须抢夺的地盘必然是发达经济体的国家,当时沃达丰在欧洲算得上拥有一席之地,但在美国还无所作为,因此,登陆美国成为沃达丰的必由之路,显然Air Touch在美国的市场地位恰好就是沃达丰需要的,市值也非常适合沃达丰收购。第二,Air Touch在欧洲拥有通信服务业务,这些业务与沃达丰形成了直接竞争,如果能将其收归囊中,则可以去掉一个在欧洲的心腹大患,还可以巩固沃达丰在欧洲的地位,以兵不血刃的方式强化在欧洲市场的竞争优势,以抗衡新兴的竞争者德国曼内斯曼,并为日后收购曼内斯曼埋下伏笔。

那么,沃达丰为什么愿意出620亿美元的高价收购Air Touch呢?这个出价是否过高,不值得呢?众所周知,由于此前技术的束缚,通信只限于固话,这种固网模式具有天然的垄断性,随着移动通信技术的出现,一项新的技术和新业态蓬勃兴起。移动通信技术的出现,使得过去天然的固话垄断成为历史,移动通信从技术特性上看,必然走向竞争,并有可能最终替代固话,成为聚金盆,谁抢先登陆,谁必将拥有行业话语权。沃达丰从自身的成长经历中深知移动通信所蕴含的财富潜力是相当巨大的,尤其是在美国这么一个消费能力很强的国家。因此出价620亿美元并不算高,是非常值得的,况且按照收购协议,沃达丰只需要出一部分现金,其余部分以股权支付即可。因此,这项收购是非常值得且睿智的举动。

由此可见,沃达丰收购Air Touch的战略意图非常清晰。之后,沃达丰将Air Touch公司和大西洋贝尔公司(Bell Atlantic)合并,创建了Verizon Wireless公司,并控制了这家美国最大移动通信公司45%的股份。沃达丰收购 Air Touch，采取的是现金与股票交易方式，当时 Air Touch 市值 444.15 亿美元，总股数为 5.73 亿股，沃达丰市值 567.57 亿美元，总股数为 84.15 亿股，沃达丰支付给 Air Touch 每股 9 美元现金，合计现金约 51.57 亿美元，同时沃达丰在原股数上又增发了一倍的新股，以新增的 84.15 亿股与 Air Touch 交易，这相当于 Air Touch 每股可换取沃达丰约 14.68 股的股票，按照当时的股价，等同于沃达丰每股出价达到近 100 美元，此外沃达丰还承担了 Air Touch 27.74 亿美元的债务，这次并购动用的全部现金和股资总值约为 620 亿美元，成为全球电信业当时最大的跨国并购。新的 Vodafone-Air Touch 公司市场总值为 1100 亿美元，沃达丰的股份收益也在此后的 3 个月内翻了一番，达到历史最高水平。沃达丰与 Air Touch 合并成立了世界上最大的无线电信公司，公司的无线电信服务范围可覆盖欧洲和北美，Air Touch 为沃达丰公司提供美国市场上领先的服务技术。由于 Air Touch 原本股权就很分散，故这次并购虽然翻倍稀释了原沃达丰的控股股权，但由于公司市值已超过千亿美元，这巨大的体量反过来又保护了公司不会被他人收购，根特仍然牢牢控制着沃达丰的管理权，从这层意义上讲，这次并购无论是对沃达丰还是根特的管理团队来说，都是一次完胜的并购，并为接下来对曼内斯曼的并购形成了一次强大的快速助跑，特别要强调的是，这次助跑不仅是财务上的助跑，而且是对下一次世纪大并购的沃达丰股民信心的一次大助跑。

1999 年底，在沃达丰刚刚完成收购 Air Touch，根特义无反顾地杀回欧洲腹地。根特此次瞄准的是德国百年老店——曼内斯曼公司。回顾沃达丰收购曼内斯曼，我们发现根特及其职业经理人团队简直把收购艺术推向了极致。

1999 年，沃达丰经过十多年的扩张，已经在世界很多国家确立了自己的势力版图，包括美国，但唯独欧洲大陆难以突破。欧洲大陆是世界经济最发达地区，消费能力在全球举足轻重，不能进入欧洲大陆，是沃达丰的心病。而德国地处欧洲腹地，经济地位在欧洲首屈一指，沃达丰随后相中了位于德国工业重镇杜塞尔多夫的曼内斯曼公司。曼内斯曼是个百年老店，有一百一十多年的历史，在无缝钢管等多个工业领域具有一流的工业技术实力，自1990年开始涉足通信行业，通信运营遂转为其主业。如果我们拿曼内斯曼和沃达丰做一个比较，虽然曼内斯曼起步较晚，但其发展速度并不输给沃达丰，股市上也可以看到，1998年年末曼内斯曼的市值约为423亿美元，沃达丰的市值约为358亿美元，曼内斯曼的市值比沃达丰收购Air Touch以前要大许多。这就表明单就电信业务而言，曼内斯曼或许要比沃达丰发展更为成功，其加速度也更大，而它也不是一个保守公司，只是冒险精神逊色于沃达丰而已。

沃达丰扩张至美国后，外界普遍认为其将继续在欧洲寻求并购，这引起了德国电信巨头曼内斯曼的不安，或者说警觉。自曼内斯曼踏入移动通信领域，就一直视沃达丰为最大的市场竞争对手。为了保持与沃达丰的规模平衡，曼内斯曼以200亿英镑收购了香港商人李嘉诚旗下的奥兰奇公司（Orange），在沃达丰的英国后院点起了一把火，这足以证明曼内斯曼也是一个比大多数德国公司更进取的公司。在沃达丰看来其本土的市场地位面临挑战，其未来进入欧洲大陆的战略可能会愈加复杂，因而决定快刀斩乱麻，一不做二不休，果断并购曼内斯曼，免得夜长梦多，纵虎为患，可谓不折不扣的大手笔。而曼内斯曼1998年收购Orange，目的也在于筑起一道隔离墙，抵御未来可能被并购的危险。根据欧盟的反垄断法，不允许一家企业在一国移动用户比例过高，以保护竞争。因此野心勃勃的移动电话公司纷纷到国外开拓市场、扩大规模，在快速崛起的移动通信市场圈定地盘。当沃达丰抛出收购曼内斯曼的意愿时，引起了曼内斯曼高层的强烈抵制。曼内斯曼高层视这种行为是带有挑衅性质的恶意收购。在短短一个月内，曼内斯曼两次断然拒绝了沃达丰的并购报价，整个曼内斯曼公司团结一致，坚决反对被收购，甚至有员工打出标语抗议。其热闹程度不亚于宝能收购万科在中国市场上引起的喧嚣，在规则非常齐全的欧洲股市上，根特对这些喧嚣不屑一顾，随后沃达丰职业经理人团队认真分析了形势，他们认为，曼内斯曼虽然是一个百年老店，但由于曼内斯曼包含很大一块固有的传统业务，严重拖累了曼内斯曼的市值，致使曼内斯曼变成了沃达丰刚好可以再咬一口的猎物。如果曼内斯曼2—3年前就能将传统业务剥离，2—3年之内曼内斯曼的市值定能腾飞，这才是拒绝被收购的最好毒药。另外，沃达丰的经理人团队还敏锐地发现了曼内斯曼一个致命问题，曼内斯曼的股权结构极为分散，大量股权被英美投资机构以及李嘉诚等人所持有。因此，他们认为，只要运作得当，曼内斯曼很有可能被收归囊中。

以根特为首的沃达丰经理人团队经过认真分析后认为，只要沃达丰把收购价码抬升得足够高，曼内斯曼内部的股东自然会倒戈。沃达丰收购曼内斯曼的计划公布两个多月后，也就是1999年年底，曼内斯曼公司的股价奇迹般地从140欧元攀升到239欧元，说明包括曼内斯曼的股东在内的社会各界普遍看好并购后新公司的发展前景，这验证了根特及其职业经理人团队的判断。另外，根特及其职业经理人团队通过细致调查发现，超过半数的曼内斯曼股东为个人，其中很多还是外国人，这就决定了曼内斯曼高层难以左右市场行为。只要多数股东认为这一商业行为有利可图，他们就会支持这个行动。当沃达丰向曼内斯曼伸出橄榄枝的时候，曼内斯曼股东们预感到自己又面临一次暴富的机会，他们唯恐这次收购不能成功。

2000年2月3日，英国沃达丰公司与德国曼内斯曼公司宣布合并，这起约1850亿美元的收购堪称人类商业史上最大的并购案。以根特为首的沃达丰，再次改写了自己创造的收购额纪录。此次沃达丰收购德国曼内斯曼，主要采取的是股票交易方式，当时曼内斯曼市值745.11亿美元，沃达丰市值1484.78亿美元，总股数169.25亿股，曼内斯曼每股可换取沃达丰约58.96股的股票，按照当时的股价，这相当于沃达丰每股出价达到了365美元左右（折合350.5欧元左右），此外沃达丰还承担了曼内斯曼240.76

亿美元的债务。收购完成后，在新公司中沃达丰原股东持股50.5%，曼内斯曼原股东持股49.5%。同样需要说明的一点是，由于曼内斯曼股东分布分散，本次根特控制的股权虽然被再次稀释，但同样没有任何力量能撼动根特团队对沃达丰的控制权。这一次并购再次证明，英国人比德国人更善于玩弄金融和资本市场。当然，德国人比英国人更善于摆弄工业制造。

当然，沃达丰收购曼内斯曼，也出现了一些法律问题，但沃达丰都做了较好的处理。比如，由于此前曼内斯曼曾收购位于英国的移动电话公司Orange，在沃达丰收购曼内斯曼后，沃达丰在英国移动电话市场的份额将占据很高的比例，这个比例违反了欧盟以及英国的反垄断法，这就构成了收购曼内斯曼中的一个法律麻烦。为了规避这个麻烦，随后沃达丰决定将原曼内斯曼旗下的Orange子公司出售，Orange被卖给了法国电信，价值403亿欧元。在总的报价403亿欧元中，其中180亿欧元，作为沃达丰新增法国电信的股份。这就走出了一步一举两得的好棋。第一，规避了英国的反垄断法的敏感条款。第二，通过出售Orange，获取了现金收入，并享有法国电信的股份。

本次收购的另一个亮点是，曼内斯曼本是一个传统企业，其业务五花八门，涵盖钢铁在内的多个行业，这些行业不仅赢利能力差强人意，而且当年就严重拖累了曼内斯曼的股价，现在也必然拖累沃达丰的未来股价。为此，沃达丰对曼内斯曼传统工业部门都按照不同细分行业进行分拆，随后出售，德国博世等企业接受了曼内斯曼的传统工业公司。此举获得了丰厚的现金收入，而且果断斩断了对沃达丰股价的拖累，使得沃达丰继续保持着移动通信单一清纯的形象，要知道当时移动通信是股票市场最有幻想的行当，它曾经是那样令世界上所有股民疯狂。

两场全球最大收购决定了沃达丰的绝对领先地位，但这并不是结束，此后沃达丰的收购仍旧一发不可收拾。2001年，沃达丰收购了日本第三大移动通信公司70%的股份，把自己的触角伸向亚洲最强的经济体。之后，沃达丰的足迹又先后遍布意大利、西班牙、葡萄牙、瑞典、荷兰、匈牙利以及海湾地区的沙特等。根特率领的沃达丰职业经理人团队在全球完整构建了一个名副其实的日不落通信帝国。

从根特的经历中，我们看到企业家的慧眼和商业经验是企业快速成功的关键。我们不否认全体员工和企业文化在企业发展中的作用，但绝不能否认关键人物在关键节点上通过运筹帷幄，把企业从一个辉煌引向新的辉煌。凭借在英国银行工作十多年的职业经验，根特坚信并购的关键在于股东的坚定支持，在并购时，根特常常会把自身的构思传递给基金管理公司和市场分析师，去改变被并购方股东的决策。因此，根特在多年的收购中，致力于使股东相信，公司未来的现金流定会稳定扩张，并购后公司前景无限光明。如果老股东们相信公司并购不仅不会损害自身收益，而且会使其财富翻番，收购一定会如愿以偿。基于此，沃达丰的二十几个分析师成为根特的坚强后盾。除此之外，根特与高盛等很多著名投行也交往甚密。在外人看来，沃达丰的一系列完美并购胜局看似一夜而成，但事实是以根特为首的并购团队在后台付出了大量的血汗，并开展了周密而细致的运作。1998年，沃达丰决议收购 Air Touch，其实早在7年前，根特就开始谋划与之合作的可行性，提早两年，就已经开始筹划收购细节，如此才做到在关键时刻击败大西洋贝尔公司而一举成功。在收购德国曼内斯曼时，面对包括曼内斯曼 CEO 在内的全员一致反对，甚至顶着来自德国总理的压力，根特及其自己的职业经理人团队也是运筹帷幄，精心策划，耐心游说股东，使外界普遍认为不可能的收购发生了转机，最终奇迹发生。

根特的这些奇特商业运作，被人们总结为金融炼金术。1998—1999年，在两次去美国考察之后，根特认为，沃达丰收购 Air Touch 可以作为这套金融炼金术的大火试炼，因为这两次美国路演，已经让根特有了一定的市场支持，沃达丰的股票汇率明显升高了。但这并不是偶然，这背后包含着很多努力。根特在1998年3月决定要成为移动通信市场上的收购者后，就争分夺秒地将这一策略告诉给分析家和投资商，市场很信任根特的机会并开始买进。如果反复使用这一策略，沃达丰就会有充足的股价支持整个并购交易，沃达丰的股票也会越来越抢手，越来越有吸引力，从而成为机构投资者的目标。1999 年 1 月，在沃达丰和大西洋贝尔公司争抢收购 Air Touch 之际，沃达丰 620 亿美元股票加现金的开价（大西洋贝尔公司开价是 450 亿美元），让大西洋贝尔公司陷入了不利境地，但是对于沃达丰来说压力仍不可小觑，最重要的就是让自己的股票不能贬值。所以根特团队选择用这套金融炼金术策略来说服股东，他们通过某些新闻媒体对股东、市场和公众进行喊话，把有声望的财经记者拉拢到自己这边来，比如《金融时报》《华尔街日报》《纽约时报》等法律专栏的记者们，如果他们在过程中能进行积极报道，那么投资者就会买进。当然这会让沃达丰在沟通上花费庞大的开支。不过市场确实表现得很信任沃达丰，一旦有关于大西洋贝尔公司胜出的传闻出来，Air Touch 和大西洋贝尔公司的股票价格就会下降，而一旦沃达丰公司要胜出的传闻出来，Air Touch 和沃达丰的股票价格就会上涨，市场完全被沃达丰的条件和策略征服了。在此期间，沃达丰的市值果真从 192.85 亿英镑（322.83 亿美元）上升到了 300 多亿英镑（500 多亿美元）。

1999—2000 年，根特表示要收购德国曼内斯曼，起初很多管理层成员并不愿意加入这场战役，一方面沃达丰收购 Air Touch 的战场硝烟仍然在灼痛胜利者的双眼，另一方面德国的堡垒也不能被强行撬开。但根特还是决定要让银行家们接受这一计划，最后经过与他们展开长达一小时的激烈会谈，高盛银行、瑞士银行陆续投了赞成票，第一重壁垒被攻克。但更多的支持还是来自股东，在与少数投资者进行第一轮接触之后，大的持股人和许多评论都是支持他的，投资者们表示：可以使用公司近一半的股票去跟曼内斯曼交换。另外有一点很重要。曼内斯曼的大多数股份（约60%）都不在德国而是在海外，收购 Orange 之后的股票交换更加剧了这种趋势（约达到 70%）。而且，这些占据上风的英国投资者手中既持有沃达丰的股票，也持有曼内斯曼的股票，这就意味着沃达丰和曼内斯曼的合并，会产生一个强大企业，这对所有股东都是有利的，而当时沃达丰的市值已经是曼内斯曼的两倍。根特决意收购曼内斯曼之后，聘请了两家投资银行，四家公共关系机构，一家广告公司，此外还拥有一个说客团队（防止曼内斯曼在德国玩弄"政治牌"）。与之对应，曼内斯曼则只有两家公共关系机构，两家广告公司，却有四家投资银行。最后，曼内斯曼在广告上花费了 5000 万欧元左右，沃达丰则是它的 4 倍（2 亿欧元）。在这场双方都极力通过广告、电话热线以及公司所属网页笼络那些能将天平指针拨向自己一方的股东团队（即个人股东）的战役中，还是沃达丰凭借强大的公关实力胜出了，最后德国的大型基金公司都将赞成票投给了沃达丰，这在之前是没有预见到的。

这一次并购的成功，再一次证明英国人是这个世界最具耐心，而且坚忍不拔的民族。同时，英国人也是一个充满商业智慧且深谋远虑的民族，当然你也可以说是一个老奸巨猾的民族。总之，根特这个团队充分体现出了英国人显著的标志特征，他这两次天价收购的传奇故事向世界股民展现了他们是 21 世纪初最伟大的职业经理人团队。

当然，沃达丰的全球化战略既有成功的经验，也难免有不尽如人意的教训。通过频繁的资本运作，沃达丰成为了世界最大的移动通信运营企业，但其在美国市场的表现却相对逊色了一些，这与沃达丰公司在美国的目标公司选择不无关系。由此可见，企业在实施海外扩张时，合作对象的选择非常重要。首先，目标公司应该与本企业有相同或相似的业务领域；其次，目标公司要与本企业在业务开展方面形成优势互补；再次，要考虑目标公司的技术标准、网络结构等与本企业的主导技术能否匹配。

时至今日，沃达丰在全球 30 个国家提供通信运营服务，并与全球 50 多个电信公司开展合作运营。这些骄人的业绩，凝结着根特独特的商业智慧。在沃达丰一系列金戈铁马、气吞山河的并购壮举背后，根特把自己独到的商业天分挥洒得淋漓尽致。根特用自己的敏锐和果敢，书写着一幕又一幕商业传奇。在根特时代，沃达丰把握住了全球移动通信迅猛发展的机遇，通过一流的资本运作，收购兼并海外企业，构建了一个高效领先的通信跨国集团，堪称人类商业史上的奇迹。

案例二：微软兵败诺基亚收购

对于以桌面软件系统横扫全球市场的微软，收购没落的诺基亚手机业务，看似一场完美的软硬组合，但最终的结局却让人大跌眼镜。昔日以精明著称的微软，究竟哪里没算计到，让我们细细地从头品味。

2013 年 9 月 2 日，微软宣布，将以 54.4 亿欧元（约合 71.7 亿美元）的价格收购诺基亚手机业务和专利。

从这起并购的动因上看，微软并购诺基亚具有深刻的原因。比尔·盖茨（Bill Gates）曾利用其 Windows 视窗软件和相关软件雄霸 PC 软件市场，这让盖茨在长达 13 年时间里成为全球首富。微软以往的成功，与 20 世纪 90 年代 PC 机在全球大规模普及不无关系，正所谓时势造英雄。但随着人类科技的进步，PC 时代正丧失往日的风光，人类迅速迈入了移动终端时代。铺天盖地的智能手机和令人眼花缭乱的各式移动应用正无情蚕食着 PC 市场，以苹果为首的新型科技巨头正领导着这场硬件革命。昔日的桌面英雄微软一心想在移动时代继续为王，至少抢占一席之地。而从苹果的成功经验看，要整合移动操作系统，雄霸移动时代，必须拥有硬件能力，否则你的应用就无法落地，一切都是空谈。可以说此时的微软在以下方面进退维谷：

第一，预感到移动互联网的风暴将横扫传统 IT 产业。随着目前移动互联网的急速发展，PC 行业发展前景不容乐观，微软的发展面临挑战，急需进行一次转型，同时，移动终端发展潜力巨大，市场广阔，大有取代 PC 之势。在此情况下，微软于 2010 年 2 月 15 号发布了移动操作系统 WindowsPhone7，并与诺基亚达成合作。但由于安卓和苹果雄霸移动市场，WindowsPhone 的市场份额只有 3% 左右。2012 年 6 月 21 日，微软发布 WindowsPhone8，打通 PC 桌面与移动终端用户界面，WindowsPhone 开始借助自己在桌面端的绝对优势向移动终端系统发力。

第二，软硬配合，大势所趋。如果没有硬件配合，微软的 WindowsPhone 操作系统就变得没有用武之地。微软收购诺基亚成为了微软进入硬件终端的良机，微软收购诺基亚显然不是一时冲动做出的决定，而是战略转型的需要。2013 年 8 月公布的最新数据显示，诺基亚控制了超过 85% 的 WindowsPhone8 手机市场。在 WindowsPhone 生态系统相比于竞争对手不仅姗姗来迟而且技术性能毫无亮点的情况之下，微软在收购诺基亚手机业务后将会投入更多资源，而这可能提振 WindowsPhone 生态系统。诺基亚虽然系统和软件衰弱，但仍拥有全球一流的手机硬件生产技术和制造工厂，这对急于提升智能手机系统份额的微软来说至关重要，此举将使 WindowsPhone8 实现"软硬一体"。

第三，微软与诺基亚必须有机融合将来才有出路。尽管两家公司此前已经达成了非常紧密的合作伙伴关系，但微软前 CEO 鲍尔默和两家公司的多位高管都开始对 WindowsPhone 的缓慢发展表示担忧。WindowsPhone 发展缓慢的部分原因是因为微软和诺基亚双方都在打造各自的手机品牌以及吸引应用开发者这两方面投入了巨额市场营销资金。而双方的工程师团队一方面在某些领域各自进行着重复工作，另一方面却在其他领域无法充分协作。其结果就是，WindowsPhone 的市场占有率仍然只有个位数。这让微软在移动市场的竞争中逐渐被边缘化，并始终扮演着谷歌 Android 和苹果 iOS 追赶者的角色。不过更严峻的是，如果没有良好的销售业绩做后盾，诺基亚未来能否继续作为一家独立企业存在就会受到质疑。诺基亚在股市和财务方面的表现已经出现颓势。萦绕在投资者心头的另一个关键问题是，诺基亚进一步下滑的速度是否会更快。而微软则担心，如此低迷的发展趋势可能会最终迫使诺基亚投靠安卓阵营。

第四，微软必须突破移动专利的困扰。三星和苹果专利之战打得如火如荼，谷歌斥资 125 亿美元收购摩托罗拉以壮大自己在移动方面的专利，微软不想将来步三星的后尘，而收购诺基亚手机业务可以获得大约 8500 项设计专利，以及 30000 项实用专利和专利申请，这样一来，如果谷歌和苹果想跟微软打专利战，后者就有自己的武器了。

而对于诺基亚来说，自 1996 年起，诺基亚连续 15 年占据手机行业销售量第一的位置，2009 年诺基亚手机全球发货量 4.3 亿部，在全球移动终端市场份额为 43%，在中国大陆市场，诺基亚更是占据 47% 的份额，远远将排名第二的三星甩在身后。从 1996 年至 2005 年，诺基亚拥有发明专利 1604 项，成为当时手机市场上一颗璀璨的明星。

然而，在通信行业步入移动互联网时代后，苹果公司凭借其对移动互联网消费形态的完美理解，在技术和商业模式上大手笔创新，一举成为行业新星，诺基亚这位昔日的霸主随即被拉下了神坛。此时的诺基亚正面临内忧外困，在移动互联网风起云涌之时，苹果推出 iPhone 智能手机，谷歌祭出安卓操作系统，整个智能手机市场如雨后春笋般涌现出各种令人眼花缭乱的产品，Symbian 系统越来越无法跟上时代的步伐。与此同时，智能手机市场也日益成熟，商业模式日新月异，越来越多的手机用户想要追求更好的智能手机体验，面对来自苹果和三星的挑战，诺基亚本来应该对此做出及时的回应，但是他们直到 2011 年才缓慢行动，为时已晚，其销量第一的地位已经被苹果和三星超越。与此同时，电子制造业务从欧洲和美国转向亚洲及其他低成本地区的趋势也是导致诺基亚受创的原因之一。来自亚洲，尤其是来自中国的智能手机品牌如小米、TCL、华为和中兴的竞争对手能够以极低的成本来生产移动技术产品，其售价也远低于诺基亚。更为严重的是，诺基亚一直以来未能为美国市场开发定制手机也使得他们无法获得当地运营商的信任，加剧了市场份额的丢失。此前一直押注于WindowsPhone 的诺基亚曾在两年时间里尝试扭转这种颓势，但最终无功而返。2010 年，诺基亚与微软结成了战略同盟，在软件系统层面全力转向微软的 WindowsPhone，诺基亚 CEO 埃洛普在企业受困之下，企图与微软联姻，同时放弃了 Symbian 和 MeeGo 操作系统，这使得诺基亚几乎一个季度内就崩溃了。诺基亚高管试图凭借 WindowsPhone 东山再起，夺回此前丧失的地盘，但由于软弱的执行力，诺基亚公司花费了整整 8 个月时间才生产出了第一款诺基亚 WindowsPhone 智能手机，这在手机市场推陈出新的疯狂竞争中行动迟缓。更加糟糕的是，消费者对这款手机的反应也相当冷淡。后来虽然 Lumia 系列在一定程度上缓解了诺基亚的压力，但终究不能改变其在智能手机市场颓败的局势，可谓兵败如山倒。

2011 年，诺基亚被苹果和三星双双超越，面临着智能手机时代的艰难转型，诺基亚没有选择谷歌的安卓之路，而是期望与微软开创不同的天空。虽然诺基亚也得到了微软的资金支持，但与微软合作的，并不完善的 WP 生态系统实际上拖累了诺基亚销量，延缓了诺基亚的转型和业绩。诺基亚这三年的整体业绩并不乐观，此时诺基亚开始考虑把手机部门、品牌和专利出售，微软不失时机而又无可奈何地接手了诺基亚手机。

2014 年微软曾宣布裁员 1.8 万人的计划，其中基本是原诺基亚手机业务部门的员工。而 2015 年年中，微软再次裁减约 7800 名员工，并支付 7.5 亿—8.5 亿美元与裁员相关的重组费用，外加上 76 亿美元的资产减计。微软的这些主要举动一再表明，微软此前收购诺基亚手机业务是一项鲁莽、失败的决策。微软在智能手机领域同样处境艰难。自收购诺基亚手机业务以来，微软的智能手机市场份额持续下滑。如今，微软已无力让 WindowsPhone 系统成为市场领军者 iOS 和安卓的有力竞争对手。

微软并购诺基亚手机失败的原因如下：

第一，微软在对智能手机技术的理解和技术沉淀上是远远不够的，这是微软收购诺基亚手机失败的最致命原因。微软在与苹果和谷歌的竞争中把问题想得过于简单,微软错误地认为把 PC 操作系统移植到手机上,然后修修补补就一了百了;或者简单地认为自身在智能手机上的弱势就是缺一个硬件部门。苹果对智能手机技术的独到理解,微软是望尘莫及的,而谷歌在智能手机上的技术构思也是微软难以复制的,这就形成了微软本次收购的悲摧命运。可以说微软收购诺基亚的失败是技术上的失败,只不过这个技术上的失败是收购方本身的技术失败,而不是被收购方的技术失败,这完全不同于以前的技术失败通常是被收购方本身带来的技术失败。

第二,微软收购诺基亚后,在手机市场并未有划时代的创新,这与苹果形成鲜明的对照。而与三星及中国手机相比,也未有高性价比的产品入市。显然,微软决策者简单地估计了未来的手机市场。

第三,微软决策者仅收购诺基亚手机部门从一开始就是一个极其愚蠢的错误决策,消费类电子市场变化莫测,微软低估了这个行业的无常和变数。如果微软对包括诺基亚移动系统设备展开全盘收购,其投资价值就完全不同。

案例三:惠普收购康柏

当新世纪向我们走来之际,全球 IT 界风云突变,PC 机在经历了 20 世纪 90 年代的高增长后,无论是技术还是商业模式上都缺乏新意,这必然导致 PC 机利润的微薄化,利润趋薄必然导致大型厂商的合并。而惠普与康柏(Compag)的合并则让人匪夷所思,这起合并直接导致世界知名品牌康柏的消失,令人惋惜。

2000 年之后,美国经济在经历了一段比较快速的增长之后开始放缓,无论是惠普还是康柏、IBM、SUN 都经营惨淡。而以戴尔为代表的 PC 新秀则以高效、低成本的经营模式快速崛起,压缩着老牌厂商的市场。此时的电脑市场不但竞争激烈,而且行业利润不容乐观,市场潜力也显出疲态。

惠普收购康柏虽然是全球 IT 并购浪潮的一件大事，是当时轰动整个世界的商业事件。在此我们很有必要先介绍下康柏公司，因为这个名字对现在很多人来说已经有相当的陌生感了。1982 年，美国康柏电脑公司成立［由三位来自德州仪器公司的高级经理罗德·肯尼恩（Rod Canion），吉米·哈里斯（Jim Harris）和比尔·默顿（Bill Murto）于 1982 年 2 月分别投资 1000 美元共同创建］。1983 年，第一台便携式个人电脑在康柏问世，康柏初露锋芒。1985 年 10 月 17 日，英特尔具有跨时代意义的 386 处理器发布，PC 业最大的霸主 IBM 对此反应迟钝。康柏之前推出的 286 计算机市场评价颇高，但不足以改变市场格局。386 问世后，康柏敏锐地感觉到机会来了。1986 年 9 月，康柏率先推出第一台基于 386 处理器的台式个人电脑，并且一举走红。1991 年，康柏公司免去了身为创始人之一的 CEO 肯尼恩，开始转型生产低价普及型电脑。充分体现了康柏求新和快速变革的企业精神。转产低价普及型电脑顺应了市场发展的潮流，让康柏再上一个台阶。康柏随后在 1993 年的 PC 市场销售战中，给当时风头正劲的 AST 公司（美国虹志公司）以致命一击。1994 年，康柏在全球市场上的 PC 投放量为 483 万台，第一次超过 IBM 的 424 万台，一举登上了 PC 电脑市场的王座。随后，顺风顺水的康柏将目标锁定在美国 DEC 公司。并购非常迅速，1998 年 1 月 26 日康柏收购 DEC，完成了"蛇吞象"的壮举。1997 年康柏公司拥有 18900 多名员工，DEC 拥有 54400 多名员工。此交易金额近 90 亿美元。

1998 年年初，《福布斯》评选康柏公司为全美年度最佳公司。此时，康柏公司达到了成功的巅峰。但在合并后，双方在销售体系上很难融合，康柏主要是卖 PC，推崇分层化的渠道体系。而 DEC 的许多代理面向的是行业大客户，需要给客户提供应用，提供解决方案。而最大的问题是 DEC 与康柏文化上的不兼容，康柏的文化是把加班当作家常便饭，讲究快速跟随市场风向，为此不惜罢黜公司的创始人。并且康柏在市场经营方面的表现优异，但科研投入较低。另一边，DEC 的创始人奥尔森（Olsen）在其就任公司 CEO 的三十多年里，推崇公司是个大家庭，他坚持员工终身就职，一直奉行"不兼并其他公司，不解雇工人"的原则。公司过于推崇"技术优先"，研发投入很高。历史也没有给康柏一个更长的消化时间，或者说它在很短的时间内就证明自己无力消化这个庞大的猎物。康柏当时的 CEO 爱克哈德·普飞伊珐（Eckhard Pfeiffer）不得不在 1999 年 4 月 18 日宣布下台，并带走了公司的一些高层骨干。

2001 年 9 月 3 日，惠普公司宣布已同意以 250 亿美元的价格，按换股的方式收购康柏公司。新成立的公司名为"新惠普"。惠普并购康柏的考量分析如下：

第一，优势互补。合并后的新惠普利用两家公司的技术优势，减少交叉的产品，缩短重复产品的开发周期，精简人员，从而达到了降低成本的目的。同时，两家公司合并后充分利用惠普的"大节点"技术、康柏的 Tru64 集群技术以及它们之间和 Intel 公司良好的合作关系，逐步实现在技术上领先 IBM、SUM 公司，从而达到了技术协同效应。合并后的新公司占有全球 PC 市场份额的 19% 以上，已经远远高于戴尔的 13%，提高了市场集中度，扩大了市场份额。

第二，财务收益。惠普以股权收购形式完成与康柏的合并，根据美国联邦所得税计划，这次合并对双方的股东将是免税的，并作为购买行为来处理（也就是会计处理方法必须采取权益法处理），而且对于康柏公司之前的亏损额可以利用税法中亏损递延条款来达到合理避税的目的。

第三，可能形成的负效应。由于华尔街针对本次并购合作计划的负面评论，市场投资者开始全面压低惠普股票价格。惠普和康柏宣布并购当天，在纽约华尔街股市上，惠普股价比上个交易日下降了 19%，康柏股价下跌 10.3%。惠普和康柏的合并面临一系列公司文化的融合问题。公司文化的冲突会给每个员工心理上造成冲击，这个过程是漫长而又耗费人力成本和时间成本的。

惠普对康柏的并购是一个难以得到回报的巨大赌注，此次并购没有实现惠普董事会私下设定的目标。把惠普和康柏亏损的 PC 业务机械地合并在一起本身就是一个巨大的错误，惠普合并后的 PC 业务在 2003 年和 2004 年都没有实现盈利的目标。在 IT 界的并购中，最常见的是并购那些从事与本公司业务无关的公司，以此获得自己的稀缺资源，惠普的并购恰恰没有遵循这个原则。而并购造成康柏品牌的轻率消失，基本上就标志着这次收购的失败，因为电脑经营的最大核心资产就是品牌。

回顾惠普对康柏并购，败笔如下：

第一，傲慢和自负是惠普一个致命的战略性败笔。在国际商业领域，常常采用双品牌或多品牌的产品战略，惠普鲁莽地让康柏品牌消失，如同扔掉一座金山。此前，康柏是当时全球第二大个人计算机制造商，惠普位居第三，两大超级品牌结合有助于与第一大领导品牌戴尔一较高下。做好多品牌运营本是惠普的必然使命，但令人遗憾的是，康柏这个享誉全球的响亮品牌随后在新惠普那里莫名其妙地被抛弃了，如今我们在市面上再也寻觅不到这个昔日赫赫有名的品牌，须知建立并经营一个品牌需要耗费巨额的资金，这么败家的举措的确令人惊愕！

第二，在战略层面，对市场趋势和市场环境估计错误。惠普并购康柏的确提升了规模，但是，此时的最大威胁来自戴尔，戴尔的长处是直销和零库存经营模式，所以其运作成本很低。惠普误以为并购了康柏，自己在规模上超越了戴尔就万事大吉了（甚至还可笑地担忧受到反托拉斯调查），这就大错特错了，如何破解戴尔的优势才是衡量这次并购成功与否的试金石。惠普刚刚并购完康柏后，眼睁睁看着戴尔的发货量增长 15.5%，而自己的出货量则下降 16.2%，这就是惠普的悲剧了。静态的规模什么也不是，动态的增长才是王道！由此可见，惠普的决策者对决定市场成败最重要的因素认识不够。

第三，对整合成本估计不足。惠普和康柏两家老牌的公司都是依赖渠道销售的，谈不上优势互补，惠普此前主要用渠道销售其打印机，而康柏则主要利用其渠道销售电脑产品。合并后，虽貌似渠道广阔了，但这两方的渠道需要有机整合后才能发挥作用，整合需要时间和成本，并且面临一定时间的动荡和混乱。这岂不是送给戴尔一个天赐良机吗？这一段时间内，戴尔不失时机地攻城略地，很快把新惠普甩在了后面。并购之初，为什么不评估整合成本呢？为什么不考虑竞争对手如何出手呢？惠普的掌门人是否称职？

案例四：格林柯尔收购科龙电器

21世纪初中国冰箱经过10年的充分竞争，年销售百万台以上的冰箱企业只剩下四家：海尔、科龙、美菱、新飞，被称为"四大天王"。其中海尔和科龙都占全国冰箱市场20%以上的份额，故有北海尔、南科龙之说。此外还有几十个地方品牌，年销量最大的也就十几万台，几个外国品牌西门子、伊莱克斯（Electrolusx）等在中国市场虽然占据高端市场，但销量都不大。当时"四大天王"控制了全国70%以上的冰箱市场。

从20世纪90年代末期，冰箱市场由卖方市场变成了买方市场，几十家冰箱厂还没有从一张冰箱票值300元人民币的市场繁荣之中回过味来，马上就陷入了残酷的市场竞争之中，那些连冰箱冷藏室和冷冻室的温度配比都不能合格设计的冰箱厂，马上就受到消费者的唾弃，消费者不再满足于买一台能冻肉冻鱼的冰箱，而是要买一台经久耐用，至少冷藏室和冷冻室温度都合格的冰箱。几十个不思进取或不专注于冰箱质量和技术的厂家和品牌就完全没落了，从繁荣到没落前后不过10年时间，这些冰箱厂家或者他们的生产线在2002年到2004年之间大多都被我收购了。

1992年以后，市场经济迅速取代计划经济，市场的力量像洪水猛兽一样迅速冲击着国营和集体企业的经营决策方式。很多冰箱厂享受了多年卖方市场之后，面对突如其来的买方市场变成束手无策，冰箱厂的营销人员由给我个人好处我才给冰箱的大爷，变成了上门求人打冰箱款以完成个人营销任务的乞丐。科龙由于是广东的集体企业，地处改革开放的前沿阵地，变成最早的市场经济"弄潮儿"，科龙生产的容声冰箱以其经久耐用的质量口碑以及灵活的营销方式，在内地冰箱厂家对市场经济的真谛还没有反应过来之际，迅速抢占了全国市场，从而变成为中国最早一批年销量过百万台的冰箱厂家之一。邓小平1992年南巡视察科龙时，十分感慨这个几十人的小厂用不到十年时间就成为万人大厂，就在科龙工厂发表了他那个著名的语录："发展就是硬道理。"风光无限的科龙得到广东省各级政府的支持，分别于1996年7月23日和1999年7月13日成为香港的H股和深圳A股的上市公司，分别募集7.07亿元和10.6亿元，成为当时实力最雄厚的中国上市公司之一。

科龙的没落起源于一次收购行动，即科龙对华宝空调器厂的收购。科龙和华宝地处顺德容奇大桥的两侧，它们之间只隔一条河，直线距离不过两公里，开车用不了5分钟。如此的近邻却没有打破同行是冤家的狭窄思维，顺德甚至把这种陋习发展到了大同行是仇家的地步。都想当老大，而且不能容忍眼皮底下的老二，你只要认真看几部黄飞鸿的电影，基本上都能找到这种影子。科龙和华宝这对冤家互相争斗了十几年，终于在华宝经营不善从顶峰突然跌落而导致资不抵债时，在政府的干预下，以18亿元现金收购华宝大楼和厂房，以及变成一堆废铁的空调生产流水线和自动化分装仓库设备，四年后，我收购科龙时，所有人都告诉我二十几层的华宝大楼是危楼，一直空置着。没有人说得清楚科龙收购华宝到底得到什么，但每个人与我说起收购华宝时都是扬眉吐气，甚至眉飞色舞。经战十几年终于令对手投降的快感洋溢在字里行间。胜利者用对待战俘的手段对待华宝的营销队伍，终于这支营销队伍投靠了美的，而科龙不仅毫不珍惜，而且完全不在乎。这帮人不仅带走了华宝的空调市场，而且也带走了对科龙的满腔仇恨，以致我出狱后仍然要着力于调查清楚这种仇恨在顾雏军案件发生前后是怎么发酵的。

其实，华宝集团最值钱的东西就是华宝品牌和这支营销队伍，当时华宝的空调柜机在全国各地都享有盛誉，如果科龙当时着力于维护华宝品牌的声誉，即使丢了这支营销队伍，也能够成为空调顶级的大家。但是战胜者的虚荣心又使科龙走了另一着臭棋，科龙要求华宝的供应商主推科龙空调品牌，空调广告投入全部投向科龙的空调品牌，任由华宝品牌自生自灭，当时科龙的广告设计商——北京电通广告有限公司一语道破天机："科龙收购华宝之后，只是在榨取华宝品牌的剩余价值而已。"到我入主科龙之后，华宝的剩余价值已经所剩无几。

20世纪90年代中叶，中国家用空调市场是两强争霸的时代，这两强就是泰州春兰和顺德华宝。科龙收购华宝之后，理所当然应该继承空调两霸的地位，当时家电界专家权威也都是这样认为的，但是胜利者的狂妄和傲慢让科龙把家用空调霸主的宝座拱手让给另外一个同行冤家，而其后的顺德商场文化又使这一个冤家变成了仇家。科龙在这场收购中变成人财两空，几乎失去了科龙两次上市积累的全部资本公积金，四年后科龙本身的经营都难以为继，以至于政府不得不像当年卖华宝那样，找买家买科龙。收购公司就像婆婆娶媳妇，一定要善待媳妇，绝不可虐待媳妇，本来进了门的媳妇就是一家人，本不必再分彼此，家和才能万事兴。否则媳妇跑了，岂不鸡飞蛋打人财两空？如果当年科龙善待华宝的营销人员，特别是发扬光大华宝品牌，就算不一定能顺顺当当坐上空调霸主的宝座，断然不至于4年之后难以为继，结果花落我家而又心有不甘。

20世纪90年代末，中国农村电网普及尚未进行，农村冰箱市场还没有开启，而城市冰箱市场已基本饱和。所以在世纪之交之际，是中国冰箱厂家很寒冷的冬天，冰箱业界"四大天王"的日子都很不好过。当年冰箱厂日子好过甚至堪称红火的原因只有一个，就是卖方市场供不应求。现在日子不好过的原因各不相同，其中科龙冰箱日子不好过的原因就是生产成本居高不下，原料和配件采购部门都控制在最初几个冰箱元老手中，如果是4家供应商参加招标采购，他们在这4家参加招标的供应商中都有干股，这样的采购系统自然无法使成本降下来，而价格战又使得冰箱的市场零售价逐年下降，几十家地方小品牌甚至以科龙冰箱价格的五折销售同容积的冰箱，后来国外品牌也加入了价格战，造成上有国外品牌的价格天花板，下有地方小品牌凶猛挤压，结果造成科龙的容声品牌冰箱卖得越多亏损越多，而科龙品牌的高端冰箱销量又上不去，只是容声品牌销量的5%左右，也就是说科龙试图建立的用以与国外冰箱品牌竞争的高端冰箱品牌基本失败了。结果科龙的年销售额竟从最高时的60亿元人民币又降回到30多亿元人民币，这个局面终于使顺德市政府感到绝望，最终不得不做出出售科龙电器的决定。

　　顺德市政府对科龙经营状况的改进，也曾做过不少努力，前后更换过三任总裁，也做过降成本的努力，甚至从香港国际著名会计师行请来了专家对公司的成本控制流程进行了全面诊断，最后干脆从当时的世界五大会计师行聘请了首席财务官CFO，并授予全权降成本。谁都知道科龙成本居高不下的主要问题出在原料和配件的采购环节上，从世界著名会计师行聘请的CFO当然也能看清楚这个症结所在，实际上就是一个管理层与公司的贪腐既得利益集团的博弈问题。科龙也曾推出过反贪腐的"铁血新政"，首先跳出来反对的是冰箱采购科长，他公开叫嚣采购成本已是最低了，无法再降，于是铁血新政立即于当天下午4点解雇了这位科长。可是科龙冰箱分公司的既得利益集团立即高效运作起来，一些冰箱配件供应商打电话给科龙集团管理层，威胁说明天无法供货了，然后冰箱分公司的既得利益集团成员又通过顺德的七大姑八大姨及其相关官员给科龙集团的管理层打电话，软硬兼施，总之千言万语就是一个核心，不能解雇这位冰箱采购科长。最后科龙集团的最高管理层终于顶不住了，于当晚10点钟撤销对这位冰箱采购科长的解雇决定，并好言挽留这位科长。第二天这位科长又雄赳赳气昂昂地上班了，继续主政科龙冰箱的采购业务，于是采购成本继续居高不下，铁血新政就这样失败了。

我主政科龙的第一年，冰箱采购成本降了35%，空调采购成本降了48%，可见其中水分之大，大如海绵。从世界著名会计师行聘来的CFO，无可奈何之后，还是从欧美降成本的教科书上找到一些办法，比如欧美最常用的降成本之法就是裁员，于是乎科龙也开始裁员，当然不能裁流水线上的工人，流水线上的工人一个萝卜一个坑，而且工资也不高，于是决定裁减高工资的设计人员和研发人员，结果到我接手科龙时，由于技术人员不够，特别是高级技术人员不够，导致科龙冰箱新品只是外观上逐年翻新而已，核心技术严重缺失，而且曾经的一些有价值的技术专利也被束之高阁，无人问津。科龙也请了当时国内著名的营销专家给他们的销售人员培训，最后甚至专门聘请一位著名的营销培训专家出任主管销售的副总裁，经过一番努力，确实建立起一套规范的营销系统，但每种产品经过盈亏平衡的价格核算之后的零售价远高于同行，这样价格的新品上市后根本就火不起来，结果只能是大搞各种各样的促销活动以变相降价，各种赠品不仅没有拉动销量，甚至连赠品本身都被经销商和业务员私吞了。

最后一招总是价格直降，结果又只能是回到亏损的老路上。由于产品技术含量不高，就陷入了一种恶性循环，价格定高了卖不出去，价格降下来之后就亏损。这样下来科龙2000年亏损8亿元人民币，2001年亏损16亿元人民币。同样由于成本居高不下，科龙外销不仅止步不前，而且几乎卖一台亏一台，我入主科龙之后，问当年的外销经理，为什么亏本外销，他回答我外销赚取的是边际利润，我说你卖一台亏50元，而且是OEM，根本也不是打科龙品牌在外销，根本谈不上在海外创品牌之说，光有边际利润有什么用，我们要的是真正的利润，被我这么一说，此人张口结舌。即便如此亏本外销，最高的年销售额也不过6000万美元而已。在21世纪初，科龙的困境还是比较个别的现象，当时称之为"大企业病"，我收购科龙时，当时大多数报纸都说科龙得了"大企业病"，都想看看我这个两千多人的小公司老板能不能治愈科龙这个万人大企业的病，当时的新闻界都想看我的笑话，想看我人财两空的窘境，后来我把科龙做得很成功之后，他们又有人说我侵吞国有资产。关于科龙的大企业病，我要说的是纯系误诊，科龙根本不是什么莫名其妙的"大企业病"，只是采购成本居高不下的问题而已，严厉反腐，坚决降成本一招就能制胜。

随着科龙铁血新政的失败，顺德市政府终于看明白了，科龙内部的既得利益集团与顺德市政府官场乃至佛山市官场之间的盘根错节，使得政府派出的任何董事长和总裁都不可能真正地降成本，必须找外人来甚至是国际买家来买科龙，才可能真正降成本，才能带给科龙起死回生的希望，才能保住邓小平九二南方视察的明星企业。于是，顺德市政府首先在香港找国际买家，我知道他们至少与香港的顺德老乡大地产商郭家联系过，郭家以主营房地产不熟悉家电为由婉拒。总之，最后是一家国际投行的业务经理找到我，问我对科龙有没有兴趣，在这位业务经理的积极撮合之下，我们开始进入收购科龙电器的业务谈判。当时香港收购兼并上市公司的故事本来就不多，这个圈子又特别小，很快就有很多风闻此事的朋友来劝我不要蹚这趟浑水，甚至有国际大投行专门写科龙研究报告的专家来吓唬我：科龙找世界著名会计师行去做过诊断，甚至聘请著名会计师行的专家做 CFO 操刀降成本都无可奈何，你们贸然进入，最坏的结果是会拖垮你的格林柯尔集团。格林柯尔内部的反对声音也很大，结果造成我派去进行收购谈判的代表也都三心二意，政府对其控制股份的总报价为 5.6 亿元人民币，我们的谈判代表随意还一口价 3 亿元人民币。科龙 2001 年的中报盈利 1000 万元人民币，科龙管理层预测 2001 年全年会盈利 4 亿元人民币左右，于是政府受到很大鼓舞，几乎认为科龙的难关已经过去了，于是也不再急于出手科龙股份了，这样买卖双方都开始三心二意起来，谈判几乎停顿了。

转折发生在9月底之后的季度审计，审计结果是2001年当年会亏损15亿元人民币以上，甚至高达20亿元人民币。没有密不透风的墙，顺德又是个小地方，一夜之间顺德的各大银行都知道科龙2001年可能亏损20亿元人民币的惨状，这些银行居然在顺德之外找了一个宾馆，偷偷开会密谋要冻结政府拥有的科龙股票，并试图拍卖这些股票，到了这个时候，科龙管理层显然都知道这个后果的严重性了，一旦股票被封，拍卖消息一经传出，这些银行都会只收不贷，接下来就是供应商的挤兑，科龙肯定会停产，谁也不敢保证工人不会罢工。科龙的管理层不敢隐瞒这些可能发生的严重后果，马上向顺德市政府领导做了汇报，市政府马上又向省委有关领导做了请示汇报。大家都被这个审计结果震惊了，上下终于达成一致意见，降价卖科龙，因为有人敢买，总不会让几个亿的购买款打水漂吧！买家肯定会全身心投入拯救科龙，其实也就是利刃砍腐败，全力降成本而已，当时省委领导指示不许任何官员给新买家打电话干涉其降成本的措施，新买家解雇谁，都不得干涉，都不准打电话说情。一定要让新买家重新振兴科龙，保住邓小平南方视察顺德时的这面旗帜。顺德的官员用他们的诚恳感动了我们，我们很快就谈成了3.48亿元人民币的总成交价。我当即出资3亿元人民币现金，并由顺德市政府安排会计师事务所评估我的两个专利的使用权，估价9亿元人民币，迅速注册了12亿注册资本的顺德格林柯尔企业发展有限公司（后更名为广东格林柯尔企业发展有限公司），全部注册手续都是顺德市政府派员办理的，后来以注册资本中无形资产超过当时规定的25%判我虚报注册资本罪，但从未否认这9亿评估资产的合法性，因为这是当时顺德市政府安排评估的，整个并购方案也是省政府批准的。

下面的事就是与银行的行动比速度，抢时间了。我们当即预付了1.5亿元人民币的定金，于是，政府立即指示容声集团把其持有的全部科龙股权过户给顺德格林柯尔企业发展有限公司，按协议规定，我们在股权过户

15 天内，全部付清了协议余款，至此，顺德格林柯尔企业发展有限公司在2001 年 11 月底付清了全部 3.48 亿元人民币的购买股权的款项。而当时银行在市政府和省政府的压力之下，终于也没有采取行动。最后银行要求顺德格林柯尔企业发展有限公司替换了政府对科龙在银行二十多亿贷款的全部担保，至此，银行对格林柯尔收购科龙的并购行动投了赞成票。但是银行并没有马上恢复对科龙的贷款，格林柯尔在科龙冰箱空调的生产旺季不得不给科龙十几亿以上的企业借款以帮助科龙渡过难关。结果是这些科龙对格林柯尔借款的还款被操弄成我挪用科龙资金的刑事罪名，并由此判我10 年刑期，这也是我戴那个"草民完全无罪"的高帽子喊冤的根本原因。

虽然收购科龙股权本身的代价只是 3.48 亿元人民币，但是格林柯尔替换政府对科龙银行贷款的担保高达 28 亿元人民币，再加上格林柯尔在科龙生产旺季不得不给科龙高达十几亿的公司贷款，使得格林柯尔承担了超过 40 亿元人民币的资金风险，这使得格林柯尔老员工都非常担心，但也给格林柯尔新员工一个大展宏图的机会，我给那些有志于拯救科龙并使其发扬光大的格林柯尔派出员工进行了突击培训，要求他们绝对不能表现出胜利者的傲慢和殖民者的狂妄，要耐心向科龙的技术人员传授冰箱和空调系统中我们格林柯尔拥有的几十项专利技术和制冷循环技术的各种技术诀窍，真正在短时间内使科龙拥有一批世界顶尖的制冷技术人才。

不幸的是，后来我入狱之后，科龙的这些技术人员都被同行以二至三倍，甚至四倍以上的工资挖走了，这也是科龙从此一蹶不振的主要原因。我特别要求派去科龙工作的格林柯尔员工，必须以身作则，把格林柯尔员工的纯洁和忠诚带到科龙，并以此感召科龙的老员工，我的格林柯尔公司最初是在欧美发达国家创立的，其员工对公司的忠诚性和自身的纯洁性完全可以与世界上的著名公司相媲美，格林柯尔员工出差在外给家中亲人打电话，以及住宿看付费电视都会自觉从报销单据中剔除的，私人宴请也是绝对不会到公司报账的。这些员工纯洁性的要求在格林柯尔中国公司中也是完全一样的，而且得到所有格林柯尔员工的自觉遵守并且早已养成了习惯。我要求去科龙工作的格林柯尔员工把这些习惯都要带到科龙公司中去。并且要监督并帮助科龙员工也要养成这样的对公司忠诚和自身纯洁的习惯，我们格林柯尔员工的忠诚和纯洁性要求是一票否决的，我们后来在科龙也建立了这一套忠诚和纯洁的习惯。后来不幸与我一起入狱的八名同事，在公安用几千倍放大镜进行刑事调查和检查之下，没有一人有任何一点点个人金钱上的污点，就每个人的个人品德而言，我们所有这九名所谓的"罪犯"，全部赢得了所有办案公安、检察官和法官的尊重和尊敬。事实上，所有办案公安人员、检察官和法官从心灵深处都不相信我们这九个人中的任何一人是有罪的。

我于 2002 年 1 月 7 日正式入主科龙，其时科龙已经两年巨亏了，被戴上 ST 的帽子已是确定无疑的事了，如果 2002 年再亏当有被摘牌之忧。一旦摘牌，四十几亿的并购整合资金风险当然是我和格林柯尔集团都不能承受的灾难。万事开头难，并购整合更是如此，特别是以拯救烂摊子为目的复活并购更是要打响头一炮，阻击者理所当然地会设置重重障碍，离心者正在收拾办公桌准备离开，生产不能停，体现王者风范的新品研发更是要只争朝夕，同时更必须高压降成本，真是千头万绪。然而，冰箱行业 3月份开始进入旺季，空调行业 4 月份也开始进入旺季，留给我整合科龙的时间满打满算也不过两个月，而且中间还有 15 天的春节假期。

首先是提振被并购企业的信心。这对所有的复活并购都是至关重要的，政府把一个烂摊子卖给我，科龙员工都感到灰头土面，怀念科龙昔日荣耀的人有之，像鲁迅笔下九斤老太叹惜管理层一代不如一代的人有之，仇恨掏空公司的蠹虫致使公司丧失竞争力的人亦有之。总之公司上上下下笼罩着一片看不清未来的悲观情绪。提振企业的信心是当务之急，这也不是喊几句口号，开几次大会就能达到目的的。我当时做出的决策是要科龙员工相信我们格林柯尔是世界制冷技术的巅峰公司。两年前，我发明了双

185

高效空调技术，即把冷暖空调的夏天制冷和冬天制热分别独立用二套循环系统进入优化设计，然后复合到同一套硬件系统之中，我们做出的样机已经能够达到制冷能效比高达 7.1、制热能效比高达 6.3 的世界最高能效水平。

2002 年 1 月和 2 月终于到最后冲刺阶段，我们格林柯尔研究院的一批博士和硕士，2002 年春节都在加班冲刺，终于 2002 年 3 月成功申请了中国专利和国际专利，4 月份双高效空调的样机通过了国家有关部门的鉴定，成为了称霸世界空调领域最高能效的家用空调产品。当年参加德国汉诺威电器展的时候，它是世界家用空调器最耀眼的明星产品，让科龙员工重新体会了继收购华宝公司之后真正的王者归来。从此，科龙的其他空调器在价格恶斗的家用空调市场上充其量不过是平衡规模成本而已，只有双高效空调高达 40% 的利润率才是科龙空调产品的唯一利润源泉。

继 2002 年 4 月份科龙双高效空调的新闻发布会之后，科龙员工才真正体会到了高科技给公司带来的荣誉。现在每家大型企业每年都有上百个专利，有的甚至有几千个专利，但是大多数都是外观设计专利，产品的核心技术专利凤毛麟角，而我的双高效家用空调专利才是真正的家用空调器的核心专利技术。双高效空调不仅给科龙员工极大地提振了信心，而且也给地方政府提振了信心，特别是提振了供应商的信心，从我入主科龙之后，供应商纷纷从各种渠道打探我在科龙的举措，当得到我拥有世界最高效产品之后，都恢复了对科龙未来的信心。信心是金，在复活并购中，信心甚至是铂金和钻石，只有企业在恢复信心之后，真正的刮骨疗毒的手术才能进行。

真正的刮骨疗毒就是降成本。我让科龙的营销系统统计竞争对手的冰箱和空调市场零售价，然后，我让营销部门去批判生产部门，为什么小品牌冰箱的市场零售价只有科龙冰箱的半价，他们采购量远远不及科龙的采购规模，甚至只有科龙采购规模的 1/10，他们为什么能够生产如此便宜的冰箱？我从春节假期之后，每天会见科龙的主要供应商，要求他们大幅降价，要求他们与科龙共渡难关。特别是科龙与供应商勾结得太深的管理人员大量辞职之后，格林柯尔派出许多忠诚和纯洁的员工顶上来管理和运行采购队伍，我要求他们积极扩大供应商队伍，由原来一百多家供应商发展到了四百多家，大量的新供应商进入后，价格迅速降了下来。后来我们又引进了反向竞价的电子竞价系统，终于真正使原料和配件供应降到了行业最低。到2002年5月份，科龙的冰箱成本下降了40%，空调成本下降了48%，这样新产品的市场价格就有了很大的竞争力，销售开始爆发性增长。后来，我给我的学生讲课时，告诫他们降成本只是一个决心问题，没有什么太多的技术难度，当然没有一群忠诚和纯洁的员工去贯彻也是不会成功的。企业反贪腐也是一个决心问题，也没有什么技术难度，他们充其量会以辞职相威胁，最坏的情况也就是一走了之，并购者只要自己有一支忠诚和纯洁的队伍，马上就能够顶上这些离职人的位置，就完全没有什么可担心的了，反而这些害群之马的离职更容易让公司快速地建立自己的健康采购系统，迅速完善一个更高效和强有力的成本控制体系。

所以，在超天才培训学院培训最纯洁的职业经理人的培训课上，我都特别强调没有足够人手做后备的制造业并购是很危险的，很可能前功尽弃。比如TPG参股北京李宁体育用品有限公司，参股方代表金珍君只带5人进入李宁公司，我当时就判断没有100人去占据主要岗位，尽管有李宁本人的支持，金珍君也一定会铩羽而归。果不其然，金珍君仅在李宁公司指挥了两年多一点的时间，就心灰意懒地黯然退出了。但不要由此就低估了金珍君，此君此前也曾以一己之力把一个台湾鞋企达芙妮从困境中解救出来，仅靠把加盟店都改变成直营店一招就取胜了，但是他低估了台企与大陆企业的本质差异。大陆制造业有一大特点，往往都是由老板带几个帮手白手起家的，公司发展壮大之后，帮手又找来了帮手，或者是大帮手又带出了小帮手。帮手只对老板负责，并不对公司负责，小帮手只对大帮手负责，也不对公司负责。并购方解聘了大帮手，小帮手马上就会给并购方颜色瞧，轻则消极怠工，重则甩挑子走人，更恶劣的情况是，私下发动供应商或经销商与并购方对着干。我的经验是，在中国进行并购，不准备好足够数量的人手是不行的，甚至是非常危险的。一旦遇到被并购企业的某一利益集团集体一走了事，必须马上有人手能够顶得上去，否则轻者错失商机，重者甚至导致公司瘫痪。中国的并购与欧美并购完全不同，欧美公司的职业经理人通常是忠诚于公司，而不是忠诚于某个人，与并购方意见不同，顶多是辞职了事，并不会与公司作对，更不会以损害公司利益为代价而与并购方对着干。当然并购韩国公司例外，上汽并购韩国双龙就是佐证。

一个制造业公司，如果采购成本能一下子下降40%，则发展的空间立即变得广阔起来，这种空间不仅是跳跃和翻腾的空间，甚至是飞翔的空间。用"海阔凭鱼跃，天高任鸟飞"来形容也绝不为过。但要时刻牢记的是，竞争对手也会迅速跟进，等大家都把价格降下来之后，好不容易取得的降成本的空间又会变小，而且是迅速变小。所以科龙和容声品牌的冰箱空调价格都是不能降的，不仅价格不能降，而且新品的外观必须抢眼，技术参数也要不断提高，要以强大的性价比压迫对手。科龙刚被收购，旺季连持续生产的资金都要格林柯尔支持达十几亿之多，此时要科龙做重大投入来更新设备是不可能的，连加大市场投入也都没有足够的资金，但改进外观设计，用我个人的双高效空调专利提升科龙产品的能效进而提升科龙产品的美誉度是不需要太多投入的。这些几乎不花钱的工作当然马上就被大力贯彻了，而且也取得了令市场耳目一新的观感。诚然，仅靠市场的耳目一新得以提升市场销量10%，甚至20%也是可能的，但要取得市场翻番增长是不可能的。好在由于科龙和容声品牌的冰箱以及科龙和华宝品牌的空调都没有降价，所以主要竞争对手也没有降价，这就给我留下还算宽裕的变革时间。

怎么使科龙的销量翻番呢？而且必须在2002年就迅速翻番，不然很可能夜长梦多。我带着这个问题在2002年3月底和整个4月份，走访了科龙产品的主要市场。我迅速做出了一个决定，建立一个低端品牌——康拜恩，冰箱空调小家电都使用这个新品牌，科龙市场部的人马是一片反对之声，他们的理由主要是科龙冰箱已有科龙和容声两个品牌，科龙主打高端，容声主打中高端，由于容声的销量是科龙冰箱的十几倍，甚至20倍，所以几乎全部营销资源，包括广告和赠品都必须给容声，不然支撑不起这个主打品牌的销量。科龙牌冰箱虽然定位在高端，但几乎没有营销资源，本来高端品牌是最需要营销资源支撑的，就是由于没有营销资源的支撑，科龙品牌的冰箱销量才一直上不去。现在又要增加一个品牌，营销资源怎么分配？我明确告诉大家，新冰箱品牌康拜恩不要任何营销资源，科龙生产的冰箱经过这十几年得到的质量稳定和经久耐用的口碑就是康拜恩最大的营销资源，只要把康拜恩冰箱的价位定在比杂牌冰箱高5%或10%的价位上，康拜恩这个品牌自然而然就会有巨大销量。在我力排众议之下，多数营销人员开始将信将疑地执行，我整个夏天坐镇营销部监督。果然康拜恩2002年的销量就超过了百万台，横扫一切杂牌冰箱，一下子跃居中国冰箱市场的第五大品牌，科龙公司冰箱市场份额一下子冲破40%，康拜恩品牌书写中国品牌史上一大传奇。

康拜恩空调和康拜恩小家电也取得了不错的表现。2002年成了科龙的翻身之年，如果算进去2002年消化了2001年7亿多的退货，2002年科龙的销售额就是实实在在地翻了一番。2002年年底，所有科龙营销人员回到科龙总部述职，全部销售人员拜见我，就像破釜沉舟的巨鹿大战之后，众将官拜见项羽一般。所有营销人员都在为康拜恩品牌的成功而真诚地欢呼，对未来科龙的腾飞充满了信心。这也是我坐牢之后，所有的科龙员工都不服法院判决的根本原因。由于科龙容声品牌的冰箱和科龙华宝品牌的空调都没有降价，再加上康拜恩冰箱和空调带来额外的巨额增长，科龙取得了显著的利润，2002年和2003年，科龙在消化了5亿元死库存损失的基础上，2002年还取得了近1亿元的利润，而且2003年利润又翻了一番。

我特别要解释科龙死库存的实际状态，死库存通常是指库存 3 年以上卖不出去的老品，在 2002 年旺季之后，我发动了彻底的清库行动，发现由于管理不善，甚至是一部分经营人员与经销商相互勾结，把很多陈年旧货套在科龙冰箱空调的新包装中逐年退货给科龙并滞存在科龙各省营销分公司的仓库中，有的旧货居然是 10 年前的旧品，甚至有许多是残次品和报废品，我们在 2002 年秋天到 2003 年旺季到来之前，全部处理了这些历年隐藏下来的死库存，产生差不多 5 亿元人民币清库损耗。这事实上就是 2001 年审计师所说的当年亏损会高达 20 亿元之上的原因。

一个家电品牌是走高端路线，还是走中高端路线，或是走低端路线，都是公司的战略决定，谈不上高端品牌就一定比低端品牌赚钱多。沃尔玛就一直是美国的低端商品品牌，在电商之前的几十年时间里，它每年都比零售业的高端品牌赚钱多。但高端品牌、中高端品牌、低端品牌的经营思想和经营方式是完全不一样的，高端品牌的市场占有率不能太高，太高了对品牌的伤害太大，毕竟 21 世纪初用得起高端家电产品的人群不多。国外品牌那时在中国都是走高端路线的，他们市场份额一直不高。我接手的科龙，百孔千疮，冲高端品牌显然是不明智的，而且也是完全力不从心的。容声冰箱在 20 世纪 90 年代中叶很火的时候，当时的管理层就觉得要建立一个响亮的高端品牌，于是就推出科龙品牌，公司在香港上市之后，仗着手上有钱，那时可花了不少血本拼命向上推科龙品牌。

在 20 世纪 90 年代大众崇洋媚外的消费心理之下，显然是一种不切实际、费力不讨好的市场行为，残酷的现实也完全证明了这一点，科龙品牌冰箱从来都没有卖到过容声冰箱销量的 1/10。而科龙空调的品牌由于没有高端的性能指标，始终都是一个中端品牌，咬着牙也只能说是一个中高端品牌，事实上，它在华东地区的品牌美誉度始终超不过华宝，显然科龙牌空调的表现也上不去，这转过来又严重拖累了科龙冰箱品牌的高端形象。尽管科龙双高效空调完全拥有世界领先的技术水平，但要在消费者心目中树立这种独领风骚的技术形象，至少还是需要一段时间的不懈努力的。所以，在我接手科龙的头两年，只能在市场上尽力定位科龙公司的产品为中高端家电产品而已，而一个中高端产品的公司，在市场上的话语权完全来源于它占有的市场份额。在我掌控科龙的那几年间，连锁业态的销售规模越做越大，国美和苏宁在家电销售中的份额已经超过了1/3，正在凶猛地冲向1/2。连锁业态对生产商的欺压不断加剧，各种门店费、摊位费、促销费五花八门、层出不穷，令生产商苦不堪言。苏宁由于和华宝空调多年的合作友情，多少还给科龙一点面子，而每年与国美的销售条款谈判都是十分困难的，尽管科龙、容声和康拜恩三品牌的冰箱销售已占全部冰箱市场份额的40%，但在强势的黄光裕面前，丝毫得不到半点优待。我2002年第一次与国美打交道时，就暗下了决心，我一定要再至少收购一家天王级的冰箱公司，一定使我控制的冰箱市场份额超过半壁江山。那时，我可以向所有的经营商放言，没有我控制的所有冰箱品牌参与的卖场，都算不上是一个真正的冰箱卖场。我收购"四大天王"之一的美菱电器之后，我们确实就是这样与国美叫板的，而且真正在营销条款上得到了很大的改善。在中国迅猛发展且尚不健全的市场条件下，活下去并能发展起来的企业家，即使不全是英雄，至少也必须是一个硬骨头的枭雄。而不管是英雄还是枭雄，都必须有强大的市场实力支撑，否则你就是狗熊。

要稳定科龙在中国家电市场中的主流地位，收购另一家天王级的冰箱企业就成了当务之急。我们先后与新飞电器和美菱电器开始了接触，尽管新飞的管理层很愿意与我们强强联合，但终因控股方新加坡丰隆集团无意出售其股权而使并购计划胎死腹中。此时的美菱公司却是另外一番景象，同样由于冰箱市场由卖方市场向买方市场的急剧转变，美菱公司的管理体制和经营决策总是跟不上残酷的市场竞争，这个曾经被合肥市和安徽省引以为荣的明星企业，正处在凤凰涅槃的煎熬之中，一批下岗工人隔三岔五就去围堵市政府大门，甚至围堵过省政府门前的大街。市政府和省政府终于统一了意见，就是出售政府拥有的美菱电器的控股权，条件是不能再有工人下岗，并且要拿出切实可行的方案取得政府的信任。这一个苛刻的条件吓退了很多的意向购买者。那些年在国企改制过程中，无力控制局面或者改制后经营不善，结果留下来一堆烂摊子让政府擦屁股的故事比比皆是，近万人的国企改制更是令政府胆战心惊。我们很理解政府的担心和忧虑。我们向政府保证绝不让一个工人再下岗，而且当年就扩大生产，让想回来工作的工人都回来。为了打消政府的顾虑，我们向政府提供美菱电器整改和发展的思路和方案，最终赢得了政府的信任。我收购美菱电器后也没有食言，我们不仅没有解聘任何一个在岗工人，而且新建了一个分厂，当年就招收了800名工人，不仅让想回来工作的工人都回来工作了，而且还从社会上新招了400多人。为此，我个人作为国企改制的楷模受到了安徽省政府的表彰和嘉奖。

收购了美菱电器，我们稳稳地占住了中国冰箱市场的半壁江山。同时，由于双高效空调技术的强大优势，我们也顺利进入了空调市场的前三甲。科龙终于在风雨飘摇中站稳了脚跟，这不过花了不到两年的时间。

由于科龙的冰箱和空调成本控制到了极致，科龙冰箱和空调产品外销也取得了长足的进展，从2001年的6000万美元到2004年的5.6亿美元，2005年我们收到的外销订单爆发性增长，达20亿美元。而且，从我入主科龙之后，就明确规定任何一单外销订单，不管多大量，没有利润绝对不接，并安排生产部门专门核算每一笔外销订单的利润率，没有生产部门的利润核算结果，外销部门不可擅自接单。2004年科龙的美国分公司向美国冰箱企业美泰克公司租赁了一个美国冰箱品牌，在美国市场以此品牌向美国连锁家电销售系统直销冰箱，这个品牌销售的冰箱利润是OEM外销利润的10倍以上。

我们判定230升以下冰箱，由于集装箱运费成本较低，最终欧美国家都会全部从中国OEM，但是，他们的大订单通常都会在每年的二三月才能确定，而此时中国冰箱市场也正在进入旺季，结果大量的外销订单都是由于旺季与国内市场的巨大需求撞车而流失，由于内销的利润丰厚，每个冰箱厂家都是坚持优先生产内销冰箱的政策，结果外商在旺季不得不在欧美地区自行生产成本高昂的小容积冰箱。21世纪初，一条年产20万台的冰箱生产线仅流水线及其线上的生产设备价值就高达3000万元人民币，而年产20万台家用空调的流水线生产设备的价值才300万元人民币，故空调产能从来都不是订单流失的主要原因，而冰箱产能往往是订单流失的最根本原因。由于康拜恩冰箱2002年开始横扫杂牌冰箱市场，很多冰箱厂放弃了无望的市场挣扎，关门转型的很多，由于冰箱厂大多建在市中心或靠近市中心的地方，城市扩大之后，地价都很昂贵，故有的冰箱厂用地皮建起了商业大楼，有的甚至建起了写字楼，以此解决下岗工人问题。有的冰箱厂干脆地直接用钱解决工人下岗问题，这样就需要迫不及待地把原来的冰箱生产线处理出去，一条年产20万台的冰箱生产线及其全套线上设备，最便宜也就五六十万元人民币，最贵的也不到300万。我们前后买了40多条生产线，同时并购一些曾经著名的冰箱厂，如杭州西泠、吉林吉诺尔、江西齐洛瓦等企业，基本上实现了冰箱运输不超过800公里的地理布局，使运输成本降到了合理的水平。经过两年多的努力，到了2004年年底，我们拥有的冰箱产能达到年产1800万台冰箱的水平，这才真正是科龙最宝贵的财富。这也是科龙在2005年敢接收20亿美元外销订单的产能保证。加上2003年我们在江西南昌建成的15条年产50万台的空调生产线，至此到2005年年初，我们已经建成了科龙腾飞的全部物质基础。

由于我们拥有了年产1800万台冰箱的产能，于是2004年下半年我们与伊莱克斯、惠而浦、美泰克开始了230升以下容积冰箱的合作谈判，我们希望他们停止生产230升以下的冰箱，全部从科龙公司OEM。他们继续生产230升以下的冰箱显然是亏损的，双方的谈判是非常积极的，我们之间甚至谈到了更高层次的合作话题，如果没有我突然被某些人从背后偷袭，以至于蒙冤入狱，这些谈判都一定会成功。事实上，在冰箱旺季，全世界只有科龙才有产能应付突击的 OEM 订单，别的公司显然都满足不了这一要求，当然你要求突击订单，正常的长线订单你也得给我们，不然我们凭什么总是为你们救急呢？这就是我们提出的全面合作的逻辑，这是一个很简单的逻辑，我们认为这也是一个双赢的逻辑。

在 21 世纪初，中央启动了电网和公路的"村村通"工程，并且"十五"规划明确要求在 2005 年基本实现村村通电，我们敏锐感觉到这不仅仅是中央启动了农村脱贫致富的工程，而且其后一定有一个家电下乡工程。为了开拓县级以下市场，布局县级以下的营销网络，科龙决定花两个亿培训新型销售团队。我接手科龙时的中国各家电公司的家电销售队伍基本上是学历不高的一个群体，创新能力、组织能力都不强。那时，各家电公司对营销人员都只强调执行力而不是创造力。

以 21 世纪初的家电销售规模，每一家家电公司的营销力量都只能覆盖到县城。这样就形成了一个恶性循环，农民买家电只有到县城才有挑选的余地，进而农民就不得不进县城买家电，这又反过来使得县级以下市场的家电销量不大，进而没有一家家电公司愿意在县级以下市场投入力量，再加上除我们之外的家电公司都是单一品牌公司，在县级以下市场布置销售网络实际上就是剥夺了农民的选择权，市场效果也不会好。但是我们已有五个品牌——科龙、容声、华宝、康拜恩和美菱，虽然我们没有黑电产品，但白电产品已经很齐全，特别是科龙收购了威力洗衣机之后，冰洗的互补性也会很快建立起来。当时我们正在试图收购一家著名的电视机生产企业，谈判也已经进入实质阶段，如果不是顾雏军冤案发生，所有的科龙员工都相信我们会有自己的黑电产品的。我们认为只有科龙有必要首先布局农村市场，因为我们有高、中、低端全覆盖销售人群的品牌系列，特别是容声、华宝、康拜恩品牌在中低品牌市场份额很大，特别是康拜恩横扫低端杂牌机之后，基本上控制县级以下的市场，有些县级以下市场，康拜恩冰箱的市场占有率已经高达 60% 以上。

从 2003 年开始，为了布局农村市场，迎接国家可能的家电下乡战略，我们开创了一种新型职业经理人培训体系，专门开办科龙 MBA 培训班，只招收有 MBA 学历的毕业生，每个月招收一期，经过一个月集中培训之后，分配到全国各地的县级市场，要求这些有管理书本知识的人，自己创造县级以下市场的营销网络模式，完成一个县级以下营销网络的建立之后，再做下一个县级营销网络的建立，完成三个县级以下市场的营销网络建设之后，就有资格出任科龙的营销中心主任，全面主管一个地级城市的市场营销系统。培训以一年为期，中途回科龙总部研讨一次，每期都由我亲自评估他们的创新能力和实际操作能力，最后在一年期的培训毕业时，由我亲自主持他们研究论文的评审，合格者不仅可以得到一份毕业证书，而且可以立即成为科龙的正式员工。到我入狱时，我的这些 MBA 培训班的学生，已有近百位学员出任科龙营销中心主任，大约为营销中心主任总数的 1/3。甚至有极其优秀的 20 多名毕业生，已经出任科龙省级营销分公司总经理。到我蒙冤入狱前，科龙共办了 37 期 MBA 培训班，以及两期学习兼并收购的金融培训班，参加培训的学员总数达 875 人。我入狱之后，这些学员绝大多数都被新东家辞退，他们大多出任了广东数百家小家电公司营销系统的负责人，甚至营销部门的掌控人。

到 2004 年年底，我们已经建成了科龙腾飞所需要的人力资源体系，我们自己培养了一批忠诚的最纯洁职业经理人，如果不是发生顾雏军冤案，2005 年一定是科龙腾飞的一年，科龙本应该书写中国家电史上又一个传奇故事。

我还是要利用这本书出版的机会，说清楚科龙冤案的真相。科龙 2004 年税收重回顺德第一，顺德区政府对科龙的税收贡献进行了表扬。这时有人开始陷害我和科龙，他们首先伪造一份科龙给格林柯尔提供 2.76 亿美元的虚假担保函，并以此虚假罪名骗取中国证监会对科龙的立案调查。继而以吊销科龙审计会计师的大陆执业资格为威胁，要他们把 2004 年本来盈利 4 亿元的年报弄成亏本。在这些人的淫威之下，这些会计师居然把科龙为了抵御价格飙升而囤积的铜管、铝膜和铝板的巨量库存进行撇账，要知道此时国际铜价已由 2004 年 24000 元 / 吨飙升到 2005 年的 34000 元 / 吨，铝价同样由 2004 年的 14000 元 / 吨飙升到 2005 年的 19000 元 / 吨。更荒谬的是把科龙拥有的华意压缩上市公司的市值超过 2 亿元的 22.73% 的股权一下子撇成了 0。这一系列违背职业道德的操作，终于把本来盈利 4 亿元以上的 2004 年年报变成了亏损 6416 万元的年报，这些做法最终致使我和我的八名同事蒙冤入狱。我出狱后到处喊冤，终于在 2014 年 1 月 8 日接到广东省高院通知，最高法院将我的案件发回广东省高院再审，在广东省高院连续延期 10 次之后，可望在 2016 年 7 月 23 日之前再审结案。我坚信我党全面依法治国的阳光一定会照耀在我和我同事的刑事案上，一定会还我和科龙清白。由于出书的顾虑，我不能写得太多，热心的读者请阅读我的新浪个人微博。

二、"引资购商"需要培训世界顶级企业家领袖和最纯洁职业经理人队伍

从前面四个案例不难看出,企业家领袖及职业经理人团队是"引资购商"取得成功的最重要保证,也是"引资购商"遭遇失败最主要的风险起源。但是不可否认,像克里斯托弗·根特这样的天才几乎是可遇不可求的,像柳传志这样的人物也可谓凤毛麟角。然而,从古今中外这些顶级的企业领袖、管理大师乃至能工巧匠的成长过程来看,谁的成功都不是一蹴而就的,即使像克里斯托弗·根特,也是经过了从计算机公司普通职员到沃达丰营销主管,再到沃达丰掌门人的历练过程,只不过在当时的条件下,他的历练更直接来自受雇公司老板的要求和期望以及这个有严酷考验作用的商业大环境。中国的企业家和职业经理人有一定的特殊性,他们起步较晚,只有不到30年的时间,但面对的商业环境可比西方国家工业化初期要复杂得多,他们必须做到用更少的试错机会,去抵御更大的商业风险,并建造更辉煌的商业王国,这无疑十分艰难。所以我认为,中国企业家和职业经理人在真正进行"引资购商"的重要决策之前,必须接受正确的培训,就像在第四章我所说的那样,超天才企业家和职业经理人培训就是一种专门针对实战,特别是提高学员商场洞察力的培训,其终极目标就是为"引资购商"培训百亿美元级国际并购及行业整合的策划和操盘人才。超天才并不寻找天才,我们只打造天才,最终他们中间的佼佼者能够超越天才。下面我将从七个方面,详细阐述个中缘由。

第一,世界顶级企业家往往需要经历几代人才能成长起来,而中国短短30年形成的现代社会,已是走过了西方国家企业家上百年的发展历程,我们希望通过强化培训,让中国企业家节省成长时间。在世界商史

上，美国福特公司有一个家族四代相继传承的美好故事。第一代掌门人是亨利·福特（Henry Ford），一个发明家，他把实用、廉价的 T 型福特汽车带到了这个世界，并让普通老百姓也能买得起这样的汽车，开启了汽车家用化的时代，使汽车从富豪玩具变为了大众的家用代步工具，赢得了市场爆炸式的增长，让福特公司赚取了巨大财富，但他后期十分保守，令福特公司在竞争中陷入了被动。第二代掌门人埃德塞尔·福特（Edsel Ford），他顶住了父亲的不满，打破了固有规则，模仿通用汽车，大胆推出豪华型汽车，最终成就了林肯（LINCOLN）、水星（Mercury）等这些让中产阶级一度追捧的经典福特汽车，也让福特走过了一个经典时代。第三代掌门人小亨利·福特，因父亲过早辞世提前接班，掌管福特 35 年，他让福特公司的内部管理上了一个大台阶，尤其是建立了一整套成本核算会计制度，完成了从传统企业向现代企业的过渡。第四代掌门人也就是现任董事长比尔·福特（Bill Ford），2006 年北美市场遭遇冲击，福特陷入百年一遇的亏损危机，比尔·福特临危受命，通过收缩品牌、降低成本，并以历史空前的幅度和速度推出新产品等，让福特公司度过了那场全球汽车业危机，是美国三大汽车公司中唯一不经过产权重组就走出困境的公司，不仅保住了福特家族的控制权，而且也保住了美国汽车业的脸面。

不难看出，福特公司的成功并不是一蹴而就的，这里有四代企业家之间的传承，也有下一代对上一代企业家打破陈规之后的创新与提升，而每一代企业家也承接了那个时代的全新元素，有了相对上一代企业家的提高和进步。但要知道，100 多年前的西方国家，市场变化速度是很慢的，总能让继承人有改正错误的机会，只要有一些进取的家族基因，基本都是能成功的。而我们改革开放仅有短短 30 年时间，我们的企业家更多被要求像速成班一样，用加速度来完成他们的高速发展，这就造成一个局面，企业发展变化太快，企业家大多赶不上企业的发展形势，只能在后面追。比如当年科龙就是这样，那时正值国有企业转制，给乡镇企业留出了巨大的发展空间，科龙的前几任董事长潘宁、王国瑞等，在进入制冷家电行业之初，根本不会想到科龙会像吹气球一样膨胀得这么快，十几年时间销售额就能从几十万增长到几十亿，而这也很快就超出了几任董事长的能力范围，所以后来就是他们跟在日益庞大的科龙后面追，最后也终于追不上了。今天，也是有很多企业遇到了类似的局面，还没等轮到第二代企业家来接班，在第一代企业家手里企业就垮掉了，君不见在目前残酷的市场背景下，卖掉企业金盆洗手、移民海外的企业家就有成千上万吗？我们超天才网企业家培训学院正在推行企业家对企业家的培训，我们拥有过去几十年来在制冷家电行业和商用车行业实打实干积累下来的经验和智慧，现在还正在推进 100 亿美元的"中国制造 2025 产业并购整合基金"落地，我们希望通过培训，能将我们的经验和智慧传授给这些企业家，真正帮助他们实现加速成长，让他们迅速扩大国际视野，并用我提出的"引资购商"的新方法使企业升华成为世界级公司，甚至是世界级龙头公司。

第二，中国第一代企业家大多出身草莽，只是碰到中国改革开放的历史机遇，十几年时间就从起家的几十个人迅速膨胀到了几万人的大企业，从几块钱小生意都要认真做的小商人迅速变为了年销售额几十亿甚至几百亿的大企业家，而这却使自小就到国外读书的年轻"富二代"措手不及，回国后难以自如应对自家企业问题，我们希望通过培训帮助"富二代"企业家提高能力，顺利承接家族企业大任，同时也希望他们的海外游学经历能够帮助他们学习"引资购商"的知识和技巧，以发展壮大甚至拯救他们的家族企业。我们的第一代企业家大多从小就在外打拼，有的都没上过几年学，有的可能就是专科生，最多就是本科生，一路下来，基本都是"摸着石头过河"，能够坚持到今天，除了仰仗自己的禀赋和勤奋，也都是赶上了好时代。还有一部分第一代企业家，当时就是官二代、军二代，或者是有背景的商二代，他们占据了得天独厚的关系优势，有别人没有的稀缺资源，所以很快完成了原始积累，到今天也有很多人走过了万里征程。但是他们都在未来接班人问题上遇到了瓶颈。我国在大宅门时代，与100年前的西方国家有些相似，那就是有声望并且富有的家族大多多子多孙，尽管大多泛泛之辈，甚至是纨绔子弟，但总能挑出一两个青年才俊来继承家业。而如今我国已经步入了现代社会，曾经的光景一去不复返了，现在多数"富二代"都是有中国特色的独生子女，倘若天资聪颖、胆识过人，企业传承尚能顺利，要是遇上一个扶不起的阿斗，那就要愁坏创业的老一代了。当然，现在"二孩"政策出台，又可以生两个小孩了，以后企业家会有两个选择，不过在这一代怕是赶不上了。

这些年，我也经常听到送"富二代"出国读书的企业家为自己的英明决定而自豪，我刚回国时，常常有企业家向我请教是把儿子送到美国好还是送到英国好，我通常会先问他们现在是有几亿美元还是几千万美元，对方总是一脸困惑地嘟囔说：这与几亿美元还是几千万美元有什么关系呢？我耐心地向他们解释：英国的教育基本上是教育富人尽可能长时间地保住财富，中国人说富不过三代，英国教育就是教富豪如何富过三代的；而美国的教育基本是教一个中产阶级子女如何变成富人的，甚至是教一个富人如何变得更富的。所以如果你有几亿美元，那么应该送你的儿子去英国，那你的财富将来会更安全些；如果你只有几千万美元，那就应该送你的儿子去美国，因为在美国，几千万美元只不过是一个丰衣足食的中产阶级而已，所以你的儿子必须用这些初始财富去赚更大的钱。当我出狱后，我突然发现昔日淘气的小孩子们，现在真的穿着名牌西装、开着豪车回国接班了，而他们的父亲发现儿子除了能说一口流利的英语之外，就只知道那几个美国辍学创业的故事，只有极度活跃的小孩才能见到几个口若悬河的英国 Trustee（财产信托人），大多数在英国留学的孩子则更多是向他乡巴佬出身的父亲炫耀白金汉宫和温莎城堡。

总之，这些"富二代"不仅不理解中国商场的残酷，更不屑于他们父辈奉行的那些谦卑的官商关系。我们国家和西方国家的环境有着本质不同，当前我们正处在高速发展阶段，政治、经济、社会、文化等环境均复杂多变，各方面的法律、制度、规范、标准等也还不那么完善，老一代企业家靠着有背景、有人脉，管他如何曲折弯绕、千回百转，总能找到达成目标的办法。当然那些运气不好或学而不精的创业者就得另说了，他们还没有成功就倒下了，自然就没有第二代换班问题了。那么对于这些留学归国、初来乍到的"富二代"来说，应对这样的环境确实有点儿难了，如今时代也不同了，只要是制造业企业，就要面对国际上的残酷竞争，让他们学习沿用父辈的招式显然不完全适用，也不太可能，而要用西方的管理方法，他们又不能参透其中的本质和精髓，只能做出些"花拳绣腿"。所以回国之后，暂且不说那些本就能力有限或者心不在焉的"富二代"，大部分"富二代"也都是壮志酬筹、信心满满，甚至已经跃跃欲试、准备大展宏图，然而梦想与现实之间的巨大差距，还是给了他们一个措手不及，先是让他们感到水土不服，时间长了有的就开始怨天尤人，有的甚至沦为纨绔子弟。

但是，班总归还是要接的。虽然绝顶聪明的"富二代"不多，有远大理想和聪明精干之人还是大有人在的，只是回国之后，他们更需要有思想、有经验的人来加以引导，无奈的是当前这样的人基本都在忙事业，或者没有时间，或者没有兴趣。而刚好，我现在正处在时间比钱多的阶段，而且我也恰好有兴趣亲自帮助他们补上这一课，当然即使将来我们100亿美元的"中国制造2025产业并购整合基金"能够全面运行起来，可能会占用掉我一部分时间，我的主要乐趣仍然是不惜花费我其余的精力和心血，来做我们第二代企业家的培训师。其实我也是改不掉自己好为人师的老毛病，当年我有五家上市公司的时候，就教导过875名科龙MBA培训班的学生，现在我又忍不住要重操旧业了。所以，我们超天才网企业家培训学院专门设置了一个给第二代企业家接班人培训的项目，不仅我会亲自传授他们一些我个人的经验体会以及现在我提出的"引资购商"理论和运作技巧，而且还会为他们配备顶尖团队来做辅助教学，相信经过我们的指导，并在结业后继续磨炼一段时间，这些经过培训的"富二代"就能有信心应对自家企业问题了，假以时日，相信他们就能逐步承担起掌管家族企业的大任，并带领企业走上更高的台阶。

第三，中国很多小企业还没长成，就被扼杀在生产成本高涨的环境当中，不少企业家移民走人，成为国家的巨大损失，我们希望通过培训让企业家在绝境中找到方向，挽救困境企业，避免企业家流失。过去 20 年，在成长初期，中国企业都是没有初创资本的，都是借钱创业。那个时候，正处于中国计划经济向市场经济转化的初期，百废待兴，干什么都能赚钱，很多行业都是暴利，包括制造业，所以只要大胆借钱，创业就能成功。那个时候借钱也很划算，贷款利息虽然很高，但是利润更高，利息与利润相比简直是微不足道的，所以胆大借钱多的就是大企业，胆小借钱少的就是小企业，最后总归有胆够大、借钱够多的企业能够胜出。

当今形势大为不同了，我们完全进入了微利时代，像制造业的平均利润最多就剩下 2%—3%。现在虽然银行借贷利息降低了，但民间借贷的利息居然越来越高，据说有些民间借贷的年利息率已经高到了 50%—60%。可是目前大部分中国企业还是习惯了借钱，在利润微薄的今天，这无异于在给银行打工。事实上，一个借贷 1000 多亿元人民币的民企，每年利息差不多就要 100 亿元人民币，现在这个微利时代，工业和商业每年都很难赚到 100 亿元的利润，所以只能借款还钱，结果钱是越借越多，还不如当初关门走人呢！更雪上加霜的是，2008 年出现金融风暴以后，欧美国家从中得到了教训，不仅更不愿将高端制造业搬到中国来，甚至把原有的中高端制造业开始往回收，进一步弱化了中国企业拓展中高端和高端市场的机会。而在全凭低价比拼的中低端市场上，由于最近几年中国劳动力成本、土地成本、物流成本、能源成本等都在不断增高，企业综合制造成本大幅度上涨，使得利润缩水愈发严重，这对自有资金本就不太充裕并且获得贷款还十分困难的中小企业来说，无疑是雪上加霜，很多企业都还没长成就基本要活不下去了，最幸运的是被大企业买走，也有的早早转向了其他投资收益快的行业，比如IT、金融、房地产，熬不过去的就只能移民走人了。2014年底至2015年，广东、江苏、浙江等这些曾经制造业高度聚集和发达的地区，都陆续出现了大面积的企业倒闭潮，想必移民的企业家已经不少，这是中国制造业的遗憾，更成为我们国家的巨大损失。回想当年收购科龙电器、美菱电器以及襄阳轴承等，我们都是仅用半年左右时间就令这些濒临破产的企业实现了扭亏为盈，经过几十年的经验积累和实战磨砺，我们深知决定企业命运的每一道风险，尤其谙熟绝境企业复活整合管理办法，所以我们希望通过培训，也能向这些企业家传授我们的方法，让他们在绝境中重新找到方向，从而带领企业冲出重围、重获生机。

第四，中国企业向来"内战内行、外战外行"，血拼价格愈演愈烈，却不能与外企争霸，我们希望通过培训提升企业家的国际竞争格局和竞争能力，使其不再深陷同行之间的恶性竞争，加入到国际领先队伍。无论在国内还是在国外，相信你总会看到这样的情景，在一条街道上，只要有中国人先开了中国餐馆，其他开餐馆的中国人就会蜂拥而至，最后中国餐馆扎堆儿，去这条街上任何一家中国餐馆吃饭都很便宜，但这也必然使同行竞争加剧，彼此压价排挤，这些开餐馆的老板们就只能指望"薄利多销"，基本赚不上什么大钱。其实在汽车、家电、手机、服装、鞋帽、食品等其他行业，中国企业也是一贯如此。然而，固然有中国企业起步较晚，国外企业大都早已成为同行业中的大企业，面对强大的竞争对手，中国企业确实有些胆怯，但是也不能自己人跟自己人之间搞恶性竞争吧。

中国企业"内战内行、外战外行"，有技术创新能力不高导致的迫不得已，就像手机行业，不及苹果、三星、谷歌等，国内手机厂商大都没有核心技术，都是买来芯片，找代工企业做外壳、电池，然后组装好了就到市场上去卖，产品同质化严重，只能血拼价格，结果自然几败俱伤。但是中国企业尤其同行之间也确实存在一个惯性思路,那就是与对手竞争,要想打赢对手,就必须挤垮对手,而不是像国外企业那样,大多去收购对手。结果血拼多年,虽然大家都在血拼中长大起来,但血拼也使得大家都利润微薄,都无力进行大规模的技术研发投入,模仿然后自吹自擂就成了一些企业发展历程中的无师自通之术。所以现在我国各个工业行业中就很少有企业能与国际企业巨头抗衡,更鲜有在世界上的争霸者。一个企业的成长壮大,需要良好的商业氛围和竞争环境,更需要企业家的宽阔眼界、高远格局以及正确的战略思想和竞争思路。我们认为,通过"引资购商"进行行业并购整合可以获取领先技术、扩大市场份额、优化供应链等,所以在行业整合中去兼并竞争对手,而不是去搞垮竞争对手,才是竞争中更行之有效且能快速取胜的办法。毕竟商场不是战场,不是你死我活的争斗,合资、并购才是商场征战的合理手段,就像当年我们全面整合中国制冷家电行业进而能做到与国外家电巨头企业抗衡一样。所以我们希望能够与企业家分享我们这方面的经验和方法,帮助他们全面提升国际化的竞争格局和竞争能力,使其尽快带领企业走出低水平、无序竞争的困境,进而快步加入到国际领先企业的高水平竞争行列。

第五,电商的飞速发展进一步恶化了商业环境,制造企业已经血拼到了无法生存的状态,移民成为企业家的合理选择,我们希望通过培训让企业家在混战中另辟蹊径,脱离低价竞争的苦海,踏上良性竞争的舞台。"屋漏偏逢连夜雨",最近 10 年,中国互联网迎来了快速发展的黄金时期,广大消费者那些一度被距离隔离了的购物热情顷刻间就释放了出来,一时间各种平台、电商层出不穷,各种微店、微商也在朋友圈泛滥。然而,繁荣和喧嚣过后,留给制造业的却是一片狼藉,甚至说是一场灾难,且如今看来,这些半路杀出的电商、微商,大多也没有过上好日子。电商、微商主做销售和品牌,产品生产大都交给代工企业,直接面向消费终端又省去不少中间环节,重要的是少了营销店铺租金和相应人工费用,让他们具备了得天独厚的廉价优势，所以正常情况下，从电商和微商手中卖出来的产品价格就可以做到传统渠道产品销售价格的 2/3 甚至更低。但是电商、微商同行业主数量众多，经营产品大同小异且又真假难辨，其实只有不到 10% 的淘宝店主或微店店主能够抢占先机，或是做出了自主品牌实现增值盈利，或者能灵活运用各种营销推广手段获得规模收入，其他大部分店主恐怕都很难达到盈亏平衡，更谈不上有多少可观利润。

所以最近几年，随着各种网络购物节、狂欢节做得如火如荼，为了吸引眼球、刺激销量，很多店主都不惜投入血本展开低价厮杀，哪怕真的只是"赔本赚吆喝"。但是，低价竞争是把双刃剑，一方面削薄了电商自己的销售利润，另一方面也扰乱了上游品牌商和代工厂的供应链体系。当前，众多生产商甚至品牌生产商都已经苦不堪言。受到电商的低价干扰，品牌生产商在经销商、分销商为主的传统销售渠道上产品销量日渐减少，而自身和放在传统销售渠道上的库存越积越多，一方面有些经销商扛不住库存压力，着急走量还能赚点儿年终返点，于是相互窜货，或者干脆与电商合作，用更低折扣把产品卖出去，这让品牌生产商和渠道商的价格混乱，但已经成为普遍现象，品牌生产商法不责众，也束手无策；另一方面品牌生产商和渠道商还拥有大量实体店面，每天都要承担高额的固定成本和相关费用，房租越来越高，价格下不去，销售上不来，最后收入完全抵消不了成本，就只好选择关门走人。对于代工厂也是一样，下游销售价格和上游生产成本都在向中间地带挤压，倘若不能像富士康那样有足够大的规模保证，最终利润必然越摊越薄，恐怕也难逃入不敷出、关门移民的那一天。

电商是互联网时代的产物，是现代科技的产物，与高技术斗争是注定会失败的，电商必将成为未来的商业主流，这是无法抗拒的，所以未来制造业只有一条出路，就是企业大规模化和品牌集约化。就像美国玩具行业，美国玩具企业及品牌就都集中在美泰（Mattel）、孩之宝（Hasbro）等这几家玩具巨头手中，强大如亚马逊这样的电商也无法搞乱其价格，当然也就搞不乱其市场。中国除大家电行业之外，其余行业都远远没有足够集中，所以受电商打击巨大，甚至死伤惨重。而大家电企业就是因为集中度很高，所以电商基本上没有搞乱其价格，其受到的伤害也最小。目前，我们超天才网企业家培训学院就正在尝试用"引资购商"方法帮助企业扩大规模、集约品牌，从而抵抗电商带来的竞争冲击和环境恶化。开展行业并购整合确实看似一条"蜀道难，难于上青天"的艰辛道路，但不可否认这可以巧妙避开当前恶性竞争的血腥，而且还不失为一条捷径，况且只要采取了正确的战略思路和并购整合方法，这其实也并不是什么天大的难事。所以我们希望能够通过培训，让这些深处苦海的企业家能够尽快学习和掌握到这种方法，从而让他们的企业在现有竞争道路上另辟蹊径，尽可能地将当前损失降到最低，也能在未来的良性竞争舞台上开创一片新的天地。

第六，中国职业经理人起步较晚，素质和技能令人担忧，尤其存在"国际化"短板，我们希望通过培训全面拓宽职业经理人的国际视野，提升素质和技能，同时加速培养职业经理人的团队组建及其整体作战能力。近几十年来，随着全球经济向一体化方向的加速发展，全球企业也纷纷加快了兼并收购步伐，这催生了越来越多的大型跨国企业，但他们体量庞大、结构复杂，加之外部环境愈加多变，管理起来非常困难，已非绝顶聪明之人不能办到。在西方国家，很多家族企业已经传承了几代人，毕竟每一代都要产生绝顶聪明之人的概率也很低，所以职业经理人这一角色应运而生，西方企业很快就形成了职业经理人掌门的局面。这些职业经理人大多是受过高等教育的，善于推行现代化的管理方式，西方国家的制度文化也让他们早已养成了对企业而非对老板负责的习惯，所以他们足以被委以重任。而一位优秀的职业经理人也完全能够将自身智慧与个人荣誉投入其中，并能带领企业突破重重障碍走上发展巅峰，比如杰克·韦尔奇（Jack Welch）就是这样，在掌管通用电气的 20 年间，他就一路高歌猛进，最终将一个官僚气息浓重的笨重公司彻底变成了一个充满朝气与活力的巨头公司，让通用电气的市值从 130 亿美元上升到了 4800 亿美元，而他自己也因此获得了"全球第一 CEO"的顶级美誉。

但目前中国却还不能达到这样的境界。受到特有制度、文化乃至教育环境等的影响，大多数中国职业经理人都缺少跻身国际的意识和创新发展的能力，所以改革开放以后，滞后于中国企业的发展步伐，中国职业经理人队伍中始终没有出现令欧美同行折服的大家，中国职业经理人与企业、雇主之间复杂的委托代理关系，也一直成为解不开的世界谜题。正如前面第四章提到过的几个跨境并购案例，在国际化的并购浪潮中，面对体量超出国内企业几倍并且大多还处于亏损境地的目标企业，中国职业经理人普遍暴露出了自身的"国际化"短板和团队作战能力的不足。语言障碍还是小事，前期的并购谈判也基本能够应付，因为只要下定决心，无非就是放宽条件或者是更多溢价的问题，比如这次海尔并购 GE 家电，就比伊莱克斯 33 亿美元收购 GE 家电多加了 21 亿美元，最后是以 54 亿美元成交，当然这比伊莱克斯多了 20 年 GE 家电品牌的使用权。这也证明了我的观点，只要肯花钱，"引资购商"的目标公司总是买得到的。其实舍不得孩子套不住狼，要并购某行业世界上顶级公司不舍得花钱是不行的，只要最终账算得过来，多花 50% 也是值得的。所以困难不是能不能买到世界顶级公司，困难是买到之后的管理问题，缺少国际化的企业管理经验和管理能力才是致命的问题。

比如联想集团收购 IBM PC 业务，管理团队已经是国内的顶级人物了，整合过程仍旧一波三折、险象环生，上汽并购韩国双龙失败就彻底成为了一个惨痛教训，根本上就是因为他们始终缺少一个灵魂人物且未能派驻一个整体管理团队，所以过程中只能对韩国工会一再退让，最后不得不独自承受破产清算的结局。吉利收购沃尔沃则是开创了中国企业收购外企原封不动保留所有原管理团队的先例，也就是所谓的"沃人治沃"策略，但这本来只能算是一个权宜之计，现在居然成为了中国企业海外并购的标准模式，被购公司原本都是正在走下坡路的企业，有的甚至是几次更换管理团队都无法雄起的公司，类似"沃人治沃"的策略其实蕴藏着巨大风险。

所以说，有国际管理水平和能力的职业经理人队伍一直是中国企业海外并购的短板，当然反过来想这也是中国职业经理人队伍快速成长壮大的机遇，如果他们能够快速成长，补足短板，那必然会有人在越来越多国际化、大手笔的"绝境企业复活并购"中大放光彩，甚至个中冒尖者能够驾驭像沃达丰收购曼内斯曼这样的顶级恶意并购，但如果他们没能及时填补上自身的素质和能力缺口，那到时也常常会手忙脚乱、险象环生。所以，我们超天才网职业经理人培训学院就是一方面要帮助职业经理人全面拓宽国际视野，丰富国际化的企业管理经验和技能，使其未来不再被短板羁绊，另一方面也为他们提供组建团队的平台和人脉，全力帮助他们在国际化的并购整合过程中提高团队整体作战能力，让他们在并购整合困难时期能够做到集思广益，甚至绝境求生。

第七，中国职业经理人纯洁意识薄弱，通常工资比能力和忠诚增长得快，我们希望通过培训确立职业道德标准，给纯洁职业经理人创造一个良性发展空间，更使我们国家逐渐形成纯洁的职业道德环境。跳槽是职业经理人的一个共性特点，尽管合情理也合法度，但是不可避免会让职业经理人普遍形成一种短期、趋利的心态。就像联想集团收购 IBM PC 业务之后聘任的第二任 CEO 阿梅里奥，他曾经担任过戴尔公司的高级副总裁，也领导过 NCR 公司、Honeywell 公司、AlliedSignal 公司以及 IBM 公司的运营工作，能力和水平不算差的，之所以无意中让联想集团玩了一回惊心动魄的过山车游戏，很大原因还在于他太过在意在任期间的个人得失，过分关注了短期业绩。其实类似现象在中国更甚。在国外，为同一家企业工作 10 年、20 年乃至更久时间的职业经理人还是非常常见的，他们更容易在一家企业中找到对自我价值的认同，也倾向于在一家企业中不断努力、寻求晋升。

而在中国，整个职业经理人队伍的成长时间都很短，人才成熟的程度远远赶不上企业膨胀的速度，企业挖人成为常态，这就构成了中国职场频繁跳槽的客观环境。入道较浅的年轻职业经理人对自我价值认知比较模糊，希望通过不断转换工作岗位来提升自己的职位适应能力，甚至把薪酬增长当作人生的最大成长动力；年长的职业经理人则已成为业内炙手可热的领军人物，凭借多年积累的丰富经验，他们可以潇洒地游走于同行企业之间，跳槽就是想在获得收入增长的同时，还能更多地实现人生价值，也许也能尽可能多地积累一份安全感。所以过去20年，一名中国职业经理人的人生轨迹可能会浓缩欧美国家职业经理人上百年的职业里程，有的人有过五六次的跳槽经历，有的甚至1年左右就会转换一份工作。一般来讲，一次跳槽获得20%—30%的薪资涨幅是十分普遍的，当然也不乏涨幅超过50%甚至翻倍的情况，结果就是职业经理人的工资水平增长迅速，但他们的能力和忠诚却没有那么大的长进，这就难怪当前高水平的职业经理人仍然供不应求，具有国际视野和国际企业管理能力的职业经理人更寥寥无几了。此外，还有一个更深层面的问题，当前还有相当一部分职业经理人无视职业操守，在不断地挑战着纯洁职业经理人的道德底线，这与一些职业经理人的投机、逐利心态不无关系，但的确也有很大部分源于我们国家的相关法律制度不健全。在西方国家，信用就是职业经理人的立身之本，没有信用就没有发展空间，即使出现了信用失灵的特殊情况，也会有完善的法律法规适时弥补。

而我国现阶段职场现状，用什么样的法律规范来激励约束职业经理人为企业全心负责，又用什么样的法律制度来保护职业经理人的合法权益，都还是个正在探索的问题。所以与职业经理人成长相生相伴，也就有很多职场乱象屡见不鲜。有人用企业权力谋取个人的商业腐败；有人拿着原雇主的市场人脉，另起炉灶，同业操戈；更有甚者在企业内部结党营私，拉帮结伙，动辄要挟雇主，如不能满足，则呼啸而去，集体投靠竞争对手，通常对原企业造成巨大伤害，甚至是致命打击。这些乱象无疑就造成了中国职场的尴尬局面,一方面第一代企业家常常苦于找不到与自己一样精明能干的儿子来接班,另一方面商场上充斥着的不信任感,也令其不愿意将企业交给一个有能力但不纯洁的职业经理人来接管,这样一来,本就渴望得到信任和发展空间的职业经理人反而更得不到信任和发展空间了。经过深刻观察和思考,我们认为在我国目前的职场环境下,要想打破这种"恶性循环",还是必须让职业经理人率先提高自身的道德水准和职业素养。所以首先,我们超天才网职业经理人培训学院就率先提出了"最纯洁职业经理人"的职场理念,同时建立了一套"最纯洁职业经理人"的职业道德标准,我们希望通过严格的职业经理人道德培训,能让已被雾霾层层包围的职场环境还原出一块蓝天,不仅不再让"劣币驱除良币",给纯洁职业经理人一个良性发展空间,相信未来也会使我们国家形成一个纯洁的职场道德环境,让每一位职业经理人都深知"最纯洁"的重要性和必要性,并让他们能够做到总是凭借自身的能力和对企业的忠诚获得晋升,并赢得人生和事业的辉煌。

其实早在十几年之前,我就已经洞察这一切,所以在 2001 年收购科龙电器之后,我就开始组建培训班,直到 2005 年,共带了 37 期科龙 MBA培训班和两期金融培训班,共有 875 名学员(入学条件是学员本身必须具有 MBA 学位证书),这在当时的中国也是独一无二的了。对于这些学员的培养,算下来平均在每位学员身上,差不多都投入了 20 万元左右的费用,800 多人加起来,也有将近两个亿的费用。而我之所以愿意在培训上做出这么大的投入,花费这么多的精力,就是因为从建立格林柯尔集团的那一天起,我就一直想把我们的企业做成百年老店,而要实现这个愿望,培养人自然是最重要的。比较欣慰的是,我的 MBA 学员进步都很快,甚至在我被捕之后,在整个家电行业大多数企业都愿意雇佣我的学员,后来差不多整个广东省的小家电行业中 50% 的销售主管都曾是我的学员,直至今日也仍有很大比例。可以说,正是因为拥有这样一支庞大、能干,而又值得信任的团队,当时我才可能演绎出一系列"化腐朽为神奇"的复活并购故事,才能披荆斩棘横扫中国制冷家电行业的半壁江山,也才能有足够的信心去谋划全球商用车行业的布局。当然现在这些学员更多分散到了各行各业,成为了各个领域的精英翘楚,但他们中间已有百多人正在接受超天才网职业经理人培训学院的强化培训,不久的将来就能成为"引资购商"的先行者。

十几年后的今天,我提出"引资购商"的商业模式,这个高难度商业运作的起步必然还要从培训人开始。与一般的行业并购整合基金不同,我们的"引资购商"项目主要瞄准的是国际领先制造企业,并购整合有很大难度,未来要想运作成功需要具备的最重要条件就是能够派驻可以整体作战的并购管理团队,故而我们也不像普通的投行、私募等金融机构,重点只做前期的并购整合方案,我们的团队不只是一个简单的基金管理者,更重要的是能在开展行业并购整合的中期和后期,参与到实际的并购整合管理与运营中去。因为拥有之前在家电和商用车行业的实战经历,在这一点上我们的优势也是十分明显的。但是"引资购商"的巨大利益是需要一个巨大力量推动才能释放出来的,"引资购商"项目的推动和落地毕竟不能只靠我们一个团队或者几个企业团队的力量,倘若将来能够在十几个甚至几十个行业都拓展开来,合格的管理人才必将是"引资购商"的瓶颈,所以培训人才将成为"引资购商"的每一个项目都必须去做的事,甚至会成为《中国制造2025》重点推动的事。

第八章　答记者问 [①]

一、破解中国制造业困局的新思维："引资购商"

《中国经济周刊》：自国务院印发《中国制造 2025》规划大约两个月后，你几乎在很短的时间里完成了这篇 4 万多字的论文《中国制造 2025 需要新思维》，写作这篇长文的初衷是什么？

顾雏军：写这篇文章的初衷，其实就是要解决这样一个问题：用什么战略和方法，才能把中国从制造业大国转变成制造业强国，最终让中国在未来较长时间内能保持 GDP 中高速增长。中国制造业目前缺的是高端制造业，而招商引资几十年来确实引进了一批劳动密集型的低端制造业和一些中端制造业，但却很难引来高端制造业，主要原因是高端制造业技术附加值高、对制造成本不敏感。另外，近年来中国的人力成本翻番增长，租金、仓储、物流运输成本都在大幅上涨，中国制造业的综合成本不断攀升，甚至在某些行业、某些地区超过欧美国家的相应成本，导致以前招商引资引进的劳动密集型低端制造业，向东南亚这些目前人工成本、制造成本更低的地方迅速转移，而中高端制造业企业也在逐渐回流至欧美发达国家。

面对这种"两端受压"的艰难局势，国务院出台了《中国制造 2025》

① 2015 年 8 月，我接受《人民日报》社旗下《中国经济周刊》杂志社专访。

这一国策。《中国制造2025》需要一大批拥有世界领先技术的高端制造业企业，而招商引资又很难引进这些高端制造业企业，靠自己持续不断创新积累也很难突破国外高端制造业企业百年发展持续积累的技术优势和专利壁垒。我提出一个《中国制造2025》的新思维，即用"引资购商"的战略替代招商引资战略，希望通过和各地方政府的合作，建立产业并购整合基金，直接收购世界顶尖的高端制造业企业，然后把它的高端制造业部分转移到中国来，或者在中国复制它们的高端制造业，再整合中国市场和世界市场，然后使这个企业规模能够翻番增长，从而保证产业基金的安全退出。这是一个很复杂的系统工程。

《中国经济周刊》： 在你看来，落实《中国制造2025》提出的"三步走"实现制造强国战略目标需要解决哪些问题、克服哪些困难？

顾雏军：《中国制造2025》"三步走"是一个长远战略目标，我认为最重要的是如何实现第一步，在此基础上才能实现中国制造在世界上的行业优势，进而才能走出第二步、第三步。如果连第一步都走不好，以后的第二步、第三步难度会更大。

按照"三步走"第一阶段的描述，到2025年，要基本实现工业化，综合指数接近德国、日本实现工业化时的制造强国水平，进入世界制造业强国第二方阵。现在的问题是怎样才能实现第二方阵的目标。在目前中国制造业总成本不断攀升的情形下，只有高端制造业才有良性的生存发展空间，《中国制造2025》的本质问题实际上就是如何建立中国自己的高端制造业的问题。

然而，任何一个打算成为世界高端制造业的企业都不可能避开发达国家上百年历史的技术积累和专利壁垒。即使像微软这样的巨无霸软件企业，进军智能手机行业甚至都不惜耗费72亿美元的巨资，以避开谷歌和苹果形成的专利壁垒。可见，从无到有的创新技术积累是非常艰难的，最好的办法是通过收购行业顶尖的制造业企业以保持和达到行业的顶尖技术水平。这就很好理解我所说的"引资购商"新战略为什么是中国制造能够拥有世界顶尖高端制造业公司的捷径了。

《中国经济周刊》：我们提出产业转型升级已经多年，但转型的步伐较为缓慢，你认为原因在哪里？

顾雏军：产业转型升级，必须要依赖先进的技术。然而，招商引资吸引的国际企业，看中的只是原先我国低廉的生产成本，所以引进来的企业多为劳动密集型的中、低端制造业，技术水平有限、相应的技术溢出效应和经济拉动作用也都有限，这样在我国形成的便是缺乏先进技术的产业环境，培养出来的也只是二流的管理团队。而真正掌握高端技术的企业由于对成本变动敏感度低而一直没有进入中国，所以我们的产业升级如果仍旧依赖招商引资必然是缘木求鱼。同时，西方企业在利益的驱动下，当国际经济环境发生变化时，他们不会对投资在我国的企业进行技术升级，反而会将那些企业撤到东南亚等成本更为低廉的地方，或者干脆基于战略原因撤回本国，所以说我国产业升级不能依靠招商引资。

《中国经济周刊》：相比制造业强国德国和日本，我们的差距在哪里？我们需要从他们身上学习什么？

顾雏军：德国和日本作为全球工业强国，具有悠久的工业历史，深厚的工业底蕴和严谨的制造技术，并以垄断性的技术优势，精密一流的产品一直把控着全球制造业市场的制高点。中国经过30年来的改革开放和招商引资，目前已成为世界制造业大国，但并非世界制造业强国，这是因为高端制造业对生产成本，特别是劳动力成本等因素不敏感，在国外仍有较好的盈利空间，所以通过招商引资不可能引进国外的高端制造业。即使有世界500强企业在中国进行投资，也只是把他们的中低端制造业转移到中国而已，而把高端制造业仍保留在本国。

据中科院分析认为，中国制造业要落后德国一百多年，我个人认为，中国制造业与德国日本的差距保守来说至少也在三五十年以上。我国自主的中低端制造业多年来一直在引进和消化国外技术，自主创新技术也在不断进步，但对于一些尖端的制造领域，中国是无法绕开这些发达国家的技术垄断和专利壁垒的。只有通过"引资购商"，才能一举拿到这些企业的核心技术和资源，达到世界制造行业的先进水平。收购这些企业后，可以通过对国内外市场的整合，将国外的高端制造业直接复制到中国。在此过程中，通过对这些管理技术的学习、消化和提高，对专利技术的解构、研究和提升，就能踏出一条捷径，使我国制造业迅速达到世界领先水平。

二、现在是中国"引资购商"的最佳时机

《中国经济周刊》：在你看来，中国要实现制造业的转型升级、真正要实现制造业强国，需要付出多长时间、多少努力以及要付出怎样的代价？

顾雏军：什么是制造业强国，我的理解就是几乎在每一个行业里都至少有一个中国企业能占据高端地位，拥有世界领先的技术和管理水平，有产品定价权和行业话语权，达到这样的局面，才可以说，中国已经是世界制造业强国。事实上，招商引资在过去30年是没有成功引进高端制造企业的高端制造部分的例子的，即使有一些世界500强企业到中国投资，也只是把他们的中低端制造部分转移到中国来而已。将来通过招商引资这个战略也不太可能引进高端制造业，这是因为招商引资的本质是利用生产成本洼地吸引外商，而生产成本因素在高端制造业中的重要性并不大。而如果采用"引资购商"的战略，我认为有10年时间，我国就能够在十几个主要行业中，通过并购这十几个行业中的世界顶尖的高端制造业企业，复制其制造业部分到中国来，再整合中国和世界市场，从而成功实现这十几个行业的产业升级，带动经济转型，成为制造业强国，仅此十多个行业每年就能为我国增加GDP 2%—3%，同时也能培养出一批世界级的企业家和职业经理人团队，而这十几个行业的"引资购商"整体需要动用资金也不过2000亿美元，而且这笔钱在10年后还会产生2—3倍的回报。这至少比买美国国债要划算。

《中国经济周刊》：那么，你认为目前阶段，中国若真要"引资购商"可以先从哪些行业入手？

顾雏军："引资购商"应当是地方政府引导下的市场行为，各个地方政府依当地的企业环境、配套环境、人才储备、未来制造业的规划不同，

当然他们选择的产业并购整合的领域也不同，从而并购整合基金的规模也不同，合适的并购目标也就不同，所有这些关键方案最终都要由地方政府拍板定案。根据我们深入的研究，"引资购商"目前比较适合的领域，包括：通用航空飞机产业、大车行业、乘用车及其零配件产业、油服行业、机器人行业、大型制冷空调业、家电行业、精密机床行业、农用机械行业、照明行业、新能源产业等。

《中国经济周刊》：你认为中国目前已经到了最好的"引资购商"的时机了吗？

顾雏军：目前，国内资本积累和国家外汇储备日益丰厚，这在客观上为"引资购商"替代招商引资奠定了基础。我们在高端制造业还有一定的成本优势，中国市场已经成长为世界上最具规模和最具潜力高端制造业产品的市场。与此同时，世界经济处于经济周期低谷，主要发达国家的高端制造业遭受冲击，这为"引资购商"战略发挥其卓越效果提供了千载难逢的机会。我们一定要赶在其他国家摆脱困境和成功转型之前，抓住时机"引资购商"，并在产业升级和跨越式发展中化解地方债和房地产泡沫。

三、"引资购商"能否成功取决于并购和管理团队

《中国经济周刊》：但在大约 10 年前，中国企业曾兴起一股海外并购的热潮，从这些企业过往的海外并购案例看，成功并购者多，但成功整合者少。你怎么看这个问题？

顾雏军：中国制造业企业在海外并购迄今为止只有联想并购 IBM PC 业务可以称为成功案例，其他制造业企业的并购整合离成功还有很长的路要走。

联想通过收购 IBM PC 部门进入国际市场，成为世界上最大的 PC 生产商，但是十年来，联想一直没有夺得国际市场上个人电脑的话语权和定价权，冲击世界顶级品牌的战略目标也没有实现。在国内市场，联想通过 IBM PC 这一国际市场最高端品牌嫁接中国市场，兵不血刃地占领国内 PC 机市场的战略高地，并以中国市场为依托，一跃成为国际同行中的领军企业，创造了国内制造企业海外并购后的成功模式。然而在国际市场上，联想接手后的 IBM PC 业务从高端跌落至低端，联想在国际市场的表现其实也不算太成功。

《中国经济周刊》：你在长文中提到了联想并购 IBM 的成功案例，也提到了像柳传志这样的企业家少之又少，基于此，若大规模地"引资购商"是否存在现实可操作性？

顾雏军：中国像柳传志这样成功的企业家可谓凤毛麟角，而且联想已是规模庞大的企业，柳传志刚刚收购了摩托罗拉，我估计他们自己的事业已经很忙，未必有兴趣从事跨行业收购。真正的"引资购商"依赖的是行业内的精英，现在中国的产业并购整合基金已经有了可以在国际视野中争夺人才的薪资结构体系，在国际并购职场上猎夺人才已不是问题，"引资

购商"执行机构使用的是产业并购整合基金的模式,这个基金的管理团队以及未来并购企业的管理团队都可以在世界职场上寻猎人才,而不具体依靠某个企业家个人的经验和能力,这与企业(如联想、吉利的并购等)自身决策的并购是完全不同的。

企业并购不是新东西,严格地说,"引资购商"中的并购后对国内外市场的整合才是新东西,这是一定需要中国自己的企业家和自己的职业经理人团队参与的。这就需要培养一批有国际视野的企业家和有国际管理能力的职业经理人队伍。未雨绸缪,我在两年前就指导我的团队创立了超天才网企业家培训学院和最纯洁的职业经理人培训学院,目标就是培养在风险控制、海内外并购整合方面游刃有余的企业家以及他们的接班人,同时,也要培养出一支既了解中国国情,又具有国际企业管理能力的最纯洁职业经理人队伍,形成中国企业走向国际市场的中坚力量。

《中国经济周刊》:"引资购商"需要中国的企业和政府做好哪些准备?从并购到整合,成功的概率有多高?"引资购商"基本上都是天文数字的大手笔交易,我们能承担得起多大的失败风险?

顾雏军:"引资购商"实施起来的确难度很高,因为并购资金数目都十分巨大,没有地方政府的支持几乎寸步难行,在一些大项目上,没有中央政府的支持更加困难重重。所以"引资购商",首先需要地方政府能够提供引导资金,给予优惠的厂房和工业用地、便利的基础设施和配套服务设施,只有这样才能保证高杠杆的引资活动得以完成。在此基础上,如果中央政府能够将"引资购商"提升到国家战略高度,就像当年大力推动招商引资一样,将其作为基本国策,不仅可以进一步保证高杠杆的引资成功,还有可能形成各种社会资金趋之若鹜的局面。反过来,"引资购商"也必然会给中央及地方政府带来丰厚的收益回报,仅税收、工业用地和厂房的收益就足以抵偿引导资金的风险,更大的好处是促进地方税收持续逐年提升,拉动 GDP 翻倍增长,带动就业稳定一方。

"引资购商"的成功根本取决于我们的并购团队和管理团队。并购团队决定着我们的收购目标是否正确、收购对象是否合适，如果收购目标正确、收购对象合适，"引资购商"项目就成功了一半。并购团队也决定着我们可承受的风险。与资源型企业只需正确判断储量、价格等就能成功实现并购不同，制造业企业的并购风险往往更大。因为即使并购了一家很好的企业，如果后期管理整合团队表现不好、能力不够，并购的一流企业很可能短短几年就会沦为三流企业，最终落得前功尽弃、人去楼空。所以我们一直坚持认为：并购团队和管理团队是"引资购商"成功的最重要保证，也是"引资购商"失败的最主要风险起源。

《中国经济周刊》：在你的研究和观察中，如何确保"引资购商"从并购到整合能够成功？

顾雏军："引资购商"最大的困难是并购目标公司的选择。这不仅需要对该行业有充分了解，特别重要的是，必须对该行业的未来发展趋势具有深邃的洞察力，也就是大家通常所说的前瞻性。并购的目标企业不仅要是世界同行中技术和管理领先的企业，更重要的是必须能够引领未来的技术方向。2005 年前后，诺基亚手机当之无愧是全球技术和管理领先的企业，但诺基亚对智能手机的未来方向认识不足，因而没有积累起足够的智能手机技术，甚至对智能手机技术的反应迟钝到愚蠢的地步，结果这样一个世界手机帝国在 5 年内便轰然倒塌。随后，微软由于抱有对诺基亚残存市场的幻想，又进行了一次愚蠢的并购，结果两年就损失数 10 亿美元。

在选择了并购目标之后，必须拥有一支具有一流国际管理经验和能力的职业经理人团队。我们必须打造出既了解中国国情，又具有国际视野的最纯洁职业经理人团队，只有这样的队伍才有信心并且有能力并购整合国际顶尖企业。

四、"引资购商"最大的受益者是地方政府

《中国经济周刊》："引资购商"需要政府的大力支持，目前，你所接触的政府，对你的这个构想反应如何？已经达成合作意向的有哪些？

顾雏军："引资购商"最大的受益者是地方政府，通过"引资购商"，政府可以实现本地 GDP、税收和就业的高增长。凡与我们接触过的地方政府，都对"引资购商"表示了浓厚的兴趣。但是，对于任何一个高质量的"引资购商"项目动辄数百亿元人民币甚至上千亿元人民币的需求也是所有地方政府需要严肃认真考虑甚至反复研究的关键之处。所有投资者不仅关心产业并购整合基金的收益，而且也同样关心未来资金的安全退出，所以一份严谨而又合理的并购整合基金的总体设计方案是所有工作的始点，目前已有多家地方政府委托我们制订产业并购整合基金的总体设计方案，我们已经初步完成了"潍坊制造 2025"产业并购整合基金总体设计方案，并且正在进一步筹划募资路演材料。我们受襄阳市政府委托，也正在筹划"襄阳制造 2025 产业并购整合基金"。目前我处在时间比钱多的状态，我也想利用这段空闲的时间为"引资购商"至少创造一个成功的范例。

《中国经济周刊》："引资购商"是否为你未来事业的主要方向？在其中，你要做的事情有哪些？

顾雏军："引资购商"是基于我以前的经验和这 10 年的思考悟出的，我当然希望创造一个样板和成功范例，但任何样板创立动辄需要上百亿美元资金，这样的并购整合本身就是非常复杂的事情，显然需要我和我的团队在未来全身心地投入，这理所当然就是我和我团队未来奋斗的主要事业。

我已年近花甲，人生的选择已经不多了，我希望能在未来 10 年看到几十家地方政府采用"引资购商"战略，建立各自的高端制造业基地，使

中国制造业真正在十几个甚至几十个行业拥有世界顶尖的制造业企业，从世界制造业大国转变成世界制造业强国。

《中国经济周刊》：作为制造业领域的知名企业家，你曾经感叹自己所做的是最痛苦的行业，等于是在非常贫瘠的土地上种粮食，为何仍坚守在制造业而不转战来钱更快的地产、金融或互联网？

顾雏军：我的确感叹过自己所从事的制造业是最痛苦的行业，我以前担任科龙董事长的时候，宴请国外的合作伙伴，我经常和他们开玩笑说：我要卖一大卡车冰箱才能请你们吃顿饭！卖一大卡车冰箱的利润大概和卖一卡车白菜的利润差不多，从事制造业的辛苦程度由此可想而知。但从国家层面讲，中国是一个人口众多的大国，不像新加坡这种城市小国，没有制造业照样可以人民富裕、国家稳定，中国要是没有强大的制造业，要解决中国的就业问题以及保持 GDP 中高速增长的目标都是难以想象的。中国的制造业需要良好的经济和政治环境，让中国的制造业企业经过几代人的努力，最终成为世界上顶级的企业，这是我的愿望，我相信也是那些苦哈哈地坚守着制造业的企业家们的愿望。

参考文献

1. 国家发展改革委，外交部，商务部.《推动共建丝绸之路经济带和21世纪海上丝绸之路的愿景与行动》. 新华网 .2015.03.28

2. 国务院，《中国制造 2025》. 中国政府网 . 2015.05.08

3. A Brave New World: The Climate for Chinese M&A Abroad. The Economist. 2010. Economist Intelligence Unit

4. China Outlook，2015. KPMG. http://kpmg.com/globalchina

5. Davies，K. China Investment Policy: An Update. OECD Working Papers on International Investment，2013/01. OECD Publishing. http://dx.doi.org/10.1787/5k469l1hmvbten

6. Deborah Brautigam, Xiaoyang Tang. Economic Statecraft in China's New Overseas Special Economic Zones: Soft Power, Business or Resource Security？ International Affairs 2012

7. Douglas Zhihua Zeng. Global Experiences with Special Economic Zones. World Bamk Group，WPS7240，2015.04

8. Hideo Ohashi. China's External Economic Policy in Shifting Development Pattern. Policy Research Institute，Ministry of Finance，Japan，Public Policy Review，Vol.11，No.1，March 2015

9. Ming Zhang, Xiaofen Tan. The Vanishing of China's Twin Surplus and its Policy

Implications. China & World Economy. 2015, Vol. 23, No.1

10. Technology–Driven FDI by Emerging Multinationals in Europe. Project report. Europe and Global Challenges project. 2015

11. World Investment Report, 2015.UNCTAD

12. 安礼伟, 张二震. 全球产业重新布局下长三角制造业转型升级的路径. 江海学刊.2015.03

13. 蔡勇志. "再工业化"背景下中国产业向全球价值链升级的路径思考. 求实.2015.05

14. 程蓓蕾. 我国招商引资现状与主要模式分析. 中国商界. 2010.09

15. 董银霞, 杨世伟.我国私募股权并购基金发展研究——基于资本市场的视角.财会月刊.2013

16. 国资委研究中心课题组. 经济全球化与深化改革开放. 经济研究参考.2012 年第 31 期 (总第 2447 期)

17. 方赓. 政府创业引导基金与地区经济发展. 劳动保障世界.2015

18. 黄群慧. 工业现在已不重要了吗? 人民日报.2015 年 1 月 29 日第 007 版

19. 黄海燕, 王金哲. 劳动力市场转折对中等收入阶段发展的挑战及机遇. 劳动经济.2015.06

20. 黄曼远, 孟艳, 许文, 财政部财政科学研究所课题组, 贾康. 欧洲投资基金管理运作模式及对我国政府创业投资引导基金的借鉴. 经济研究参考.2015.07

21. 盖晓敏, 高彦梅.中国制造业集聚演进和转移研究——以电子及通信设备制造业为例. 外国经济学说与中国研究报告 (2014).2015

22. 高潮. 中国—白俄罗斯工业园: "丝绸之路经济带"上的明珠. 中国对外贸易.2015 年

23. 顾雪松, 韩立岩. 区域市场整合与对外直接投资的逆向溢出效应——来自中国省级行政区的经验证据. 中国管理科学.2015.03

24. 关利欣, 张蕙, 洪俊杰.新加坡海外工业园建设经验对我国的启示.国际贸

易 .2012 年第 10 期

25. 韩冲，屈熠 .全球价值链分工对中国产业安全的威胁 .现代管理科学 .2015.05

26. 韩良 .并购基金法理与案例精析 .中国法制出版社 .2015.07

27. 何维达，辛宇非 ."马歇尔计划"的成功经验对"一带一路"建设的启示 .学术论坛 .2015 年第 8 期

28. 胡迟 .制造业转型升级最新成效的分析与对策 .经济研究参考 .2015 年第 20 期

29. 季成鹏 .中国主权财富基金对外投资策略简析 .中国外资 .2013.12

30. 阚景阳 .经济新常态下政府引导基金发展研究 .区域金融研究 .2015.10

31. 李国刚，许明华 .联想并购以后 .北京大学出版社 .2010.08

32. 林毅夫 .产能过剩，中国还有投资机会吗？商周刊 .2015 年第 10 期

33. 林毅夫 .用发达国家先进技术助力产业升级 .闽商报 .2015 年 5 月 18 日第 006 版

34. 林毅夫，汤敏 ."一带一路"助推对外开放 .光明日报，2015 年 3 月 12 日第 015 版

35. 刘海云，聂飞 .中国制造业对外直接投资的空心化效应研究 .中国工业经济 .2015 年 4 月第 4 期

36. 隆国强 .全球化下的中国产业如何升级 .中国投资 .2007.10

37. 明仪皓，朱盈盈 .我国私募股权基金退出机制现状、问题及对策 .企业经济 .2014.04

38. 裴力 .私募股权并购基金的后期运作 .金融博览，2011.06

39. 彭凯，段元萍 .日美对外投资经验对我国"一带一路"战略的启示 .改革与开放 .2015 年第 17 期

40. 任明杰 ."到欧洲去！"——中企跨境并购嫁接转型新动力 .中国证券报 .2015 年 4 月 7 日第 A03 版

41. 盛朝讯 .以我为主的产业体系构建与中国产业升级 .产业经济评论 .2015.05

42. 盛思鑫，曹文炼 .中国对外直接投资情况的再评估 .宏观经济研究 .2015 年第

4 期

43. 宋振辉 . 私募股权并购基金在中企海外并购中的作用浅析 . 现代经济信息 . 2014

44. 孙运科，陈永广 . 后金融危机时代的外商直接投资及我国招商引资政策探讨 . 国防科技工业科学发展论坛论文集 . 2011

45. [德]托马斯·科尼普（Thomas Knipp）. 并购之战 . 机械工业出版社 . 2009.01

46. [英]特雷弗·梅里登 . 疯狂过山车：沃达丰与克里斯·金特的激流岁月 . 上海远东出版社 . 2009

47. 王凤荣，苗妙 . 税收竞争、区域环境与资本跨区流动——基于企业异地并购视角的实证研究 . 经济研究 . 2015 年第 2 期

48. 王南海，李留宇 . 中国的引导基金如何运作 . 国际融资 . 2014.04

49. 王以锦 . 海外并购基金操作实务与图解 . 法律出版社 . 2015.04

50. 王媛 . 美国私募股权基金退出机制对我国的启示 . 新金融 . 2015 年第 10 期

51. 王自亮 . 风云纪——吉利收购沃尔沃全记录 . 红旗出版社 . 2011.01

52. 万格 . 中国特色并购基金加速发展 . 信息技术时代 . 2013.05

53. 吴凡 . 全球化背景下外商直接投资与中国产业结构优化研究 . 西南财经大学 . 2007

54. 邢小亮 . 探究我国并购基金的成败分析及风险控制 . 商 . 2015

55. 徐静 . 两个国家战略无缝对接托起"两个百年"中国梦 . 中国工业报 . 2015 年 6 月第 A02 版

56. 辛超，张平，袁富华 . 资本与劳动力配置结构效应——中国案例与国际比较 . 中国工业经济 . 2015 年 2 月第 2 期（总 323 期）

57. 杨丹辉，渠慎宁 . 私募基金参与跨国并购：核心动机、特定优势及其影响 . 中国工业经济 . 2009.03

58. 叶初升，闫斌 . 新常态下的中国对外直接投资：特征事实、大逻辑与理论启示 . 湖北社会科学 . 2015 年第 5 期

59. 衣长军，胡婷婷 . 中国主权财富基金对外投资的新特点及发展对策 . 经济纵

横 .2014.01

60. 银国宏，胡宇 . 并购重组运作 . 中国金融出版社 .2011.04

61. 殷楠 . 私募投资基金助力我国企业海外并购的三大法律障碍 . 世界经济与政治论坛 .2015.02

62. 应永平 . 浅谈新形势下中国企业海外并购的目标和途径 . 百家论说 .2014.05

63. 张幼文 . 中国开放型发展道路的特性——质疑"廉价劳动力比较优势战略". 学术月刊 .2015 年 3 月第 47 卷

64. 张茉楠 ."一带一路"引领中国未来开放大战略 . 上海证券报 .2015 年 1 月 14 日第 A04 版

65. 张茉楠 . 中国必须加快向"创新驱动"战略转型 . 上海证券报 .2015 年 2 月 13 日第 A03 版

66.《中国发展对世界经济的影响》课题组 . 中国发展对世界经济的影响 . 管理世界 2014 年第 10 期

67. 张学慧，安仲伟 . 中国主权财富基金海外投资法律风险防范研究 . 北京化工大学学报（社会科学版）.2013.01

68. 张雅静，张庆军 . 中国招商引资 30 年回顾与探索 . 东北大学出版社 .2009

69. 赵磊 ."一带一路"的新加坡思路 . 企业家日报 .2015 年 10 月 11 日第 W02 版

70. 钟飞腾 ."一带一路"产能合作的国际政治经济学分析 . 山东社会科学 .2015 年 No. 8

71. 中央电视台《跨国并购》节目组 . 跨国并购 . 电子工业出版社 .2012.11

72. 纵旭 . 中国主权财富基金发展的现状 . 中外企业家 .2015

73. 邹菁 . 私募股权基金的募集与运作 . 法律出版社 .2015.01

第二篇

关于全球商用车行业并购整合"引资购商"的战略战术

第一章　全球商用车行业现状分析之天下七雄

一、引言

2003 年，我收购亚星客车之前，一直试图寻找继冰箱之后另一个可迅速并购整合的行业，最终我们选择了商用车行业，而不是当时炙手可热的乘用车行业。理由是乘用车行业品牌和技术壁垒很难在短短几年甚至十几年时间内被打破，而且最重要的一条是乘用车行业将会越来越多采用机械手甚至机器人操作，使得劳动力成本最终会落到无足轻重的地步。现在美国市场的乘用车零售价仍然比中国市场乘用车的零售价便宜 30% 以上，豪华车甚至超过 50%，这足以证明我们十几年前决定不进入乘用车行业是十分正确的决定。

而商用车的情况就完全不同了，商用车几乎都是人工生产和组装的，2003 年，一辆 40 座的公交车在中国的市场价也就是十几万元人民币，而欧洲的一辆 40 座公交车的市场价大约是十几万欧元，即 1∶10 的比例，这就是由于每台人工小时数太高的原因，更令人惊奇的是，十几年后的今天，这个价格差异并没有实质的变化，只是由于汇率变化的原因，现在变成 1∶8 左右了。很明显，中国和欧洲的公交车的使用价值绝不会差 10 倍，甚至中国公交车的使用价值比欧洲更大，10 年前，人们经常能见到站满乘客的公交车行驶在中国各城市的大街上，但是谁也没有见过同样拥挤的公交车在巴黎、伦敦、法兰克福的街道上行驶。可见价格 10 倍的差异，只是成本 10 倍差异的反映而已。

我们当时进入商用车行业的战略思想是收购一家像英国五月花这种规模的商用车企，在中国生产完全符合欧洲标准的零配件，甚至在中国装配成组件，然后在东欧与西欧交界的某一东欧国家如匈牙利设厂组装商用车，利用欧盟的一体化战略打开欧洲市场，经过几年的市场培育和发展之后，再收购欧洲规模较大的商用车企如德国曼和瑞典斯堪尼亚，进而可以进行真正意义的行业并购整合了，最终达到类同于中国冰箱在世界市场的行业地位和战略格局也是完全可能的。同样是由于我和我的同事入狱，这个故事就被扼杀在萌芽状态了。令人惊奇的是，2015 年中国和欧美商用车的战略格局并没有发生实质性变化，中国车企仍然没有打进欧美市场，尽管仍然有 1∶8 的价格优势也无济于事，而欧美商用车仍然集中在戴姆勒、曼、沃尔沃、帕卡、斯堪尼亚、依维柯、纳威司达这全球商用车七雄手中，只是现在的商用车市场在经济不景气中萎缩，每一家的负债比例都居高不下，日子越来越难过，尽管有貌似铜墙铁壁般的技术壁垒和环保壁垒，仍然挡不住投资者的一片悲观情绪。

我认为全球商用车的七雄已经真正变成了投资者眼中的金融鸡肋，源于我在这十几年中对该行业全球格局的思考，在此提出了一套该行业全球并购整合的战略战术，抛砖引玉，以期中国商用车企能像当年我整合中国冰箱行业那样，笑傲全球，争取这个行业全球称霸的战略地位。

二、全球商用车行业的发展

我在前文提到过，纵观全球（除中国之外）的商用车市场，近几十年来一直呈现一个行业巨头垄断的局面。无论是欧洲、北美，还是亚洲的日本和新兴市场的南美洲，商用车的主要市场份额几乎都握在这七家企业手中：戴姆勒、沃尔沃、帕卡、曼、斯堪尼亚、依维柯以及纳威司达，这就是我定义的全球商用车七雄。这七家企业中，两家属于德国企业：戴姆勒、曼（曼和斯堪尼亚现已经被大众收购）；两家瑞典企业：沃尔沃和斯堪尼亚；一家意大利企业：依维柯；还有两家美国企业：帕卡和纳威司达。从中可以发现，它们几乎都是在欧美老牌资本主义国家手中，且不说还属于新兴市场的中国，就连早就跻身发达国家的日本，也没有一家企业能够与它们竞争。这几个商用车巨头企业，无一不具有近百年的历史，它们趁着20世纪汽车行业的成长时期，利用发达资本主义国家提供的稳定重商主义市场环境，凭借着自身的努力和挣扎，还有近20年来西方国家的技术环境保护和金融资本运作，吞并其他竞争对手，将商用车行业筑起了高高的壁垒，而它们则在其中时而翻手云覆手雨，时而悠悠然自得其乐地获取还算丰厚的保护性行业利润。

（一）汽车行业的形成时期

回顾世界商用车行业的历史，我们最早可以追溯到19世纪。世界上第一辆卡车是由戴姆勒集团在1896年制造的，严格说来，那时更应该叫作发动机驱动的平板载重车。这辆卡车使用了四马力双缸发动机，重量只有1200公斤，载重量也不过1500公斤。然而，它的诞生却标志着运输历史上一个里程碑意义的变革：从此以后，马车开始逐步退出历史的舞台，道路运输改由内燃机主导。这也似乎暗示着在今后一个多世纪的商用车较量中，谁拥有先进的发动机技术，谁就有了发展商用车的主动权。

然而，从第一辆卡车的发明到第一次世界大战结束的20多年里，商用车行业并没有一鼓作气地发展起来。这段时间内，尽管一直都有零星的新型卡车推出，但从商用车行业整体来看，由于市场需求不足加上战争的影响，除了极个别的企业在商用车领域进行了一些大胆尝试（如后文所说的斯堪尼亚），大多数企业并没有孤注一掷地在商用车领域进行大规模的投资。然而，这段时期对于后期的商用车市场的形成却又是不可忽视的，其原因在于乘用车工业恰是在这段时期形成的，日后有相当一部分的商用车公司正是脱胎于当年涉足乘用车行业的企业之中。

有趣的是，世界上第一辆乘用车也是戴姆勒－奔驰公司于1886年制造的（确切地说是奔驰公司制造的，1926年戴姆勒和奔驰合并为了戴姆勒－奔驰公司），时间比商用车还早了10年。4年后，法国也有了第一辆乘用车，然后才是美国、英国和日本，1900年，欧美共生产各种汽车9504辆。这段时间内，德国是汽车制造发展的最如火如荼的国家，到1901年便已经有12家汽车制造厂，1908年翻了4倍多至53家，年产汽车5547辆，产品已经畅销世界各地。到了一战之前，德国的汽车工业已经有就业职工5万多人，汽车保有量达到10万辆。与德国相媲美的另一个国家是美国。1896年，福特生产出了美国的第一辆汽车，尽管晚了德国10年时间，但是美国人对于现代工业生产的超强理解让他们的汽车行业迅速赶超了上来。福特公司最出色的成就就是在汽车领域应用了流水生产线技术。流水线生产要求零配件的标准化、加工工艺的标准化，要求装配工艺的标准化和程序化。这不仅大幅度地降低了生产成本，而且极大地提高了生产效率。由于将工人限制在一个（或者最多是二三个）生产工位上，最大限度地减少了工人培训时间和熟练工人的成长时间，彻底颠覆了几千年来学徒工制的培养方法，使得生产能力成倍提高成为可能，也使企业能够满足市场爆炸式增长的需要。在后来的二战中，美国之所以成为战胜国，完全不是因为美国军队的素质取得了胜利，而是美国现代化的军工生产能力取得了胜利。二战后这种流水线的工业生产方法也就成为了全世界现代工业标准的生产方法，这种成功以至于在 20 世纪八九十年代使得美国汽车工业"走火入魔"了。那时美国汽车企业收购了多家欧洲著名汽车品牌，如捷豹（Jaguar）、路虎（Landrover）、沃尔沃、萨博（Saab）等，收购之后立即进行了和美国汽车一致的零配件标准化和同质化改造，甚至和美国乘用车用同一个设计平台，可惜这些百年品牌的欧洲名车，除了外形和商标不同，其余的东西都是美国汽车的翻版，这样美国车企赢得了品牌杀手的"美誉"。最后这种失败的收购战略几乎变成了高价买进半价卖出的悲惨结局。这给傲慢的美国车企上了一堂弥足"昂贵"的一课。这些都是后话了，不过在 20 世纪初，由于流水线生产的成功，美国汽车生产的成本得到了降低，生产规模得到了迅速扩充，在当时汽车行业的世界版图上很快超越了欧洲。

随着汽车行业的兴起，欧洲和美国一些原本就从事机械制造或者相关产业的公司纷纷涉足乘用车领域。原先就专注于发动机研发生产的戴姆勒－奔驰公司打响了汽车制造的"第一枪"，另外，原先从事机械制造的德国奥格斯堡机械工厂 1915 年开始涉足汽车生产，这是曼集团的前身；还有后来成为斯堪尼亚公司的瑞典瓦比斯公司（Vagnfabriksaktiebolaget i Södertelge，瑞典文，简称为 VABIS），原先也是专注于卡车车厢的生产，在看到汽车诞生以后也开始向发动机研发领域进军；英国历史上最著名的汽车公司奥斯丁（Austin）、莫里斯（Morris）、Standard、Hillman、Swift，还有法国的雷诺和标致（Peugeot），意大利于 1896 年成立的 Stefanini-Martina 公司、1898 年的 Isotta-Fraschini 公司、还有 1899 年成立并在日后成长起来的菲亚特公司（Fiat），美国的福特、通用汽车，捷克的斯柯达（Skoda）等公司，都是看到了汽车行业光明的前景而纷纷创立的，自创立之日起便专注汽车生产。除此之外，在欧洲除英、法、意、德之外的小国也出现了一些不太知名的品牌：比利时的 Minerva、瑞士的 Martini、奥地利的 Austro-Daimler、Steyr，捷克的 Tatra，还有西班牙的 Elizalde。此外，还有一些作坊式的汽车公司，如法国庞哈德·莱瓦索马车制造公司，它们从戴姆勒这种具有研发能力的大公司手中取得专利的地区生产权，从而在汽车行业分一杯羹。无论是大的专门的汽车公司，还是小品牌公司，抑或是作坊式工厂，它们有的在日后并没有往商用车领域发展，有的存在了几十年便在二战时期销声匿迹，有的则成功地延续到了今天，也成功地在本书赢得了一个中文公司名和品牌名称，那些没有存活到今天的公司，我也就懒得再给他们取一个中文名称。可是无论如何，在当时的岁月里，它们在汽车产业的形成时期如一个个花骨朵一般使得整个行业呈现出生机勃勃的景象。

（二）一战带来的毁灭和希望

结束于 1919 年的第一次世界大战带给刚刚起步的汽车行业不小的冲击，一战时期欧洲乘用车市场基本停滞。原先是主要汽车生产国的德国、法国、英国和意大利由于战争原因耗损了巨大的国力，许多厂房和设备也遭到了损毁。这使得原先以德、美、法为主要汽车生产国的格局发生了巨大的变化。美国由于没有参加第一次世界大战而得以使汽车行业沿着原先的发展步伐继续走下去，在一战期间得到了比较顺利的增长和发展。福特公司已经成功地在英国建立了 T 型车的组装流水线；通用汽车买下了英国的沃克斯豪尔（Vauxhall）和德国的欧宝（Opel）；克莱斯勒和哈德森（Hudson）也开始在欧洲进行组装。美国汽车由于其稳定、可靠和价格便宜而成为第一次世界大战以后最大的汽车出口国。

与在一战中受益的美国汽车公司不同，本质上属于老牌帝国主义利益重新瓜分的一战，也让欧洲各国大大小小的汽车公司洗了一次牌。整体上来说，不管汽车公司所属的国家是否是参战国，战争带来的经济停滞和民用汽车市场的萎缩对每家企业都有负面冲击。瑞典、西班牙、瑞士等国家的汽车公司本来规模就不大，面对市场突如其来的冬天，许多都到了濒临破产的地步。对于卷入战争的德国、法国、英国和意大利，许多企业的工厂要么被摧毁，要么被军队征用生产炮弹等军需产品，如法国的标致公司。然而，有那么几个企业却抓住了一战这个时机，利用和军方的良好关系发了一笔战争财，使公司财务状况上了一个台阶。如德国当时的迈巴赫公司（Maybach），在一战期间为德国军方生产了大量战争需要的齐柏林飞艇发动机，从而扩大了生产规模，为日后的发展积累了足够多的资本。还有总部位于意大利的菲亚特集团，在一战期间利用和政府极为密切的关系，几乎垄断了军用卡车和坦克的生产。这笔资金对于菲亚特在一战以后的顺利"起飞"起了至关重要的作用。

一战带给汽车行业的不仅仅是各国汽车企业竞争格局的改变，由于战争期间欧洲几个主要国家的汽车制造商都转为军用服务，所以从某种意义上来说，军用卡车的发展对商用车技术的成熟起到了一个推动作用。战争不仅提升了军队的机动能力，也加速了商用车行业的飞速发展。而如今的商用车七雄也由此崭露头角，比如曼公司在1915年大批生产商用车并成为商用车专业生产厂；菲亚特公司商用卡车年产量从1914年的1408辆增至1917年的17217辆；斯堪尼亚在瑞典军方的大量订单之下，采用标准模块化的设计思想，从而生产大量军用卡车，摆脱了一战时的营销困境。与此同时，第一次世界大战也使美国卡车开始了广泛的应用生产，比如美国威斯康星州的FWD汽车公司是专门生产四轮驱动卡车的企业，1918年该公司售出6500辆四轮驱动卡车，其中3000辆卖往英国，载重量从2吨到6吨不等，在战时备受青睐。

一战虽给世界经济带来巨大灾难，但也促进了商用车技术的飞速进步。比如，充气轮胎大规模使用取代了以前传统的全橡胶轮胎；电力起动机的发明使司机不用再费力地摇车启动；四缸、六缸和八缸的发动机诞生增加了动力性能；封闭的驾驶室提高了驾驶者的安全性和舒适性；具有动力制动器和现代化的半挂车也出现了。戴姆勒为奥匈帝国制造的用于牵引火炮的 Artilleriezug wagen M.17 卡车，展示了一战时期卡车的水准。该卡车配置四轮驱动，发动机最大功率为 80 马力，牵引能力为 24 吨，车轮由直径1.5 米的钢材铸成。菲亚特公司生产的 Fiat 15 ter 卡车是第一辆无故障穿越3000 公里撒哈拉沙漠的远途运输卡车，其搭载了后轮驱动的四缸汽油发动机，最大功率为 40 马力，最高时速是 40km。一战中，意大利军队、英国军队、俄罗斯军队和希腊军队皆采用了此车型，为战争带来了巨大便利。得益于一战军用车市场的推动，众多汽车企业都开始生产商用车，例如，斯堪尼亚成为了起步较早、欧洲领先的卡车制造商，美国福特和法国雷诺也由此进入重卡市场，这对于之后民用运载卡车的崛起起到了不可忽略的推动作用。

（三）商用车的第一个春天

一战给欧洲带来了沉重的经济打击，法国、意大利、德国、英国等欧洲国家忙于恢复本国经济，直到 20 世纪 20 年代中期，在相对稳定的政治环境下，欧洲经济才开始发展。由于战后重建和经济发展的需要，之前一直停顿的公路运输也变得日益重要起来。之前一直处于零星发展的商用车也就是在那时，才开始作为一个单独的行业走到了世人面前。可以说，20世纪 20 年代后期到二战以前，是商用车开始真正成长的 10 年。

敏锐的汽车生产商们似乎在同一时间嗅到了市场给出的信号，纷纷抢占商用车市场的先机。那时候，法国凭借着一战的瓜分成果和德国的赔款，使经济复苏走在了其他国家的前面，从而法国产生了巨大的汽车市场需求。而拥有乘用车和商用车完整生产能力的法国雷诺，就是在那个时候迅速扩大其生产规模和能力，几乎垄断了巴黎的出租车和公共汽车，继而成为了法国最大的商用车生产厂家。而意大利在战争中耗损相对较轻，故而恢复汽车生产的难度不大。墨索里尼的法西斯政权上台以后，在一战中就发了财的菲亚特凭借着与政府良好的关系在意大利市场上大展拳脚，致力于公路运输的发展，其商用车技术得到了迅猛提高，在整个欧洲市场上都拥有了一席之地；而其他诸如芬兰、瑞典等国家，由于在一战时期保持中立，战后恢复较快，加上原本就有的工业基础，便也出现了进军商用车的企业。瑞典的斯堪尼亚原本就立志专注于商用车的生产，20世纪20年代之前发展缓慢或多或少都是由于市场需求不足，到了20世纪20年代末期商用车市场兴起才算舒了一口气；另一家瑞典企业沃尔沃则采取的是相对稳健的策略，对于汽车生产一直抱有只看不做的态度，直到1927年沃尔沃认为市场已经打开，才踏入该领域，同时生产商用车和乘用车，并且趁着这相对稳定的十年把其商用车技术水平提升到了世界领先地位。还有芬兰的西苏卡车（SISU）、捷克的太脱拉卡车（TATRA）、日本的三菱卡车等，无一不在这10年取得了长足的进步，为日后的发展打下了良好基础。

在一战和二战之间这短暂的和平时期里，商用车经历了第一个春天，这不仅体现在它终于作为一项单独的业务和乘用车一样开始被规模生产，也体现在世界上出现了以生产商用车为唯一主营业务的企业。那时候的商用车行业正处在其行业周期的成长期，行业内的企业数量较一战前有了明显增长，但是还没有触及市场的天花板，企业规模（最起码就其商用车业务而言）也都不算太大，彼此间的竞争也没有到你死我活的地步。欧洲主要国家的商用车市场基本被本国商用车企垄断，几家比较大的商用车企业已经开始了对西欧其他国家以及东欧的出口。

（四）高速公路——将汽车和经济联系在一起的纽带

在世界卡车历史上，20世纪的20年代到30年代，是该行业发展的第一个春天。这诚然要归功于战后经济复苏带来的市场需求的增加，然而更为重要的是，20世纪30年代开始，世界上第一条高速公路被修建了起来，它的开通一方面促进了汽车行业的兴起，另一方面它推动欧洲经济进入了一个空前的辉煌时期。

　　纳粹首领希特勒在修建公路这个问题上看得比谁都更早、更远。带给希特勒灵感的是一本自传，作者是美国汽车大亨亨利·福特。这本书给予了1923年还在监狱里的希特勒一个近乎疯狂的构想：制造每家都能承受得起的家庭用乘用车，兴建高速公路连接城市，以方便运输。于是，在希特勒1933年担任德国总理后便立即开展了他的高速公路计划。在他的强力指挥下，德国在其统治期间共修了4000多公里的高速公路，甚至到了今天，仍有3000多公里在使用之中。这些公路将德国重要的城市都连接了起来，并且通往其他国家，德国的高速公路也是目前世界上唯一不限速的高速公路，大概也为了纪念德国是高速公路的发明国吧！公路的修建为当时的德国提供了几十万个就业岗位，解决了失业率居高不下的问题，使得失业率在短短3年内便从30%降到了接近0的水平；同时，公路的修建极大地刺激了汽车产业的进一步发展，除汽车制造厂以外，修车厂、加油站等配套设施也纷纷大量出现，使得德国在短时间内扭转了糟糕的经济形势，至1937年，德国国民生产总值便已经增长了1倍以上。

　　开始修路计划以后，为了使公路上的汽车多起来，希特勒又开始落实他的"国民轿车"计划。根据希特勒的构想，德国每家都应拥有的轿车应当是"最高时速100公里，百公里耗油不超过7升，售价在1000马克之内"。为了实现这个计划，他与曾在戴姆勒–奔驰和斯太尔汽车公司（Stevr）工作过、后来成立了保时捷汽车设计公司的费迪南德·保时捷（Ferdinand Porsche）博士进行了深入的探讨。在经历了一次次的提出、否定、修改以后，最终1935年，希特勒在柏林汽车展上宣布了"国民轿车"即将到来，他使用了一个词：大众汽车（Volkswagen）。为了生产这种国民轿车，1938年一家新的工厂在沃尔夫斯堡拔地而起，这就是大众汽车的第一家工厂，也是大众现今的总部所在地。在这里，大众第一批汽车于同年出厂，为今天年产千万辆汽车、总营收超过 2000 亿欧元的盛况迈出了第一步。

尽管希特勒的高速公路和"国民"计划更多的是为了日后他的军事野心服务，但从另一方面也可以说，由于高速公路和"国民轿车"计划的实现所产生的巨大工业经济规模推动了他日后的军事野心，不管怎么说，通过道路修建和家庭轿车计划的实施而带来的一系列经济好处却是非常明显的。到 20 世纪 50 年代，美国总统艾森豪威尔也效仿希特勒发起了州际高速公路修建计划，计划建设 66000 公里的州际国防公路体系，连接全美国的主要中心城市和工业区域。该计划自 1956 年正式开始实施，此后的 20 多年里，美国的高速公路进入了快速发展的阶段，平均每年修建 3000 公里，到了 1980 年，已经实现的累计通车达 8 万公里。

和希特勒修建德国的高速公路一样，美国的州际高速公路对美国的经济和美国人民的生活模式也产生了巨大的影响，它的修建给制造业和工程提供了大量的就业机会。同时，州际高速公路使得公路运输成为美国最重要的货运及客运模式。与其他运输方式相比，公路运输成本更低、更为可靠和灵活，据统计，在货运方面，美国公路完成全国总货物周转量的 40%，略高于铁路运输；而客运方面，当时美国旅客一般都是通过家庭汽车出行，公路更是完成全部旅客周转量的 90%。

（五）商用车巨头的自我成长

20 世纪 50 年代以前是段不算太平的时期，时隔不远的两次大战让任何一个行业都无法平稳地向前发展，世界上的主要国家都卷入了二战，甚至连当时最为强大且远在北美洲的美国也不能幸免。二战中，欧洲的商用车企业也都接收到了大量军车订单，发了战争横财，但是二战结束时期欧洲大陆的主要商用车企业都遭受了战火的摧残，而美国商用车企业像一战那样靠政府的军车订单取得飞速发展，并赚足了利润。

然而战争之后的百废待兴却是欧洲商用车发展的温床。二战刚刚胜利之后，美国存在着对于经济衰退的隐隐担忧。然而由于马歇尔计划的实施，使得美国大量向欧洲出口，既稳定了欧洲经济，又拉动了美国工业品的出口，才使得美国对于战后经济萧条的担忧没有转化为恐慌。然而，随着马歇尔计划对于美国经济的拉动减弱，美国急需一个新的经济动力，此时，艾森豪威尔决心学习希特勒修路发财的办法，承接着之前马歇尔计划的余温，继续维持美国经济的繁荣。1956年，美国州际公路开始建设，同时伴随着美国主要人口从城市往乡村转移，卡车和客车成为了连接港口和内陆、城市与乡镇、运送货物和旅客的重要工具，同时重型卡车在"军用转民需"的形势下开始流行起来。特别是1960年之后，州际高速公路建设对公路长途运输道路环境的改善日益明显，长途运输份额逐渐从铁路运输转向了公路运输；另外，州际高速公路建设自身也成为这一时期美国经济增长的重要驱动力，在它的带动下，传统工业产业得到快速发展，货运量有了明显增加。美国本国的经济增长开始提速，年均复合增长率在这一时期超过了4%，因此，15吨以上的8级重卡销量快速增长并首次超过了中型卡车，年复合增长率甚至达到了10.9%，并在1979年冲到了该阶段销售数量的最高点：16.6万辆。

在这样的一片大好形势下，美国当时的著名卡车品牌：福特、道奇（Dodge，属于通用汽车旗下）和雪佛兰以工程和舒适度上的优越性重新回归美国卡车市场，掀起了美国汽车行业历史上前所未有的繁荣。美国城市底特律在汽车行业的支撑下达到了其城市历史的巅峰，汽车制造业和零部件制造业有上千家，人口数量接近200万人，一跃成为美国的第五大城市。此时的商用车行业竞争的重点开始转向发动机的品质优越性，直喷式涡轮增压柴油发动机成为新的行业标准（这很大程度上要归功于远在瑞典的沃尔沃）。这样一来，一些发动机生产商如美国的康明斯成为了商用车产业链条上重要一环，他们几乎向市场上全部的商用车制造商供货。这一形势甚至持续到今日，并且形成了美国商用车行业区别于欧洲商用车行业的一个重要特点：由于分工的专业化和流水线生产的模式化，美国商用车制造商鲜有像欧洲商用车制造商那样独立和全套的生产能力，许多这时期存在的美国商用车制造商仅仅在组装、底盘生产等领域有着娴熟的生产技巧，而并不需要将大量的资本和精力投入到发动机的研发中去。尽管如此，他们仍可以充分享有商用车行业的巨大生产利润，但欧洲商用车企业在这时还没有能力大肆进入美国市场，所以美国市场上的竞争者多为本土企业。马克卡车（Mack）、万国（Intemathonal）、福莱纳（Freightliner）等商用车公司是那时美国车市场上的佼佼者。

在大西洋另一端的欧洲大陆上，汽车企业也进入了"黄金增长期"。持续4年的马歇尔计划，使得西欧各国通过参加经济合作发展组织总共接受了美国包括金融、技术、设备等各种形式的援助合计130亿美元，这其中英国、法国和德国是得到资金数量最多的前三位。在计划结束后，几乎所有西欧国家的经济发展都恢复到了战前水平，并且开始了长达20年的高速发展时期，社会各部门呈现出一派欣欣向荣的景象，特别是工业生产部门，仅在计划实行的四年中就增长了35%。同时，马歇尔计划由于削弱了西欧各国之间的贸易壁垒，从而使得各国之间的经济联系日益紧密，被认为极大地加快了欧洲一体化进程。

在这样一个发展的黄金年代，汽车工业成为西欧多个国家的支柱型产业。首先是汽车制造大国德国，由于企业高度重视研发，使得原本就具有很强竞争力的德国汽车更上一层楼，给世界留下了安全、舒适、环保和耐用的印象。戴姆勒－奔驰集团、大众、宝马、曼、欧宝、赛特拉（Setra）等整车制造企业正是在这个时期对技术研发进行了大量的投入，新车型层出不穷，企业整体实力稳步增强。他们在这个阶段对产业链条的上下游进行了整合，务必保证自己有不依赖于他人的整车独立制造的能力。凡是今天我们还能看到的车企几乎都有从发动机到电子系统，从底盘支架到整体喷漆的完整制造工艺。除整车制造，德国的汽车配件行业也十分发达，博世、大陆（Continental）、采埃孚、蒂森克虏伯、西门子等企业也正是在这个时期伴随着汽车工业的发展而发展起来的，现在也都是世界首屈一指的汽车配件企业。与德国相比，20世纪的英国也是卡车制造大国，Associated Equipment Company Limited（AEC）、Auto Carrier、Alvis、Atkinson、奥斯丁、Bean、Bedford、Dennis Bros、ERF、Fodens、利兰、Seddon、Thorycroft等大大小小几十家商用车制造企业使得那个时期成为英国历史上汽车制造业最辉煌的时期，从车企数量上来看，我们几乎可以认为那时的英国是欧洲车企数量最多的国家，据不完全统计，在英国历史上出现过的汽车品牌高达300余个。然而可惜的是，当年如火如荼的英国汽车公司由于受到当时英国国家产业重心转移、制造业实力削弱的影响，再加上这些公司本身把精力大多放在技术和设计上，而在品牌运营和制造效率上棋差一着，公司管理上也存在较大问题，使得英国的汽车公司在20世纪90年代以后纷纷被其他国家的汽车巨头收购，几乎没有一家车企能够在21世纪以后依然站立在世界的巅峰。法国、瑞典、意大利、荷兰、捷克这几个国家情况比较相似，都是两三家企业垄断了大部分的市场：法国的标致、雪铁龙（Citroen）和雷诺［收购了贝利埃（Berliet）］，瑞典的斯堪尼亚、沃尔沃和萨博，意大利的菲亚特、荷兰的道夫（DAF，后被帕卡集团收购）、捷克的斯柯达，这几家企业要么凭借政府长久以来的支持，要么凭借几个突出的技术方面的特长，在西欧汽车历史上留下了浓墨重彩的一笔。

除了以上几个拥有自己品牌的汽车整车制造大国，这个阶段的欧洲由于经济一体化进程的加快，还有几个国家虽然没有自己独立的著名汽车品牌，但是却成为了大的汽车公司的制造基地，在某些技术方面独领风骚。如以发动机和传动装置而出名的奥地利，有几百家汽车制造相关的企业，知名品牌曼、宝马等均在这里有工厂，每年奥地利生产的发动机几乎全部用于出口。还有以汽车配件生产和汽车组装出名的匈牙利，其行业产值的过半数销往德国，其中包括奥迪匈牙利公司、欧宝匈牙利公司、戴姆勒－

奔驰匈牙利公司等，均从事汽车组装工作。还有欧洲重要的客车生产基地波兰，在这个时期形成了自己技术标准高、加工生产快的特点，通用汽车、大众、菲亚特、曼、沃尔沃、斯堪尼亚、Autosan、Jelcz、Solbus 等企业均在波兰生产公交和旅游用客车。

（六）兼并收购——成为霸主的必然路径

如果说，20 世纪 80 年代以前是汽车企业百花齐放、埋头自我发展的阶段，那么自 20 世纪 90 年代开始，随着行业的日益成熟，已经拥有一定实力的汽车企业为了获取更多的行业利润，开始了全球范围的兼并收购。汽车企业经营者都明白一个道理，在竞争日益激烈的日子中，生产规模如果不能达到一定的数量门槛，不光没有利润可言，甚至不可能摆脱被吞并的命运。因此，必须要先发制人，将自己的版图扩大到其他地区，这样才能在这个行业生存下去。

最先开始"动手"的是现在市场份额最大的戴姆勒集团。事实上，早在 1981 年戴姆勒就并购了当时一蹶不振的北美福莱纳汽车公司，然而直到 1991 年，戴姆勒才决定将北美地区的重型卡车业务全面交给整合过的福莱纳，而将原先其他的卡车业务撤出。福莱纳公司在经过戴姆勒集团的整合后运营能力大增，于 1992 年一跃成为重型卡车的龙头老大。1995 年，戴姆勒集团收购了专注特殊用途车辆生产的美国兰番斯公司（Lafrance），1997 年收购了福特公司的重型卡车部分斯特林公司（Sterling Trucks），1998 年收购托马斯比尔特客车公司（Thomas Built Buses），2000 年又收购了加拿大企业西星货车（Western Star）。自此，戴姆勒集团趁着其他几家欧洲商用车企还没有发力之时，凭借着收购的几大商用车品牌，已经在北美站稳了脚跟。

或许是受到了戴姆勒收购后的福莱纳的竞争压力，美国的帕卡集团成为了第二个开始全球扩张的商用车巨头。1996 年，帕卡收购了荷兰的老牌商用车品牌道夫，开始了它在北美洲以外的第一站，这个品牌成为了帕卡集团在欧洲的主打品牌，也是现今帕卡旗下的三大品牌之一；紧接着，帕卡集团于 1998 年收购了英国的利兰卡车，加强了其在欧洲市场的地位。可以说，帕卡集团于 20 世纪末的两次收购使得帕卡成为了美国本土上唯一一家走出美洲的商用车企，也是商用车行业具有真正意义"全球霸主"的唯一一家美国企业。由于美国商用车发展的独特模式，其他商用车企要么被欧洲巨头吞并，要么就只能在自己的土地上勉强称雄。

20 世纪末，沃尔沃和斯堪尼亚两家瑞典商用车企业也开始向自己国家之外大肆扩张。相比较而言，沃尔沃的并购行为更为狂野一些：在卖掉了自己的乘用车业务得利 64.5 亿美元以后，沃尔沃瞄准了北美市场——它收购了法国雷诺集团及其子公司美国的传统品牌马克卡车，使得自己在北美市场的份额一下子增加了一倍多，成为仅次于戴姆勒的第二大商用车集团。而斯堪尼亚的并购路线则相对斯文的多，它几乎只在欧洲范围内扩大自己的领土：1999 年收购了挪威一家公司，2000 年收购了荷兰的一家卡车巴士生产商，2007 年又收购了葡萄牙的一家商用车车身制造企业。正如斯堪尼亚以往的成长经历一样，它似乎像一个逐渐向管理层成长的技术工人，一步一步犹犹豫豫地变化着，却缺少大刀阔斧的魄力和实力。2014 年，斯堪尼亚被大众收购。

提到大众对商用车企的收购，我们不得不提到另外一家商用车企巨头：德国的曼集团。与斯堪尼亚的收购路线类似，曼集团也只是在欧洲范围内小步扩张着。2000 年分别收购了波兰的 Star Trucks 公司、英国 ERF 商用车公司和瑞士的 Sulzer Turbo 公司，2001 年又收购德国的尼奥普兰客车制造商（Neoplan）。专注于中重型商用车生产的曼在业务结构和业务领域上都较为单一，不往外扩张就会被别人的扩张吞掉这样的道理在它的身上也得到了体现，2011 年曼集团被大众收归旗下。

有趣的是，现在商用车行业的霸主名单与新世纪的收购活动似乎有着某种密切的联系：凡是大步向前积极扩张的，现在的营业额和市场份额都名列前茅，而并购幅度较小的则在"巨头"的队伍中略显单薄。我们从历史上看，戴姆勒集团是行动较早的一家，如今的它当之无愧是行业里的"航母"，2014年其商用车营收达到428.58亿欧元（约569.36亿美元），在商用车七雄中稳居首位；而从欧洲走向美洲的沃尔沃则以2829.48亿瑞典克朗的年营收（2014年，约413.40亿美元）暂时成为第二位巨头；帕卡集团则以189.97亿美元的年营收（2014年）位列第三位；此后，曼集团年营收142.86亿欧元（2014年，约189.79亿美元）位列第四位，斯堪尼亚年营收920.51亿瑞典克朗（2014年，约134.49亿美元）位列第五位，依维柯集团商用车业务年营收约有110.87亿美元（2014年）位列第六位，而缩在北美地区的纳威司达则只有108.06亿美元（2014年）的年营收，只能位居末位，而这样的商用车行业格局一保持就是10年。

三、全球商用车七雄的品牌及市场地位比较 [①]

（一）戴姆勒

戴姆勒集团（Daimler）最初起源于汽车界的开山鼻祖戈特利布·戴姆勒（Gottlieb Daimler）和卡尔·本茨（Karl Friedrich Benz）在 19 世纪分别创建的公司，1926 年合并之后遂成为世界汽车史上举足轻重的汽车制造公司，不仅是全球顶级豪华乘用车制造公司，而且也是全球最大商用车制造商。作为全球商用车业界的老大，戴姆勒的崛起不仅经历了一条漫长而波澜壮阔的并购之路，同时也一直交织着汽车特别是发动机技术的不断变革。

戴姆勒集团在二战中借由德国军工的迅猛发展而崛起，而战后的发展更是突破了战前鼎盛时期的辉煌。其中梅赛德斯－奔驰成为了德国汽车行业重新繁荣的重要里程碑，并缔造了经久不衰的汽车品牌神话。戴姆勒之所以荣登全球商用车七雄霸主的宝座，并购和结盟是其发展壮大的主要手段。在欧洲，戴姆勒从 20 世纪 60 年代起进行了迅猛的并购和扩张，分别收购了 Krupp 商用车销售公司、商用车制造商 Hanomag Henschel 以及它在 Kassel、Bremen 和 Hamburg–Harburg 的生产设备和基地。而在北美，戴姆勒 1981 年收购了福莱纳公司，从此开启了北美商用车市场的争霸之路。此外，还先后收购了以传统型长头货车和半挂牵引车为优势的斯特林货车公司、专门提供卡车定制服务的西星货车公司以及著名的校车公司托马斯比尔特。通过 20 世纪 90 年代一系列的兼并，戴姆勒坐稳了北美 8 级（15吨以上）重型卡车市场霸主的宝座。除北美市场之外，戴姆勒也极为重视亚洲新兴市场的开拓，2006 年将生产卡车、巴士以及柴油发动机的日本三

---

① 本节涉及的全球商用车七雄在欧洲、北美洲及巴西的市场份额（按销售量计算）数据均来自彭博数据库，其余市场份额数据来自相关企业年报。

菱扶桑公司纳入旗下，2011 年在印度市场推出以 BharatBenz 为品牌的新卡车，采用奔驰 Axor 卡车技术，并荣膺印度 "2013 年度载重卡车" 的称号。戴姆勒同样重视在中国市场的发展，2010 年 5 月，戴姆勒与比亚迪签署协议，成立深圳比亚迪·戴姆勒新技术有限公司；2012 年 2 月，戴姆勒与北汽福田合资，成立了北京福田戴姆勒汽车公司，戴姆勒提供技术支持以提升重卡产品在中国以及其他新兴市场的竞争力。

作为全球最大的商用车制造集团，戴姆勒旗下产品多元化并实施多品牌战略，使其市场分布广且竞争力强。戴姆勒旗下的车型主要有 Actros、Arocs、Axor、Antos、Atego、Econic、Unimog、Zetros、Setra 等多个系列，并囊括了轻卡、中卡、重卡、客车等所有商用车车型。而卡车的五大品牌梅赛德斯 - 奔驰、福莱纳、西星（Western Star）、BharatBenz、扶桑（Fuso），更是在欧洲、北美和亚洲市场树立了全球一流的品牌形象。

戴姆勒商用车在北美和欧洲的市场占有率均位列第一，在欧洲，戴姆勒的主打品牌是梅赛德斯 - 奔驰，2013 年梅赛德斯重卡以 22% 的市场占有率位列第一；2014 年，在北美重卡占有率为 36%，中卡占有率为 41%，主打品牌是福莱纳；而在稍弱的巴西市场，戴姆勒旗下的梅赛德斯 - 奔驰重卡依然占据第一，其市场占有率为 25%；在亚洲市场也有不俗的表现。在日本的市场占有率为 20%，在印度尼西亚的市场占有率为 47%。凭借着行业中的领先技术、庞大的企业规模和市场份额，戴姆勒在商用车行业位列七雄之首当之无愧。

（二）沃尔沃

作为斯堪的纳维亚地区最著名的工业企业，沃尔沃集团（Volvo）拥有悠久的历史。沃尔沃集团由阿萨尔·加比利尔森（Assar Gabrielsson）和古斯塔夫·拉尔森（Gustav Larson）合作创立，1927 年第一辆沃尔沃轿车问世，标志着沃尔沃集团作为一家汽车制造公司正式诞生。沃尔沃最初崛起于二战前的 20 世纪 30 年代，成功打破了美国汽车在斯堪的纳维亚地区的主导局面，并在欧洲奠定了其行业领先者的地位。

尽管沃尔沃的商用车业务在欧洲真正发展壮大起来始于 20 世纪 70 年代。1969 年沃尔沃收购瑞典具有两百年历史的 Olofstrom 工厂，成立了沃尔沃卡车子公司。1971 年，沃尔沃又收购了荷兰 DAF Car BV 汽车公司，并真正将乘用车业务和商用车业务从严格意义上独立开来。在 20 世纪八九十年代沃尔沃取得了生产能力和技术上的长足进步。1999 年，沃尔沃将乘用车部门出售给福特公司，从此专注于商用车的生产。沃尔沃奠定全球商用车领导地位是在进入新世纪的最初 10 年，通过不断的并购、剥离和整合，实现了地域和市场份额上的扩张。2001 年，沃尔沃以 15% 的股权换取了雷诺货车及其全资子公司马克卡车 100% 的股权，据此不仅增加了在欧洲地区的业务比重，而且通过马克卡车公司在北美地区的市场地位，迅速膨胀了其在北美地区的市场份额。此外，雷诺集团约有 40% 的卡车属于轻、中卡，这无疑补充了 90% 都是重卡的沃尔沃产品线，并使得沃尔沃一举成为轻、中、重全系列商用车生产商。

面对具有极大潜力的亚洲市场，沃尔沃将目标指向了日本、中国和印度。2007 年沃尔沃一举收购了日产柴（UD Trucks）、山东临工，并在 2008 年与印度 Eicher Motors 合作成立合资公司，确立了其在亚洲的市场地位。其中，对日本中重型卡车制造商日产柴的收购确立了沃尔沃在亚洲商用车制造核心基地，同时享受了日产柴成立 70 年以来积累的遍布日本和东南亚的销售及服务网络，并获得了日产柴在清洁柴油机领域的先进技术。

沃尔沃品牌的一个突出特色是，自创始之日起就将"安全"作为其品牌核心，并凭借一流的安全技术树立了"以人为本"的品牌形象。其中，FH 系列卡车精湛地体现了沃尔沃品牌注重安全性的精髓，经过无数次的计算机模拟撞击测试以及数十次的真车撞击测试，在当时成为全球最安全的卡车。

2013 年，在欧洲重卡市场所占份额约为 15%，名列第三。2014 年，沃尔沃在北美重卡市场拥有约 20% 的份额，居戴姆勒和帕卡之后，排名第三。但是，沃尔沃在巴西、澳大利亚、南非等这些新兴市场上，都拥有超过 20% 的重卡市场份额，尤其在巴西，沃尔沃在载重量 45 吨以上重卡市场中所占份额达到 30%，位居第一。凭借其在全球广泛的市场布局，厚积薄发的综合实力，沃尔沃位居戴姆勒之后，稳坐全球商用车第二的位置。

（三）帕卡

帕卡自 1905 年诞生以来，在皮高特家族的带领下，已走过一百多年的风雨历程，先后兼并了肯沃斯（Kenworth）、彼得比尔特（Peterbilt）、道夫三大卡车品牌，并以此撑起帕卡的整个江山。作为一家商用车领军企业，帕卡在卡车业务上是一枝独秀，尤其是在重卡领域，其北美的市场份额仅次于戴姆勒；特别是在帕卡收购道夫之后，拥有了自主设计并制造柴油发动机的技术，在美国密西西比州建立了大型发动机生产厂，以试图摆脱对康明斯发动机的依赖。

帕卡在北美的崛起主要源于对肯沃斯和彼得比尔特等两大著名重卡制造商的收购。1944 年帕卡凭借收购肯沃斯，顺利进入了北美的重卡市场。作为中重型卡车设计与制造的领军企业，肯沃斯以世界首次采用空气动力学原理设计的倾斜罩卡车享有盛名，而其营销方式也较为独特，秉承"批量订制"的原则，以销定产，以客定型。在 1958 年，帕卡又全资收购了彼得比尔特，使其在重卡行业的实力得到了极大的扩张。彼得比尔特生产销售 6—8 级（载重量大于 8.8 吨）卡车产品，并具有卓越的工业设计和高效的节能技术。凭借肯沃斯和彼得比尔特两大支柱，在戴姆勒收购福莱纳之前，帕卡始终占据着北美霸主的宝座。

帕卡集团正式成为世界级卡车生产商，是在 1996 年成功收购荷兰道夫和 1998 年收购英国利兰卡车之后，从此帕卡在欧洲卡车市场占据了举足轻重的地位，特别是道夫，至今已是帕卡三大品牌之一，并独自肩负着帕卡雄霸欧洲卡车市场的重任。道夫的核心业务是研发、生产、销售中重型卡车，并具有研制一流发动机的专利技术。在占据了欧洲市场之后，道夫逐步开拓中东及非洲的新市场。

作为一家销售网络遍布 100 多个国家和地区的卡车制造公司，帕卡的品牌影响力是不容忽视的。肯沃斯卡车以良好的燃油经济性以及杰出的空气动力学设计，曾获得美国"商用车型汽车研发进步奖"。彼得比尔特的 Peterbilt 320 重卡，不仅是美国家喻户晓的变形金刚擎天柱的原型，也成为美国卡车文化的载体。道夫近年来重磅推出的旗舰重卡 XF 系列，在平头卡车盛行的欧洲市场上成为最畅销的重卡之一。

2013 年，在欧洲，旗下道夫在重卡市场占有率为 15%。2014 年，旗下肯沃斯和彼得比尔特品牌在北美的重卡市场占有率为 29%。此外，帕卡在墨西哥的重卡市场保持着领先优势，重卡市场占有率为 36%。在澳大利亚的重卡市场份额为 24%。关于中型卡车，帕卡在北美和欧洲的市场份额分别为 10% 和 9%。在重型和中型卡车业务上，帕卡是商用车七雄中的佼佼者，但是在轻型卡车业务的角逐中，帕卡还未能名列前茅。

（四）曼

曼（MAN）是一家拥有近 200 年悠久历史的德国企业，其前身是 1840 年由德国工程师路德维希·桑德（Ludwig Sander）在德国南部奥格斯堡成立的桑德机器制造工厂（Sander'sche Maschinenfabrik），1857 年更名为奥格斯堡机械工厂，之后与纽伦堡机械制造厂合并，并在 1908 年更名为奥格斯堡 – 纽伦堡机械工厂股份公司（Maschinenfabrik Augsburg–Nürnberg AG），简称 MAN，曼由此诞生。作为全球排名第四位的商用车公司，如今 MAN 已成为了可靠性、创新力和高品质的代名词。

曼在商用车行业的崭露头角，源于著名工程师鲁道夫·狄塞尔（Rudolf

Diesel）开创的柴油机技术，这一重大的里程碑奠定了曼在柴油机领域全球领先的地位。此后，伴随着二战时德国高速公路的建设及战后百废待兴的飞速发展，曼迎来了一个黄金契机，并由此走上了在欧洲迅速扩张的并购之路。1955 年，曼收购了宝马在慕尼黑的公司用地，使其成为欧洲最大的现代化卡车制造基地；1971 年收购了业绩良好的雄狮汽车股份公司（Büssing），使得曼公司一跃成为当时欧洲最大的机械制造集团；1990 年收购了奥地利斯太尔卡车商用车股份公司，使其成为曼集团最大的工厂之一。而后来又相继对波兰 STAR Trucks、英国 ERF 进行了收购，尤其是 2001 年对尼奥普兰的收购，更使得曼在高档豪华客车领域独占鳌头。

后来归属曼旗下的斯太尔，首次为中国提供重卡技术，为 20 世纪 80 年代的中国重卡填补了空白；2002 年，曼与中国宇通合资组建了猛狮客车有限公司；2009 年，曼与中国重汽组成合资公司；此外，与陕汽、青年客车、黄海客车等企业也一直都有技术合作。

曼商用车在全球具有一流的品牌影响力和知名度，旗下主要品牌有 MAN、Neoplan、ERF 和 Star，其中 Neoplan 以高端豪华客车著称并获得"欧洲客车年度大奖"。而在市场知名度方面，单就 11 吨以上的重卡品牌而言，曼的排名已经超过了梅赛德斯－奔驰，成为欧洲第一品牌。曼在全球的"无故障率"始终远高于任何一家公司，其称霸全球商用车的一个中坚基础便是坚不可摧的质量保证。

欧洲作为曼的主战场，2013 年其重卡市场占有率为 16%，仅位于戴姆勒之下，名列第二。而在北美洲，由于北美四强的强大竞争力，曼在北美难以打开乐观的局面。在巴西，2014 年曼的市场份额为 22%，仅次于排名第一的戴姆勒，尤其在载重量 15—45 吨、10—15 吨、6—10 吨三个卡车细分市场上，曼分别以高达 33%、40%、37% 的市场份额，力压群雄，高居榜首。

（五）斯堪尼亚

横跨三个世纪、经历两次世界大战的斯堪尼亚历史源远流长。斯堪尼亚的前身 1891 年由彼得·皮特森（Peter Petersson）建立的瑞典瓦比斯公司，之后被梅·阿尔弗雷德·诺德曼（Per Alfred Nordeman）建立的斯堪尼亚公司收购，并更名为斯堪尼亚 – 瓦比斯公司，从此七雄之一斯堪尼亚正式成立。目前斯堪尼亚已成为世界领先的重型卡车、客车以及发动机制造商。作为一个以技术制胜的精专型商用车企业，斯堪尼亚的崛起路线，显然不同于戴姆勒、曼、帕卡这些依靠大肆行业兼并而迅速崛起的枭雄，实际上在其漫长的发展之路中，鲜有横向的兼并。

斯堪尼亚在欧洲几经沉浮，每次都是依靠技术的变革而重新崛起。20世纪 20 年代，斯堪尼亚在濒临破产之际，大胆的采用模块化生产的方式，对发动机和底盘等关键零部件进行标准化改进，使这些零部件可高度通用，这极大地提高了生产效率并降低了制造成本。这场技术性的革新使斯堪尼亚从一个手工式作坊的小公司成功转型为一个具有现代工业化竞争力的公司，拉开了在欧洲快速发展的序幕。一流的模块化理念与制造技术是斯堪尼亚百年之中成为七雄之一的重要技术因素。20 世纪 60 年代到 70 年代，斯堪尼亚走上泛欧之路，在整合国内市场的同时，也向德国、法国、荷兰等欧洲市场大举进攻，并通过对公司上下游企业的一系列的兼并收购来实现前向和后向一体化。而超大马力发动机是斯堪尼亚在长途运输领域，驰骋欧洲重卡市场的一张强而有力的王牌。在 20 世纪七八十年代，斯堪尼亚的发动机曾四次蝉联欧洲马力王的称号。与其他六家企业相比，斯堪尼亚是唯一一家没有在康明斯购买过发动机的企业，其超大马力发动机使斯堪尼亚能够系统地将资源集中在重型运输领域，这也是斯堪尼亚称雄的关键所在。

斯堪尼亚品牌在重卡方面有"公路之王"的美誉，并多次获得"欧洲年度卡车大奖"。而在客车方面，凭借卓越的燃油经济性、方便的操作性、高级的舒适性以及先进的安全设施，斯堪尼亚旗下的 IRIZAR 客车品牌也曾获得"欧洲最佳客车奖"。

2013 年，斯堪尼亚在欧洲的重卡市场占有 14% 的市场份额，位于戴姆勒、曼、沃尔沃、帕卡旗下的道夫之后，按销售数量名列第五。2014 年，斯堪尼亚向南美洲出售 1.9 万辆车，占其全部销售车辆的 23%。多年来，巴西一直是斯堪尼亚在南美洲的主要市场，斯堪尼亚在巴西的重卡市场占有率为 15%，位于戴姆勒、曼、沃尔沃之后。斯堪尼亚目前专注于做高端重卡，在中卡和轻卡领域鲜有涉及。

（六）CNHI 集团

依维柯作为全球商用车著名品牌，隶属于 CNHI 集团。CNHI 是由菲亚特工业（Fiat Industrial S.p.A.）和其子公司 CNH Global N.V.，于 2012 年合并而成，与成立于 20 世纪初的欧洲老牌商用车企相比，依维柯在菲亚特的领导下挤入商用车巨头行列的战略思路独辟蹊径。

在 CNHI 公司从菲亚特集团剥离之前，菲亚特的商用车业务已发展了近百年。1975 年，菲亚特公司整合了旗下的商用车生产线，以及意大利的 Officine Meccaniche 公司和 Lancia Veicoli Speciali 公司、法国的 Unic 公司和德国的 Magirus 公司，组成了依维柯商用车公司。依维柯是从轻型商用车起家的。早在 1978 年，依维柯便推出了经典系列 Iveco Daily 轻型商用车，其优异的性能和配置使得它荣获了"年度最受欢迎厢式货车"的殊荣，在欧洲 6 吨以下的商用车市场份额占到了 21%，超过了当时的戴姆勒 – 奔驰公司。之后，依维柯迈开了向外扩张的步伐，20 世纪 70 年代，依维柯成立了北美卡车分部；而在非洲的利比亚和尼日利亚，依维柯则采取了合资的形式开拓市场。在 20 世纪 80 年代和 90 年代，依维柯陆续以合资的方式延伸海外市场。1986 年，建立了依维柯福特卡车公司，生产销往欧洲的福特 Cargo 卡车。而在亚洲市场，较为重视与中国的合作，1996 年，在中

国成立南京依维柯合资公司，为进入中国市场提供了良好的平台。在 1999
年，依维柯和雷诺成立了伊萨客车合资公司（Irisbus），4 年后雷诺将持有
的公司股权全部卖给依维柯，其后伊萨客车成为欧洲著名的六大客车公司
之一，可以说它是依维柯称雄商用车行业的关键一步。

依维柯具有轻、中、重型卡车以及客车的全系列产品。其轻卡 Daily
品牌在欧洲市场一直具有独占鳌头的优势，依维柯的中、重型商用车同样
具有广泛的好评。中卡 New Eurocargo 品牌凭借其出色的技术创新脱颖而
出，荣获"2016 国际年度卡车"．在重卡发动机的研制上。依维柯以最大
功率高达 775 马力的发动机，一举超越沃尔沃 FH16，成为欧洲马力王纪
录的当前保持者。它的伊萨客车在欧洲客车领域也享有良好的声誉。

CNHI 集团的业务重心一直在欧洲市场。2013 年依维柯 3.5 吨以上卡
车在欧洲所占市场份额稳定保持在 11%，对于中型卡车，依维柯在欧洲所
占市场份额达 25%，排名第二位。依维柯重型卡车稍有逊色，在欧洲所占
市场份额仅为 7%。除了欧洲市场，依维柯在南美市场、亚洲市场也有销
售，表现较好的是巴西市场，尤其是载重量 3.5-6 吨卡车，在巴西市场有
着 27% 的市场份额，仅次于排名第一的戴姆勒。此外，CNHI 集团在欧洲
客车市场上也颇具竞争优势，2013 年在法国占据着领先的市场地位，市场
份额高达 42%；而在意大利和德国，其城市间公交和 Minibus 表现良好，
分别拥有着 37% 和 16% 的市场份额。

（七）纳威司达

纳威司达是一家具有一百多年历史的美国商用车和柴油发动机制造
商，也是北美最大的校车生产商。纳威司达的前身是 1847 年美国发明家
赛勒斯·麦考密克（Cyrus Mc Cormick）创立的麦考密克收割机公司，1902
年更名为万国公司（International Harvester Company）。20 世纪 80 年代初，
内外交困之际的万国公司在债务重组时砍掉其他亏损部门，保留了最具盈

利优势的卡车、校车和发动机部门，并在 1986 年更名为纳威司达，由此成为一家专注于商用车的公司。

二战时期，万国公司的军用卡车凭借强悍的动力和卓越的可靠性，为盟军立下赫赫战功。由于战时军车需求量的剧增，使其一跃成为北美最大的卡车制造商，奠定了纳威司达在世界商用车领域称雄的基础。而纳威司达的校车及发动机业务在战后迅速发展壮大。纳威司达一直局限于北美市场，直到进入 21 世纪，才开始进行一系列的海外扩张。在美洲重点发力墨西哥和南美市场，2001 年，纳威司达和福特宣布成立蓝色钻石合资企业，在墨西哥生产卡车；2005 年，收购了南美最大的柴油发动机设计制造商 MWM；2008 年，将公交车业务扩展至墨西哥和南美。在亚洲市场，纳威司达也进行了一系列开拓，2004 年，纳威司达与印度马恒达公司成立了合资企业；2009 年，纳威司达与卡特彼勒（Caterpillar）建立了合资企业，在北美和印度以外的地区开发、制造并销售商用车；2010 年，纳威司达与中国江淮汽车成立了合资企业。

在商用车领域，纳威司达更追求通用性以实现规模经济，采用了"1+2+3"的产品战略，其中"1"是指全球通用的商用车底盘；"2"是指 2 种驾驶室，即平头驾驶室和流线型长头驾驶室；"3"是指 3 个发动机平台。通过"1+2+3"的设计组合，纳威司达既能满足不同客户多样化的需求，也能通过规模生产以降低成本。在品牌方面，纳威司达在中重卡、军用车辆以及校车方面具有优势地位。作为北美杰出的军用供应商，其 8 级军用重卡、军用防御车、防地雷反伏击车深受美国和加拿大军方的青睐。而在校车领域，凭借生产专用校车近百年的丰富经验，成为北美首屈一指的校车制造商，其 IC 品牌校车被誉为"世界上最安全的校车"。这些与众不同的产品线特色使得纳威司达在竞争激烈的北美市场中成长为四强之一。

在柴油发动机领域，纳威司达依靠长期积淀的技术实力，拥有动力性能强大的自主品牌柴油发动机 MaxxForce，原本与康明斯同属北美中、重发动机第一阵营。但由于此前一直孤注一掷的抱守着单一的 EGR 技术排放路线，使其在 2012 年无法达到 EPA2010 标准，导致被戴姆勒、沃尔沃等北美竞争对手联名起诉，最终法院裁决，禁止纳威司达销售所有环保未达标的发动机，使其发动机业务受到重创。此后纳威司达被迫采取与康明斯合作的方式来研制和生产满足美国 EPA2010 标准的新型发动机。

纳威司达的市场相对单一，北美是纳威司达的主战场。2014 年，在北美重卡市场的占有率为 15%，位列北美第四。纳威司达中卡在北美的市场占有率为 23%，位列第二，仅次于戴姆勒。纳威司达并没有开拓欧洲市场，而将海外重心放在了南美市场，由于南美市场起伏较大且份额较小，纳威司达的销售业绩就和北美地区卡车市场紧密联系在一起，可以说北美卡车行情很大程度上决定着纳威司达的销售状况。

四、全球商用车行业的迷茫

（一）商用车七雄的慵懒

2015 年 5 月，大众宣布组建新的商用车子公司卡车客车有限责任公司，从而整合集团 2013 年收购的曼和 2014 年收购的斯堪尼亚。新成立的公司将重点部署中重型商用车的业务架构，协同曼商用车公司、曼拉丁美洲公司和斯堪尼亚三家公司之间的合作。

怎么会是大众？在商用车行业自 20 世纪 30 年代开始兴起以来，经过 70 年的成长和发展，在 21 世纪初基本已经形成了七家巨头垄断的格局，我在前文详细描述了它们的成长故事。尽管近年来几家巨头之间一直虎视眈眈，常常爆出你来我往的收购传闻，然而实际上并没有任何实质性的兼并发生。特别是经济危机以后，这七家企业都忙于应对宏观经济低迷造成的消极影响，互相之间倒也相安无事。戴姆勒集团稳稳地坐着它龙头老大的位子，依维柯和纳威司达也依然是跟班小弟，之间的几家企业销售情况虽有起伏，但基本上也维持着相对平衡且画地为牢的状态。这种情况下，行业"老大"没有以大欺小的行动，行业的二、三、四、五、六、七既没有去抱老大的"粗腿"，也没有互相联合起来撼动老大的地位，哪怕最小的巨头也没有被其他"前辈"吞下。换句话说，10 年里，这些企业间既没有发生连横合纵的故事，也没有发生"秦统一六国"的故事。当然由于反垄断法的规定，也不可能发生一统天下的事情。就在春秋战国的热闹看不到的时候，却跑来一个商用车行业的门外汉大众，一举控制了曼和斯堪尼亚两家巨头，不仅稳居"坐三望二"的地位，甚至隐隐有威逼戴姆勒的趋势。

要知道，大众在整合曼和斯堪尼亚之前，虽然已经是欧洲最大的汽车集团，然而其商用车业务收入占总收入的比重却是微乎其微，而且相较于大众旗下众多知名乘用车品牌如奥迪、保时捷（Porsche）、兰博基尼（Lamborghini）而言，大众商用车似乎没有哪个朗朗上口的品牌能被人们广为传播。在收购曼和斯堪尼亚以前，大众的商用车仅仅以集团名字——"大众"命名，这样模糊的品牌形象难怪不为世人所知。事实上，直到1995年，大众的商用车业务才从大众汽车业务中分离出来，作为独立的品牌去管理和运营。我们在前文研究欧美商用车市场份额时也看到，在中重型商用车市场——特别是重型商用车市场，超过5%市场份额的名单中，并没有大众这个名字。

然而大众整合商用车的举动却也不是无源之水。尽管它的商用车业务实力不强，但是其发展商用车业务的决心则已经持续了60多年。1947年生产出第一辆商用车"Type 2 Transporter（厢式多功能车）"，其销量到了1954年便猛增到10万台。1967年生产了该型号的第二代，并开始在海外市场受到欢迎。到了1981年，大众开始在巴西建卡车生产厂。进入20世纪90年代，大众商用车生产有些后劲不足，除了在2007年一款名叫开迪的商用车获得了一个汽车杂志评出的年度奖项以外，没有任何其他引人注目的成就。大众深知，以其自身的商用车实力，若想与已经成为商用车巨头的企业争一分天下几乎是不可能的，莫说庞然大物戴姆勒，就连斯堪尼亚、依维柯这样排在巨头之末的企业也足以在技术和市场两方面碾轧大众。只有凭借自己集团的整体规模和实力去收购它们才是直接进入竞争的最佳策略。2009年，曼集团爆出"贿赂门"事件，这给了大众一个极佳的时机，早已虎视眈眈的大众终于将曼这家上百年的商用车企收归旗下，开始实现了其商用车业务野心的第一步。

我会在后文其他章节阐述大众的野心和战略，但是更值得玩味的是，为什么商用车行业的其他巨头在这段时间内没有进行大众这样的收购策略？在行业的发展历程中，人们更常见的是市场不断地向更少的巨头手中集中，垄断程度不断加深，并购整合多发生在已经存在的企业之间。我在前文谈道，在2005年左右的时候，现在知名的这七家商用车巨头基本都已经形成了各自在世界范围的市场铺陈，那么为什么在接下来的这大约10年的时间里他们却突然如一池静水了呢？换句话说，大众之所以能加入商用车领域的全球争霸，恰恰是由于商用车巨头们这10年间的"不思进取"！

必须要认清的两个前提

我们在讨论商用车行业为什么在近10年的时间里如此慵懒之前，必须认清两个重要的事实。一是全球商用车市场在这10年发生了重大的格局变化。如果说21世纪之初欧美发达国家占据了全球商用车销售的90%，那么到了近几年，亚太地区特别是中国，则成了商用车销售不可忽视的主战场。我以重型卡车市场为例，2000年时中国的重卡销量只有8.3万辆，远远落后于北美地区的25.2万辆和欧洲地区的24.5万辆，然而到了2010年，中国地区的重卡销量则达到了101.5万辆，远远高于北美和欧洲相加的总和。

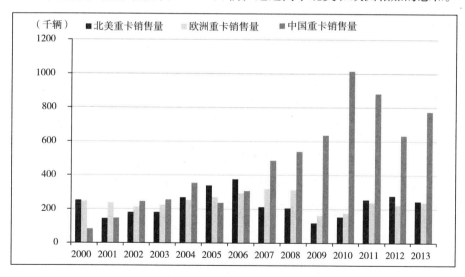

图1-1　2000—2013年世界重卡销量

数据来源：ACT research; ACEA; CAAM.

二是，商用车市场在欧美发达地区和中国地区是严重分裂的。从行业格局角度来讲，西欧和北美的商用车市场经过百年的发展已经步入了成熟阶段，竞争格局已经基本稳定，行业的领头羊就是前文提到的七家企业。而在中国，商用车市场则是新世纪以来伴随着中国经济的快速发展而成长起来的，仍处于它的发展时期，本土的商用车集团牢牢占据着本国的市场。根据《沃兹汽车》（Wards Auto）的调查显示，截至 2013 年年底，外国卡车品牌总共占有中国 7% 的市场，其余的市场份额则主要被东风、一汽、重汽、福田、陕汽这几家大企业所垄断。所以说，尽管我称那七家集团为商用车七雄，然而它们在中国的发展只是以合资企业的形式存在，以他们的品牌出售合资车，并没有进入中国商业运输车的正常行列。另外，从产品角度，欧美市场所畅销的商用车有着价格高、质量好的特点——这跟商用车发展历史、相关行业（如公路运输业）的特点、当地政策等都有至关重要的联系。而在中国道路上奔跑的商用车则多是价格低、质量差的低档产品和改装车，这也和我国的行业发展是不可分割的。所以说这两个市场需求的不同自然而然地将世界最大的两块商用车销售区域欧美和中国分割开来，彼此泾渭分明，难以互相流通，我们在讨论世界商用车行业的整体发展思路时，必须牢牢把握这一点。

基于以上两个事实，我总结出这七家商用车巨头度过了慵懒的 10 年有其外在的原因和内在的原因。其外在原因和欧美地区商用车行业的整体停滞有关。而其内在原因则是这七家企业自身的结构和管理问题，也是为什么大众能够乘虚而入的根本原因，也正因为这几家企业自身的内部问题，我把它们形容成 "金融鸡肋"，这会在本篇的第三章进行详细的论述。现在我先来说说这七家商用车企慵懒的外在原因。

"不思进取" 的外在原因：欧美市场的停滞

通过这几家企业的年报，我们不难看出，尽管亚太和南美地区是最近几年各大车企逐渐重视的市场，然而它们的业务和营收仍然主要来自传统市场西欧和北美。对于这两个地区的商用车行业来说，对市场整体销售影响最大的因素是当地的宏观经济。

GDP的增长意味着各种经济活动的增加，从而意味着物流加速，进而对卡车的需求增大；反之亦然。故卡车市场销售与宏观经济趋势一致。以欧洲为例，图1-10所示的是过去12年欧盟的经济增长率与该地区卡车总体销售增长率之间的关系，可以看出，无论是中型卡车还是重型卡车，其增长率趋势与宏观经济走势保持一致，其中重型卡车的经济周期波动尤为强烈。根据这12年的数据计算，欧洲重卡增长率与经济增长率的相关系数高达0.8，基本可以认为欧洲的宏观经济因素在重卡销售中占主导地位。

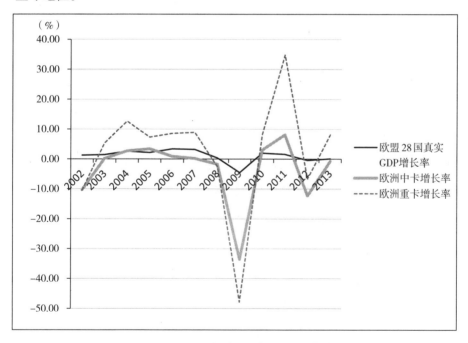

图1-2　2002—2013年欧洲经济增长与卡车销售情况

数据来源：ACT research, ACEA, ECB, European Commission

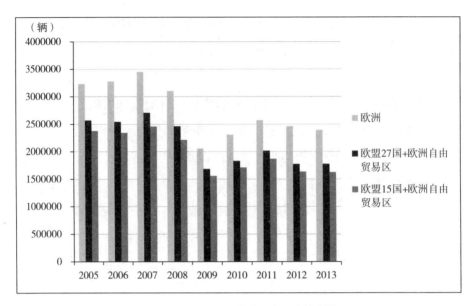

（辆）

欧洲

欧盟27国+欧洲自由
贸易区

欧盟15国+欧洲自由
贸易区

图 1-3 2005—2013 年欧洲商用车销售情况

数据来源：Wind 数据库

　　换句话说，欧美近十年经济的不景气直接影响了这七家企业膨胀的步伐。特别是对于欧洲来讲，其经济的巅峰在 2008 年之前——美国的次贷危机还没有传播到大西洋的这一边。在经济危机之后，紧接着还有欧洲国家的债务危机，欧元区僵化的财政政策很快使债务危机转化为经济衰退。工业生产和投资下降，潜在生产力被浪费，商业活力和信心不足，失业率飙升，经济陷入了停滞状态。这种状态绝不单单是一个简单的商业周期低谷，因为自二战以后，世界上主要的发达国家还从没有经历过这种多次触底的经济震荡。更为悲观的是，直到今天当美国已经开始看到经济复苏的曙光，欧洲却仍陷在泥淖里无法自拔。这对欧洲的商用车企业来说，是持续的打击。

"不思进取"的内在原因：企业自身的技术停顿和财务风险

　　商用车行业自 19 世纪末开始萌芽，总体来讲经历过两次比较大的实质性技术进步时期：20世纪的30年代以及50—80年代。商用车从一开始的内燃机平板载重车一步步发展成为今天的柴油发动机甚至新能源发动机驱动且有着高度安全性、可靠性、承载能力强的运输工具。在商用车发展的历史过程中，我们可以看到核心技术对于行业竞争的重要性，特别是发动机技术的研发水平，几乎决定了哪些企业能支撑到最后。也就是说，今天的七家巨头正是因为掌握了商用车发展的最顶尖技术，同时因为它们能够坚持不懈地不断创新，才能站在行业的巅峰上瓜分垄断利润。然而，如果我们仔细琢磨这几家企业近10年的产品，我们会惊奇地发现，这些企业在发动机、底盘方面的技术进步几乎是微乎其微的，或者说，除了每三四年更新一次的环境排放标准，我们难以找到任何一项颠覆性的技术创新。甚至这几家商用车巨头自己大肆宣扬的，也不过是能够生产出符合欧美最新排放标准的汽车。当然这一项技术也足以将其他竞争对手排除在外，特别是新兴市场起步较晚的商用车生产商。但是我们不禁要问的是，自从2005年的欧 IV 标准出台以后，欧 V 和欧 VI 对于环境改善的意义，实质上到底有多大呢？

除了技术上的停顿，这七家企业无一例外都陷入一种高负债的财务模式，其资产结构也变得脆弱起来。我并不是说这样的变化就是绝对错误的。事实上，从20世纪末商用车行业的大并购开始，资金杠杆在公司发展壮大中的作用变得前所未有的重要。如果说20世纪90年代之前的商用车企领导者清一色的是技术起家的实业派，那么近年来企业的管理层则开始向金融领域靠拢，玩转资本的能力进入了一种空前的膨胀状态。必须承认的是，在新世纪初经济和行业的上升时期，金融市场的发达给许多行业的发展提供了很大助力。然而一不小心，华尔街玩过了头，过度不良的资产结构和缺少实际盈利能力的支撑带来了对这种西方经济模式的质疑和反思，我们应该担心的是，行业整体低迷时，原先的没问题会不会变成有问题？

（二）中国商用车 10 年发展的凌乱脚印

我国商用车发展的历史背景

1956 年 7 月，第一辆解放牌卡车在长春一汽的总装线上诞生，从而揭开了我国商用车制造业发展的序幕。我国商用车经历了 20 世纪 50 年代的艰难起步，60—70 年代的不断探索，80 年代引进技术的阶段之后，开启了从仿制整车到自主研发的进程。随着我国进入改革开放时期，政府开始把汽车工业列为全国支柱产业。在商用车行业，尤其是重卡领域，与其他行业的技术引进和合资生产成为中国市场技术进步的主线不同，甚至与乘用车的发展轨迹也完全不同，以卡车为代表的中国商用车产业走出了一条特立独行的道路，已经令全球商用车行业专家大跌眼镜，而又无可奈何，这条道路就是中国卡车的改装车之路。

20 世纪 90 年代至今，尤其随着中国加入世贸组织之后，一些外国公司逐渐将视野投向中国，开始尝试与中国汽车企业的合资经营。中国的重卡领域形成了一股"合资热"，先后出现了福田戴姆勒、南京依维柯、广汽日野、江淮纳威司达、江西五十铃等一系列合资企业。这一时期，外方在中国的策略不仅仅满足于单纯的技术输出来争夺中国市场份额，而是变成品牌和技术的双重输出，试图发掘中国作为它们全球化战略关键的市场潜力。

如今，我国商用车经历了几十年的发展，也逐渐有了自己的民族品牌。一汽解放、二汽东风、重汽豪沃、北汽福田、陕汽德龙等企业品牌已经成为了我国卡车市场的佼佼者；而客车方面，宇通、金龙、亚星、金旅等品牌也日益成为我国自主的龙头企业。这些自主品牌的商用车在我国市场占有率一直保持在 90% 以上，无疑是中国商用车市场有隐难言的主力军。进口卡车和客车的市场占有率微乎其微，国外品牌的合资商用车也一直难以打破我国市场被国产品牌商用车主导的基本格局。

无可争议的是，近年来我国已成为了商用车大国，在商用车产量上也得到了飞速发展，根据中国国家统计局数据显示，各种客车的年产量从2000年的57.79万辆增长至2014年的158.7万辆，而卡车的年产量从2000年的86.29万辆增长至2014年的312.90万辆，尤其是在2010年，我国卡车产量超过391.5万辆，创下卡车生产的历史最高纪录。相比欧洲商用车10年间发展进程的慵懒无争，我国商用车在产量和产值上都迎来了爆炸式的增长，但与其他行业制造水平和技术都取得巨大进步相比较，我国商用车的制造技术水平明显滞后，与欧美商用车巨头相比仍然具有巨大差距。造成这些巨大差距的根本原因就是我国特有的改装车盛行现象。

低端改装车占据主导市场的无奈

从改革开放到加入世贸组织，仅仅用了几十年，我国便从一个百废待兴的国家一跃成长为世界第二大经济体。随着工商业的迅速发展和物流业的兴旺发达，几乎在短短的几年时间就带来数倍甚至数十倍的运输量需求。而改革开放之初，我国的载重车销量仅仅为几万辆，当时我国的工业水平还处于初级阶段，卡车的制造能力也有限，还无法满足中国飞速的经济增长带来爆炸式的物流需求。于是在卡车产量有限的情况下，如何增加卡车的装载量是当时运输业车主亟待解决的问题。一时间勤劳智慧的中国人想出各种方法对卡车进行改装，载重量从名义出厂载重量提升到3倍、4倍、5倍，甚至10倍；与此同时，为了适应改装市场的需求，各种改装工厂甚至几个人组成的作坊，如雨后春笋般出现在全国各地的每个角落。数十年间，通过改装车来快速增加运输量，已然成为了我国运输市场的普遍现象，而这些改装车对我国的经济物流运输业确实做出了不可磨灭的贡献。

随着近年来中国经济GDP的高速增长，到2010年前后，中国对改装车的需求达到了顶峰。据我对近10年来轻、中、重三类卡车的研究分析，粗略估计这类改装车的数量大致在每年200万辆左右，也就是说，我国至少有 70% 的卡车经过改装之后扮演着重卡的角色。而伴随着超载吨位的疯狂增长，改装的手段也层出不穷。通常小型的改装，比如加厚卡车的悬架系统钢板弹簧（弓子板）、架高卡车的马槽等手段，这样可使一辆卡车的载重量增加至 2—3 倍。这类小型卡车改装的费用为 2 万—3 万元。而通过改装车斗、更换后桥、加固大梁等大型改装，其承载能力可以达到 4—8 倍。这种大型改装的成本有时会达到 10 万—20 万元。这些卡车的超载潜力十分惊人，一辆出厂载重量仅在二三十吨的大卡车，经过加钢板、加长车斗、梁套梁等改装手段，载重量可高达一百吨以上。而由于超载严重，这些改装车的制动系统时有失效，刹车失灵是常有的问题，而由此造成交通事故的也比比皆是。

造成改装车车主无视安危、铤而走险、疯狂超载的背后，实则透露出我国运输业市场的种种无奈。随着近年来物流运输量的激增，超限超载的车辆对我国公路桥梁的安全构成了严重威胁和破坏，致使路桥维修费居高不下，从而使得运输的路桥费也难以降低，这导致了运输成本的居高不下以及不超重运输就全无利润可言的尴尬格局。尤其在卡车折旧率高、道路状况差的情况下，如果这些"跑运输"的车主们不能尽快回本的话，不仅会赔钱赚吆喝，甚至还有可能背上无法偿还的巨大债务。所以，通过车辆改装超载运输是最快速、最有效回笼成本的方式。成倍超载和无视风险的改装车愈演愈烈的势头，既折射出了运输业车主受困于运输成本日益渐高的压力，也折射出他们对利润强烈追求的贪婪欲望。

我国运输行业的利润是与车辆超载密不可分的。从成本、超载倍数与利润的关系来分析，车价与改装费越低，并且超载倍数越大，随之而来的回本速度就越快，利润就越大。而卡车的超载量即使提高一倍，其报废年限也仅仅比不超载的卡车提前 1—2 年而已。因此，从利润角度来分析，车主选择价格低、易改装的中低端卡车是最经济的选择。无论从市场因素还是成本核算来看，成倍超载的改装车是长途货运利益驱使下的无奈之举，也正是这份无奈造就了中低端改装车主导了我国的商用车货运市场的局面。

高端商用车难以挤进中国市场

由于中低端改装车长久以来，凭借超载的优势和廉价的成本，成功地占据了我国商用车的主流市场，导致高端市场微乎其微。目前，我国的高端商用车主要由使用国外技术与核心零部件的外资品牌合资车，以及国外进口车两部分组成。

我国的合资卡车，主要分为两类，一类是使用自主品牌的合资卡车，价位通常在20万—30万元，这类自主品牌的合资车，仍属于我国中低端改装车市场的车源；另一类是使用国外技术与核心零部件的外国品牌合资车，这类合资车的价位通常在70万元以上，占据着我国高端市场的一部分份额，但却无法真正的挤压中国的改装车市场。

而国外进口车通常具有百万元的高价，是自主品牌卡车的5倍以上。这类国外进口车辆在中国的年销量总和只是在1万辆左右徘徊，销量不到国产卡车的1%。这类高端进口车，即使拥有着使用寿命长、可靠性高、燃油消耗低等优势，但是由于高出改装车几倍的价格所造成的低回报率，以及心疼其昂贵的车价，车主通常不让野蛮超载。另一方面，进口卡车受限于精密零部件的制约，事实上也无法超出额定载荷运输太多，导致进口卡车远没有改装车的运载量大，因而无法参与改装车运输市场的竞争，结果其在中国运输市场上的份额完全可以忽略。

从利润角度来说，无论哪一类高端车，其整车的购买价格往往是国产车的四五倍以上，高昂的售价造成的高折旧率，以及无法野蛮超载，再加上路桥费、燃油费等各种附加费用，分摊在每吨每公里的运输成本太高，导致使用高端车跑运输几乎全无利润可言，其带来的经济效益与改装车是完全没法相比的。需求决定市场，这就造成了高端车始终无法踏入中国商业运输车的正常行列，致使高端车最终在中国市场上竞争乏力，举步维艰。

此外，高端车难以驻足中国市场，还有不服水土的原因。一些高端的零配件，比如盘式制动器，在额定载荷之内，制动非常稳定，但若使用在严重超载数倍的场合，不仅制动效果大幅度下降，制动盘的磨损也相对较大，更换频率较高，因此这类使用先进零配件的高端车很难适应我国运输市场成倍超载的需求。而且配备高端技术的车辆在售后维修覆盖面不是很广的情况下，出现了故障往往都无法得到及时修理，这也使市场份额本来就极小的高端车的处境雪上加霜。

我国商用车制造能力发展滞后

改革开放后，随着对卡车和客车市场的需求迅速增长，我国商用车无论是产量还是保有量都非常大，但无论从车辆的环保能力还是安全可靠性来看，都与欧美商用车制造企业存在较大差距。

造成我国在商用车技术方面很难有较大提升的原因主要有三个方面。

第一，我国商用车在中低端市场上徘徊不前，主要被为数众多的改装车拖了后腿。我国每年多达 200 万辆的改装车，由于成年累月的严重超载，寿命偏低，通常两三年就遭淘汰或转手卖人。这些改装车基本使用技术含量较低的配件，成本也很低。而技术先进的高端配件不仅价格昂贵，在短时间内也极难收回成本，不符合我国加倍超载的改装车市场需求，有些高端零配件也无法在这些严重超载的改装车上使用，因此高端零部件在我国数量庞大的运输业车主中并没有市场，这也就导致我国企业对高端零配件技术的提升原动力不足。

第二，我国商用车的高端市场，主要被使用国外品牌的合资车和进口商用车所占据。国外进口商用车价格极为昂贵，动辄百万，导致在市场上鲜有问津，而国外品牌的合资车直接采用的是国外的底盘和发动机配件，因此价位也同样居高不下，在市场中的需求极少。而我方在合资中并不能拿到这些关键性配件和整车技术的核心专利，长期依赖于外方提供的技术支持，并不能制造出自主品牌的高端合资车。

第三，我国的商用车市场上出现了一个介于中低端改装车与昂贵高端车的中间空档，事实上这个中间空档就是我国自主品牌车与国外品牌车之间的技术鸿沟。自主品牌车要跨越这道鸿沟，不仅在整车设计技术上要达到与国外品牌车同样的水平，而且主要零部件的技术水平也要达到与国外品牌车差不多的程度，这不仅要有巨大的研发经费的投入，而且要购买国外的专利技术，这些费用分摊到每一辆车上的成本，使得最终的售价与国外品牌合资车的售价差距不大，再加上自主品牌的市场拉力不够，这就使得只比国外品牌合资车的车价低 20%—30% 的自主品牌国产车没有市场竞争力，很难打开局面。所以即使研发成功了这种车也很难产生规模销量，这反过来又使技术研发和专利购买费用的分摊居高不下，车价与国外品牌合资车相比就更没有竞争优势了。这就肯定会形成一种负反馈机制。不言自明，这种局势就使得我国那些精明的企业家无人敢于尝试。另外，商用车合资企业中方和外方的股比通常是各占 50%，国外品牌合资车在中国市场上赚来的超额利润，中方和外方对半分成，好钱共同赚，何必干那种既吃力又赔钱的苦差事呢？最终这就使得我国的商用车企业缺乏原动力去填补商用车市场的这块中间地带。

综上所述，多年来由于中低端改装车市场的需求量过大，高端市场又被以国外技术主打的进口车以及国外品牌的合资车所垄断，而我国商用车企业在中间空档市场上又一直无所作为且不愿作为，最终导致了我国商用车出现了两极分化的行业发展格局。我国商用车企业在廉价的中低端市场上悠然自在地享受着改装车市场的自然膨胀带来的巨大利润，技术上不冒风险，停滞不前。在昂贵的高端车市场上与国外车企坐地分肥，养洋自重。这一切造成了 10 年来我国的商用车企业只顾在中国市场上自娱自乐，鲜有逐鹿国外发达国家市场的雄心壮志，甚至角逐发展中国家的商用车市场，也没有形成可圈可点的局面。

最后，我还要再评说一下中国改装车行业的功过。我国每年200万辆以上的改装车，不仅是中国各类公路上的狂野猛虎，它们每年肆无忌惮地制造了几十万起交通事故，吞噬了几万条鲜活的生命，压坏几十万公里的道路，压塌了一座又一座桥梁，而且也是中国商用车技术进步的拦路虎，它优异的低价格、大超载、半年回本的杰出经济效益拦阻了我国已逐步掌握的各种先进技术在卡车上使用的可能，各种先进技术使用导致的成本增加都冲不过去而且也绕不过去这只凶猛的拦路虎，真所谓是一虎当关，万技莫开。当然过去20年，这只拦路虎也成功守住了我国商用车行业的大门，几乎不让国外先进的环保型高科技商用车冲进中国市场，不管是英雄无比的擎天柱，还是阴险狡诈的威震天，在中国公路上根本都见不到它们的踪影，就更谈不上横冲直闯了。甚至那些已在中国市场上盘整了十多年的合资外国品牌商用车也不得不匍匐在它的脚下，苟且偷生！

由于近几年基建、煤炭、矿产等产业的产能开始逐步过剩，去除过剩产能也将是"十三五"的主要工作。这必然会导致改装车市场逐步萎缩，而电商与大物流会成为未来的大方向，商用车档次和品种必然会随着市场需求的格局变化而改变，中高端卡车需求量会逐步上升。我预测未来10年，改装车这只中国商用车市场的拦路虎也会逐渐失去它的威风。这必然会让很多在中低端卡车与客车市场上集中发力的商用车制造商措手不及，慢慢失去其市场份额。如此看来，只有通过"引资购商"并购整合国外的一流顶尖商用车企业并将商用车的制造技术复制到中国，才是使中国商用车生产制造迅速达到世界先进水平的最佳途径。

第二章　全球商用车技术现状分析之环保壁垒

一、全球商用车 10 年的技术发展

2004 年，在我收购亚星客车之时，一辆 24—40 座位的亚星公交车的卖价就是十几万元人民币，而欧洲同等规模的公交车大约是十几万欧元。10 年后，除了由于汇率的影响，使得中国和欧洲的价格比由 1：10 下降到 1：8 之外，却没有更多的变化，这的确是一件令人惊讶的事情。因为在这漫长的 10 年中，中国的客车居然空有如此巨大低廉的成本优势，却迟迟没有撼动过欧洲这惊为天价的商用车市场一分一毫，这背后的原因究竟是因为我国的企业家缺乏敏锐洞悉的战略眼光，抑或是，这中间的确存在着某种无法逾越的障碍？我们不妨从这怪异的现象入手，追溯 10 年的时间线，去层层剥开隐藏在商用车市场厚重迷雾中的真相。

（一）欧美客车的慵懒 10 年

11 年前，一场盛大的世界客车博览会在比利时小镇科特赖克举行，这是一个聚集全球新技术、新思维、新设计的国际交流平台，来自全世界的 46 家著名客车制造商聚集在这里，各显神通，竞相展出自己公司最为卓越的公交巴士和豪华客车。这场博览会吸引了全球各国制造商、供应商和销

售商的眼球，也关系着未来全球客车的销售热点。尽管在当时，欧洲在全球客车市场仅占 10% 的销量，但是却在客车的技术上独占鳌头。在这样的一场客车竞展的盛宴中，"年度客车大奖"变得格外地令人瞩目，摘得这一桂冠的是德国商用车巨头曼旗下的尼奥普兰公司推出的豪华客车星际线（Starliner）。

德国的尼奥普兰公司原本是一家独立的著名客车生产商，在欧洲拥有庞大的市场，2001 年被商用车七雄之一的曼收购。它推出的客车类型多半是豪华的高端客车，而这款集精湛技术及安全舒适性于一体的星际线，更被誉为欧洲客车中首屈一指的精品。其精妙之处在于，只要稍微瞟上一眼，任何人都能感受到这辆车与众不同的气场。流线精湛的车头，光洁如镜的外表，不同反响的车内空间，星际线不仅具有良好的动力性能，也同时注重客车的美学与舒适安全性，代表了 10 年前欧洲客车的最高水准。

这款 14 米长的星际线长途客车在当时的配置是，发动机采用曼公司自己开发的 D2676 LOH 的 12L 直列六缸共轨增压柴油机，符合欧 III 标准，最大功率为 353kW/1900rpm，最大扭矩为 2300Nm，最大扭矩转速为 1100—1400rpm。变速箱采用曼的 12 挡手自一体 AMT 变速箱，前悬架采用多连杆式独立悬架带横向稳定杆，后悬架采用连杆式独立悬架带四个空气弹簧，星际线的安全系统采用 MSC 车速限制报警器、ACC 自适应巡航控制、LGS 内线行驶警告系统，并使用电子稳定程序 ESP 和电子减振系统，可使车辆在任何时刻都具有良好的操纵性和稳定性。这款高端豪华客车当时在欧洲引起了不小的轰动，而曼旗下的尼奥普兰也被誉为欧洲高端客车的领跑者。

然而，11 年后的今天，如果你有兴趣再去关注一下尼奥普兰公司最新推出的各类高端豪华客车，尤其是由星际线延续而来的 Skyliner，你就会发现这样一个惊人的事实：这款客车的底盘配置居然没有任何变化。Skyliner 依旧采用的是曼的 12 挡手自一体化 AMT 变速箱，前悬架和后悬架的配置和 10 年前基本一样，就连主动安全系统的模式、MSC 车速限制报警器、ACC 自适应巡航控制、ESP 电子稳定程序也传承性地保留下来，再也没有任何令人惊喜的改变。如果一定要说 10 年前后的不同点，也就只有发动机的配置了，从 10 年前的欧 III 发动机升到了 10 年后的欧 VI 发动机。这款发动机采用的仍是曼的 D2676LOH 发动机，只是动力性能有所提升，最大功率从 10 年前 353kW/1900rpm 提升至 371kW/1800rpm，最大扭矩也和 10 年前一样，仍是 2300Nm，只是最大扭矩转速从 10 年前的 1100—1400rpm 变成了 930—1400rpm，除了在峰值扭矩中具备较持久的动力输出之外，几乎看不出在性能上有更多卓越性的改变。

作为欧洲顶尖客车领跑者的尼奥普兰体现了欧洲高端客车 10 年发展的一个缩影，至少折射出欧洲在近 10 年的过程中，高端客车在底盘以及发动机的技术上没有任何实质性的突破和飞跃，作为汇集一流精湛技术的高端豪华客车尚且如此，欧洲普通的城市公交就更可想而知。欧洲客车经历了慵懒而与世无争的 10 年，在技术上既没有令人可喜的飞跃，在设计上亦没有令人振奋的革新，却固守着一脉相承的技术和居高不下的价位，稳坐全球商用车霸主的位置。欧洲商用车市场就像一个相对封闭的自然生态圈，任由羊群养肥壮大，却从来没有任何一头虎视眈眈的雄狮能够伺机而入，一举打破这慵懒而悠闲自在的生态系统。说来可笑的是，欧洲商用车这慵懒而又悠闲自在的 10 年，所恃的不过是欧盟的排放环保要求这一不断加高的篱笆围墙而已，而这个远远看上去很吓人的篱笆墙，走进细观察就可以发现它不仅单薄而且也是很容易穿透，只是无人愿意走近它并仔细研究怎么穿透它而已，更谈不上矢志要穿透这层单薄篱笆墙的雄心壮志了！

这与我最熟悉的世界冰箱市场形成了鲜明的对比，我国在 20 世纪 80 年代和 90 年代初，从国外引进了一百多条冰箱生产线，那时很多冰箱厂连冷藏冷冻室的温度配比都不会自行设计。很多品牌的冰箱，冷冻室温度达标后，冷藏室就结冰，许多当年的用户都深有体会，为了使冷藏室不结冰,只能让冷冻室在 -18℃以上运行。可是 10 年后,在 21 世纪初,我国的冰箱产业已成功迫使欧美冰箱巨头放弃了全部 230 升以下的冰箱生产,全从中国厂家进行 OEM 代工生产。中国在这两个行业上的表现,差距可谓天壤之别。中国家电业敢叫板世界顶级家电公司的基因,在我度过牢狱之灾的 10 年后,没有发现转移嫁接到中国其他的竞争行业中去,这是家电外行业的悲哀,也是中国制造的遗憾。

(二)中国客车的尴尬 10 年

时间再次追溯到 11 年前,回到那场欧洲比利时空前盛大的世界客车博览会。中国的金龙公司带着两台大客 XMQ6118、XMQ6886,抱着学习与借鉴国际一流客车的心态,成为第一个代表中国参加世界客车博览会的制造商。金龙客车在当时代表了我国客车业内的高端水准,它基本上是中国客车技术的一个缩影。金龙本想以此次展会为契机,以价格优势迈出进军欧洲市场的第一步。然而 10 年过去之后,金龙虽然不断进行着开拓海外市场的征程,但主要集中在亚非拉等发展中国家,在欧美主流市场的份额微乎其微。究竟是什么样的原因制约了中国商用车在欧美市场大展宏图的步伐呢?

先看看城市公交车,10 年前,中国普通的城市公交主要以国产技术为主。以金龙 10 年前热卖的公交车 XMQ6121G 为例,它采用的发动机配置是玉柴的 YC6G270-30,额定功率 199kW/2200rpm,符合国 III 标准。底盘的配置是綦江五挡手动变速箱,悬架采用钢板弹簧,离合器采用国产 Φ430 离合器。10 年后,如果你再去关注金龙类似的普通城市公交车系列,你会发现,底盘的配置基本相同,只是为了达到排放标准,从 10 年前符合国 III 的发动机升到了符合国 IV 的发动机。国内其他品牌的公交车,也是类似情况。这说明 10 年间我国普通公交车的基本配置并没有发生变化,技术也没有任何显著提升,这导致了国内的城市公交车 10 年来的价格没有太多的变化。

而我们再说高端客车的发展，仍以 10 年前意欲进军欧洲市场的金龙高档客车为例，很多高端零配件采用国外的进口底盘配件。比如金龙的 XMQ6118 客车，其配置为进口康明斯发动机、采埃孚 ZF 变速箱、进口的独立空气悬架以及进口的离合器，并安装了胎压监测装置和 ABS 防抱死系统。可见，金龙自己的东西并不多。

这些所谓的中国高端客车聚集了国外高端底盘和发动机，而金龙只是将其组装而来，看似配置很高，实际上并未将真正技术的精髓融会贯通，因为怎么也无法做到像欧美那些商用车巨头一样，在几十年市场磨合之中，早已将自身品牌的发动机与变速箱、车桥等各类自主核心技术与整车的实际性能，融合得臻于极致的完美。另外，金龙向国内销售的客车全部采用的是国产零件配置，因为低成本和低售价更符合国内客车市场的需求。而用全部进口配件的车，车价很高，甚至比进口国外品牌的车价更高，当然就在市场上无人问津了。目前金龙向国内销售的 XMQ6119FY 客车发动机可选用玉柴、潍柴等多个型号的国 IV 发动机，底盘配件采用的是国产法士特 6 挡变速箱、国产离合器（Φ430）以及国产六气囊空气悬架。这款客车也只能在国内销售，因为以全部国产配置客车的水准，这些硬性配置是无法进军欧美主流市场的。这些情况表明，我国试图进军欧美市场的客车全部都是以欧美配置为核心的组装车，而在国内销售的也只能是以国产配置为主流的客车。

以这 10 年的进程来看，在客车的制造技术方面，不能算是突破性的进步，只能算是亦步亦趋，缺乏创新，因为无论从底盘配件还是从发动机来说，根本不能脱离欧美的影子。即使名义上是国产的自主品牌，仍无法脱离欧美零配件公司的技术和部件。以玉柴的柴油机 YC6G 系列为例，它基本上是全套引进美国福特的发动机设计、工艺技术和装配。而目前能够达到国 V 标准的玉柴高压共轨系列发动机 YC6MK，其喷射技术采用博世的电控高压共轨来达到排放标准。而博世在中国各地建厂，其柴油电控高压共轨系统在国内已生产30多万套，在我国柴油机高压共轨市场上占据垄断地位。国内很多高端柴油发动机使用的都是博世的电控高压共轨系统，比如玉柴、潍柴、锡柴等。再看看我国的变速箱命脉企业，我国的法士特在1984年引进的是美国伊顿富勒变速箱技术，主要生产双中间轴结构的变速箱，能够承受较大的转矩。綦江齿轮在1985年引进德国的采埃孚机械变速箱技术，主要生产重型变速箱。大同齿轮在1986年引进日产柴变速箱制造技术，生产5挡、6挡手动变速箱。这些引进的技术都属于手动变速箱技术，而且这些都是欧美日先进变速箱企业在20世纪80—90年代的技术，我国企业在此基础上进行一些研发改进。要知道欧洲客车10年前就早已普及AMT变速箱了，而我国客车到今天广泛使用的还是手动变速箱。

我们其实从没有做到真正意义上的国产自主化，当然也缺乏自身的核心技术，而所谓引进国外"先进"技术也并非是欧美发达国家目前的顶尖级技术，那只是在欧美绝大多数商用车上早已普及或已落后过时的一般技术。因此10年后的今天，我国在高端客车领域，即使和欧美10年前的客车相比，还是具有相当大的差距。中国客车在这10年发展的进程中，虽然也在孜孜不倦的努力，但一些关键的核心部件仍需要国外产品，实则处于一个邯郸学步的尴尬状态。

至此，我又忍不住要说说我的冰箱产业和家用空调产业，科龙当年冰箱的分立多循环温控专利技术是世界领先的。科龙空调使用我的双高效空调专利技术至今都是世界先进水平，而客车行业却没有一项核心的中国专利是领先世界的，这不能不说造成中国客车行业的尴尬局面一直囿于没有核心技术的创新。难乎？不错，是有很大的难度。要想短时间赶上发达国家几十年的技术积累是很难的。困乎？不见得！要想突破这一困境，其实很容易，买一家顶级发动机制造厂，一夜之间就能突破这个困境！本书的宗旨"引资购商"就是这个思路!

（三）中国与欧美客车各自封闭的市场怪圈

从上面的分析当中，我们能得出这样一个结论：10年后的欧美客车除了在燃油经济性、舒适性方面继续精益求精之外，在技术方面却没有飞跃性的进步。而中国客车虽然始终在技术上不断的模仿跟随，但和欧美客车相比仍有至少10—20年的差距。鉴于欧美客车的底盘和发动机技术没有实质性的飞跃，中国也没有任何突破性的进步，于是欧美客车继续在本土的市场中走着舒适慵懒的高大上路线，中国客车在自己的圈子里埋头自给自足的供应和生产。以中国的技术水准很难打入欧美精湛的高端市场，而以欧美的天价成本也无法突围中国廉价的中低端市场。

这一切造成中国和欧美形成了两个独立封闭的市场，封闭的市场造成了封闭的心态，封闭的心态造成了技术上的故步自封。中国商用车企业在欧美这块高端商用车领地上，从未敢想过在技术上对欧美进行抗争甚至反超。在相差悬殊的技术竞争力和市场竞争力的层层隔断之下，中国与欧美市场被人为的分割成两个圈子，仿佛是两个孤世独立的星球，彼此始终互不干涉、互不影响，这也是为何中国客车空有10年之久的成本价差优势，却始终没有给予国际市场巨大冲击的一个客观原因。

而造成此种现象的主观原因是我国的商用车企业缺乏进军欧美市场的上进心，也许是因为技术上的确和欧美存在着某种巨大的差距，也许是因为中国企业从来没有那样的雄心盘算着大幅度地反攻国际市场，他们宁愿固守着国内市场的一亩三分地自给自足地生产，逐年保持着国内商用车蓬勃增长的销售量，安心无忧地享受着中国经济飞速发展带来的商用车增长红利，就此乐不思蜀甘于平庸，缺乏走出去的斗志，没有足够的动力去参与全球商用车市场大环境的竞争，因此也就逐渐丧失了提升自身技术、赶超欧美车企的原动力。一旦市场竞争的原动力缺失，企业的技术发展便不会有突破飞跃式的进步,也就绝无可能在国际市场上实现大幅度的反攻。总之,无论哪一个行业,从冰箱产业到商用车行业,若没有领先世界的一流技术作为依托,即使具有再大的成本优势,也难以成功地掀起搅动国际市场的狂潮,实现全球行业战略上的整合。这也是我们为什么空守巨大的成本优势,却无法撼动欧美市场的一个最为重要和根本的原因。

(四)欧美卡车的 10 年怠行

在卡车领域,1896 年,世界上第一辆卡车由戴姆勒制造生产之后,欧美商用车巨头们在卡车领域经历了百年历史,尤其在重卡方面,无论从发动机技术,底盘配置,还是安全舒适性等技术方面,欧美卡车一直代表着世界一流的顶尖水平。

然而细究欧美卡车十多年来的发展进程,我认为并没有什么实质性的突破进展,和客车一样,经历了非常慵懒的 10 年。我们就以世界卡车领头羊的戴姆勒为例,来说明这 10 年来欧美卡车的发展变化。戴姆勒旗下的梅赛德斯 – 奔驰有一款著名的重卡车型 Axor,这款车型主要定位于中短距离的大吨位重卡,至今仍在市场上销售。当初这款经过一番革新设计的车型 Axor 在 2004 年秋季时上市,体现了梅赛德斯 – 奔驰卡车威猛刚烈的气质和醒目时尚的风格。Axor 发动机采用梅赛德斯 – 奔驰自行研发的 OM 926LA 发动机,排量为 7.2L,最大功率为 240kW,最大转矩为 1300Nm。变速箱可选择配备 6 挡、9 挡或 16 挡手动变速箱,并增加 Telligent 智能换挡系统,质量轻巧,结构紧凑,并能有效的降低油耗。前后悬架采用当时国际上流行的空气悬架,前后制动采用 Φ430mm 的盘式制动,在底盘系统中增加了 Telligent 电子控制系统,使得底盘的整体性能得以提升,并能够准确判断电子减震器的工作情况,对整车的安全性、操作性有了较好的调整,并采用 BlueTec 技术来达到当时的排放标准欧 III。

10 年后,这款 Axor 仍是梅赛德斯 – 奔驰重点热销的车型。它的发动机仍然是梅赛德斯－奔驰 OM 926LA 直列六缸发动机，排量为 7.2L，最大功率为 240kW，最大转矩为 1300Nm，与之前并无不同，只是在排放标准上有所提升。它的变速箱可选择配置 9 挡或 16 挡手动变速箱，并辅以 Telligent 智能系统，也可以选装艾里逊的自动变速箱。它的前悬和后悬可以选装弹簧悬架或空气悬架，制动器仍采用 Φ430mm 的盘式制动，并对车身的舒适性、驾驶操作的便利及灵敏度做出了一些改进，但仍保留之前的 Telligent 控制系统。从 Axor 这款车型来看，底盘和发动机在 10 年前后并没有什么改变。产生这种情况的原因是，欧美在近 10 年间，无论是从发动机还是底盘技术上都没有发生根本性的变革，导致卡车的配置也只是原地踏步，或者在原有的基础上进行一些升级或改进。这说明欧美的卡车技术基本上已经处于一个相对稳定成熟的阶段，很难颠覆现有技术，达成质的飞跃。从戴姆勒所代表的欧美卡车的 10 年发展历程来看，几乎处于怠速缓行的状态。尽管如此，中国卡车与起步较早、技术成熟的欧美卡车相比，仍然有较为悬殊的技术差距。

这实际上体现了欧美商用车七雄已经把国外商用车市场瓜分完毕了，由于反垄断法的限制，商用车领头羊戴姆勒已经没有可能通过进一步兼并收购提升市场空间了。与其花大资金去攻克技术革新的难题，不如将其省下作为利润。反正有不断架高的环保壁垒在保护，不怕中国龙来抢市场。而且在商用车的行当，并没有想与欧美商用车企业抢市场的中国龙，中国商用车企业正在轻轻松松享受着经济腾飞带来的商用车市场大爆炸的红利，完全没有闯进欧美的环保壁垒与欧美商用车企业一争高下的雄心壮志。

（五）我国卡车的 10 年困顿

我国的卡车产业在 10 年之间，发展貌似蓬勃，根据中国统计局发布的统计年鉴，2004 年我国卡车的年产量为 111.56 万辆，而到了 2014 年卡车的年产量达到 312.9 万辆，其中在 2010 年，我国卡车年产量甚至超过 391.5 万辆，逼近 400 万辆。10 年之间，我国卡车年产量翻了 3 倍并带来巨大利润，而规模膨胀也使成本进一步下降，却没有任何卡车制造企业能够真正冲向欧美，去和全球商用车七雄进行一番较量，像一汽解放、二汽东风、重汽豪沃等中国卡车的命脉品牌，也只是出口到非洲、南美、东南亚等发展中国家。

阻碍中国冲击欧美市场最大的拦路虎是我国数量庞大的中低端改装车。由于市场的需求，成倍超载的改装车占据着我国货运运输车的主体，并严重制约着卡车高端技术的推广。改装车由于载荷成倍的增加，承载量长期超过设计标准，造成了零件的早期磨损，使用寿命和可靠性大幅度降低。所以货运车主通常只购买用廉价普通的中低端配件生产的低端车进行改装，而高端零配件成本较高，也难以在改装车上使用，在市场上需求极小。这就导致了我国卡车空有数量上的庞大激增，却在漫长的 10 年之中缺乏技术上质的飞跃。

中国特有的改装车现状致使国外的进口高端车很难挤进中国市场，而缺乏技术含量的中国卡车更难打入欧美市场。在这种市场的隔断之下，中国的卡车行业逐渐出现了一种新型的合资趋势，一些大型的国外制造商，企图通过技术和产品作为导入手段，与中国卡车企业实现联合生产销售的整体性合作。目前卡车的合资企业有戴姆勒和福田、中国重汽和曼、上汽和依维柯、广汽和日野、东风和沃尔沃等。这些合资企业大多数采用中外双品牌的运作方式，来进入中国市场。但合资车很难撼动改装车占据市场的主导地位，尤其国外品牌的合资车在市场上的份额并不多。

而在合资的过程中，我国企业并不能学到外方完整的开发流程，自然也就无法学习到这些技术背后研发的精髓，一些诸如自动变速箱、发动机的共轨电喷等关键性核心技术多年来仍被外方牢牢控制，导致我国的高端市场始终被国外技术主打的进口车和国外品牌合资车所垄断。在这种局势之下，走合资路线并不能真正使我国的卡车技术得到实质性的提升。

　　而我国的自主品牌企业缺乏原动力去打破这种高端车被国外技术垄断的市场，如我在第二篇第一章的"四、全球商用车行业的迷茫"中所提到的那样，若想制造与国外品牌车技术水准相当的高端车，其巨大的研发投入和购买顶尖技术的专利费，使得分摊在每一辆车上的成本与国外品牌合资车售价相差不大。囿于高端市场的需求匮乏以及国产品牌的拉力不够，致使这一片中间市场无人问津。

　　由于改装车盛行的现状阻碍了高端技术的推广，合资途径亦无法获得核心技术，高端卡车始终被国外技术垄断的局面无人打破，这些因素最终致使我国的卡车制造技术在 10 年间停留在一个徘徊不前的境地。即使在国外卡车也同样慵懒前行的局面之下，我国的卡车技术仍旧与国外卡车具有巨大的差距。

（六）国内外卡车技术差距

　　以一汽解放、二汽东风、重汽豪沃为首的国产商用车品牌始终没有成功打入欧美市场的原因，还有一个原因是源于在发动机与底盘技术上与欧美商用车企业仍存在着巨大的差距。如果我们以代表卡车技术的重卡，来说明技术上与欧美的差距，就可以知道这中间横跨着怎样的鸿沟。先来说核心领域——重卡发动机，这是衡量卡车水准最为关键的技术，谁拥有重卡发动机的一流技术，谁就赢得重卡市场竞争的主动权，因此重卡发动机成为国际卡车市场的竞争角逐点。而就在这个关键领域上，我国和欧美等先进国家有着较大的技术差距。迄今我国最大马力的重卡发动机是 2016 年 1 月玉柴在联合卡车商务年会上推出的 YC6K13-50 系列柴油发动机，它的排量为 12.9L，最大功率为 426kW，相当于 580 马力。如果仅以功率作为指标去比照欧洲历年来重卡发动机马力王的动力发展历程，你就会发现，这也只是相当于欧洲商用车 20 年之前的最大动力水平。就排放技术而言，欧洲实现从欧 IV 到欧 VI 的升级用了长达 8 年的时间，我国目前实施的国

IV（欧IV）要想达到欧VI标准也许需要更长的时间。因此以重卡发动机的整体水平来看，中国重卡发动机与欧美的差距要在20年左右。

表2-1　欧洲发动机历年马力王

年份	车型	发动机形式	排量（L）	最大马力（hp）	最大扭矩（Nm）
1969	斯堪尼亚140	V8	14.2	350	1245
1982	斯堪尼亚142	V8	14.2	420	1725
1987	曼19.462	V10	18.3	460	2000
1993	依维柯	V8	17.1	514	2200
1995	斯堪尼亚R144	V8	14.2	530	2300
1996	雷诺magnum	V8	16.3	560	2450
1997	曼F2000	V10	18.3	603	2700
2005	斯堪尼亚R620	V8	15.6	620	3000
2007	曼TGX	V8	16.2	680	3000
2009	沃尔沃FH6	直6	16.3	700	3150
2011	沃尔沃FH6	直6	16.3	750	3550
2014	依维柯Cursor16	直6	15.9	775	3500

数据来源：http://www.360che.com/news/121012/23193.html

　　然而，中国和欧美在卡车技术上的差距不仅仅体现在重卡发动机上，还体现在卡车底盘技术的方方面面。10年前，每个喜欢开车越野的人都会看到这样一幕情景，每当一辆辆满载货物的大卡车从山坡上拉货下来之后，就会有十几个路边加水站点，每个加水站点都有两三个人围着大卡车的轮毂用水管不断地喷水，为什么他们要这样做呢？原来我国卡车的制动（刹车）系统是靠刹车蹄片摩擦压紧制动鼓内侧进行刹车的。这种鼓式制动器是一种非常传统的技术，由于结构简单，成本低廉，在我国数量庞大的改装车上普遍使用。然而弊端就是，它的散热性能非常差，由于整个制动系统是封闭在制动鼓内的，很容易产生大量的热，产生复杂的膨胀热变形，引起制动效率降低，甚至导致刹车失灵。尤其是满载甚至超载货物的重卡，其制动轮毂的温度会比平时更高，在散热较差的情况下，需要持续不断对轮毂进行喷水，才能使制动鼓迅速散热，避免因制动蹄片和制动鼓的热变形而造成制动问题。非常遗憾的是，10年之后，如果你仍然在山区开车越野，依旧会看到这一景象。

然而，你在国外就根本不会看到一群工人围着轮毂喷水的情况，因为欧洲卡车的制动系统大部分采用的是盘式制动，原理是摩擦元件从两侧夹紧旋转的制动盘从而产生制动力，在液压或气压的控制下制动力稳定，相对于封闭的制动鼓，敞开式的盘式制动器具有良好的散热性能，可靠性和控制精度上都具有较大的优势，但是结构较为复杂，造价较高。然而这种盘式制动器，对于欧美国家来说，早已不算是什么新技术，早在20世纪90年代，盘式制动器就开始应用在欧洲商用车上。而如今在欧洲卡车上普及率已达85%以上，中国就算是10年后的今天，虽然已经研发出了适合我国卡车用的盘式制动器，也只有3%的卡车在选装，97%的卡车仍采用鼓式制动器。这个原因在于，我国占据主流的改装车超载现象使得国产盘式制动器的使用寿命不及鼓式制动器，容易出现裂痕和破损，可靠性不足，导致这种先进的盘式制动器难以在改装车上广泛应用。卡车制动器只是我国与欧美国家在卡车底盘零配件差距上的一个缩影，但单凭这一点，便能看出横在中国和欧美底盘配件之间的技术沟壑。而令人痛心的是，这些技术问题并不是没有办法解决，因为欧美国家一直走在我们的前面，早已将其解决，但是我国却迟迟没有达到欧美盘式制动器的可靠性水准，其原因就是因为欧美市场和中国市场的长期隔绝，导致我们缺乏解决这些问题的动力。

10年前，我国用于卡车的重型变速箱基本为手动变速箱，10年后，我国重卡变速箱的挡位在逐渐增加，但在主流市场上仍使用手动变速箱。而在欧洲国家的中重型卡车上，AMT自动变速箱的应用率较高。我国的重卡AMT变速箱始终在推行中，这是由于我国改装车占据了运输行业的主体，自动变速箱比手动变速箱的价格更贵，使得改装车车主难以采用AMT

变速箱。

欧美发达国家与中国在卡车底盘关键性技术上的差异体现在方方面面，造成这种差距的原因是我国为数众多的改装车阻碍了卡车高端零配件的推广，也滞后了高端技术的研发，使得我国卡车的变速箱、悬架系统、制动器、缓速器、主动安全系统等底盘配件，与欧美国家相比，普遍具有10—20年的差距。而在卡车整体加工工艺制造水平、可靠性等方面也存在着较大差距。也恰恰是这些不容忽视的技术差距导致了欧美国家在与中国的卡车竞争之中始终处于领先地位。欧美企业原本就具有厚积薄发的百年基础，而我国的卡车仍陷在改装车的泥潭中步履蹒跚，难以瞬间逾越与欧美企业那数十年间的技术鸿沟。

（七）围绕商用车整体市场背后的思索

综合国内外卡车与客车10年历程的分析，我们已经得出了这样一个结论：在卡车领域，由于改装车长期占领我国市场主流，使得高端零配件缺乏市场、匮于研发，导致我国国产商用车无法抢占欧美市场的战略高地，更安于坐享经济迅速增长带来的市场红利。而在市场份额原本就极少的高端市场上，我国企业由于技术与品牌拉力的综合实力不足，缺乏原动力去打破这种国内高端市场被国外技术垄断的局面，最终在高端市场上无所作为。而在客车领域，欧美企业的慵懒无争与中国企业的不思进取，导致了中国和欧美被客观地分为了两个彼此隔绝互不干涉的市场，使得空有巨大成本优势的中国企业无法大规模地进军欧美市场，欧美企业也无法轻易驻足进来。这些现象使得10年来中国和欧美的商用车市场呈现彼此相对封闭的状态。

10年间纵观国际商用车市场，有如战国七雄割据一方，由于欧美国家的反垄断法，并没有也不可能出现秦并六国天下独霸的局面。而中国企业在国际市场上波澜不惊的低调恰恰折射出我们的无所作为和甘于平庸。没有任何中国商用车企业试图打破欧美商用车市场的10年慵懒，亦没有谁立志纵横捭阖完成称霸全球商用车的千秋伟业。中国的商用车企业慑于欧美七雄的强大，缺乏勇往直前的自信和胆识，使得整个中国商用车企业至今无人能够打破进军欧美市场的沉寂。而这，正是我 10 年前收购亚星客车之后，立志要参与全球商用车竞争的原因。我常常叹惜，如果不是我在 2005 年不幸蒙冤入狱，世界商用车市场仍是七雄称霸的局面，应该不会延续到今天。

诚然，我国的商用车在发动机、自动变速箱、悬架系统、制动器等技术方面与欧美国家有着 10—20 年的差距，而我国缩小与发达国家的技术差距，也并非一朝一夕，一蹴而就的，尤其是一些高压共轨电喷、先进自动变速箱等核心技术，仍然掌握在欧美七雄手中。因此我国的商用车要想成功打入欧美市场，唯有依靠"引资购商"，通过海外并购将顶尖级的商用车企业复制到中国，并在此基础上进行研发和创新，这样才能获得有关发动机和底盘的核心技术。我相信，如果采用"引资购商"战略，5 年之后我国的商用车领域也会成为一个让世界关注的焦点，到那时，进军欧美市场将不再是一件举步维艰的事。

二、日益高架的环保壁垒

制约我国商用车进军欧美市场的，不仅仅是横在我国和欧美商用车技术上长达 10 年甚至 20 年的鸿沟，还有一道环保壁垒高架其间。10 年间，欧盟高举着环保的旗帜，近乎疯狂地提高着商用车的排放标准，由 10 年前的欧 III 迅速提高到目前的欧 VI，NO_x 和颗粒 PM 的排放有较大幅度的下降，对烟雾的排放也有了严格的规定。这种做法好比在原来慵懒平和的羊群生态圈外围加高了一层壁垒，让伺机探入其中的虎狮知难而退。其实，也正是这样一道无形高架的非关税壁垒，把发动机排放技术并不完善的发展中国家，以及其他试图攻陷欧洲商用车市场的豺狼虎豹一并挡在了欧洲的大门外。

（一）欧 VI 标准

实际上，欧洲提出以环保为口号的"壁垒"犹如三尺之冰，并非一日之寒。欧洲从 1992 年起开始施行欧 I 的排放标准，欧洲标准是由欧洲经济委员会的汽车废气排放法规和欧盟的汽车废气排放指令共同加以实现的，每隔三到五年实施一轮新的排放标准。内容分别针对不同车辆种类（轿车、轻型商用车、客车、卡车）、不同内燃机种类提出不断更新的标准和要求。以氮氧化物（NO_x）、一氧化碳（CO）、碳氢化合物（HC）和悬浮粒子（PM）等参数做出相应严格的规定。2013 年 1 月，欧盟对新型客车和卡车开始执行欧 VI 排放标准，这意味着欧盟进一步加大对商用车污染物排放的控制力度。

表 2-2　欧洲商用车尾气排放标准（单位：g/kWh）

排放标准	实施时间	NO_x	CO	HC	PM
欧 I	1992 年	8.0	4.5	1.1	0.36
欧 II	1998 年	7.0	4.0	1.1	0.15
欧 III	2000 年	5.0	2.1	0.66	0.10

续表

排放标准	实施时间	NO_x	CO	HC	PM
欧 IV	2005 年	3.5	1.5	0.46	0.02
欧 V	2008 年	2.0	1.5	0.46	0.02
欧 VI	2013 年	0.4	1.5	0.13	0.01

数据来源：陈超，李浩，邓成林，庞海龙. 柴油车排放法规最新动态. 内燃机与动力装置.2010

从表 2-2 可以看到，欧洲标准大致可以分为三个阶段。首先，在欧 I 和欧 II 实施的阶段中，NO_x、CO 和 HC 的指标没有显著变化，重点减少的是 PM 的排放量，这段时期主要处于新法规颁布的探索阶段。而从欧 III 和欧 IV 开始，各项指标才有了明显的削减，欧 III 较欧 II 来说，NO_x 下降 28.6%，CO 下降 47.5%，HC 下降 40%，PM 下降 33.3%，而尾气排放的烟雾也设置了严格的规定，我们可以认为从欧 III 到欧 IV 的阶段，处于欧洲标准的发力阶段，也是真正对环境保护有较大影响的阶段。而近年来已到了实施欧 V 和欧 VI 阶段，欧 VI 相对于欧 V 来说，HC 要求下降 71.7%，NO_x 要求下降 80%，PM 要求下降 50%。综合来看，欧 VI 几乎达到了零排放标准，而对环境的影响其实是不大的，可以说，这一阶段这种苛刻的近乎零排放法规，标志着一个环保壁垒已经真正形成。

（二）欧美日在环保大战中的较量

国际上汽车尾气的排放标准主要有三个体系：欧洲、美国和日本体系。表 2-3 为欧美日商用车排放法规限值与实施时间。这些制定排放体系的国家，全部都是世界汽车行业的领跑者和霸主，而这些每隔几年便更新一次，竞相赛跑般的环保法规已经使全球的环保标准提升到了前所未有的阶段。尤其是欧 VI 近乎零排放的尾气标准，更是架高了一层国际贸易的隐形围墙。表面看这是一场人类文明巨大进步的环保运动，背后却是隐约可见的全球汽车工业以环保为攻坚壁垒的商业战争。

表 2-3　欧美日十年的商用车尾气排放标准对比（单位：g/kWh）

年份	欧洲		美国		日本	
2000	欧 III	NO$_x$:5.0 PM：0.1	EPA1998	NO$_x$:5.40 PM：0.134	JP1997	NO$_x$:5.8 PM：0.49
2001						
2002						
2003					JP2003	NO$_x$:3.38 PM：0.18
2004			EPA2004	NO$_x$:3.40 PM：0.134		
2005	欧 IV	NO$_x$:3.5 PM：0.02			JP2005	NO$_x$:2.0 PM：0.027
2006						
2007						
2008	欧 V	NO$_x$:2.0 PM：0.02	EPA2007	NO$_x$:0.3 PM：0.013		
2009						
2010						
2011			EPA2010	NO$_x$:0.3 PM：0.013	JP2009	NO$_x$:0.7 PM：0.01
2012						
2013	欧 VI	NO$_x$:0.4 PM：0.01				
2014						

数据来源：赵磊，鲍晓峰．国外重型车排放标准体系研究．大气污染物减排与区域环境质量改善技术与措施．中国环境科学学会学术年会论文集．2012

1. 美国

美国是世界上对排放标准最为严格的国家之一，排放标准主要有两种：一种是 EPA 标准，即联邦标准，由美国环境保护署（EPA）颁布，表 2-3 采用的是 EPA 标准；另一种是加州排放标准 CARB，仅在加利福尼亚州实施，比 EPA 标准更为严格。究其原因是在 20 世纪 40 年代初，加利福尼亚州的洛杉矶曾经发生大气公害事件，导致了剧烈的光化学烟雾，在高温之下的短短两天之内，死亡超过 400 人，致使加州成为世界上最早制定汽车尾气排放法规的地方，直到现在，加州的环保法规仍比联邦政府制定的要严格。

而向美国出口车辆的汽车制造商必须通过美国环境保护署的安全和环

保认证，如果将不符合标准的汽车带入美国，事后也未进行改造达标，任何汽车所有者或进口者都将受到处罚。实际上，欧洲汽车企业一直嚷嚷美国这种苛刻的环保要求已经在某种程度上构成了非关税贸易壁垒，并声称由于这种壁垒的影响，使得欧洲生产商的成本大幅度上升，从而限制了欧洲企业进军美国市场的门槛。

通过表 2-4 对比欧 VI 与美国 EPA2010 这两种法规，从重型柴油车的指标来看，在 NO$_x$ 和 PM 这两项关键指标上，2013 年实施的欧 VI 标准和 EPA2010 几乎持平。虽然欧 VI 在 CO、HC 的排放上要严格许多，但这些并不会对美国柴油发动机的排放研发造成无法克服的困难。

表 2-4　欧 VI 与美 EPA2010 对比（单位: g/kWh）

标准	实施时间	NO$_x$	CO	HC	PM
欧 VI	2013 年 1 月	0.4	1.5	0.13	0.010
美 EPA2010	2010–2013 年	0.3	20.8	1.74	0.013

数据来源：赵磊，鲍晓峰. 国外重型车排放标准体系研究. 大气污染物减排与区域环境质量改善技术与措施. 中国环境科学学会学术年会论文集. 2012

2. 日本

日本的排放标准起源于 20 世纪 60 年代，1993 年，日本汽车开始引入对 PM 的限制要求。2009 年，日本国土交通局颁布《后新长期规定》对所有汽车（即不分汽、柴油）实施更严格的排放限值，与 2005 年相比，NO$_x$ 值下降了 65%，PM 值下降了 63%。尤其是 PM 的排放标准已成为世界上最严格的排放法规，规定无论是乘用车还是商用车，无论是柴油车还是汽油车，一律削减到 0.01g/kWh 以内。外媒认为，日本最新推出的《后新长期规定》实际上已经形成了一个非关税贸易壁垒，因为它对汽车尾气排放的标准已经有效地将外国汽车挡在日本市场外。

（三）欧美日环保法规的对比

随着美日环保法规的日益提升，欧洲在这种形势下自然也不甘示弱，在这场旷日持久的环保拉锯战中，不断地加大环保筹码，筑起一道日益增高的围墙。

如果我们对比一下欧美日近 10 年来在重型商用车 NO_x 和 PM 的排放，就会发现，从 2007 年起，美国一直是对 NO_x 方面控制最为严格的国家，控制在 0.3g/kWh 以下，紧随其后的是日本，标准在 0.7g/kWh 以下。自从欧洲在 2013 年起陆续实施欧 VI 标准（0.4g/kWh）后，才使得欧 VI 跃居为全球第二严格的标准。而在 PM 颗粒方面，日本的 PM 排放控制一直是世界上最严格的国家，限值为 0.01g/kWh，这个数值与欧 VI 标准持平。美国目前为 0.013 g/kWh，相差不多。

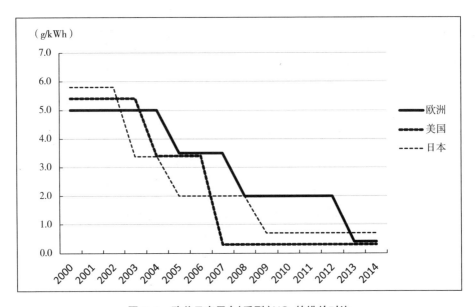

图 2-1　欧美日商用车（重型）NO_x 的排放对比

数据来源：赵磊，鲍晓峰 . 国外重型车排放标准体系研究 . 大气污染物减排与区域环境质量改善技术与措施 . 中国环境科学学会学术年会论文集 .2012

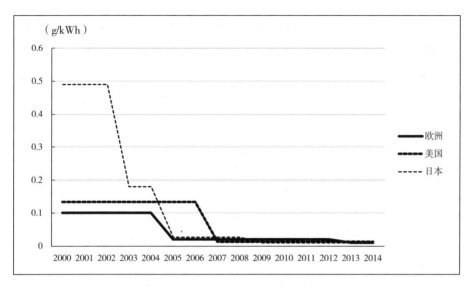

图 2-2　欧美日商用车(重型)PM 的排放对比

数据来源：赵磊, 鲍晓峰. 国外重型车排放标准体系研究. 大气污染物减排与区域环境质量改善技术与措施. 中国环境科学学会学术年会论文集. 2012

从上述分析中，我们能够得出这样的结论：美国的 EPA2010 与欧洲推出的欧 VI 标准在商用车方面的排放标准目前相差不大，彼此之间并不构成任何实际的壁垒。鉴于日本稍具实力的商用车公司，已被欧洲的商用车列强瓜分。

比如日本的三菱扶桑被戴姆勒收购，日本的日产柴被沃尔沃收购，这样日本商用车企业就不会去争夺欧美的商用车市场。显然，全球商用车领域就都是欧美七雄的天下了，但这就造成了以中国为首具有廉价劳动力的亚洲国家，在存在较大排放技术差距的情况下，很难逾越欧美商用车市场上这日益高架的环保壁垒。

（四）商用车七雄的环保策略

针对欧洲的欧 VI 和美国的 EPA2010 排放标准，七家商用车公司在尾气排放的研究上，各自采取不同的策略。一方面，从尾气消除装置、喷射系统等方面，加大力度研制符合排放标准的发动机；另一方面，考虑使用替代清洁能源，如天然气、乙醇、生物燃料等新能源，以达到各类尾气排放标准。

基于欧 VI 发动机内部的构造，各公司一方面致力于汽车尾气排放装置的研发，不断创造新的专利技术以减少废气的排放。这些方法通常包括在发动机内采用 EGR（废气再循环）、SCR（选择性还原催化）、DPF（柴油颗粒过滤器）、DOC（柴油氧化催化）等尾气后处理装置；另一方面为了提高足够的燃油效率，对发动机的喷射系统进行创新，完善和改进，主要的研发方向集中在高压喷射系统以及电子控制模块的设计等方面。

总体来说，为了实现欧洲的欧 VI 和美国的 EPA2010 标准，全球商用车七雄所走的技术路线主要偏重于开发各类尾气处理装置以及喷射系统技术。在尾气处理装置上，做的最为出色的是依维柯公司，它采用最有特色的专利（HI-eSCR）在 SCR 技术上具有领先优势。而其他公司则采用了以上四种方法的组合，即 EGR、SCR、DPF 以及 DOC 的结合使用。在喷射技术方面，斯堪尼亚的超高压喷射技术 XPI 以及戴姆勒、依维柯、曼、帕卡的高压喷射技术都具有各自的领先优势。在替代能源方面，戴姆勒、依维柯、曼都侧重在天然气发动机上进行研发投入，而斯堪尼亚则侧重生物能源的研发。而纳威司达由于先前固执于 EGR 技术的研发，试图彻底解决美国 EPA 环保要求问题，故缺乏对 SCR 技术的研发，导致在 2012 年仍无法达到 EPA2010 标准，最后不得不与康明斯合作采取了 EGR+SCR 的技术方案。

表 2-5　商用车七雄的环保策略

策略	措施	方法	戴姆勒	依维柯	帕卡	斯堪尼亚	曼	沃尔沃	纳威司达
基于发动机的研发	消除尾气	EGR 废气再循环	●		●	●	●	●	●
		SCR 选择性还原催化	●	●		●	●	●	●
		DPF 柴油颗粒过滤器	●	●		●	●	●	●
		DOC 柴油氧化催化	●	●		●	●	●	●
	喷射技术	高压喷射系统	●	●		●	●	●	●
替代能源	使用替代能源			●	●		●	●	

1.尾气处理技术的种类

目前尾气处理装置主要有四种：EGR、SCR、DPF 以及 DOC。

（1）EGR

EGR 技术主要是内燃机在燃烧后将排出气体的一部分分离，并导入进气侧使其再参与燃烧的技术。

EGR 的控制方式：发动机控制单元即 ECU，根据发动机的转速、负荷、温度、进气流量、排气温度控制电磁阀适时地打开，排气中的少部分废气经 EGR 阀（废气再循环阀门）进入进气系统，与进气空气混合后进入气缸参与燃烧。其主要原理是，NO_x 是在高温富氧条件下生成的，将柴油机排出的部分废气［主要成分是 N_2、CO_2、水蒸气（H_2O）］继续循环，一方面稀释了氧气的相对浓度，破坏了富氧条件。另一方面，再循环的废气使混合气的比热容增大，致使发动机最高燃烧温度的峰值下降，这样有效抑制了 NO_x 的生成。

但是，过度的废气参与再循环，将会影响混合气的燃烧，从而影响发动机的动力性能，特别是在发动机怠速、低速、小负荷及冷机时，再循环的废气会明显地影响发动机性能。所以，当发动机在怠速、低速、小负荷及冷机时，ECU 控制废气不参与再循环，避免发动机性能受到影响；当发动机超过一定的转速、负荷及达到较高的温度时，ECU 控制一部分废气参与再循环，参与再循环的废气量根据发动机转速、负荷、温度及进气温度的不同而调整。

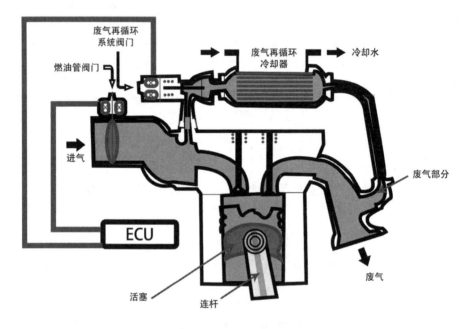

图 2-3　EGR 循环原理图

数据来源：http://www.isuzu-asc.com/IASS/01.htm

（2）SCR

SCR 是用于去除柴油发动机排放 NO_x 的一种装置。在高温环境下，尿素喷射单元向排气管中喷射尿素水溶液，而尿素易在高温下分解产生氨气（NH_3）和二氧化碳（CO_2），NH_3 在 SCR 催化器中与尾气中的 NO_x 发生还原反应，生成氮气和水，从而达到降低柴油发动机 NO_x 排放的目的。

主要的氧化还原反应为：

$$4NO + 4NH_3 + O_2 \rightarrow 4N_2 + 6H_2O$$

$$6NO + 4NH_3 \rightarrow 5N_2 + 6H_2O$$

$$6NO_2 + 8NH_3 \rightarrow 7N_2 + 12H_2O$$

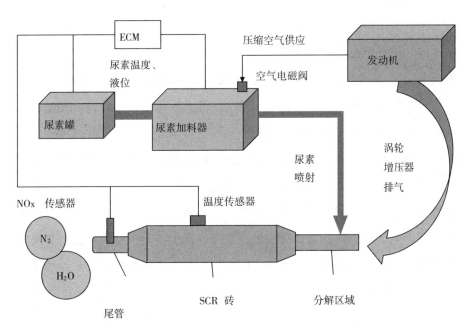

图 2-4　SCR 循环原理图

数据来源：陈成勇论文《SCR 技术的控制原理》

　　SCR 的基本构造分为尿素罐、加料器、尿素喷嘴、催化器、温度传感器、氮氧化物传感器等。尿素罐主要用来储存尿素溶液，车用尿素溶液在欧洲被称为 AdBlue，通常是由 32.5% 的高纯尿素和 67.5% 的去离子纯净水配置而成，尿素用量通常是燃油的 5%。当尿素不足时，可将尿素通过加注管加注到尿素罐中。SCR 系统的整个工作原理是发动机排出的废气进入SCR 系统之后，电子控制 ECU 系统通过发动机的工况确定尿素的喷射量，而尿素隔膜泵从尿素罐中汲取尿素溶液，通过加料器将尿素加到喷射器喷嘴上，从而喷射到 SCR 的分解区域。由尿素迅速分解而来的 NH_3，在 SCR 催化器作用下，将 NO_x 还原成氮气和水排出，而多余的 NH_3 会由一个 NH_3 泄漏处理装置进行消除。

（3）DPF

DPF 的作用主要是过滤或储存未燃烧完全的 PM，将之聚在捕集器上，通过加热使其燃烧掉。当捕集的 PM 多到某种程度时，ECU 会进行 "滤清器再生"，将滤清器内的 PM 燃烧成 CO_2 排出，以净化过滤器维持过滤功能。

滤清器再生技术是 DPF 的技术难点，也决定着柴油颗粒过滤器是否能正常运转。DPF 技术一般来说分为主动再生技术和被动再生技术两种，主动再生技术是通过外加能量提高捕集器内的温度，达到颗粒的燃点，从而使颗粒燃烧消除的方法。被动再生技术是通过燃油添加剂或催化剂降低颗粒着火温度，使之能在正常的柴油机排气温度下燃烧。由于主动再生技术需要外界能量来加热，这使得装置的复杂性增加，而被动再生技术要求排气温度不能低于颗粒的着火温度，因此，目前再生技术的趋势是以被动再生为主，并辅助不同的主动再生技术。

（4）DOC

DOC 是利用排放废气中残余的氧和排气温度，使用催化剂进行氧化，使有害废气 CO、HC 通过氧化反应转化为 CO_2、H_2O，并使 NO 转化为 NO_2。DOC 催化剂的主要活性成分是贵金属铂和钯，当尾气流过 DOC 时，其中的 HC、CO 以及颗粒中的可溶性有机成分在催化剂作用下发生氧化反应。DOC 对 HC 和 CO 的吸收率可达 60%—90%，对颗粒可溶性有机成分的转化率可达到 20%—40%。

氧化反应：

$CO + O_2 \rightarrow CO_2$

$HC + O_2 \rightarrow CO_2 + H_2O$

$NO + O_2 \rightarrow NO_2$

2. 商用车七雄的尾气处理策略

在排放技术方面，这七家公司采用的方法大同小异，都是通过上述的几种尾气处理单元，进行组合配搭，通过提高或改善某一种或几种尾气单元的净化效率，从而达到尾气排放的优化处理。

（1）依维柯公司（DOC+DPF+SCR）

依维柯的欧 VI 发动机主要采用的是菲亚特动力的 Hi-eSCR 专利技术。这项技术的关键之处在于仅靠高效 SCR 后处理系统，无须 EGR 技术即可满足欧 VI 标准。依维柯的研究人员认为，使用 EGR 系统虽然会减少燃烧室中的 NO_x 排放，但会间接增加 PM 颗粒物的排放，并降低燃烧效率。因此 Hi-eSCR 系统果断地摒弃了 EGR 装置，通过高效的 SCR 系统减少 NO_x，同时提高了燃料消耗以及 Hi-eSCR 的性能和可靠性。Hi-eSCR 技术使得 NO_x 的排放量降低 95%。

整个工作过程是，从发动机排出的废气首先进入 DOC 系统，将 CO、HC、NO 通过氧化反应生成 CO_2、H_2O 和 NO_2。再通过被动式过滤器 DPF 降低 PM 颗粒物。ECU 电控单元通过集成传感器来检测喷射到排气管中的尿素水溶液的量。然后在 SCR 中使用催化剂通过与尿素水溶液的化学反应将氮氧化物 NO_x 转换为 N_2 和 H_2O。最后集成的 CUC 催化剂会清除，由尿素分解剩余的 NH_3。

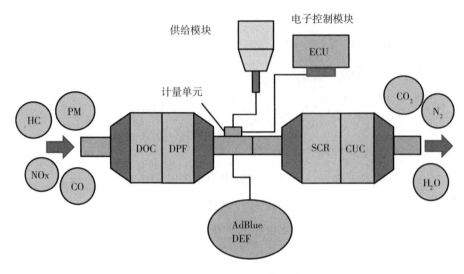

图 2-5　Hi-eSCR 原理图

数据来源：菲亚特动力官网

　　Hi-eSCR 的优点是：使发动机结构紧凑且易于维护，并且由于无须采用 EGR，这样提高了发动机的燃烧效率。依维柯的发动机具有了更低的燃油损耗，更长的保养周期，也无须 EGR 冷却系统。

（2）戴姆勒公司（EGR+DOC+DPF+SCR）

　　戴姆勒旗下的梅赛德斯 - 奔驰早在 2007 年，就推出了它的欧 VI 发动机。其卓越的尾气后处理技术称为 BLUETEC，以实现柴油机有害物质排放的最小化。BLUETEC 是一种先进的排放后处理技术。BLUETEC 的工作原理主要是：首先通过发动机尾气循环 EGR 系统，减少一部分 NO_x 的排放。然后配置能够降低 CO 和 HC 排放量的氧化催化转换器（DOC），并应用 DPF，以大量降低颗粒排放量。与汽油机相比，柴油机排放物之中的氮氧化物浓度更高，这是压燃过程导致的固有特性。BLUETEC 使用 SCR，使氮 NO_x 能够降低 80%。

（3）沃尔沃公司（EGR+DOC+DPF+SCR）

沃尔沃的欧 VI 发动机将 SCR 与 DPF、DOC 紧凑地结合在一起，并装有 EGR 系统。它的尾气处理过程是：发动机废气首先进入 EGR 系统，接下来，先通过 DOC 对 HC、CO 进行氧化，再使用被动再生 DPF 过滤掉 PM 颗粒，最后穿过 AdBlue 溶液混合箱，在混合箱中与 Adblue 尿素水溶液充分混合，废气经过两个平行的 SCR 催化剂罐将 NO_x 转化为氮气和水。置于最末端的 ASC 用以实现对泄漏 NH_3 的转化。沃尔沃的这款欧 VI 发动机使得 NO_x 的排放值减少 90%。

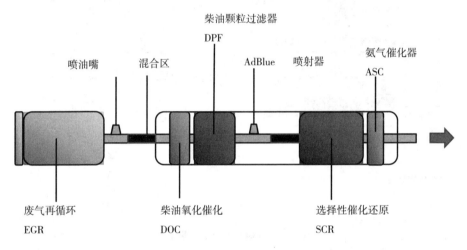

图 2-6　沃尔沃尾气排放原理图

数据来源：沃尔沃官网

（4）曼公司（EGR+ CRT+ SCR）

曼新开发的欧 VI 发动机，采用的是曼的 SCRT 专利技术。主要装配高压 EGR、SCR 和封闭颗粒过滤系统（CRT）。由于曼的欧 VI 发动机采用的是两级涡轮增压系统，因此再循环废气要经过两级冷却。曼的 EGR 废气再循化率达到 40%，从而降低 NO_x 排放。然后采用 DOC 与 DPF 集成的封闭颗粒过滤系统 CRT 过滤掉 PM 颗粒物，可将颗粒物的排放量有效降低 95% 以上。最后再采用 SCR 进行下一轮清除，使 NO_x 的最终排放量减少 90%。

（5）斯堪尼亚公司（EGR+DOC+DPF+SCR）

斯堪尼亚公司的欧Ⅵ发动机基本上采用和沃尔沃同样的技术路线，基本原理是首先进行废气再循环，使用空气进气阀控制进气量，并保证尾气的温度对于SCR系统保持在最适宜的工作温度。废气经过DOC和DPF的循环后，除去HC、CO，并将一部分NO氧化为NO_2，最后通过SCR除去NO_x，并采用ASC除去多余的氨气。

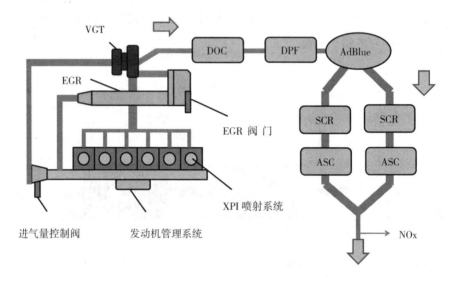

图2-7　斯堪尼亚的排放策略

数据来源：http://truck.intercars.com.pl/pl/wiedza/poradniki/Silnik-Scania-Euro-6/

（6）帕卡公司（EGR+DOC+DPF+SCR）

帕卡是一家美国商用车巨头公司，但推出的发动机帕卡MX-13也能满足欧Ⅵ标准。它的尾气排放原理如图2-8所示。1为柴油颗粒过滤器DPF，在DPF上还装有一个尘烟过滤器，通过这样的组合可以过滤掉85%—95%的碳烟和颗粒物，同时DOC也减少排放气体中的HC和CO。2是DEF加料器，它用来提供DEF还原剂（主要成分是67%的水溶液和33%的尿素）。3是SCR装置，将从DPF流出的尾气采用DEF喷射的尿素水溶液，将 NO_x 转化为无害的氮气和水蒸气。

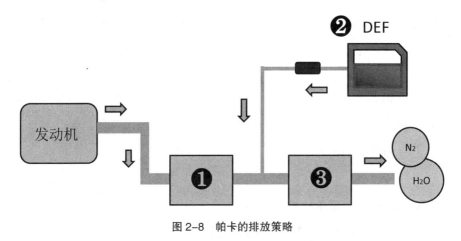

图 2-8　帕卡的排放策略

数据来源：帕卡官网

（7）纳威司达（EGR+DPF+DOC）

纳威司达是北美市场上唯一坚守 EGR 发动机路线的生产商，在其北美竞争对手诸如沃尔沃、底特律柴油、帕卡、康明斯，已经为了达到更高的排放标准开始研发 SCR 技术时，纳威司达却始终坚守北美长久以来的 EGR 路线。纳威司达的 EGR 技术一直处于领先地位，其 EGR 发动机具有二级涡轮增压、级间空气冷却等特点，并采用强化的 EGR 阀门和冷却器。在 EGR 的基础上也配合颗粒物过滤器 DPF，以及高压喷射技术来试图达到美国的 EPA2010 标准。然而由于 EGR 的原理所限，仅靠废气循环从而抑制 NO_x 的做法，是无法从根本上消除 NO_x 的。如若不采用 SCR 这种化学手段，是很难达到对 NO_x 排放指标更为苛刻的 EPA2010 标准的。2012 年，最终纳威司达由于 NO_x 的排放量没有达到 EPA2010 标准，被北美市场上戴姆勒、沃尔沃等诸多竞争对手联名告上法庭，从此纳威司达终于不再采用单一的 EGR 路线，正视自身的排放技术短板，开始与康明斯合作，在原有 EGR 技术的基础上结合 SCR 技术，以实现清洁排放。

总结： 在这七家商用车公司中，尾气排放处理效率最高的是依维柯的

Hi-eSCR。尤其是 Hi-eSCR 技术果断地摒弃了普遍使用的 EGR 排放系统，采用高效的 SCR 装置，极大地减少了 NO_x 的排放。曼与帕卡都在 DPF 上做出一些突破性的改良，使得 PM 颗粒物的过滤效率得到极大的提高。沃尔沃和斯堪尼亚的尾气排放装置，基本上做的中规中矩，但也可以达到欧 VI 标准。但是纳威司达在尾气排放措施上，由于对 EGR 系统的孤注一掷未能达到排放标准，但从 2012 年之后与康明斯的携手合作已经达到美国所规定的 EPA2010 标准。

3. 发动机喷射技术的种类

精密的喷射技术能极大地提高燃油效率，降低尾气的污染并减少颗粒的排放。因此随着近年来环保标准的提高，电子控制技术的逐渐应用，对电控燃油喷射系统的研发日益受到广泛重视，并成为减少尾气排放的必要措施。柴油机电控喷射系统主要有泵喷嘴喷射、单体泵喷射以及高压共轨喷射等多个种类。而目前在商用车上较为常用的有单体泵喷射与高压共轨喷射这两种技术。由于排放标准日益严格，高压共轨喷射系统逐渐成为中重型柴油机的主流趋势。

（1）单体泵喷射技术

在单体泵喷射技术中，每个油泵都是相对独立的，安装在发动机气缸体供应系统中。其基本构成是将单体泵的柱塞驱动与发动机配气机构所需凸轮轴整合为一体，包含在机体内部，从而实现了油泵到喷油器的燃油管路最短化。ECU 根据发动机工况、油门调节等各传感器信息分析处理，将信号传递给单体泵的高速电磁阀，实现对发动机燃油的喷射控制。由于发动机每个缸配置一个单体泵，实现单体泵的一致性控制是整个系统的关键。

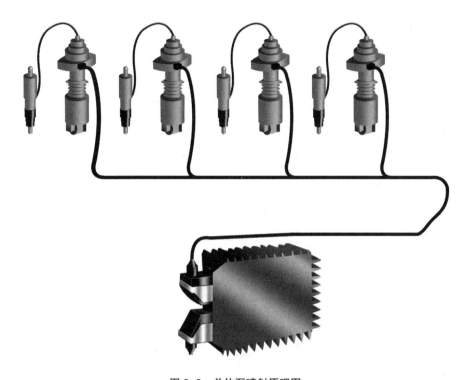

图 2-9　单体泵喷射原理图

数据来源：http://m.pcauto.com.cn/x/226/2261358.html?fromproxy=1

（2）高压共轨喷射

由于以往喷射系统的高压柱塞泵是由发动机凸轮轴驱动，因此高压油泵产生的压力和发动机转速往往呈相关性。在发动机转速下降时，喷油压力随之下降，导致发动机在低转速区性能下降。此外，在喷射过程中压力易出现波动，每次喷射循环后会引起高压油管内残压的变化，并容易引起不稳定喷射。基于这些喷射系统的种种缺陷，高压共轨系统在近年来迅速得到广泛的应用。高压共轨喷射技术的特点是，将高压泵和喷油器之间加入一个具有蓄压作用的高压轨（Rail），通过高压轨的油压可实现精确控制，这样可避免柴油机供油压力随发动机转速波动的缺陷。高压轨可消除波动，并提供持续的压力输出，使得发动机在所有转速范围内获得极高而

307

稳定的燃油压力。

高压共轨系统的结构由高压油泵、公共高压轨、喷油器、电控单元、各类传感器和执行器组成。它的工作过程如下：由于高压共轨系统对于燃油的品质要求较高，必须经过预滤和精滤过程，因此油箱内的燃油首先通过柴油预滤及精滤器，之后由高压油泵将燃油输送到公共高压轨中。公共高压轨内的油压可实现精确控制，以确保喷油嘴喷出的燃油达到恰当的空燃比。

A. 高压油泵

共轨技术的高压油泵一般采用柱塞泵提供较高的压力，而高压油泵仍由凸轮轴驱动，由于将高压泵和喷油器之间加入了一个具有蓄压作用的高压轨，因此喷嘴的喷油压力并不受高压柱塞泵输出的油压波动影响。高压柱塞泵供油量的设计准则是需要保证在任何情况下柴油机的喷油量与控制油量的需求，以及启动和加速时油量变化的需求。

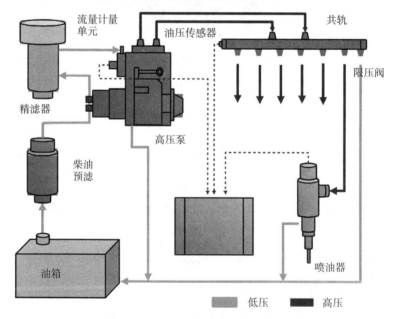

图 2-10　高压共轨系统原理图

数据来源：《不灭的经典 盘点沃德十佳常胜发动机》

B. 公共高压轨（共轨管）

公共高压轨将供油泵提供的高压燃油分配到各喷油器中，起蓄压器的作用。它一方面缓解由高压泵供油和喷油器喷油产生的压力波动，通过 ECU 的精确控制将燃油稳定的输送到每个喷油嘴中。另一方面，满足持续的高压供给，缓解发动机低转速时喷油压力随之下降的情况。此外，高压共轨管上还安装了压力传感器和压力限制阀。压力传感器用于向 ECU 提供高压油轨的压力信号；压力限制阀保证高压油轨在出现压力异常时，迅速将高压油轨中的压力进行放泄。

C. 电控喷油器

电控喷油器的作用主要是根据 ECU 发出的控制信号，通过控制电磁阀的开启和关闭，将高压油轨中的燃油以最佳的喷油定时、喷油量和喷油率喷入柴油机的燃烧室。其作用是更好地使燃油雾化，提高燃烧效率，保证更低的油耗、排放和噪声水平。

D. ECU

ECU 控制着整个供油系统，也控制着喷油器的喷油量，分为反馈和执行两个环节。温度传感器、共轨油压传感器、曲轴转速传感器、凸轮轴转速传感器的信号反馈到 ECU 当中，ECU 根据实际情况进行运算处理，从而对高压泵与喷嘴喷油量实现精密控制。

表 2-6　高压共轨技术与单体泵技术的优缺点

	高压共轨技术	单体泵技术
优点	精度高，可实现喷射量的精确控制，并根据工况灵活调节，使得发动机处在最佳的工作状态上，提高燃油效率，降低排放污染	结构相对简单，性能可靠，维修方便，对燃油品质不敏感，单体泵系统制造工艺简单，成本低
弊端	结构复杂，零配件成本高，对密封材料和金属材质要求高，对燃油品质敏感，不易维修	单体泵系统的喷油压力仍受到发动机转速的波动影响
先进性	高压共轨技术在实现控制精度上较为先进	使用较广泛，多用于重型卡车

4. 商用车七雄喷射技术的研发

从技术上来说，为了达到更加严苛的欧 VI 和 EPA2010 标准，高压共轨系统已成为欧 VI 和 EPA2010 发动机喷射技术的主流产品。斯堪尼亚、曼、帕卡、戴姆勒、依维柯都对高压共轨喷射技术进行了一系列研发，其喷射压力均能达到 200MPa 以上，并对喷射时间和喷油量都实现了精密的电子控制。而沃尔沃主要侧重单体泵喷射技术。

（1）斯堪尼亚

斯堪尼亚是在超高压喷射技术方面着手研发的一家公司。斯堪尼亚的每一个发动机都把燃烧效率作为一个独立的重点来打造，重点提高燃油效率。它目前关于喷射技术的专利主要有高压喷射（HPI）和超高压喷射（XPI）。

HPI 系统会持续进行精准的调整，确保在任何状况下都能提供最适量的燃油。此系统可以控制油量和喷射时间，将燃油消耗量和有害的废气排放量降到最低。

XPI 技术具有极高的喷射精度，由康明斯公司与斯堪尼亚集团合作完成。这种喷射系统已经成功地用在斯堪尼亚最新开发的欧 VI 发动机上，具有更高的喷射压力和多级喷射等特点，能极大地提高燃烧效率。其原理采用的是高压共轨喷射系统，压力至少可达 240MPa，每个喷油循环能实现 3 次喷射，分为预喷射、主喷射和后喷射。相比 HPI，XPI 系统会产生更少的 PM 颗粒及更快的喷射速度，把燃油的效能发挥到极致。

（2）戴姆勒

戴姆勒旗下的梅赛德斯－奔驰以往的重卡发动机采用的是单体泵技术，但现在由于实施欧 VI 标准，对发动机进行了改进，采用了与博世公司一同开发的高压共轨喷射系统。戴姆勒的欧 VI OM471 发动机上采用 X-Pulse 压力增强器，这款增强器可使喷射压力最高达到 240MPa。这款高压共轨喷射系统使得喷射压力、喷射时间和喷油量都实现了灵活控制。该系统还可以根据载荷的变化情况，所需的扭矩大小，调节压力增强器的使用情况。整个系统设计能承受的压力可高达 250MPa。

电子控制模块的开发：Telligent 智能发动机管理系统可以不断获得所有与发动机相关的最新数据，包括发动机转速、负荷和温度，并能够每隔几毫秒就根据特定情况，正确计算每个气缸的燃油喷射正时和持续时间。通过这样调节发动机，Telligent 智能发动机管理系统可以提供高功率、低油耗和低排放的燃油技术。

（3）曼

曼在欧 VI 发动机上同样采用了高压共轨燃油技术，这个系统能产生高达 250MPa 的喷油压力，这样燃油得到了更精细的雾化。这个系统将精确地分为预喷射、主喷射和后喷射，使得燃烧过程达到了极高的效率，不仅降低了油耗，也减少了 PM 颗粒的排放。

（4）帕卡

为了达到更高的喷射压力和更好的经济燃油性，帕卡对喷射系统进行了新一轮升级，目前所研制的高压共轨技术可使最高喷射压力达到 248MPa（36000psi）。帕卡的高压共轨系统具有优良的燃油雾化效果和燃烧效率，以及更高的燃油经济性，辅以先进的传感器与执行器控制，使发动机更加高效。

（5）依维柯

依维柯的研发重点不在喷射技术上，因为它的 SCR 技术已经做得非常出色了。其欧 VI 发动机在燃烧效率以及喷油器的喷射压力上与欧 V 相比都有了很大的提升。依维柯使用共轨系统的最高压力可以达到 220MPa，而之前的欧 V 发动机只有 180MPa，依维柯采用高压共轨系统极大地提高了燃油经济性。

（6）沃尔沃

沃尔沃的欧 VI 直列六缸发动机，并未像其他几家公司那样对高压共轨路线进行大投入的研发，而是大多采用电控单体泵喷射技术。沃尔沃采用单体泵技术，有它自身的原因。因为从成本来说，结构简单，易于维修；从可靠性和寿命上来说，具有较长的使用时间；电控单体泵对燃油品质的要求没有共轨系统那么精细，这些特点特别适合在重型车上使用。但这类单体泵喷射技术的不足之处在于，它的喷油压力仍受到发动机转速的波动影响。

（7）纳威司达

纳威司达的喷射系统采用的是高压共轨喷射，并能够实现每个循环的多次喷射，能达到更高的喷射压力并采用压电喷射器。它的燃烧室具有独特的设计，油雾喷向燃烧室台阶边缘，产生向上的涡流，从而有利于燃油在缸内的混合。

5. 可替代能源的研发

近年来，为了满足日益苛刻的排放标准，一些商用车公司采用了一些可替代能源，来代替柴油机或汽油机所产生的污染。使用可替代能源是一种较为长远和明智的战略趋势，因为以石油的储量和消耗量来说，只能维持人类有限的需求。一些公司不断地从电能、天然气等可替代能源入手，逐步地研发出可替代柴油机的动力驱动。

（1）天然气发动机

在商用车领域比较成熟的可替代能源技术是采用天然气发动机。天然气发动机的主要优点：清洁能源，能够轻松实现欧VI排放标准，运行平稳、噪声低、能延长发动机使用寿命。它的弊端是与柴油机、汽油机相比，功率较低，研发成本高。

A. 依维柯

依维柯对天然气发动机的研制较早，早在1998年就开始了对天然气作为燃料的动力系统研究。目前在依维柯的厢式货车和半挂牵引车上得到了广泛应用。搭载在依维柯最新推出的车型 CNG Daily 厢式货车的天然气发动机，其额定功率为100kW，在1500—2700rpm 时能提供350Nm 的最大扭矩。而在依维柯 Stralis 440S33 半挂牵引车上，也采用了天然气发动机，排量为7.79L，最大功率为243kW，最大转矩为1300Nm。这些运载卡车以天然气作为燃料，能够降低噪声和减小燃料成本，但是相对较短的续航能力以及分布较少的加气网点，是制约天然气卡车进入长途运输领域的主要原因。

B. 曼

曼公司在2010年首次推出涡轮增压天然气发动机，曼借此拓宽天然气发动机在公交车、短途客运车上的应用。目前曼的欧VI天然气发动机主要有两个型号，E0836 LOH 和 E2876 LUH。E0836 的输出功率范围是220—280马力，E2876 的输出功率范围是272—310马力。采用天然气发动机的曼客车，在 NO_x、PM、CO_2 等尾气指标的排放值，明显优越于搭载柴油机的客车。这些特性使得曼的天然气发动机适合用于对排放要求较为苛刻的市中心区域，并具有较低的噪声，实现清洁减排。

C. 戴姆勒

近年来，戴姆勒旗下的梅赛德斯 – 奔驰公司开发出一种用于中重型卡车的天然气发动机 M936G，这款发动机不仅能满足欧VI排放标准，而且耗油量也达到了国际领先水平。M936G 首先搭载 Econic 车型，排量为7.7L，最大功率达到222kW，最大扭矩为1200Nm。这款天然气发动机在 CO_2 排放、油耗以及噪声和加速性等方面，都显示出超出同类柴油机的性能。

313

（2）生物能发动机

目前一些生物燃料能够满足在可持续性、商业可用性以及批量生产等方面的需求，斯堪尼亚着重对生物柴油以及生物乙醇进行一系列研发，并研制出可满足欧Ⅵ排放标准的生物能发动机。

A. 生物柴油

斯堪尼亚是第一个将生物能源使用在欧Ⅵ发动机上的公司，为了能够利用纯度高达100%的生物柴油，斯堪尼亚对这些生物能源发动机进行不断改良。如今全新推出的13L直列六缸生物柴油发动机，相对于普通柴油，能大幅度降低尾气污染物的排放量。斯堪尼亚将会陆续推出不同型号、不同功率的新型生物柴油发动机，这巩固了斯堪尼亚在欧Ⅵ生物柴油发动机领域内的领军地位。

B. 生物乙醇

生物乙醇可由甘蔗、甜菜等富含淀粉、糖分的物质为原料发酵提取，并可与汽油、柴油等燃料在低比例混合下使用。斯堪尼亚采用生物乙醇的混合动力客车已于2006年在意大利拉斯佩齐市进行首次推广试验，也向瑞典的多个城市提供生物乙醇混合动力客车。

三、欧洲环保壁垒的真相及对中国的影响

（一）欧洲环保壁垒的幕后

2014 年 12 月 23 日，英国《金融时报》报道，据欧盟委员会的调查文件披露，以戴姆勒、曼、斯堪尼亚、沃尔沃、依维柯、帕卡旗下的道夫为首的几家最大的欧洲卡车制造商，从 1997 年起形成了一个长达十几年的卡特尔（Cartel）联盟，卡特尔被认为是通过在商品价格和销售等方面订立协议而形成的一种垄断组织。欧洲这些商用车企业联盟不仅在内部协商每一次欧洲新排放标准统一实施的时间表，也私下商议每提升一次欧洲标准之后在市场上提升的价格幅度。表面上，这几家商用车公司存在公开的竞争关系，但共同的利益使其逐渐形成一个隐形的卡特尔联盟。

早在 2011 年，欧盟接到私下举报，这几家商用车公司组成的庞大垄断组织，涉嫌操纵欧洲商用车的市场价格，于是欧盟组成调查委员会立刻开始对这几家大公司展开针对性的突击调查。欧盟的调查人员认为这些公司滥用在欧洲市场上的支配地位，违反了欧盟有关卡特尔组织和限制性商业垄断的惯例。2014 年 11 月，在经历了一个长期而复杂的调查之后，欧盟正式向这几家商用车公司发出涉嫌操纵市场价格的指控通知单，根据欧盟法律，违反欧洲反垄断法的公司会被处以高达年收入 10% 的罚款。为此，戴姆勒、沃尔沃等各大商用车企业正预留一笔款项以应对此次反垄断调查带来的后果。

而据金融时报披露，掀起这场欧盟反垄断调查的幕后举报人，正是这个商用车联盟中的曼。而曼作为举报者的身份，在此次案件中将免于罚款。曼之所以要将长达 14 年的秘密联盟举报给欧盟，其原因众说纷纭。也许是这个看似波澜不惊的联盟之下，内部存在复杂纷扰的利益纠葛，但更有

可能的种种迹象则指向了在 2011 年意欲收购曼的大众公司。

但无论事实的真相如何，在这场事件的背后，至少说明了在欧洲日益高架的环保壁垒背后，实则隐藏着巨大的商业利益。不仅历次欧洲环保标准在商用车企业中实施的统一时间是由欧洲商用车的卡特尔联盟私下商定的，而且所制订的每一次欧洲新排放标准的内容，也是以这六家商用车的实际情况和成本需求作为参考的。更为关键的是，在每实施一次欧洲标准之后，都会引起欧洲的整体商用车市场产生一次价格上涨，而上涨的幅度也是由这个联盟内部自行商议的，例如从欧 V 提升至欧 VI，每辆商用车大约可以提升 1 万—2 万欧元的售价。由于美日商用车企业大多被这个联盟控制，余下的美国纳威司达公司因为排放问题自顾不暇，而美国帕卡的子公司道夫也在欧洲卡特尔联盟中分得一杯羹，因此两者不会参与欧洲的市场价格竞争，这些导致欧洲的商用车公司可以顺理成章地通过价格联盟，坐享每次价格提升带来的丰厚利润。

从这种意义上，所谓的环保壁垒，实则是高举着环保旗帜的贸易壁垒。借助这样的壁垒，欧盟国家的商用车企业一方面成功地限制了以亚洲为中心日益崛起的商用车制造商以低廉的成本和规模化的优势去冲击欧洲惊为天价的商用车市场；另一方面，这些大型商用车企业可以在壁垒中享受着慵懒自得的 10 年，稳坐欧洲商用车的垄断霸主之位，并享受着环保壁垒每次架高之后的超额商业利润。

（二）中国与欧洲之间的排放标准差距

然而欧洲的环保壁垒，从某种程度上的确限制了我国商用车企业迈向欧洲市场的步伐，因为我国与欧洲在排放标准上确实有着长达 10 年之久的差距。在世界三大排放标准体系中，由于欧洲法规相对适用于我国的实际情况，于是在 1999 年之后，我国采用的汽车尾气排放标准开始参照欧洲，并制定等效于欧洲标准的排放法规，即国 III 相当于欧 III 标准，国 IV 相当于欧 IV 标准。但我国的商用车排放标准，在排放技术上与欧洲却有着巨大的差距。表 2-7 是欧洲和中国在商用车方面的排放标准，但中国的国 IV 标准，已向后推迟 5 年实施。

表 2-7　欧洲和中国的商用车排放标准（单位：g/kWh）

年度	欧洲		中国	
2000	欧 III	NO_x:5.0 PM：0.1	国 I	NO_x:8.0 PM：0.36
2001				
2002				
2003			国 II	NO_x:7.0 PM：0.15
2004				
2005	欧 IV	NO_x:3.5 PM：0.02		
2006				
2007			国 III	NO_x:5.0 PM：0.10
2008				
2009	欧 V	NO_x:2.0 PM：0.02		
2010			国 IV	NO_x:3.5 PM：0.02
2011				
2012			国 V	NO_x:2.0 PM：0.02
2013	欧 VI	NO_x:0.4 PM：0.01		
2014				

数据来源：王昕 . 中外重型车排放标准研究 . 机械工业标准化与质量 .2014

　　而想要在排放标准上得以迅速提升，也并不是一朝一夕的事，对于我国的商用车企业来说，要想赶超欧 VI 标准，至少需要将 NO_x 排放量从 3.5g/kWh 下降至 0.4g/kWh，也就是要下降 88.5%，而 PM 的排放量要从 0.02g/kWh 下降至 0.01g/kWh，下降 50%。要知道，从国 III 到国 IV 这一步，中国商用车就已经历经了七八年时间，也只是将 NO_x 下降了 30%。因此欧 VI 标准对于发动机各方面技术尚不成熟的中国来说，是一个非常艰巨的挑战。这从一个侧面体现了欧洲发动机与中国发动机在技术方面的差距。图 2-11 和图

2-12 从 NO_x 以及 PM 的排放数值上,说明了中国和欧洲在排放上的巨大差异。

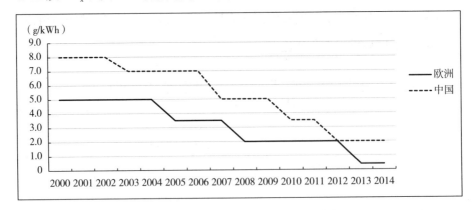

图 2-11　中欧商用车(重型)NO_x 的排放对比

数据来源: 王昕.中外重型车排放标准研究.机械工业标准化与质量.2014

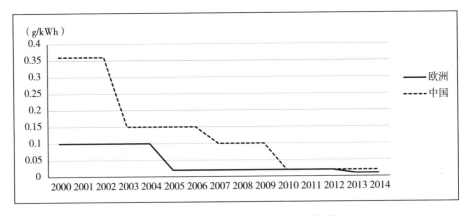

图 2-12　中欧商用车(重型)PM 的排放对比

数据来源: 王昕.中外重型车排放标准研究.机械工业标准化与质量.2014

　　在我国,排放标准的执行和尾气治理的实施始终都是一个很沉重的话题。就拿中重型柴油车来说,国 IV 标准的实施时间原定是在 2010 年 1 月,由于商用车制造商的技术困难加上排放标准实施的重重困境,导致就是这么一个国 IV 法规,居然推迟了五年,直到 2015 年的 1 月 1 日才开始正式实施,可见实施难度之艰巨。造成我国尾气排放标准推广遭遇层层阻碍的原因，一方面受制于发动机技术的滞后和市场成本的上升。我国的商用车制造商在环境法规的步步倒逼之下，发动机配置无法跟上要求，因为对于更高的尾气排放标准，需要具有更精确的喷射系统和更高效的尾气处理装置，而高压共轨、电控喷头、SCR 这些关键性配件，对于我国的大多数企业来说，还无法实现自主研发和生产，尤其是高压共轨系统和电喷组件大多需要进口，这就导致每增添一项配件和技术，都会使发动机的成本飙升。发动机进行更新换代的成本对于我国的商用车制造商来说，是一个非常沉重的负担，甚至关乎企业的生存问题。我国每提升一次国内的环保标准，在自主技术无法跟上的情况下，只好靠大量引进进口配件来达到尾气排放标准，殊不知这给国外商用车零件制造商带来了丰厚的利润。因此，在发动机技术方面，我国与欧美等国家还存在较大差距。唯有采取"引资购商"的行业战略，才能获得欧美国家的核心专利技术，迅速达到世界发动机制造的领先水平。

另一方面，为数众多的改装车也拖住了排放技术前进的步伐。在我国的运输行业当中，严重超载的改装车占据着我国运输卡车庞大的比重，数量经粗略估计每年具有 200 万辆左右，而这些改装车由于过度超载，通常也只是两三年就淘汰或者转手出卖，从成本和市场的利润等方面考虑，车主们不会采用价位较高的环保发动机配置，导致改装车整体技术成分偏低，而发动机的尾气排放更难以跟上排放法规的升级。而由运输业和市场的现状决定，这部分具有庞大数量的改装车仍然是我国运输行业中的主力，一时间难以取缔，这就导致了我国排放标准向前推广举步维艰。

（三）欧美的环保壁垒带给中国商用车的影响

这 10 年来，中国商用车在产量上具有迅猛的发展，凭借着低廉的人工成本和规模化的优势，不断地走向国际市场，但出口地区主要集中在亚洲、非洲和拉丁美洲，极难打入欧美市场。造成这种现象的原因，从客观来说，是源于欧美环保壁垒与技术差距的制约。欧美和中国的排放差距实则相差 10 年左右，而中国商用车底盘与发动机技术本身与欧美企业相比，又有着长达 10—20 年之久的差距。这些为了贸易保护而设置的各类环保与技术壁垒，使得欧美与中国市场之间构架了一道无形的围墙，让处于价格优势的发展中国家商用车制造商极难突入其中。这样的做法有效保护了欧美本国的商用车企业。而这些商用车巨头凭借着这高架的环保壁垒，在数十年间高枕无忧的稳坐世界商用车霸主的宝座，并凭借环保标准的一次次提升而坐收市场红利。

从主观原因来说，虽然中国与欧美商用车企业相比，具有技术与环保两方面的较大差距，但我国的商用车企业既无力去竞争，也无心去打破这道壁垒。我国的命脉商用车企业安于坐享我国经济迅速腾飞所带来的每年丰厚的利润，整体上缺乏冲击欧美市场的原动力。而改装车盛行的现象，也极大制约了高端商用车以及高端零配件在中国市场的生存，自然也就无从提升技术来缩小与欧美企业的差距。这些因素都造成了我国商用车企业空占有如此巨大低廉的成本优势，却迟迟没有撼动欧美惊为天价的商用车市场。

第三章 全球商用车七雄财务现状分析之金融鸡肋

一、CNHI 集团——被阿涅利家族抛弃的孩子

我在前文提到过，依维柯在 21 世纪初曾经历过一段难熬的时光，汽车业务低迷、内部管理混乱，接连几位 CEO 都无法提出有效的解决方案。此时，阿涅利家族年轻的继承人约翰·艾尔坎眼光独具，他聘任了马尔乔内出任菲亚特的 CEO，大胆地做出了收购克莱斯勒的伟大决定。接下来的几年事实证明，约翰的这个决策无比英明。2011 年，菲亚特集团年营收为 595.59 亿欧元，其中克莱斯勒贡献了 221.77 亿欧元，菲亚特集团该年净利润为 16.51 亿欧元，其中来自克莱斯勒的净利润为 6.45 亿欧元。2012 年，菲亚特集团持有克莱斯勒股权达到 58.5%，菲亚特集团该年营收为 839.57 亿欧元，其中克莱斯勒贡献了 483.91 亿欧元。如果刨除掉克莱斯勒的业务，菲亚特集团就会在当年亏损 10.41 亿欧元，由于克莱斯勒盈利 24.52 亿欧元，从而使得整个集团在 2012 年转亏为盈，净盈利 14.11 亿欧元。2013 年，菲亚特集团除了克莱斯勒的业务，其余部分继续亏损，亏损额为 4.41 亿欧元，但由于克莱斯勒盈利，集团的净利润仍达到了 19.51 亿欧元。自 2009 年菲亚特开始持有克莱斯勒股权，到 2014 年菲亚特全面控股克莱斯勒，我们惊讶地发现，与其说当初菲亚特拯救了濒临倒闭的克莱斯勒，倒不如说克

莱斯勒拯救了危机重重的菲亚特。

但是，作为换取克莱斯勒的代价，依维柯商用车和菲亚特集团的农机部分被剥离出去，成立了 CNHI 集团。在剥离初始，无论是商用车还是农机，在菲亚特集团里都是高盈利的业务领域，约翰也是凭借着对于西方资本市场的熟悉，认为可以利用市场对这部分业务的高估值来换取足够的资金去完成对菲亚特和克莱斯勒的整合。然而，从依维柯被剥离出去的那一刻开始，就决定了其被抛弃的命运。随着世界经济的衰退，商用车和农机业务不景气，CNHI 集团本身已经举步维艰，再加上 CNHI 的"先天缺陷"——它在被剥离出菲亚特集团时便自带了高资产负债率以及失衡的资产结构，CNHI 集团只能勉强维持着依维柯原先的江湖地位和光环，更别说再进一步了，其股价的一路下跌说明连资本市场都对其信心不足。这个从一开始就被菲亚特集团放在一边任其自生自灭的公司，只怕商用车行业的风吹草动便会成为压死这匹骆驼的最后一根稻草。

一切皆是金融游戏

CNHI 最大的股东是阿涅利家族的金融公司 EXOR S.P.A.（阿涅利家族在 EXOR 拥有超过 50% 的股权），CNHI 的其余几位主要股东分别是持有6.42% 股权的 Harris Associates LP，持有 3.72% 股权的菲亚特集团和持有2.8% 股权的黑石投资公司。EXOR 控股 CNHI 比重接近 40% 。尽管没有超过 50%，但是早在 CNHI 成立之初便实行了一个所谓的"忠诚计划"：如果股东参加菲亚特工业 或 CNH Global 的股东大会，或连续持有股票 3 年，他们就可以挣得双重投票权。尽管这项看似着眼于长期的计划在欧洲是一种较受欢迎的方式，但是实际上，该计划最大的受益者就是阿涅利家族的控股公司 EXOR，在这样的计划下，EXOR 对 CNHI 有着绝对的控制权。

作为一家全球产业投资公司，EXOR 除了菲亚特集团和 CNHI 以外，还持有尤文图斯足球俱乐部 63.77% 的股份，房产开发公司 Almacantar

38.3% 的股份，经济学人杂志 34.7% 的股份，Banilay 集团 17.17% 的股份，以及银行 Banca Leonardo 16.51% 的股份。不仅行业领域涉及颇广，在世界的版图上也不再仅仅局限于意大利，或者说不仅仅局限于欧洲，EXOR 集团现在的最大市场分别是美国、拉丁美洲、欧洲和亚洲。阿涅利家族显然不满足于一个小小的意大利能够提供的舞台，其所在意的是如何调用全球的力量来打造下一个阿涅利帝国。

CNHI 就是阿涅利家族这样一盘棋局下的一个棋子，甚至还算不上最重要的棋子——毕竟它是为了菲亚特集团吞并克莱斯勒才应运而生的。2010 年 4 月，菲亚特集团宣布计划分拆成两个汽车公司：菲亚特（汽车）集团和菲亚特工业（CNHI 的前身），原先菲亚特集团的股东以 1∶1 的比例获得菲亚特工业的股份，同时，尽管菲亚特工业于 2011 年 1 月 3 日在意大利证交所上市，但是并没有发行新股。从资产负债结构来看，拆分以后的菲亚特工业分担了较大的债务比重，而菲亚特（汽车）集团的财务报表则较拆分之前"漂亮"了许多。根据菲亚特集团 2010 年的年报，在拆分之前菲亚特集团的净债务（net debts，净工业债务和净金融债务之和）为 149.32 亿欧元，拆分以后，菲亚特（汽车）集团的净债务剩余 27.53 亿欧元，菲亚特工业则拆分了 121.79 亿欧元；如果只观察净工业债务的话，如表 3-1 所示，拆分前的菲亚特集团净工业债务为 24 亿欧元，菲亚特（汽车）集团拆分了 5 亿欧元，而菲亚特工业则有 19 亿欧元。从资产的拆分来讲，菲亚特（汽车）集团的流动性资产远远高于菲亚特工业；而诸如商誉及商标这两类无形资产，菲亚特（汽车）集团则保留得很少（见表 3-1）。在这样的运作下，拆分以后的菲亚特集团的财务状况显然更加健康，而当时盈利前景良好的菲亚特工业则"能者多劳"地负担了较多的债务。

表 3-1　菲亚特集团拆分前后主要财务数据(单位:十亿欧元)

2010 年财务指标	菲亚特集团 (拆分前)	菲亚特集团 (乘用车)	菲亚特工业
年营收	56.3	35.9	21.3
交易利润	2.2	1.1	1.1
净利润	0.6	0.2	0.4
净工业债务	2.4	0.5	1.9
流动性资产	15.9	12.2	3.7
商誉	2.9	1.1	1.8
商标及其他	0.222	0.003	0.219

数据来源:菲亚特集团 2010 年年报

2009 年,菲亚特集团以技术和车型换得克莱斯勒 20% 的股份,并花费了 1.04 亿欧元投资在相关的合作中。此后,菲亚特集团逐步收购克莱斯勒,2011 年,菲亚特集团又花费了近 20 亿欧元将持有的克莱斯勒股份增加到 53.5%。我们可以这样理解,菲亚特集团之所以能够以较低的成本融资去收购克莱斯勒,与它将菲亚特工业和一部分债务捆绑打包出去有着最为直接的关系。从战略上来讲,阿涅利家族在获取一种全局上的平衡:如何使包括菲亚特汽车业务和 CNHI 在内的各项投资收益达到最大化? 显然,在这项平衡中,菲亚特汽车业务只有收购克莱斯勒才是战略上的成功,而 CNHI 这一部分则只能背负着畸形的负债结构去"顾全大局"。在这样一种局面下,CNHI 公司运营处于一种不温不火的状态:大环境好,企业就好,大环境恶劣,企业也就只能跟着衰败。只要阿涅利家族控制着 CNHI,只要 CNHI 能为 EXOR 的整体战略布局服务,CNHI 就不可能有足够的自主性去为自己的农机和商用车业务用尽全力。

CNHI 根本性的桎梏:严重失调的资产负债结构

为了更为清晰地说明这七家商用车企业的资产负债状况,我在这里先把总负债和总债务这两个概念区分一下：总负债（Liabilities）指的是资产负债表上的负债合计项，即总资产减去股东权益的部分。它包括应付账款、各项金融债务（长期和短期）和递延税项等。而总债务（Total Debts）则指的是金融债务总和，即长期债务加短期债务。短期债务一般包括银行透支、短期债券与借款、回购协议（repos）与逆回购、长期债务的短期部分、融资租赁信托收据的短期部分、应付票据、银行承兑票款以及分期付款购买应付款的短期部分。而长期债务则指所有带息的非流动债务，包括可转换、可赎回、可调息的信用债券、债券、贷款、抵押债务、偿债基金、长期银行透支，以及融资租赁等的负债，也包括次级资本债券，但是不包括长期债务中的短期部分、养老金负债、递延税项负债及优先股。

CNHI 自菲亚特集团剥离之时起便有着极高的资产负债率（总负债／总资产），其资产权益率不到 10%。在商用车行业里，除了纳威司达以外，这个比重已经远远高于其他企业了。而且，在 CNHI 的总负债中，应付账款的占比并不高，总债务则占超过 60% 的比重。如此大的债务基数使得 CNHI 每年的利息支出金额庞大，2015 年，CNHI 的利息支出达到 11.06 亿美元，这个数字甚至高过了戴姆勒（6.68 亿美元），是纳威司达的 3.6 倍，沃尔沃的 3.94 倍，斯堪尼亚的 11.12 倍。其总债务和 EBITDA 的比率是沃尔沃的 2 倍，EBIT／利息支出（即"已获利息倍数"）也低于其他竞争对手，可见 CNHI 的盈利和偿还利息能力并不匹配，信用风险极高。

另外，在 CNHI 的总资产中，它的应收账款和票据占据的比重也远远高于行业平均水平，2015 年，CNHI 的应收账款与票据达到 190 亿美元，占到总资产的 40.65%，而其他企业的该比值则在 30% 以内（如戴姆勒为 20.35%，沃尔沃为 21.57%），尤其是，在这 190 亿美元里，绝大多数是应收票据，所以坏账的风险并不大。

表 3-2　CNHI 资产负债结构表（单位：百万美元）

财务指标	2012 年	2013 年	2014 年	2015 年
总资产	48965	53843	51913	46746
总负债	44133	48876	46936	41885
股东权益	4832	4967	4977	4861
资产负债率	90.13%	90.78%	90.41%	89.60%
总债务	27052.0	29866.0	29594.0	26388.0
总债务 /EBITDA	6.98	7.46	7.50	——
总债务 / 总资产	55.25%	55.47%	57.01%	56.45%
EBIT/ 利息支出	2.35	2.42	2.13	2.08

数据来源：彭博数据库

可以看出，CNHI（或者说 EXOR 集团）很擅长运用金融工具来为自己服务，它在极高的财务杠杆下运营着。在行业整体稳健的时候，这对于企业是一个尚可维持的资产负债结构，然而当销售出现持久性滑坡，这么高的杠杆率无异于在钢丝绳上跳舞，稍有不慎便会产生极其严重的连锁反应。我在前面说过，这跟它脱胎于菲亚特集团有着很大的关系：当初阿涅利家族为了购买克莱斯勒，将结构严重失衡的资产和负债打包出来组成了 CNHI，利用自己的金融公司 EXOR 作为大股东持有菲亚特和 CNHI 两家企业，巧妙地协调着其中的金融关系。异常失衡的资产负债结构是我不把 CNHI 看作一个健康、独立的企业的最重要原因。

商用车、农机双失利，销售受到严重影响

在 CNHI 的业务结构中，其最主要的业务不是商用车，而是农机设备业务，著名农机品牌 Case IH Agriculture，New Holland Agriculture 和 Steyr，使得其 2013 年农机设备业务收入占到了集团总营收的 46.48%，而商用车业务则只占总营收的 32.22%（详见本篇第一章图 1-8）。受到这两方面业务的消极影响，CNHI 的整体销售收入在 2014 年约为 325.55 亿美元，同比下降了 3.79%, 其中, 农机业务销售收入下降 9.3%, 商用车业务下降 3.1%。
两个行业整体的不景气, 以及货币因素是导致集团营收下降的主要因素。
令 CNHI 更为头痛的是, 一直以来颇为倚重的北美农机业务前景惨淡, 未
来预期低廉的玉米价格以及逐渐升高的农机库存会更加恶化农机设备行业
市场需求, 从而进一步拉低集团的总体营收。

表 3-3　CNHI2012—2015 年主要财务数据（单位：百万美元）

财务指标	2012 年	2013 年	2014 年	2015 年
市值	—	15323.3	10923.9	9311.4
销售收入	32801.0	33836.0	32555.0	25912.0
毛利润	7251.0	7322.0	7021.0	5555.0
EBITDA	4125.0	4109.0	4228.5	—
净利润	756.0	677.0	710.0	253.0
股价(美元)	—	12.75	11.19	7.95

数据来源：彭博数据库

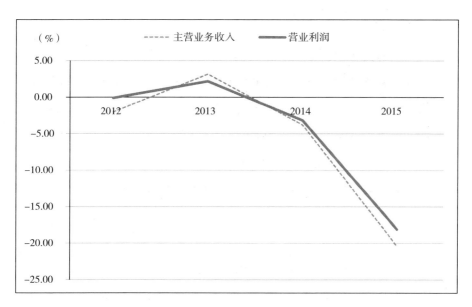

图 3-1　CNHI 年营收增长率和营业利润增长率

数据来源：彭博数据库

2014年，CNHI的商用车共生产了128163辆（不包括中国的合资子公司），同比下降5.5%。其中，轻型商用车在严峻的行业形势下反而上升了2.1%，这主要归功于依维柯在经典车型Daily系列上推出了新款；而在重型商用车部分，CNHI销售数量下降了8.7%，中型商用车则下降了24.5%。与其他商用车企业业务下降主要在欧洲市场不同，CNHI的商用车业务的下降主要来自于拉美地区，同比下降约37.5%。

表3-4　CNHI业务按产品种类划分

产品（千辆）	2014年	2013年	增长率（%）
重型	30.8	33.7	−8.7
中型	15.4	20.4	−24.5
轻型	69.5	68.0	2.1
客车	8.6	9.4	−8.0
特种商用车（＊）	3.9	4.2	−7.3
总销量	128.2	135.7	−5.5

数据来源：CNHI2014年企业年报

从上面的销售数据分析不难发现，CNHI的商用车业务一直是以轻型商用车为拳头产品的，中重型商用车虽然也在欧洲有一席之地，但是其市场实力在商用车巨头中也只能算末流。拉丁美洲的重要性，对于CNHI不言自明，其市场的不稳定性成为CNHI主要的问题来源。与欧洲已经成熟的市场相比，拉美市场前途的不可预测性会给CNHI带来极大的销售波动，对于CNHI的投资者来说，其信心显然受到了这种风险的打击。CNHI的前景并不乐观。

CNHI的盈利能力、营运能力和偿债能力并不出彩

我上面提到，CNHI的经营一直处于一种不温不火的状态，行业的低迷固然是CNHI近年走低的主要原因，但是仔细观察它的几个财务指标，

CNHI 的经营在商用车行业表现平庸，几乎没有出彩之处，成本管控能力差，资产周转天数长。

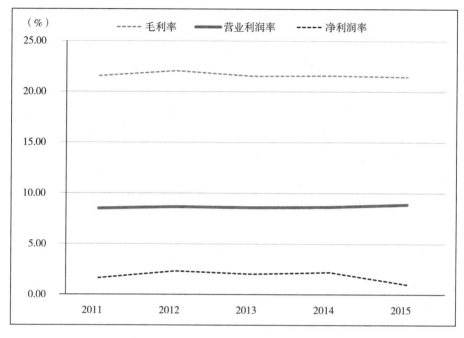

图 3-2　CNHI 利润率变化

数据来源：彭博数据库

2015 年，CNHI 的毛利润率达到 21.44%，和沃尔沃不相上下，但是其销售成本和利息支出基本将毛利润消耗殆尽，再加上一些异常项目亏损，其净利润率只有 0.98%，在几家商用车企业中处于偏低水平。

CNHI 的营运效率低下，其应收账款周转天数高达 292.48 天（2015 年），是七雄中做得最好的帕卡的 10 倍！其库存周转天数好于应收账款，但也达到了 113.84 天。两者皆处于逐渐上升走势，这意味着 CNHI 试图依赖于赊销的模式，来扭转销售金额下降的步伐。结合其损益表，我们知道它的客户提供了应收票据，所以尽管影响资金流动性，但是坏账的风险并不高。

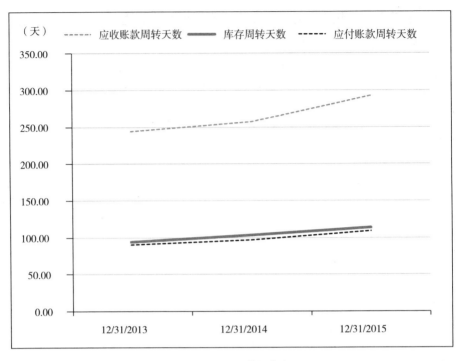

图 3-3　CNHI 营运能力

数据来源：彭博数据库

表 3-5　CNHI 短期偿债能力数据(以百万美元计除每股,单位：%)

(财务指标)	2012 年	2013 年	2014 年	2015 年
流动比率	5.19	4.80	5.54	2.27
速动比率	4.11	3.72	4.30	1.57
现金比率	0.79	0.72	0.80	0.35

数据来源：彭博数据库

从数据上看，CNHI 的短期偿债能力较好，但是 2015 年有了明显的恶化现象，各项比率不到之前数值的一半。一般来说，一个短期偿债能力优秀的工业制造企业这三项比率的对应值约为现金比率 0.2、流动比率 2，速动比率 1。主要因为 CNHI 2015 年有一部分其他长期负债转化为短期负债，导致流动比率下降。但对于 CNHI 来说，这种区分并无多大意义。

杜邦分析

自 CNHI 于 2013 年重新上市开始，该集团的净资产收益率（ROE）便呈现 3 年连续下跌，其中 2015 年的降幅更为显著，从 2014 年的 14.46% 陡降至 5.20%。事实上，CNHI 在 2013 年、2014 年两年的 ROE 还是相当不错的，高于 14% 的数值，和戴姆勒有得一拼。但是不要忘记，CNHI 的资产权益率非常低，只有 10% 左右。戴姆勒的总资产收益率（ROA）在 2013 年、2014 年两年分别为 4.13% 和 3.89%，而 CNHI 却只有 1.32% 和 1.34%，所以说，如果观察 ROA 就不难发现，CNHI 的资产收益率是很低的。更何况，CNHI 的 ROE 和 ROA 在 2015 年均呈现出近 65% 的跌幅，情况实在是非常糟糕。

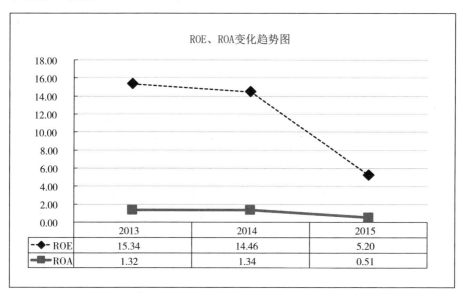

图 3-4　CNHI ROE、ROA 的变化趋势

数据来源：彭博数据库

CNHI 的权益乘数、资产周转率、净利润率总体呈现下降的走势，说明 ROE 的减少是由这几个因子共同作用的结果。其中，净利润率的下滑幅度最大，可以看作是最主要的原因。在销售滑坡、非生产性成本高、利息

支出高等因素的作用下，CNHI的净利润率在2015年骤降至0.98%。CNHI的权益乘数一直是同行业里非常高的，虽然2013年至2015年略有下降，但是整体上依然高得吓人，1%左右的变化对于收益影响不大。CNHI的总资产周转率也不高，2015年有了明显的下降，这也是集团资产收益率在2015年急剧下滑的原因之一。显然，集团的资产从投入到产出的流转速度并不快，其管理质量和资产利用效率也越发降低，这对于高财务杠杆的CNHI来说，无疑是经营道路上一个不小的威胁。

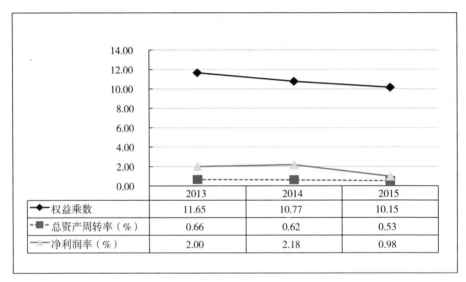

图3-5 CNHI权益乘数、总资产周转率和净利润率变化趋势

数据来源：彭博数据库

被抛弃的孩子

2013年9月，由菲亚特工业和其子公司CNH Global合并成立的CNHI（2012年，菲亚特工业将CNH Global的持股比重由原先的88%增持到100%）正式在纽交所和意大利证交所同时上市。新成立的CNHI在业务结构上与菲亚特工业并没有本质上的区别，只是在股权结构上更加简洁。投资者对于市场的嗅觉是敏锐的，即便CNHI刚刚上市时报价为12.83

美元——显然这是一个高估的价格——在此后的两年多时间里，基于对
CNHI 表现的回报，以及市场对阿涅利家族意图的逐步清醒认识和预期，
导致 CNHI 股价持续下降。到 2016 年 2 月，其股价已经降到 6.4 美元附近，
这几乎是最初股价的一半。除去行业的整体因素，CNHI 并没有被很好地
经营，几乎没有任何证据能证明它自身的盈利能力和盈利前景。EXOR 集
团仍在盈利，其 2015 年上半年盈利是 2014 年同期的三倍，但是 CNHI 作
为一个被遗弃的孩子却只能听天由命，如果有合适的买家，阿涅利家族或
许会痛快卖出趁机赚一笔；如果没有，那便继续任其在风雨中飘摇。

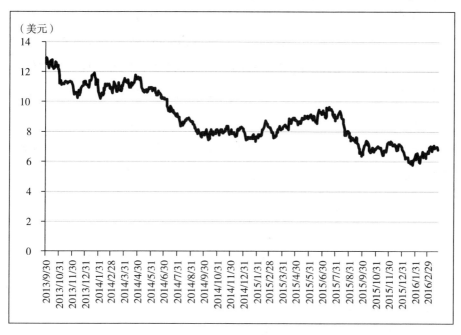

图 3-6　CNHI 股价历史

数据来源：彭博数据库

二、纳威司达——铁打的烂摊子，流水的股东

自以"万国"这个名字在农用机械领域起家开始，到今天扬名海外的北美商用车巨头，纳威司达在一路走来的发展历程中经历了无数次挑战与挫折，多次走在濒死的边缘。但是，纳威司达却没有在危机中垮台，反而一次次地站了起来，挣扎着生存了下来，在北美地区和戴姆勒、沃尔沃、帕卡共同撑起了中重型商用车的四角天空。在纳威司达的奋斗史中我们不难发现，它和政府类客户的良好关系给了它极大的支持。无论是发展于二战炮火中的卡车，还是和工会谈判的胜利，抑或是在环保事件中得到的若有若无的庇护，都使得纳威司达每次看起来都要倒下的时候又能颤颤巍巍地站立起来。然而，不得不承认的是，在遭受了一次次的打击之后，这家北美地区的商用车巨头现在真的元气大伤了，再也无力恢复往日的风光。技术上的固执，加上财务上的重大缺陷，使得其只能在原地苟延残喘，被动地等待着命运之神再一次垂青？

多事之秋

20 世纪 90 年代，纳威司达的养老金计划使得公司每一位在职员工需要负担 3.3 名退休人员，养老金费用每年挥霍超过 7% 的销售额，这样沉重的负担逐渐变得不可接受。1992 年，纳威司达迈出了福利改革的第一步，调整其福利结构。经过与工会的谈判，终于在 1993 年与工会达成了协议，使得纳威司达的债务从 26 亿美元降低到了 10 亿美元，帮助纳威司达降低了整体成本，提高了收益。

纳威司达的卡车业务最早是从二战中的美国军用卡车发展起来的，从那以后，纳威司达和美国军方的缘分便一直延续了下来，直到今日，防

务（Defense）依旧是纳威司达赖以生存的主要领域。但是军用车的销售受国家军队预算的影响很大，由于 2013 年美国军队预算缩水，纳威司达的军售营业额一下子缩减了近一半。此后又在 2014 年持续下跌。2013 年和 2014 年的军售销售额分别下降到了 5.43 亿美元和 1.49 亿美元。这一影响为纳威司达这家支持美国政府打仗的军工企业蒙上了一层寒冰。

始于 2010 年的环保事件给了纳威司达沉重的一击。美国环保署在 2010 年正式实施 EPA2010 排放法规，此前纳威司达的总裁尤斯蒂恩坚持纳威司达孤注一掷的单一 EGR 技术路线。而到了 2010 年，纳威司达的发动机并未达到 EPA2010 排放标准。当时，由于某种不为人知的商业联系，美国环保署对纳威司达公司仅仅处以罚款了事，没有禁止其发动机销售。但直到 2012 年 6 月，纳威司达的发动机依然没有达到 EPA2010 排放标准，而这些发动机仍在销售，因其具有明显的价格优势，引起了戴姆勒、沃尔沃等北美竞争对手的强烈不满，这些公司在 2012 年 6 月联名提出上诉。最终法院裁决，撤销美国环保署的决定，禁止纳威司达销售环保未达标的发动机。这个灾难性的决策最终让纳威司达陷入崩溃的边缘，在半年的时间内，纳威司达在纽约证券交易所的股价从 2012 年 2 月 6 日的 47.42 美元，下跌到 2012 年 10 月 26 日的 18.51 美元，跌幅超过一半，创下了自 2009 年以来的最低水平。此外，纳威司达在 2012 年上半年税前亏损为 5.16 亿美元，新卡车滞销以及早期的发动机产品因为质量问题需要提高售后投入 2.27 亿美元。吉米信贷公司（Gimme Credit）的分析师薇琪·布莱恩（Vicki Bryan）认为，纳威司达必须增加 5 亿美元的贷款或者销量来保证现金流，否则公司将极有可能面临破产的风险。

财务状况的严峻形势迫使纳威司达出台了裁员以及缩减开支的计划。2012 年 8 月，纳威司达推出自愿离职计划（VSP）——这个计划当然并不是自愿的。截至 2015 年 7 月 31 日最后一次在韦恩堡的卡车研发中心裁员，纳威司达共计裁去超过 2000 名员工。为了削减开支，纳威司达于 2014 年着手计划卖掉位于威斯康星的一家铸造厂，以及关闭位于印第安纳的一家铸造厂。这两项任务均于 2015 年完成。

财务状况持续衰退

直到现在，纳威司达的表现依然让人替它捏一把汗。除去历史遗留的负担，相比其他开疆拓土的商用车企业，纳威司达的市场相对单一，北美仍是纳威司达的主战场，在美国的营业收入占总营收的 72%，包括加拿大、墨西哥和以巴西为核心的南美市场总共只占总营收的 28%。与另一家美国商用车企业帕卡不同，纳威司达在 20 世纪末意识到要开展国际业务时，并没有开拓欧洲市场，反而将海外重心放在了南美市场。由于南美市场起伏较大且份额较小，纳威司达的销售业绩就和北美地区卡车市场紧紧地绑在了一起，北美卡车行情很大程度上决定着纳威司达的销售状况。

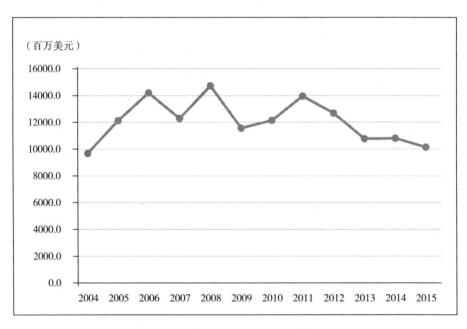

图 3-7　纳威司达 2004—2015 年销售收入

数据来源：彭博数据库

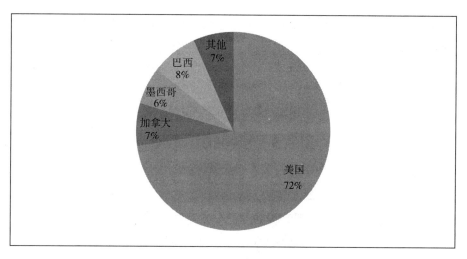

图 3-8　纳威司达销售额分布(按地区划分)

数据来源：纳威司达 2014 年企业年报

　　然而，令人大跌眼镜的是，尽管美国卡车市场在近几年处于金融危机后的恢复时期，卡车订单数量稳中有升。然而纳威司达却止不住销售下滑的脚步，销售收入从 2012 年的 126.95 亿美元下降到 2015 年的 101.40 亿美元，销售收入增长率分别为 –9.05%，–15.12%，0.29% 和 –6.16%。当美国市场成为了戴姆勒、帕卡和沃尔沃这几家商用车企销售的积极因素时，对于纳威司达来讲却是伤心之地。

资产负债状况岌岌可危

　　从资产负债表来看，纳威司达近年来的总资产持续下降。由 2011 年的 122.91 亿美元减少到 2015 年纳威司达的总资产仅为 66.92 亿美元，减少近 1 倍。刨除纳威司达在 2011 年由于递延所得税增加的因素，其总资产的走势也是逐年缩减的。从资产结构上看，2011 年至 2015 年，纳威司达最主要的资产缩减来自杂项资产，据纳威司达年报表示，这些资产指的是供应商应给予的维修补偿。此外，短期投资、原材料库存、财产厂房及设备净值、商誉和杂项资产总共以每年 5 亿美元左右的速度缩水。其中,纳威司达以每年 1 亿美元的速度减值无形资产中的商誉,到 2015 年商誉仅余 0.38 亿美元。之所以急速减值其商誉,最主要的原因是受到巴西经济下滑影响,纳威司达在南美的业务前景黯淡,其资产的公允价值迅速下降。

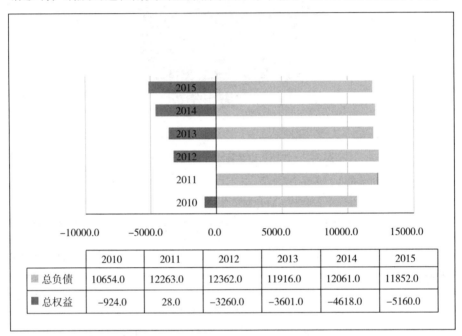

	2010	2011	2012	2013	2014	2015
总负债	10654.0	12263.0	12362.0	11916.0	12061.0	11852.0
总权益	−924.0	28.0	−3260.0	−3601.0	−4618.0	−5160.0

图 3-9　纳威司达资本结构变化(单位:百万美元)

数据来源:彭博数据库

更为可怕的是,纳威司达的股东权益已经连续多年为负。由于多年的持续亏损,导致亏损金额过多,损失大于资本的投入。当纳威司达的总资产在逐年缩水时,其总负债仍在持续增加,增加的亏损全部摊在股东权益上。2014 年,虽然纳威司达的利润表上显示了 6.19 亿美元的亏损(调整前),但实际上,另外还有 4.39 亿美元的亏损来自汇率因素和一些福利计划,这样一来就使得纳威司达 2013 年的股东权益较上一年锐减了约 10 亿美元。

在纳威司达的负债结构中,总债务占总负债比重偏高,2015 年为

44.70%。而在纳威司达的总债务中，长期债务又是总债务的主要构成，2013 年，其长期债务增加 3.56 亿美元，2015 年又增加了 2.59 亿美元，2015 年长期债务占总债务的比重为 79.05%。此外，另一个重要负债项目养老金负债，2015 年占总负债比重为 25.27%。雪上加霜的是，纳威司达的盈利已经不足以支撑其如此高的负担，2015 年纳威司达的总债务与 EBIT 之比已经达到了 31.54 倍，净债务和 EBIT 之比也达到了 13.01 倍，这个数字较其 2011 年 1.38 倍增加了 10 倍之多；总债务和资本之比在 2011 年为 99.43%，到了 2015 年已经飙升到了可怕的 3839.13%。可以预见，纳威司达在未来几年的利息支出将是一笔巨款，对该企业的经营会造成根本性的损伤。

表 3-6　纳威司达债务状况（单位：百万美元）

（财务指标）	2011 年	2012 年	2013 年	2014 年	2015 年
总债务	4856.0	4771.0	5085.0	5224.0	5298.0
短期债务	1379.0	1205.0	1163.0	1295.0	1110.0
长期债务	3477.0	3566.0	3922.0	3929.0	4188.0
总债务 / 资本	99.43%	315.75%	342.65%	862.05%	3839.13%
长期债务 / 资本	71.19%	236.00%	264.29%	648.35%	3034.78%
总债务 /EBIT	8.46	—	—	—	31.54
净债务 /EBIT	1.38	—	—	—	13.01

数据来源：彭博数据库

经营性现金流减少，投融资现金流显著增加

纳威司达的经营活动所得现金除 2013 年以外，基本都还是正值。但是呈现出显著的下降趋势。2011 年其经营性现金流为 8.8 亿美元，到了 2015 年则只有 4600 万美元。净利润的减少是经营性现金流下降最主要的因素。

纳威司达的投资性现金流持续为负，投资活动一直较为活跃，只有

2015 年为正。最大的原因是由于纳威司达在这一年减少了金融投资的支出，该项支出在 2013 年为 17.79 亿美元，2014 年为 18.12 亿美元，而 2015 年则只有 8.87 亿美元。

纳威司达从 2013 年到 2015 年的融资现金流均为正值，主要是发行了证券化以及非证券化的债务。纳威司达 2015 年需要偿还到期的证券化债务 5.01 亿美元、到期的非证券化债务 9.9 亿美元，是之前 3 年的高峰；但是同年，它又发行了 5.49 亿美元的证券化债务和 12.12 亿美元的非证券化债务，恰恰是这种以新偿旧的办法才使得纳威司达当年的融资所得现金为正。另外，从发行结构我们可以看出，纳威司达非证券化债务比重较大，也意味着其付出的成本较高。在投资和融资的双重支撑下，纳威司达的净现金流在连续两年负值之后终于在 2015 年扭转为正。

表 3-7　纳威司达现金流量数据（单位：百万美元）

财务指标	2011 年	2012 年	2013 年	2014 年	2015 年
经营活动所得现金	880.0	610.0	100.0	−336.0	46.0
投资活动所得现金	−823.0	−2.0	−810.0	−75.0	316.0
融资活动所得现金	−100.0	−63.0	393.0	179.0	98.0

数据来源：彭博数据库

盈利能力远落后于竞争对手

表 3-8 是纳威司达近几年的主要财务数据，从中可以看出纳威司达的盈利能力十分低下，当其他几家商用车企业的毛利润率都保持在 16%—23% 这个区间时，纳威司达的毛利润率大幅下滑，到 2014 年只有 11.77%。同时，它的营业开支十分庞大，基本将其毛利润消耗殆尽，使得其营业利润率在 2014 年成为负值，为 −0.35%。再剥离掉利息支出、异常项目亏损等项目，净利润率最终只有 −5.73%。

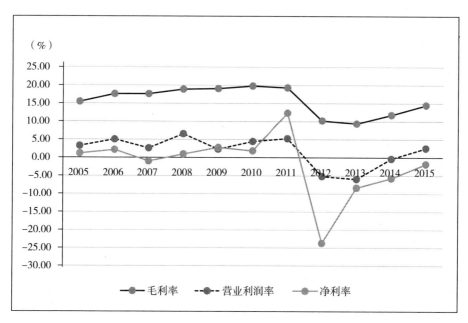

图 3-10　纳威司达利润率走势

数据来源：彭博数据库

表 3-8　纳威司达主要财务数据（单位：百万美元）

财务指标	2011 年	2012 年	2013 年	2014 年	2015 年
市值	2965.9	1485.0	2910.9	2688.1	1002.5
销售收入	13958.0	12695.0	10775.0	10806.0	10140.0
毛利润	2696.0	1294.0	1014.0	1272.0	1470.0
EBITDA	1058.0	−334.0	−225.0	294.0	541.0
净利润	1723.0	−3010.0	−898.0	−619.0	−184.0
股价（美元）	37.88	21.77	38.19	33.48	8.84

数据来源：彭博数据库

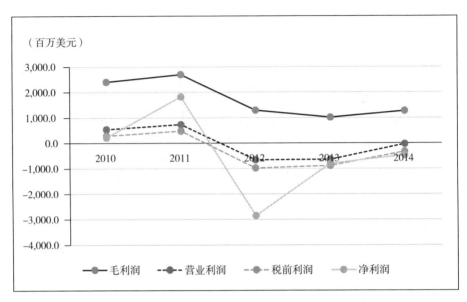

图 3-11 纳威司达利润额变化趋势

数据来源：彭博数据库

2012 年，美国环保署开出了超过 1000 万美元的巨额罚单，坚持 EGR 技术路线，但是仍无法达到环保法规要求的纳威司达付出了惨痛的代价，该年纳威司达的利润一落千丈。

营运能力良好

值得庆幸的是，纳威司达的营运能力在行业中表现良好。其应收账款周转天数、库存周转天数和应付账款周转天数均不超过百天。纳威司达的应收账款金额占了总资产的 1/3，其周转天数在 2011 年和 2012 年两年较低，之后稳定在 80 天左右，与金融危机前数值持平。这个数据可以看出纳威司达的坏账风险并不算大。另外，纳威司达的存货周转天数相对稳定，对比同行业其他企业，该数字和戴姆勒、曼的数值比较接近，远远好于沃尔沃和斯堪尼亚。或许纳威司达是通过客户订单来拉动整个供应链，从而保持低库存周转天数的。同时，应付账款周转天数也保持在较低水平，说明纳威司达与上游供应商的关系较为稳定，其营销状况的起伏并没有影响其付款能力。

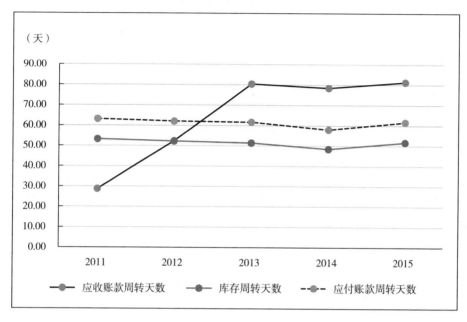

图 3-12　纳威司达营运能力分析

数据来源：彭博数据库

短期偿债能力尚可

　　纳威司达的债务是其最大的麻烦，但是在其债务中，长期债务又是麻烦的主要来源。纳威司达的短期偿债能力虽然不甚如意，但在行业里算是目前的平均水平。2012 年至 2014 年，纳威司达的现金比率、流动比率和速动比率均呈不同程度的下滑趋势。纳威司达的流动比率基本在 1.2 左右，说明纳威司达的短期偿债能力较弱，且短期流动性风险稍大。2009 年至 2011 年期间，速动比率呈现出和流动比率不一样的走势，这主要是因为该期间的应收账款加现金数额减少所致。从长期偿债能力来看，纳威司达 2014 年的资产负债率已经达到 162%，与竞争对手帕卡、沃尔沃、曼、斯堪尼亚、戴姆勒相比，纳威司达的资产负债率高得惊人，已经处于严重资不抵债的状态。

表 3-9　短期偿债能力（单位：%）

财务指标	2011 年	2012 年	2013 年	2014 年	2015 年
流动比率	1.51	1.34	1.28	1.18	1.22
速动比率	0.52	0.91	0.92	0.81	0.87
现金比率	0.26	0.36	0.37	0.26	0.28

数据来源：彭博数据库

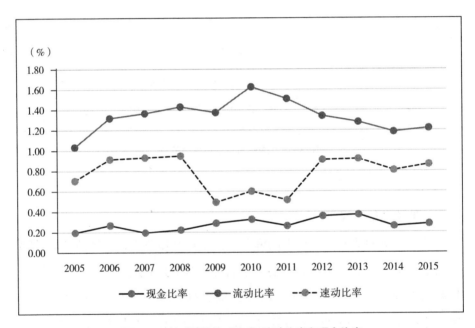

图 3-13　纳威司达流动比率、速动比率和现金比率

数据来源：彭博数据库

止不住下滑的脚步

纳威司达的市值一直以来就不高，即便在近 10 年来销售状况最好的 2008 年（约 147.24 亿美元），它的市值也只有 21.48 亿美元，仅占总营收

的 14.6%。2010 年，纳威司达的市值达到了近 10 年的最高值 34.59 亿美元，但从环保闹剧之后开始持续下跌，虽然在 2013 年小幅回升，但纵观 2010—2014 年这 5 年的数据，纳威司达的市值与其销售收入之比最高也未超过 30%，在 2012 年甚至仅为 12%。可见投资者对纳威司达的信心已在风雨飘摇之中。

而且，纳威司达的市值和销售额从来都不是同向变动的，在投资者眼中它的价值好像与它的经营状况没有正比例的关系。这恰恰说明，纳威司达这个企业能够以如此惨淡的财务状况继续在北美商用车行业称雄，依靠的并不全是它的经营业绩，或许正是它一次次化险为夷的方式让投资者们看到了它背后的影子，导致投资者不依赖其经营现状来判断它的未来发展。

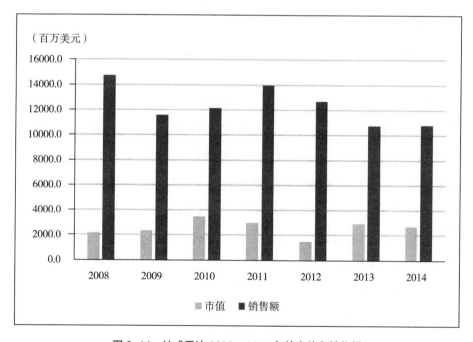

图 3-14　纳威司达 2008—2014 年的市值和销售额

数据来源：彭博数据库

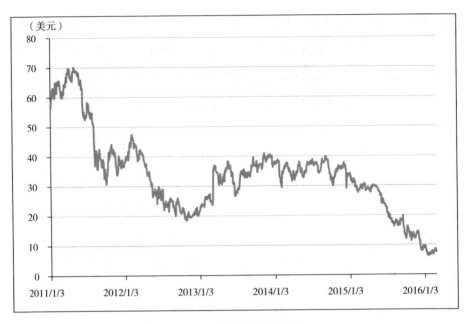

图 3-15　纳威司达股价历史

数据来源：彭博数据库

　　自 2011 年 4 月以来，纳威司达便步入下跌通道，股价一路狂跌不止，从高点 71 美元下跌至 8 美元附近，价格已经折为原先的 1/10。显然，它已经止不住投资者信任和信心下滑的脚步。股价暴跌或许有它最大股东 FMR LLC 抛售的原因。FMR LLC 是美国最大的金融服务以及共同基金公司，曾在 2008 年至 2011 年期间是纳威司达最大的股东。它恰恰在 2011 年第二季度结束了它对纳威司达长达接近 3 年的控股，现在只留下很少一点股份。FMR LLC 的不看好已经充分说明了纳威司达财务上的衰败。2012 年，大众曾试图收购纳威司达，但最终不了了之，这其中或许有纳威司达军工背景的因素，有一只"看得见的手"在其中阻挠。

表 3-10　2016 年纳威司达的股权结构

持有机构	持有比例（%）
卡尔·伊坎	19.94
MHR 基金管理有限责任公司	19.89
富兰克林资源公司	18.71
哈其开斯 & 威利资本管理	13.56
GAMCO 投资公司	12.01
先锋集团	4.23
黑石集团	3.65
其他	8.01

数据来源：彭博数据库

素有"华尔街之狼"称号的投资者卡尔·伊坎却与大多数投资者反其道而行，自 2011 年第三季度开始持有纳威司达的股票，当 2012 年它的股票价格急剧下滑时以每股 18.75 美元的均价购买了纳威司达约 159 万股的股份，斥资 2990 万美元。与他有一样行为的还有 MHR FUND Management LLC（投资机构），此后，两者便分别成为纳威司达第一位和第二位的股东，持股份额达到 19.94% 和 19.89%。显然，大肆收购已经跌入垃圾股行列的纳威司达股票，卡尔的梦想是有朝一日商用车行业周期重新迎来高潮。但是，卡尔有那么长的耐心吗？卡尔心知肚明纳威司达自身经营有严重问题，如果不改变其经营管理的根本结构恐怕是毫无翻身的可能。否则他也不会在 2012 年年底时发起代理权之战，致信纳威司达董事会，希望他提名的四名候选人进入公司董事会。

尽管拥有政府的良好资源，但同时又偏偏经营不善，纳威司达这只鸡肋让投资者进退维谷。美国信托公司（US TRUST CORPORATION）控股了纳威司达两年之后在 2008 年让出了大股东的位子，之后上位的 FMR 在 3 年之后也让位了，卡尔这个大股东到底会何时终结对纳威司达的控股呢？或许整个华尔街都在等着纳威司达再次易主的那一天吧。

三、沃尔沃——既生瑜何生亮

作为商用车七雄中的"老二",沃尔沃其实与"老大"戴姆勒有很大的差距——沃尔沃即便跳起来也够不到戴姆勒,但是它却能够稳坐商用车七雄中的第二把交椅。沃尔沃自 1927 年成立以来,走过了近一个世纪的风风雨雨,在汽车领域创造了不少引人注目的辉煌成就,特别是当机立断地卖掉了乘用车业务,利用获得的资金收购其他企业,大刀阔斧地拓展商用车业务世界版图的举动,将沃尔沃推向了世界商用车业务行业的第二把交椅,使得沃尔沃自 21 世纪开始便享有了还算不错的规模利润。

"千年老二"的尴尬

作为"千年老二"的沃尔沃向上望着戴姆勒,内心一定是非常复杂的:同样都是百年老企业,同样在商用车领域有着悠久的发展历史,同样有着过硬的生产技术,同样都在欧美全面布局,可能仅仅因为并购战略上的时间晚了一步,沃尔沃便只能屈居其下,心中不免有种"既生瑜何生亮"的感慨。理论上讲,若想追赶上戴姆勒,沃尔沃最佳的策略是在完成雷诺卡车的收购后,继续收购美国的商用车企业纳威司达——当然前提是沃尔沃有收购它的能力。当它还不具备这种能力时,就应该扎扎实实地走一条奋斗之路,增强自己的实力。当世界经济特别是发达国家经济陷入低迷、商用车行业持续走低之时,沃尔沃这艘百年航船不仅没有趁机奋起追赶戴姆勒,反而疲态尽露、后劲不足,在大环境的消极影响下连维持其自身地位都十分勉强,被收购了曼和斯堪尼亚的大众一举赶上,原本只是双雄争霸,如今又挤进大众这样一个不讲规矩的"野汉子"。显然,沃尔沃在最近十几年并没有很好地完成自我提升,在纳威司达问题重重的最佳时机只能望洋兴叹,甚至被一个名不见经传的大众抓住时机冲到并驾齐驱的位子,不知沃尔沃是否为自己的慵懒所付出的代价而悔恨不已。

近年来，投资者对于沃尔沃集团的未来持有越来越多的不确定性。2007年，沃尔沃集团的主营业务收入约为 422.89 亿美元，同期的市值约为 339.6亿美元，占营收的比重达到 80.3% 左右的水平。而这几个数据到了 2014 年，则分别为主营业务收入 413.4 亿美元、市值 220.37 亿美元、占营收比重仅为 53.3%。从沃尔沃股票的历史价格走势来看，它在 2011 年和 2014 年分别有两次比较明显的下跌，至 2016 年 2 月，其价格已经下降到低于 10 美元，是 2011 年第一季度 18 美元左右的一半。2012 年，法国雷诺汽车集团抛售了其持有了超过 10 年的沃尔沃集团的股权，此举固然有雷诺汽车集团自身的财务考虑，但更多的是，面对沃尔沃近年来的低谷，雷诺显然无意再伴随沃尔沃一路前行。雷诺的退出使得瑞典投资集团（Industrivarden，该公司最大的股东为瑞典银行）成为了沃尔沃最大的股东，而雷诺股权的抛售对象也多是投资基金，至此，在沃尔沃主要股东的构成中，投资机构、银行和养老基金成为了主力军。失去了汽车集团的持股，股票市场会对沃尔沃的一举一动更加敏感。现有股东只会更加注重短期利润，而非企业长期成长，这对于沃尔沃的未来发展来说无疑是个极其负面的因素。

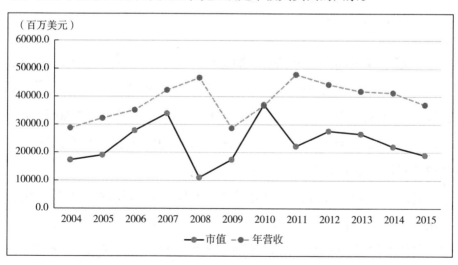

图 3-16　沃尔沃集团 2004—2015 年市值及年营收

数据来源：彭博数据库

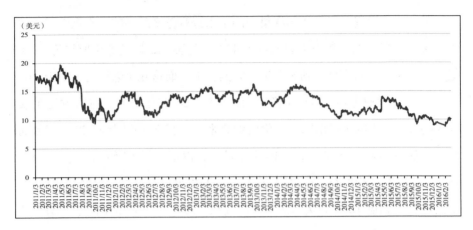

图 3-17　沃尔沃股票历史价格

数据来源：彭博数据库

表 3-11　沃尔沃股东结构

股东名称	投票权（%）
Industrivarden	22.0
Cevian Capital	13.4
Norges Bank Investment Management	6.2
SHB	5.8
Alecta	4.6

数据来源：沃尔沃 2014 年企业年报

事实上，沃尔沃自身也为近年的低谷一筹莫展，在世界各大汽车厂商纷纷关厂、裁员以削减成本时，沃尔沃集团在 2013 年宣布了其"结构削减计划"：根据计划，沃尔沃计划在 2015 年年底之前裁掉近 5000 名白领员工，削减成本 100 亿瑞典克朗。根据沃尔沃 2015 年第 4 季度报告，自 2012 年已经削减了 46 亿瑞典克朗。

然而，削减成本计划对于沃尔沃来说也只能算是目前唯一可以运用的办法，其远远不能根治沃尔沃最为根本的问题。商用车市场的不景气固然是沃尔沃表现低迷的直接原因，然而当我们分析其财务状况时不难发现，不知从何时起，沃尔沃的财务结构悄悄地发生了变化，变得不那么健康，这种状况导致沃尔沃像一个处于亚健康的人一样，平日里不会因此而生病，碰到临时的困难也可以勉强渡过，但其自身却再也无力恢复其生机勃勃的状态，相信这也是沃尔沃这个"千年老二"难以言说的苦楚。同时，随着大众加入商用车的前沿战争，沃尔沃未来的艰辛只是刚刚开始。在敏感的金融市场面前，沃尔沃股票的众多投资机构持有者根本没有耐心去等待沃尔沃继续慵懒下去。

主要市场动荡不安，销售收入营收难止低迷状态

沃尔沃集团生产的商用车包括卡车和巴士，其主要市场集中在欧洲和北美地区。根据沃尔沃 2014 年的年报，在沃尔沃的商用车销售收入中，其欧洲地区销售金额占比为 37.65%，北美地区销售金额占比为 28.83%，而亚洲和拉丁美洲则分别只有 14.87% 和 10.61%。和其他商用车巨头一样，欧洲地区经济的低迷是沃尔沃自 2011 年以来无法恢复其良好盈利的最主要原因，但由于欧洲市场的饱和度较高，故而销售收入变动起伏不大。北美市场在经历了金融危机以后的两年内略有抬头，商用车市场需求（特别是卡车需求）有所回暖。然而，沃尔沃之前一直看好的南美市场却出人意料地惨遭滑铁卢，特别是在 2015 年的第 4 季度，沃尔沃集团在南美市场上的销售收入锐减了 41%，成为影响沃尔沃的最主要销售因素。

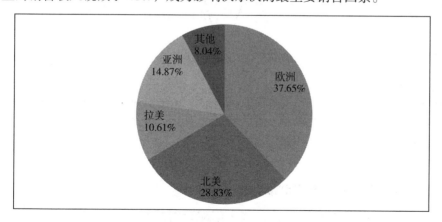

图 3-18　2014 年沃尔沃商用车（卡车和巴士）销售额地理分布

数据来源：彭博数据库

　　更让沃尔沃头疼的是，近期美国的制造业略有萎缩迹象，美国的卡车市场已经从前两年的小高峰状态开始下滑，根据沃尔沃 2015 年第 4 季度的报告显示，其北美第 4 季度订单数量减少了 58%。尽管沃尔沃已经开始尝试削减产能，但是真正见效恐怕要等到 2016 年年末。换句话说，尽管沃尔沃在世界版图上已经尽量分散其业务比例，然而欧洲市场、北美市场和南美市场的轮番动荡，使得商用车及相关业务的收入占总收入 81%（根据沃尔沃 2014 年年报，其卡车营收占总营收比重 67%，客车占 6%，发动机占 3%，服务及其他占 5%，建筑设备占 19%）的沃尔沃在经济危机过后仍然一蹶不振，2012 年和 2013 年集团总营收连续两年负增长，2014 年恢复正的增长率，但是也只有 3.79%。按照目前的市场形势来看，2015 年和 2016 年的销售形势也不容乐观，10 年之前 10% 增长速度的发展势头恐怕是难以再现了。

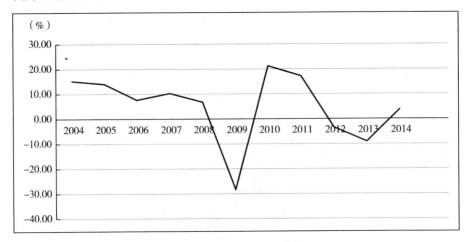

图 3-19　沃尔沃集团主要业务收入增长率

数据来源：彭博数据库

成本管理较差导致盈利能力弱

　　沃尔沃集团 2013 年提出的成本削减计划并不是空穴来风，也不仅仅是为了应对经济危机所采取的短期策略。实际上，沃尔沃集团的成本管理长期以来一直逊色于其他竞争对手，在经济危机之前一直依靠庞大的销量来维持可观的利润。在成本的花费上，沃尔沃的管理费用异常庞大，行政管理和营销开支几乎将其毛利润消耗殆尽。从沃尔沃近 10 年的毛利润率、营业利润率和净利润率的对比分析可以看出，沃尔沃的毛利润率超过 20%，属于商用车行业里的平均水平，然而扣除其营业开支以后，其EBITDA 利润率只有毛利润率的一半，营业利润率更是降到 10% 以下。这个巨大的差距自 10 年前就已经存在，但是 2011 年以后，当沃尔沃的毛利润率与其巅峰时期一样的情况下，其毛利润率和营业利润率的差距越发拉大，2014 年其营业利润率只有 3.95%，而净利润率只有 0.74%，不再是 10 年前净利润率也有高于 5% 的水平（2005 年净利润率为 5.43%）。所以说，沃尔沃的盈利能力若想提升，必须要从管理成本上入手，这也是为什么沃尔沃在成本削减计划中提到，裁员的主要对象是白领和咨询人员，而非技术蓝领工人。

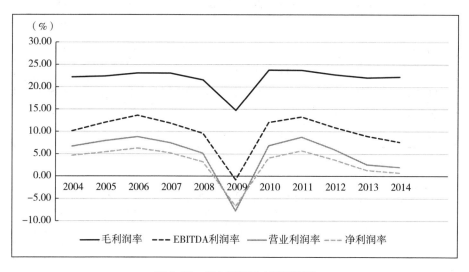

图 3-20　沃尔沃集团主要利润率

数据来源：彭博数据库

资产结构不安全，偿债能力偏弱

除却沃尔沃的成本管理，其资产负债结构是沃尔沃的另一个根本性问题。从沃尔沃的资产负债表来看，它的资产负债率逐年上升，2004年时，该比重为68.68%，而到了2014年却上升到了79.09%。这在商用车行业里属于高水平负债，这意味着沃尔沃进一步融资的成本有极大的可能会增加，这对于利润率已经很低的沃尔沃来说，无疑增加了未来发展的难度。

表3-12　沃尔沃资产负债情况（单位：百万美元）

财务指标	2010年	2011年	2012年	2013年	2014年
总资产	47287.3	51332.4	52147.3	53662.4	49089.2
总负债	36265.6	38881.5	40300.6	41622.8	38826.7
股东权益	11021.7	12450.9	11846.7	12039.6	10262.6
资产负债率	76.69%	75.74%	77.28%	77.56%	79.09%

数据来源：彭博数据库

表3-13　沃尔沃集团主要财务数据（单位：百万美元）

财务指标	2010年	2011年	2012年	2013年	2014年
市值	37151.8	22184.9	27684.2	26653.5	22036.5
销售收入	36836.0	47859.5	44293.2	41859.0	41340.1
毛利润	8758.9	11362.0	10075.4	9230.7	9195.3
EBITDA	4463.6	6520.2	5030.1	4178.3	3958.6
净利润	1511.8	2737.3	1648.7	550.1	306.7
股价（股价）	17.53	10.94	13.63	13.16	10.94

数据来源：彭博数据库

表3-14　沃尔沃集团部分资产结构表（单位：百万美元）

财务指标	2010年	2011年	2012年	2013年	2014年
总资产	47287.3	51332.4	52147.3	53662.4	49089.2
流动资产	21879.4	25090.3	23163.6	25461.3	22731.0
无形资产	6054.1	5741.0	5949.9	5693.8	4758.3
商誉	3410.6	3472.9	3396.8	3105.2	2755.6

数据来源：彭博数据库

应付账款在沃尔沃的总负债中占比并不高，主要还是来自总债务。在沃尔沃的债务结构中，长期借款是债务的主要来源，这使得沃尔沃 EBIT/利息支出偏低，其经营收益用来支付债务的能力较小，偿债能力大幅减弱。沃尔沃的这个指标在 2004 年、2005 年和 2006 年分别是 11.32、19.62 和 39.1，而 2013 年、2014 年则分别为 2.52、2.87。这其中的原因既包括盈利能力的削弱，也包括总债务的上涨。但是不论如何，在这 10 年里，沃尔沃偿还债务的压力显著增加。它要么有足够的盈利去偿付这一部分债务，要么能够持续不断地借新债还旧债，然而，我前面说过，它进一步融资的成本有极大可能会增加，这个压力不可小觑。根据沃尔沃 2013 年的年报，在沃尔沃的长期债务中，有 55.8% 是债券，44.2% 为其他借款。虽然现阶段欧洲实行低利率政策，但是长期看来还是有利率上扬带来的潜在风险。

表 3-15　沃尔沃集团的流动比率、速动比率和现金比率(单位 : %)

财务指标	2010 年	2011 年	2012 年	2013 年	2014 年
流动比率	1.11	1.13	1.07	1.08	1.19
速动比率	0.71	0.68	0.71	0.66	0.76
现金比率	0.25	0.24	0.20	0.19	0.23

表 3-16　沃尔沃集团债务状况(单位 : 百万美元)

财务指标	2010 年	2011 年	2012 年	2013 年	2014 年
总债务	18393.3	18960.8	20223.4	21008.9	18972.3
短期债务	5888.6	6469.8	7689.6	8022.5	5122.2
长期债务	12504.7	12491.0	12533.8	12986.4	13850.1
总债务 /EBITDA	3.87	3.17	4.01	5.51	6.83
总债务 / 总资产	38.90%	36.94%	38.78%	39.15%	38.65%
长期债务 / 总资产	26.44%	24.33%	24.04%	24.20%	28.21%
EBIT/ 利息支出	5.77	9.46	6.11	2.52	2.87

数据来源：彭博数据库

此外，沃尔沃的资产中无形资产特别是商誉占比过大。从图 3-21 可

以看出，沃尔沃的商誉占净资产的比重从 2007 年就开始飙升，此后一直
维持在 25% 以上。商誉描绘了在未来期间为企业经营带来超额利润的潜在
经济价值，也是沃尔沃所支付的购买成本高于其收购的企业净资产公允价
值的差额，商誉占净资产比重过大意味着沃尔沃商誉减值风险较大，对未
来的净利润是个不小的威胁。

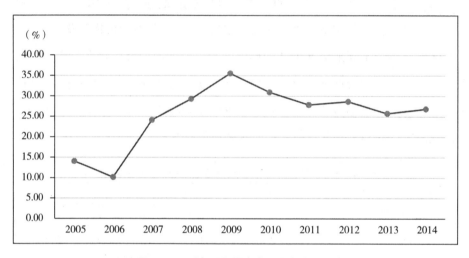

图 3-21　沃尔沃集团商誉和净资产之比

数据来源：彭博数据库

　　为了更加清楚地说明沃尔沃存在的问题，我用总负债和有形资产的
比值来说明。从图 3-22 可以看出，沃尔沃的总负债占有形资产的比重在
2007 年由 2006 年的 71.56% 迅速上升到 83.77%，2009 年最高甚至达到
91.26%，此后便维持在 87% 左右浮动。万一沃尔沃发生意外状况，其可以
用来抵债的有形资产是捉襟见肘的。

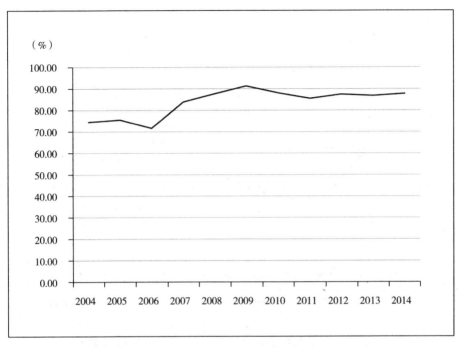

图 3-22　沃尔沃集团总负债和有形资产之比

数据来源：彭博数据库

营运能力持续萎靡

沃尔沃的应收账款周转天数一直处于行业中较高的水平并且持续上升，2004 年为 74.23 天，到 2014 年，该数据已经达到 97.18 天。这表明沃尔沃的生产经营资金被占用过多，周转过慢，经营成本加大，坏账损失的风险升高，这对沃尔沃的未来营运而言是一个较大的消极影响因素。特别是 2011 年以后，其应收账款周转天数超过了库存周转天数 20 多天，更说明沃尔沃滞留在应收账款项目上的资金过多。

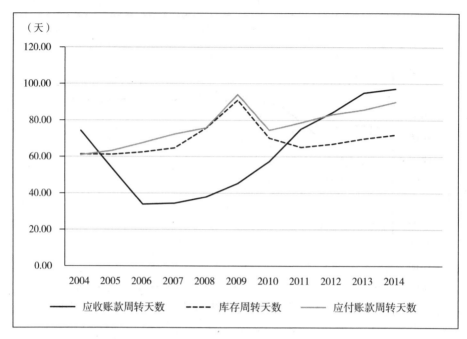

图 3-23 沃尔沃集团应收账款、应付账款和库存的周转天数

数据来源：彭博数据库

资产收益率和权益乘数

根据沃尔沃集团近 10 年 ROE 的走势，可以看到它在 2011 年之后下滑到了历史低点（2009 年金融危机影响导致负数除外）。ROA 与 ROE 走势基本一致。如图 3-24 所示，资产收益率的波动主要来源于沃尔沃集团大幅下滑的利润率，由于主营业务收入下滑、成本管控能力弱，沃尔沃急剧下跌的净利润率是资产收益率走低的最主要原因。另外，从图 3-25 中可以看出，沃尔沃的权益乘数自 2007 年开始有了显著上升并持续扩大，这说明沃尔沃自经济危机开始便极大依赖于债务融资，并且此后融资比重持续上升。前文我也讲过，沃尔沃的长期负债占比较高，它所需要付出的利息会持续成为沃尔沃不小的负担。美国已经进入加息周期，虽然欧洲央行目前实行负利率政策，且短期预期仍是宽松的政策环境，但是沃尔沃现在的杠杆已经过高，再加上其无形资产、净资产的质量偏低，一旦企业在竞争中被挤垮，恐怕就有资不抵债的风险。

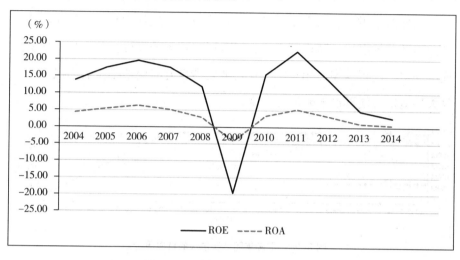

图 3-24　沃尔沃集团 ROE 和 ROA

数据来源：彭博数据库

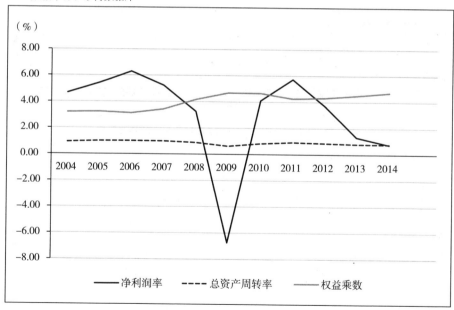

图 3-25　沃尔沃集团净利润率、权益乘数和总资产周转率

数据来源：彭博数据库

对于沃尔沃来说,现在才出现大众这样一个实力雄厚的对手其实并不意外,其貌似庞大的资产负债表和销售基数依然掩盖不了其日益衰老的态势。从外部来讲,它的主要市场欧洲和美国早已达到饱和,并且伴随着经济的萎靡前景堪忧;从内部来讲,长久以来积累的高杠杆结构加上累赘的成本耗费,使得这家商用车巨头在行业发展良好时尚能维持表面风光,一旦大环境走弱便再也不能苦苦支撑。

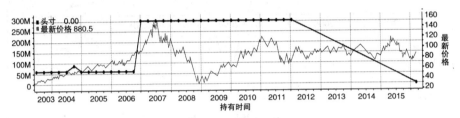

图 3-26　雷诺集团对沃尔沃的持股历史

数据来源:彭博数据库

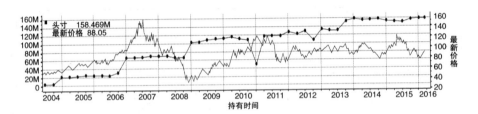

图 3-27　INDUSTRIVARDEN AB 对沃尔沃的持股历史

数据来源:彭博数据库

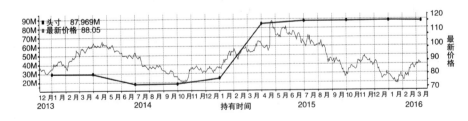

图 3-28　Cevian Capital 对沃尔沃的持股历史

数据来源:彭博数据库

　　更何况，控制沃尔沃的大部分股权早已不是百年前那些对汽车行业有激情、渴望进行长期投资的企业家了，而是一群把沃尔沃当作金融资产去投资的金融机构。这些机构是否有足够的耐心，等待沃尔沃用长久的时间去慢慢解决自身日积月累的问题，答案恐怕是不甚乐观的。当我们观察雷诺集团以及沃尔沃现在最大的两个股东持有沃尔沃股票头寸的历史变化时不难看出：雷诺集团在 2007 年的增持和 2012 年的抛售显然是一种金融投资的眼光。2006 年是沃尔沃业绩最辉煌的时候，然而当雷诺成为最大股东以后，沃尔沃在大环境的影响下加上自身内部原因却连年低迷，最终到了 2012 年，雷诺已经失去耐心放弃了这项金融资产。但是，从另外两家投资机构 INDUSTRIVARDEN AB 和 Cevian Capital 反而在近年增持沃尔沃股票的行为。我们发现，投资者们对于沃尔沃未来发展的判断是犹豫的、有分歧的，在他们眼中，沃尔沃并不是一家无药可救的企业，它更多地像是一只"金融鸡肋"，食之无味弃之可惜而已。对于财务投资者来说，只要能够像之前一样继续分红，沃尔沃可以继续装作一切都好的样子，维持这种亚健康的状态，毕竟他们在意的只是财务收益。但是，沃尔沃的管理者们却应该意识到，如果不尽快在商用车行业的竞争中脱颖而出，它的装模作样终有装不下去的一天，而在那之前，这些机构一定会早早闻风而动，到时候，恐怕他们对沃尔沃这只"金融鸡肋"再也不会感到弃之可惜了。

四、曼——廉颇老矣尚能饭否

2013 年 6 月 6 日，对于曼集团来说，是历史上一个重要的转折点。从这一天开始，曼不再是一个自由独立的企业，而是成为了大众手下的一卒，必须服从大众的管理。拥有百年历史的商用车巨头曼从艰难崛起、经历两战的洗礼以及全球经济危机，这艘航船已经千辛万苦地渡过了许多艰难险阻，一步步发展壮大，最终位列商用车七雄之一。然而，造化弄人，它最终却被在商用车领域名不见经传的大众收购，其结果难免令人感慨惋惜。

但是，纵观曼近年来的经营状况，我们可以发现这样的结果几乎是必然的。在规模尚可、技术雄厚的曼集团身上，我们几乎可以看到所有老企业容易发生的问题：管理效率低下、成本费用高、资产负债结构不健康。本来这样的问题并不足以让曼轻易被收购，但是曼极差的盈利能力使得它不仅无力自行恢复，反而更是"衰老"的催化剂，导致其最终落入大众的手中。

销售情况堪忧，利润向下风险大

事实上，曼这艘庞大的航船早已斑驳不堪。近年来受到全球经济危机、欧债危机、地区冲突和市场不景气的影响，曼商用车业务订单数量和销售收入不断下降。在商用车领域和机械领域很多新投资都被推迟，动力工程业务领域的一些关键项目融资变得更加困难。曼集团的重要市场如拉丁美洲，订单量一直下降。2011 年刚刚才将拉丁美洲的巴西产能从 7.2 万辆增至 8.2 万辆并扩招 400 名员工，却马上面对巴西市场的低迷，迫使曼在 2012 年不得不暂停了对新员工的招聘。

自乌克兰危机爆发之后，西方国家对俄罗斯的经济制裁，使得卢布兑美元持续下跌，导致俄罗斯金融市场很不景气。受此影响，曼在俄罗斯商用车市场不仅销量骤减，而且利润大幅下跌，很多订单和项目不得不暂停或者取消。虽然曼集团在俄罗斯市场的销售额一直都不高，也不存在对该市场的严重依赖，但是这种政治危机给市场带来的影响还在持续，对于曼集团在俄罗斯的工厂和市场造成的影响比预期要大很多。

近年来，曼集团订单量同比增长率分别为 2012 年的 –7%、2013 年的 0.6% 和 2014 年的 –5%。其中，曼商用车公司订单量增长率分别为 –5.23%、2% 和 –4.45%；曼拉丁美洲公司的订单量增长率分别为 –21.9%、7.2% 和 –20.2%。2014 年，曼商用车公司取得了 84 亿欧元的销量，同比下降 9%，曼拉丁美洲商用车销售额为 23 亿欧元，较 2013 年下降了 24%。此外，曼集团动力设备公司的销量也由于中国、印度、巴西等新兴市场的需求减弱，下降了 3%，销售收入为 33 亿欧元。与此相比，拥有 76% 股权的子公司 Renk 保持了继续增长，达到 4.8 亿欧元的销售额，较 2013 年有很大增长，但是对曼集团来说不过是杯水车薪。

另外，2015 年年底，德国最大的工会——德国金属工业工会，同意将巴登符腾堡州的工人工资上调 3.4%。该州是德国主要汽车生产基地，曼有很多工厂和子公司都位于这里，这必将造成生产成本上升，利润下跌。一直以来，德国工人工资在欧洲都处于最高水平，而曼集团所在地的拜仁州也是仅次于巴登符腾堡州，是德国工资水平最高的地区之一。曼在 2014 年好不容易通过裁员、降低工时等措施降低了生产成本，但又一次面临严重威胁。此外，曼集团 44% 的销售额都在欧洲以外的国家，近年来汇率的波动不仅给曼产品价格与原材料的购买成本造成了影响，而且对其净资产的增减，都造成了很大挑战。

丑闻缠身，信誉受损

雪上加霜的是，随着大众"尾气门"继续发酵。2015 年 10 月，据路透社报道，挪威货轮集团 I.M.Skaugen 正在向曼索赔 5000 万美元，原因是曼在十多年前制造的货轮发动机的效能测试中造假。这无疑给资金链短缺、长期饱受债务危机的曼集团重重一击。这次危机对于曼在国际市场上的信誉产生了长远的损害。另外，曼集团还存在核心技术人才流失风险和员工触犯法律丑闻。其中，在 2009 年经慕尼黑检查人员曝光的 7 年共计8000 万欧元的"贿赂门"事件就将当时的曼集团推上了风口浪尖。

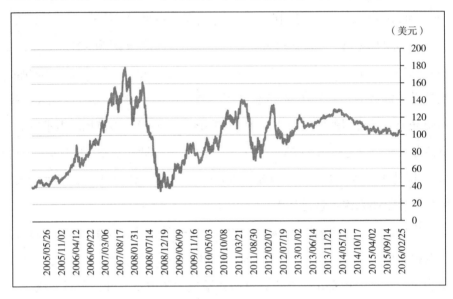

图 3-29　曼集团股价历史

数据来源：彭博数据库

尽管曼集团在全球的商用车市场（中国除外）是排在第四名的巨头，其品牌知名度享誉全球。然而，从曼的财务数据来看，它却是商用车巨头中近些年衰退最快的企业之一，利润低下，债台高筑，流动性差。曼在归属于大众以后不仅没有想象中的大幅改善，反而日益惨淡。但是，或许是人们出于对大众整体实力的信心，曼的股票价格自 2010 年以来处于波动上升的趋势，特别是 2013 年之后几乎一直维持在 100 美元以上。但是随着大众自身的重重麻烦，人们对于曼这家公司的前途也越来越没信心，曼的股价从 2014 年年中开始缓慢下降，此时的曼对于大众之外的投资者来说可就真成了一只食之无味弃之可惜的鸡肋。但对大众来说，控股曼还应该有其他目的，故而应该不会过于在意曼股价的中短期波动。

管理费用庞大，利润所剩无几

从利润表可以看出，2014 年曼集团净利润从 2010—2015 年这 5 年的整体趋势来看，属于逐步下降的走势，特别是 2013 年出现了亏损。根据曼的年报披露，其 2013 年亏损主要是当年高额的所得税费用以及递延所得税费用造成的。通过对比毛利润、EBITDA、营业利润和净利润不难发现，曼集团的销售和管理费用偏高，导致其毛利润和营业利润之间的差距过大。2014 年，曼对该项费用进行了控制，效果较前两年有所好转，再加上所得税支出减少，才使得 2014 年扭亏为盈。但各项利润率低于行业平均水平依然是曼的困扰。特别是和另一家商用车巨头沃尔沃相比，曼集团总资产收益率要高于沃尔沃，但毛利润率和营业利润率都与沃尔沃相差甚远。

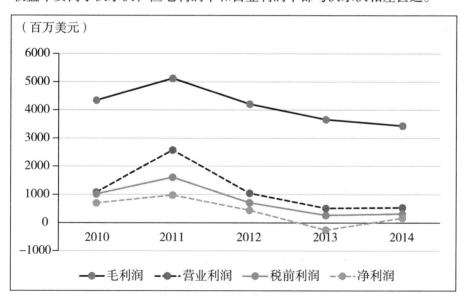

图 3-30　曼集团利润额变化

数据来源：彭博数据库

表 3-17　曼集团主要财务数据(单位:百万美元)

财务指标	2010 年	2011 年	2012 年	2013 年	2014 年
市值	17489.5	13091.7	15627.4	18095.7	16397.0
销售收入	19468.0	22935.7	20280.8	21068.4	18978.8
毛利润	4344.7	5125.5	4208.7	3666.1	3442.1
EBITDA	1699.4	4152.2	1954.5	1777.3	1737.7
净利润	945.9	331.4	231.5	−696.0	337.4
股价(美元)	118.0	89.0	106.8	123.2	112.0

数据来源:彭博数据库

表 3-18　集团各项利润率及总资产收益率(单位:%)

财务指标	2010 年	2011 年	2012 年	2013 年	2014 年
毛利润率	22.32	22.35	20.75	17.40	18.14
净利润率	4.86	1.44	1.14	−3.30	1.78
营业利润率	7.97	11.03	3.67	2.24	2.84
税前毛利润率	7.67	6.81	2.00	1.08	1.69
总资产收益率	4.28	1.32	0.93	−2.47	1.27

数据来源:彭博数据库

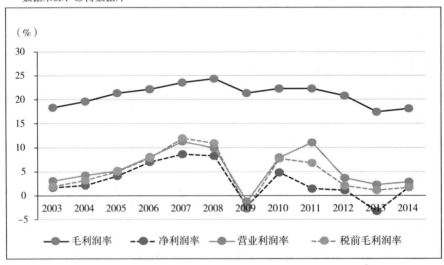

图 3-31　集团利润率历史走势

数据来源:彭博数据库

无形资产比重较大，债务负担重

2013 年，由于曼正式成为大众旗下卡车客车有限责任公司的控股子公司，大众对曼的持股比例达到了 73.98%，所以在这一年曼集团的资产结构有一些变动，例如由于曼金融服务公司的剥离导致了待售资产及相关的负债在这一年增加，使得其短期资产和短期负债有所增加，随后在 2014 年该项影响即从资产负债表上消除。所以在观察曼的资产负债结构时，我更注重的是它的整体趋势。

纵观过去 5 年财务数据，曼集团的资产方面比较突出的是其较多的无形资产。它的无形资产自 2009 年开始便有了明显增加，其占净资产的比例显著升高。而在无形资产的构成中，约有一半属于商誉，其他的则主要是资本化的开发费用。

表 3-19　曼集团部分资产负债数据（单位：百万美元）

财务指标	2010 年	2011 年	2012 年	2013 年	2014 年
总资产	23298.3	24196.3	26277.9	31076.3	21221.0
无形资产	2558.3	2440.4	2824.2	2653.0	2444.2
商誉	1033.2	940.9	1162.7	1048.0	951.1
总负债	15292.0	16951.7	18845.3	23868.8	14584.1
股东权益	8006.2	7244.6	7432.6	7207.5	6636.9
资产负债率	65.64%	70.06%	71.72%	76.81%	68.73%
总债务	3808.0	4108.3	6993.1	7646.0	5878.2
短期债务	1157.5	1547.4	3078.9	2916.4	2606.3
长期债务	2650.5	2560.9	3914.2	4729.6	3271.8
总债务/净资产	47.56%	56.71%	94.09%	106.08%	88.57%

数据来源：彭博数据库

曼集团的资产负债率从 2010 年到 2014 年这五年一直维持在 70% 左右的水平。2014 年，曼集团资产权益率为 31.27%，资产负债率达到 68.73%，资产负债率属于较高水平，存在比较大的财务负担。特别是其中的总债务，曼集团在 2012 年、2013 年和 2014 年的总债务比之前有着明显的上升，2014 年曼集团总债务为 58.78 亿美元。曼的总债务与净资产的比率也由 2010 年的 47.56% 上升到 2014 年的 88.57%。

经营性现金流显著下滑

2014 年曼集团的净现金流量为 –9.06 亿美元，较 2013 年的 –2.1 亿美元，有了更大幅度的变化。造成 2014 年企业现金净流量变动的原因主要是支付所得税造成的，再加上养老金、储备金等方面的支出也有所上升，财务压力比较大。净现金流量偏低且为负值，说明其企业存在现金流动性风险。

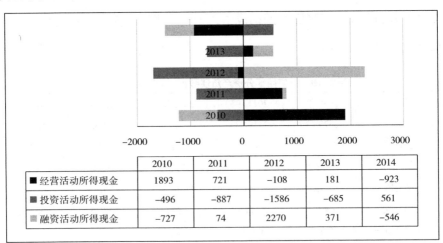

	2010	2011	2012	2013	2014
■ 经营活动所得现金	1893	721	−108	181	−923
■ 投资活动所得现金	−496	−887	−1586	−685	561
▨ 融资活动所得现金	−727	74	2270	371	−546

图 3-32　曼集团现金流量（单位：百万美元）

数据来源：彭博数据库

曼的经营性现金流持续减少。2012 年、2014 年两年都出现了负数。2012 年经营性现金流减少主要是由于所得税大幅上升。2014 年则主要是由于所得税、退休金支出在这一年大幅上升。2014 年投资活动净现金流量为 5.61 亿美元，2013 年为 –6.85 亿美元，变动了 12.46 亿美元，主要是在长期投资净变动增长以及子公司清算后扣除现金流所得资产，分别增加了 7.57 亿美元，5.47 亿美元。而其他对于构建固定资产、投资无形资产和研发资金的现金并没有增加。2014 年融资活动现金流减少了 9.17 亿美元，主要是 2014 年偿付了 14.76 亿美元的短期债务。

总体来说，2014 年曼集团期末净现金流量为 –9.06 亿美元，其中，经营活动净现金流量减少最多。可见，企业的净现金流量减少的原因主要是经营活动产生的，追根究底是与曼集团商用车近几年连续下降的销量息息相关的。尤其是南美的巴西市场与中欧和东欧市场，受到巴西经济萧条与乌克兰危机的影响，销售量及销售收入出现了大幅下滑。

营运能力长期较为稳定

从表 3-20 可以看出，曼集团的存货周转率是影响其营运能力的主要原因。高于 90 天的存货周转天数说明该企业在库存控制上不严格，近年来的订单量锐减并不能全部解释造成企业库存周转缓慢的原因，因为长期看来，曼的库存周转天数较为稳定甚至略有降低。但是曼集团的应收账款周转率和应付账款周转率较好，说明其上下游客户关系颇为稳定。

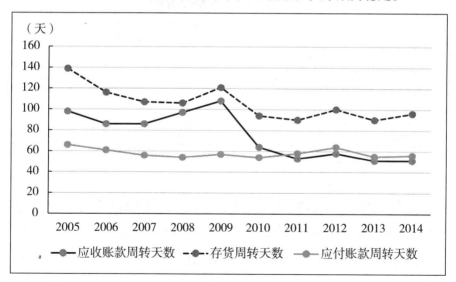

图 3-33　曼集团营运能力分析

数据来源：彭博数据库

表 3-20　曼集团营运能力分析(单位:天)

财务指标	2010 年	2011 年	2012 年	2013 年	2014 年
应收账款周转天数	64.82	53.65	58.19	51.69	51.28
存货周转天数	94.28	90.81	100.82	90.34	96.86
应付账款周转天数	54.50	58.40	64.11	55.83	56.01

数据来源:彭博数据库

偿债能力堪忧

从短期偿债能力来看,流动比率通常在 2 左右,比率越高,表明企业偿付能力越强。纵观曼 2010—2014 年这 5 年的数据,流动比率基本保持在 1.04 左右,速动比率在 0.5 以下,现金比率基本在 0.2 以下,表明曼短期偿付能力比较弱,流动性风险比较大。总体来说,曼集团自身短期偿债能力弱,不断萎缩的现金流量也给企业短期偿债能力造成了很大压力。

表 3-21　曼集团偿债能力分析

财务指标	2010 年	2011 年	2012 年	2013 年	2014 年
流动比率(%)	1.08	0.96	1.04	1.09	1.02
速动比率(%)	0.48	0.42	0.49	0.39	0.41
现金比率(%)	0.15	0.11	0.17	0.22	0.12
总债务 /EBIT	2.44	1.74	9.15	15.58	11.97
EBIT/ 利息支出	3.99	6.38	1.35	1.75	2.51

数据来源:彭博数据库

另外,我在前面说过,曼的债务比重较高,再考虑到曼近年来较低的利润率,则其债务负担愈发严峻。其总债务对 EBIT 的比率从 2011 年的 1.74 一年之内直接飙升到 9.15,2014 年更是达到了 11.97,而 EBIT 对利息支出的比率也由 2011 年的 6.38 下降到 2014 年的 2.51,和另一家债务负担较重的沃尔沃比,曼的债务比重其实相对要低一些,但是由于曼极差的盈利能力，导致其债务压力反而更重。

杜邦分析

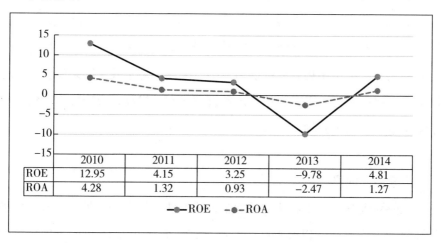

	2010	2011	2012	2013	2014
ROE	12.95	4.15	3.25	−9.78	4.81
ROA	4.28	1.32	0.93	−2.47	1.27

图 3-34　曼集团 ROE 和 ROA 变化趋势

数据来源：彭博数据库

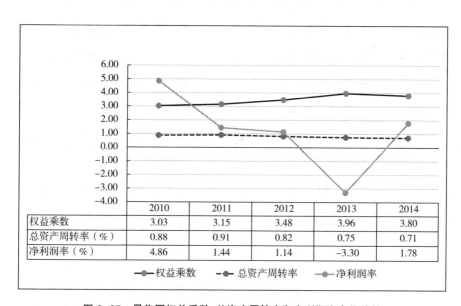

	2010	2011	2012	2013	2014
权益乘数	3.03	3.15	3.48	3.96	3.80
总资产周转率（%）	0.88	0.91	0.82	0.75	0.71
净利润率（%）	4.86	1.44	1.14	−3.30	1.78

图 3-35　曼集团权益乘数、总资产周转率和净利润率变化趋势

数据来源：彭博数据库

曼集团 2010—2014 年这 5 年的 ROE 和 ROA 处于下降走势。其中，受到企业盈利能力差、市场波动及汇率变动的负面影响，净利润率下降是导致 ROE 和 ROA 下降的主要因素。权益乘数从 2010 年的 3.03 略有上升，到了 2014 年该数值达到 3.8，对曼资产收益率依然没有提升作用。另外，资产周转率 5 年来不断下降，说明曼集团的资产营运效率下降，也进一步说明利用资产产生销售收入的能力下降。因此，对于曼集团来说，其核心问题在于提高销售水平，降低生产和管理成本，提高资金周转率，使企业不至于进一步陷入泥潭。

大众手中的曼

在曼被大众一步步收购的过程中，我们清楚地看到，虽然曼有着先进的商用车技术基础，以及响亮的品牌声誉，但在其近 10 年的发展历史中似乎缺乏明晰的目标和勇往直前的拼劲儿。无论是曼之前和斯堪尼亚你来我往的收购纠葛，还是和大众的恩恩怨怨，曼作为一家家底殷实的商用车企没有好好利用已有资源在盈利能力上下功夫，使得其在前狼后虎的环境下失去了独立的生存发展能力，从而最终导致了被大众吞并的命运。现在，曼作为大众的一员，较之前相比似乎有了强硬的靠山和指挥官，但是大众自收购之日起也并没有做出什么明显的举动来改善曼的状况。而且，现在对于已经深陷泥潭的大众来说，原先控股曼以及收购斯堪尼亚时的雄心壮志，现在所余多少已无人可知。有一点是比较能够看得清楚的，就是此时此刻的大众即使想帮助曼重振雄风，也是有心无力的。此时曼已是廉颇老矣，自己更是无力逆转窘境，只能自求多福，祈祷经济形势的好转和市场需求的回暖。

五、斯堪尼亚——小车不倒只管推

我在本篇第一章中曾提到过，斯堪尼亚从 1935 年开始始终保持着盈利的状态，至今已经 81 年。但持续多年盈利是否就代表着这个有着上百年历史的老商用车品牌仍然具备着强劲的发展态势。在这看似平静的湖面下，实际上早已经暗流涌动。通过下文中几个层面的分析，相信能使读者们有更为清晰的理解，斯堪尼亚虽然保持盈利，但其既然早就已经被大众盯上列入收购的目标，恰恰说明企业本身已经露出了破绽，这些破绽背后的困难使大众相信原股东们会理性卖出公司，果然，大众顺利地将斯堪尼亚成功私有化。但是大众似乎也没有找到振兴斯堪尼亚的办法，只不过当年财务投资者手中的"金融鸡肋"现在变成了大众碗里的"金融鸡肋"而已；加上曼，大众碗里已经有两块"金融鸡肋"了。

过度依赖欧洲市场，销售疲软毫无亮点

斯堪尼亚在国际市场的版图上几十年如一日，鲜有新的建树。在商用车各大巨头纷纷侵占美洲和亚太地区时，它仍然遵循着 20 世纪 90 年代定下的老路线，继续坚守在欧洲市场上，寻求应对最新排放标准的研发技术突破。斯堪尼亚再没有像 20 世纪 60—70 年代开辟泛欧之路那样大举扩张，其在北美洲几乎没有业务涉及，近几年虽然高举向亚太地区扩张的旗帜，但其成效微乎其微，特别是在本土企业垄断的中国市场，虽然面对着巨大的市场潜能，斯堪尼亚仍然一筹莫展，裹足不前。

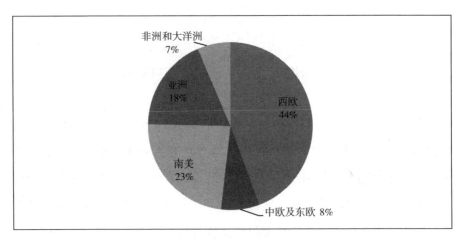

图 3-36 斯堪尼亚 2014 年营收分布

数据来源：斯堪尼亚 2014 年年报

我们从斯堪尼亚的销售分布可以看到，2014 年斯堪尼亚共销售 79782 辆商用车，其中 44% 销往西欧，8% 销售到中欧及东欧。基本上可以说，斯堪尼亚的销售状况主要受到来自欧洲的影响。事实上，自 2009 年开始，伴随着欧洲地区的经济危机，斯堪尼亚的销售就一直低迷。特别是在 2010 年和 2011 年这两年，在商用车行业整体略有回升的情况下，斯堪尼亚 2012 年第 3 季度的卡车订单量较 2011 年同期下降了约 10%，营业利润较 2011 年同期下降了 40%，仅为 2.86 亿美元。这种低迷的情况一直持续到今天，直到 2014 年为止，斯堪尼亚的年销售收入依然没有恢复到 2008 年的水平。连斯堪尼亚的首席执行官都不得不承认，如果不改变斯堪尼亚的业务分布，它只能依赖欧洲的下一个经济高峰。而这个高峰，不仅时间上遥遥无期，而且能否使斯堪尼亚的销售再创辉煌也是一个未知数。

与颓废的欧洲相比，斯堪尼亚的第二大市场——南美也没有给予斯堪尼亚营收上的支持，该地区的销量一直呈现出巨大的波动。斯堪尼亚在南美的主要市场是在巴西，2014 年，南美的营业收入占斯堪尼亚总营业收入的 23%，同比下降 10%（2013 年南美营业收入占总营业收入的比重

为 33%）。这与巴西 2014 年的经济形势走低有很大关系。巴西地理统计局
（IBGE）发布公报称，巴西 2014 年 GDP 为 5.52 万亿雷亚尔（约合 1.77 万
亿美元），同比增长 0.1%，为 2009 年以来经济增长最差的一年。2014 年
巴西人均国内生产总值为 27229 雷亚尔（约合 8700 美元），同比下降 0.7%。
而工业产值下降 3.8%，其中汽车行业减产最大。

稍显乐观的是，包括中国、伊朗、新加坡、韩国、印度在内的亚洲市场，
正处于方兴未艾的发展阶段，斯堪尼亚在亚太地区的营业收入约占公司总
营业收入的 18%，其拥有的强大的发动机设计制造技术使得它生产的超大
马力涡轮增压发动机可满足长途客运货运、危险化学品运输、矿业、工程
业等亚洲重点发展领域对车辆动力和可靠性的最高要求。但是一来斯堪尼
亚在中国还没有建立生产工厂，只是销售服务公司。二来新兴市场目前卡
车标准较低，专注于高端商用车生产的斯堪尼亚未来想要在这个市场上打
下一片天地，将要面临更多阻力，较难实现，仅价格悬殊的障碍就是斯堪
尼亚短期内克服不了的。

面对主要市场的不景气，斯堪尼亚没有新的办法去创造新的辉煌，但
是我从它的财务中可以看到，为了克服不利因素，斯堪尼亚努力进行了一
系列的调整。这些调整招数老旧，本质上也不能改变斯堪尼亚的颓势。下
面我会从它的盈利能力、营运能力和偿债能力方面来评价。

盈利能力呈现衰退之势

近几年，斯堪尼亚的经营状况出现了一定程度的滑坡，不仅其销售收
入下滑，盈利能力也呈现夕阳之势。虽然从 2012 年至 2014 年毛利润基本
保持稳定，但是在层层剥去各种成本之后，得到的净利润自 2012 年以来
却持续明显减少。这说明斯堪尼亚在营业费用、管理费用、销售费用等各
种成本的控制上做得并不出彩。斯堪尼亚 2013 年实现净利润 9.5 亿美元，
较 2012 年降低了 0.3 亿美元，下降幅度为 3.1%；2014 年实现净利润 8.8

亿美元，较 2013 年降低了 0.7 亿美元，下降幅度为 7.6%。另外，2014 年，斯堪尼亚净利润率为 6.54%，2013 年和 2012 年分别为 7.14% 和 8.35%，这个指标几年来也是连续下降的。

表 3-22 斯堪尼亚 2010—2014 年主要财务数据（单位：百万美元）

财务指标	2010 年	2011 年	2012 年	2013 年	2014 年
市值	18207	11652	16519	15674	—
销售收入	10876	13521	11760	13335	13449
毛利润	3293	3782	3055	3308	3239
EBITDA	2128	2315	1621	1745	1726
净利润	1267	1453	982	952	879
股价（美元）	22.89	14.82	20.61	19.62	29.98

数据来源：彭博数据库

表 3-23 斯堪尼亚的利润率（单位：%）

财务指标	2010 年	2011 年	2012 年	2013 年	2014 年
毛利率	30.27	27.97	25.97	24.81	24.06
EBITDA 利润率	19.57	17.12	13.78	13.08	12.83
营业利润率	16.29	14.12	10.39	9.71	9.44
税前毛利率	16.03	14.38	10.40	9.68	9.04
净利润率	11.65	10.75	8.35	7.14	6.54

数据来源：彭博数据库

从斯堪尼亚的利润率表中可以看到，公司的盈利情况一年不如一年，从 2010 年至 2014 年一直呈现下降走势。从图 3-37 中可以看出，四条曲线的走势基本相同，在 2010 年达到最高点，然后开始下滑，并且下降的趋势基本上两两平行，意味着每一个层次的成本支出都是几乎平行变化的，或者说是缓慢上升的，并没有出现因为某一块成本支出突然过高而导致某一个利润率陡然下降。但是，这也正说明了斯堪尼亚在近年来并没有什么有效的措施来压缩毛利润率和净利润率之间的差距，成本管控持续不出彩，在大宗物品和劳动力成本持续上升的今天，任由其利润率持续下降而不能阻止。从另一个角度来看，持续下降的趋势，可能也是一个成熟的企业迈向衰落的标志之一。

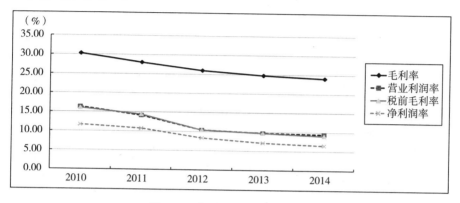

图 3-37　斯堪尼亚盈利能力分析

数据来源：彭博数据库

营运能力——通过延长回款期去库存

斯堪尼亚作为一个销售产品和服务并重的公司，应收账款和存货的质量管理应该得到重视。从图 3-38 中可以看出，在 2012 年以前，斯堪尼亚的应收账款周转天数和存货周转天数基本接近，但自 2013 年开始，斯堪尼亚的存货周转天数得到控制，然而应收账款周转天数却继续上扬，两者之间的差距明显加大并且有继续加大的趋势。2014 年应收账款的增长速度超过了同年销售收入的增长速度，这可以表明斯堪尼亚希望通过给予客户过于宽松的付款条件来促进销售和去库存，结合 2014 年斯堪尼亚全球车辆的销售状况来看，2014 年斯堪尼亚在放宽付款条件后，销售了 7.98 万辆车，仍然比 2013 年的 8.05 万辆略低，这也说明斯堪尼亚在后续的年度依然需要放宽付款条件促进销售。斯堪尼亚的这一举动显示出了其迫切希望提高销售的愿景，但是依然有些力不从心。即便是为了让新股东——大众出一个好价钱来完成收购，但这样一来，持续增长的应收账款周转天数将给公司的流动资金需求带来压力，甚至需要通过借债等方式来补充营运

资金，这样将进一步增加公司的资产负债率，加大财务杠杆，将公司置于
高财务风险之中。

表 3-24 斯堪尼亚营运能力数据（单位：天）

财务指标	2010 年	2011 年	2012 年	2013 年	2014 年
应收账款周转天数	84.34	76.84	90.84	88.70	91.69
存货周转天数	82.78	79.41	89.31	80.45	81.80
应付账款周转天数	44.40	46.53	49.87	45.48	46.53

数据来源：彭博数据库

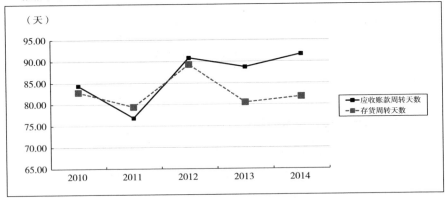

图 3-38 斯堪尼亚应收账款、存货周转天数

数据来源：彭博数据库

偿债能力较好

斯堪尼亚的财务偿债能力相较其他几家来说还算稳健，且较其历史略
有改善。从它的短期偿债能力来看，斯堪尼亚公司有能够较快速变现的资
产来应对短期负债压力，营运流动性较好。从图 3-39 中可以看到，斯堪
尼亚的现金比率、流动比率和速动比率在 2010 年之后相对稳定，浮动幅
度并不大，并且相较于金融危机期间是呈现上升态势的。其中流动比率几
乎达到 1.4，速动比率已经接近 1，并且这两条曲线的趋势几乎平行变化，
由此可见公司短期资产的结构并无明显调整，其流动性风险可控。现金比

率和另外两个比率所呈现的结论相似，但是其 2013 年相较于 2012 年的下降更加明显，而 2014 年，三个比率延续了 2013 年以来下降的态势，初步考虑为这两年公司的净现金流较少。另外，斯堪尼亚的总债务对总负债的比率并不高，利息负担较轻，而且债务和 EBITDA 比值为 3.47（2014 年），只是沃尔沃 2014 年该比值 6.83 的一半左右。再考虑到欧元区利率持续走低，所以斯堪尼亚在当下的环境里债务风险不算最高的。

表 3-25　斯堪尼亚短期偿债能力数据

财务指标	2010 年	2011 年	2012 年	2013 年	2014 年
流动比率	1.33	1.20	1.36	1.35	1.23
速动比率	0.81	0.75	0.87	0.86	0.78
现金比率	0.29	0.28	0.33	0.26	0.24

数据来源：彭博数据库

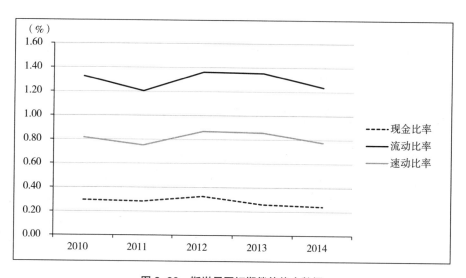

图 3-39　斯堪尼亚短期偿债能力数据

数据来源：彭博数据库

资本结构或成最大的担忧

资本结构似乎成为了本书所谈到的商用车七雄的最大问题。就资本结构而言，斯堪尼亚的资产权益率为31%，资产负债率为69%。资产负债率较高，公司的财务风险较大。斯堪尼亚资产负债率在近十几年内一直维持较高水平，2000年74%，2005年、2006年、2007年分别为70%、70%、73%。然而，我们在前面的分析说过，斯堪尼亚的有息负债占比并不算高，利息压力并不算大，然而其资产负债率却在高位，主要是其应付账款和养老金负债偏高。应付账款居高不下虽然反映其资金周转率不高，但也说明了其在供应商处信誉良好，可以更多地占用供应商货款来补充营运资本而无须向银行短期借款。斯堪尼亚的养老金负债在短短5年之内从2009年的7亿美元上涨到2014年的11.59亿美元，这对于一家欧洲企业来说，或是一个必须面对的问题。当然现在来说，就是大众应当面对的问题了。

斯堪尼亚应该也认识到了自身负债过高这个问题，我们运用杜邦分析法拆分净资产收益率时可以看到，斯堪尼亚2013年、2014年在努力改善自己的资产负债表，但是净利润难以振奋资本市场却是一个不争的事实。由此看来，斯堪尼亚真的就如一潭死水，大众想用它兴风作浪，不得不再捆绑上一个同样问题多多的曼集团。

表3-26　斯堪尼亚资产负债结构表（单位：百万美元）

财务指标	2010年	2011年	2012年	2013年	2014年
总资产	14636	15884	17394	18373	17056
总负债	10170	10869	12012	12598	11697
股东权益	4466	5015	5382	5775	5359
资产负债率	69.48%	68.43%	69.06%	68.57%	68.58%
总债务	5116	5637	6527	6821	5992
短期债务	1849	2875	2507	2254	2595
长期债务	3267	2763	4020	4567	3398
总债务/EBITDA	2.40	2.44	4.03	3.91	3.47
总债务/总资产	34.96%	35.49%	37.52%	37.13%	35.13%
EBIT/利息支出	14.89	11.87	9.38	12.49	12.79

数据来源：彭博数据库

杜邦分析

从图 2-40 可以看出，斯堪尼亚的 ROE 在经历了 2009 年的低谷之后，2010 年出现一个巨大的反弹，随后逐年下降，下降的幅度比较大，2013 年的数据仅为 2010 年的一半。对比前文中提到的盈利能力分析中的各个利润率图像，ROE 的变化幅度更大，因此净利润的下降只能部分解释 ROE 下降的原因。从财务报表中可以看到，所有者权益是逐年递增的，由此可见，更多的资本并没有转化为更高的盈利能力。

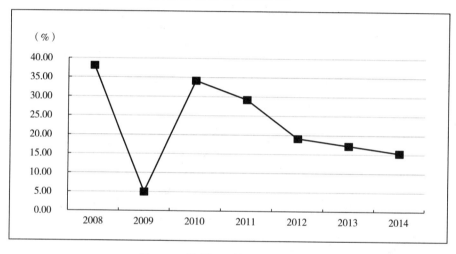

图 3-40　斯堪尼亚的 ROE 变化趋势

数据来源：彭博数据库

ROA 的变化情况和 ROE 相似，但是自 2010 年之后的变化幅度更小。这个可以从权益乘数的持续下降中得到解释，总资产的上升速度相较于所有者权益的上升速度是更慢的，意味着斯堪尼亚在逐步削减权益乘数，逐步实施更加稳妥的财务政策。应该说，从综合流动性分析的结论来看，斯堪尼亚非常注重公司的风险管理，无论是短期负债管理还是长期负债管理，这对于一个经营已久的成熟公司而言是一个致力于长远发展的信号。

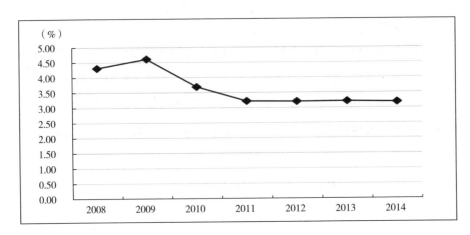

图 3-41 斯堪尼亚的 ROA 变化趋势

数据来源：彭博数据库

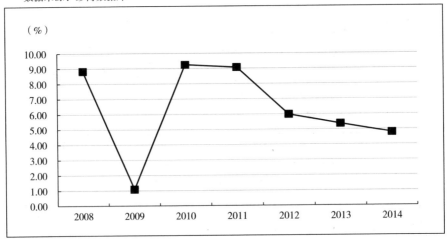

图 3-42 斯堪尼亚的权益乘数变化趋势

数据来源：彭博数据库

斯堪尼亚的总资产周转率自新世纪开始就有了明显下降。但是在 2013 年和 2014 年，ROE 和 ROA 继续下降的情况下，总资产周转率却出现了回升，由此可以看出，销售额和净利润在 2013 年和 2014 年的变化并不对应，净利润下降的幅度更大。如果结合盈利能力分析来看，这一结果意味着成本的上升幅度较大，致使净利润萎缩。而从损益表中可以看出，尽管 2014

年的销售额较 2013 年高，但是净利润却低于 2013 年，更高的销售成本导致了较低的毛利润，进而更低的净利润。所以说，斯堪尼亚在 2014 年销售收入的改善只是表象，其目的是在大众面前挣得一个讨价还价的资本，其收益率却并没有得到提高。

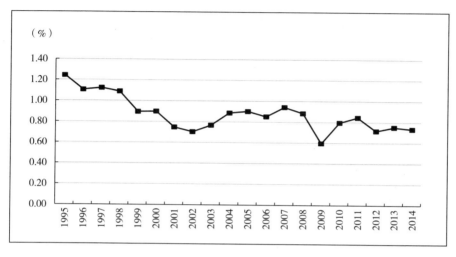

图 3-43　斯堪尼亚的总资产周转率

数据来源：彭博数据库

　　当然，尽管斯堪尼亚的盈利能力确实不如以前，但是对比同行业的平均值却也不算太糟糕。总的来说，斯堪尼亚正在经历一个百年企业由成熟迈向衰落的阶段。这一点也明显地反映在了股价上。除 2014 年在大众私有化强心针的刺激下，斯堪尼亚的股价回光返照般地冲到 29.98 美元以外，斯堪尼亚的股票自 2010 年的 22.89 美元跌到 2013 年的 19.62 美元（这一价格甚至已经包含了投资者对于大众私有化的预期）。显然，在财务投资者眼中，斯堪尼亚早已是一块"金融鸡肋"了。十几年来，斯堪尼亚的管理层基本都是"小车不倒只管推，推到哪儿算哪儿"的状态。为了将斯堪尼亚"嫁给"大众，于是在 2014 年"妆扮"了一下。好在大众在意的并不是斯堪尼亚的经营是否良好，而是斯堪尼亚在商用车行业的"贵族夫人"

地位。总之，斯堪尼亚的管理层可以松一口气了，反正现在已经不是上市公司，也就不需要再讨好众口难调的股民了。万一哪天斯堪尼亚这辆"小车"倒了，大众肯定会扶起来，即便有天大的麻烦也是大众商用车野心魔方中必须面对的一面了。只是大众自己正在丑闻缠身，我真不想评说斯堪尼亚这位"伯爵夫人"是否嫁对了一个"好郎君"。

六、帕卡——一半是海水，一半是火焰

如果单从财务数据来看，在七家商用车巨头里，来自美国的帕卡可以说是木秀于林。它通过低成本战略和相对简单的业务结构维持着较好的盈利能力，至今已经连续盈利 77 年。然而，帕卡为了提高利润，不仅零部件基本外包，其中帕卡在北美 2/3 的发动机都是向美国的康明斯购买——康明斯依靠规模生产优势使得发动机价格较为廉价。这种典型的美国专业化上下游生产线的商业模式固然给帕卡带来了成本上的好处，然而当一家中高端装备制造企业长期没有核心技术时，它的发展也就失去了动力，也就算不得一家值得投资者长期追捧的优秀企业了。即便当下帕卡的财务表现还算优良，那也只是因为帕卡的背后有着还算坚固的美国工业体系作为支撑，帕卡的中短期发展还不至于受到太大威胁。然而，随着世界商用车行业近年的低迷，以及 2013 年以来美国汽配行业的走低，帕卡已经表现出了一定的颓势，帕卡的创始人皮高特家族如今只有很少一部分股权，似乎也无意长期守住没有过硬核心技术的帕卡。这种状况当然不能给金融投资者增加信心。

帕卡的股东们——那些金融投资机构当然也非常清楚帕卡这家企业没有长远的发展前景。但是他们并没有抛弃帕卡的股票，其原因是帕卡每年都给予股东可观的股票红利。2012 年、2013 年和 2014 年这三年，帕卡的股票分红收益率分别为 3.8%、3.3% 和 3.4%，而同时期美国的无风险利率却分别只有 0.74%、0.88% 和 1.51%。分红本身或许并没有任何问题，但是帕卡这家企业却同时背负着大量的长期债务。在下面的分析中我会讲道，帕卡每年到期债务高达十几亿美元，为了应对这些到期债务，它不得不每年发行大量新债以偿还旧债。在低利率的环境下这不失为一个办法。但是自 2015 年年初开始，美国进入了加息周期，市场对于美联储的加息预期

持续增强，未来一旦美国债券利率上升，帕卡支撑庞大的利息支出必然越来越吃力。现在帕卡没有把得到的利润用来减轻自己的债务压力，而是被股东们焦急地分掉。我不相信这些财大气粗的金融机构股东是如此迫切地需要得到这一点短期收益的小钱，我宁愿相信是他们不看好帕卡的未来。这才反映了帕卡"金融鸡肋"的本质。帕卡未来的日子一定会越来越不好过，毕竟资本市场的利率在可见的未来一定会上升，届时金融机构股东的胃口也一定会越来越大，讨好它们的代价也会越来越大，经营压力当然也就随之增大。

业务萎缩

从帕卡集团在全球的销售分布来看，2014年帕卡总共销售14.3万辆商用车，较2013年的13.7万辆同比增长4.4%，较2012年的14万辆同比增长2.1%。虽然帕卡的全球销量在近年有着持续的增长，但是有增速放缓的趋势。特别是欧洲市场的销售情况不容乐观。自2009年开始，受欧债危机的影响，帕卡在欧洲的销售便受到了较大程度的影响，一直到2014年仍然没能重返到2008年的水平。2014年，帕卡在欧洲销售了4万辆商用车，占总销售量的28%，比2013年的4.8万辆足足降低了20%，与2008年售出的6.4万辆相差更远。

在欧债危机爆发的几年中，几大商用车企业在欧洲市场的销售量均受到不同程度的打击，于是纷纷开始着力于开拓亚洲、非洲及中东等新兴市场，但是帕卡这一方面显然是做得非常不够的，似乎无心开拓新市场。从销售分布来看，除欧洲外，帕卡的市场重心仍然放在美国、加拿大、墨西哥及澳大利亚，在新兴市场的投入甚小。

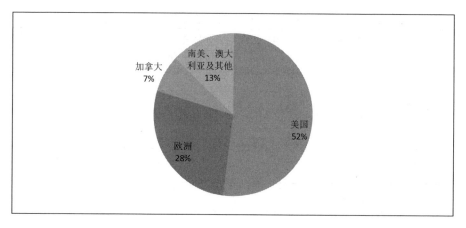

图 3-44　帕卡 2014 年业务分布

数据来源：帕卡 2014 年企业年报

盈利能力优秀：低成本控制，稳中有升

帕卡的优异在于，当其他商用车巨头近年盈利下滑时，帕卡近几年的销售收入和利润却都呈现增长之势。2014 年，帕卡的毛利润较 2013 年同比增长 10.25%，EBITDA、营业利润、税前利润、净利润分别较 2013 年同比增长 17.46%、19.58%、19.06%、16.05%。帕卡的各项利润率在 2011 年以后都处在相对稳定的水平，其中毛利润率保持在接近 18% 的水平，虽然不如沃尔沃、斯堪尼亚那样高，但是同期横向比较其营业利润率和净利润率却均处于行业领先水平，特别是净利润率还稳中有升，到了 2014 年达到 7.15%。可以看出帕卡对于销售成本和其他费用的控制是十分严格和稳定的。还应该注意的是，在帕卡的各项利润的折算里，它的折旧和摊销费用非常大，特别是 2014 年有将近 6 亿美元的折旧与摊销，使得从毛利润到营业利润呈现着较大的差额。在这种较为激进的会计做法下，帕卡的净利润依然表现优异，这是帕卡这个企业最值得赞赏的方面。

表 3-27　帕卡 2010—2014 年主要财务数据（单位：百万美元）

财务指标	2010 年	2011 年	2012 年	2013 年	2014 年
市值	20912	13422	15961	20952	24083
销售收入	10293	16355	17051	17124	18997
毛利润	1881	2832	2984	3067	3382
EBITDA	1272	2153	2301	2486	2920
净利润	458	1042	1112	1171	1359
股价（美元）	57.34	37.47	45.21	59.17	68.01

数据来源：彭博数据库

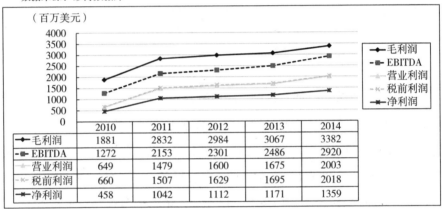

	2010	2011	2012	2013	2014
毛利润	1881	2832	2984	3067	3382
EBITDA	1272	2153	2301	2486	2920
营业利润	649	1479	1600	1675	2003
税前利润	660	1507	1629	1695	2018
净利润	458	1042	1112	1171	1359

图 3-45　帕卡各项利润走势

数据来源：彭博数据库

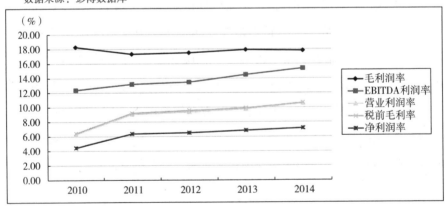

图 3-46　帕卡盈利能力分析

数据来源：彭博数据库

388

帕卡的现金流也体现了帕卡良好的盈利情况。整体来讲，其净现金流主要来自经营性活动。从图 3-47 中可以看出，帕卡的经营性现金流连年增长，且比净利润高出很多。这一方面说明，帕卡现金充足，经营活跃，业绩良好。另一方面，帕卡的折旧摊销费用很大，2014 年达到 9 亿美元，这是净利润比经营性现金流少很多的主要原因。

从融资性现金流来看，帕卡这部分主要的现金支出便是支付了股利，帕卡多年来连年分红派息，2014 年，先后 4 次派发股利，总计 6.2 亿美元。除去这一部分支出，债务偿付和借债也是相当大的现金流动。2014 年，用于偿付长期债务的现金达 18.83 亿美元，而同年新债务带来的现金流入则达 20 亿美元。正如前文所说，帕卡是一家大肆举债经营的企业，采取发新债的方式去还旧债，而由于盈利产生的经营性现金流则投入生产经营和投资，并且派发股利。

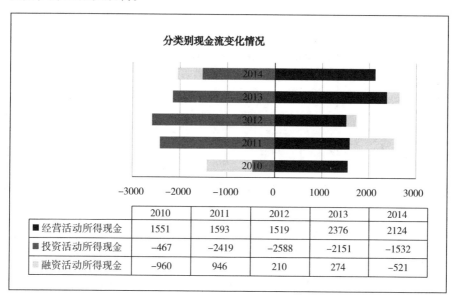

分类别现金流变化情况

	2010	2011	2012	2013	2014
■ 经营活动所得现金	1551	1593	1519	2376	2124
■ 投资活动所得现金	−467	−2419	−2588	−2151	−1532
▢ 融资活动所得现金	−960	946	210	274	−521

图 3-47　帕卡的分类别现金流变化情况（单位：百万美元）

数据来源：彭博数据库

研发费用偏低，核心技术外部依赖性高

与较高的盈利水平相匹配的是，与其他六家商用车企业相比，帕卡没有花费过多的成本在研发投入上。从表 3-28 可以看出，帕卡的研发费用每年大约维持在 2 亿美元左右，占销售收入的比重一直很低，从 2010 年的 2.3% 到 2014 年的 1.1%，愈发有逐年下降的趋势。这应该是因为帕卡除了在欧洲的业务使用自己的道夫发动机以外，其美洲业务很少使用自己的发动机，而商用车的研发费用又大多集中在发动机领域。帕卡出于低成本战略的考虑，外购了为数不少的康明斯发动机，是七家商用车巨头中依赖康明斯最严重的企业，这当然是因为康明斯的专业化生产，使得其发动机造价低廉。以低成本战略为导向、成本管理一向非常严格的帕卡，由于砍掉了发动机研发的投入，高利润水平便也显得有理可据了。但从公司长远发展的后劲来看，这种由于研发投入太少而产生的高利润水平不免会有些苦涩。

表 3-28　帕卡的研发费用(单位:百万美元)

财务指标	2010 年	2011 年	2012 年	2013 年	2014 年
研发费用	239	288	279	251	216
销售收入	10293	16355	17051	17124	18997
研发费用 / 销售收入	2.3%	1.8%	1.6%	1.5%	1.1%

数据来源:彭博数据库

偿债能力是集团最大的问题

帕卡最大的风险来自其高负债结构。2014 年它的资产权益率为 33%，资产负债率为 67%，这已经是近 10 年来（除 2009 年、2010 年两年金融危机期间）的最低水平，2008 年以前，帕卡的资产负债率甚至高于 70%。由于举债经营的比重大，因此资本结构风险较大，稳定性较差，特别是在经济衰退时期会表现得格外明显。显然，帕卡已经意识到了这个问题，所以近年来努力降低其资产负债率，然而 67% 的水平依然处于高位。

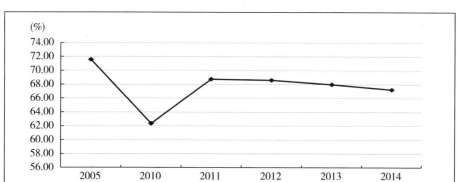

图 3-48　帕卡的资产负债率

数据来源：彭博数据库

　　另外，从总负债的构成来看，其总债务占了总负债的 60% 左右，这比同行业其他竞争对手高得多。其中，总债务的大部分由长期债务构成，且长期债务占总债务比重逐渐升高，从 2010 年的 55% 在短短 4 年之内飙升到 2014 年的 69%。从长期来看，帕卡还将面临巨大的偿债压力。2014 年帕卡已经偿还 18.8 亿美元的长期债务，后续的 2015 年、2016 年、2017 年还需分别偿付 16 亿美元、16.1 亿美元和 17.9 亿美元的长期票据。目前看来，由于帕卡出色的盈利能力，其总债务和 EBITDA 的比值维持在 3—4，且是逐年降低的，到 2014 年降到了 2.88。同时，EBIT 和利息支出之比也逐年升高，到 2014 年达到 15.62，所以在帕卡目前较高的盈利下，它的债务偿还暂时暴露不出太大的风险。但是，随着美国加息进程的加快，长期债务一定会成为帕卡日益严重的压力。而且，帕卡的固定资产对长期债务的比率从 2010 年的 58.10%，经过 2011 年稍有攀升后达到 71.87%，之后便连续下降到 2014 年的 40.12%，这一指标三年来一直低于 50%，这说明帕卡可用于长期借贷的抵押担保的固定资产在持续缩减，意味着帕卡的长期债权人权益安全保障程度日益减低。帕卡的财产抵押恐将是帕卡的硬伤，未来倘若帕卡的盈利出现任何负面迹象，那目前庞大的债务对于帕卡来说就是最大风险。

表3-29　帕卡资产负债结构(单位:百万美元)

(财务指标)	2010年	2011年	2012年	2013年	2014年
总资产	14234	17173	18628	20726	20619
总负债	8876	11808	12781	13866	14091
股东权益	5358	5364	5847	6634	6753
资产负债率	62.36%	68.76%	68.61%	67.64%	67.60%
总债务	5276	6655	7880	8248	8407
短期债务	2395	3910	3563	2659	2642
长期债务	2881	2746	4317	5589	5765
总债务/EBITDA	4.15	3.09	3.42	3.32	2.88
总债务/总资产	37.07%	38.76%	42.30%	39.79%	40.77%
EBIT/利息支出	3.11	8.03	9.78	10.50	15.62

数据来源：彭博数据库

　　从短期偿债能力来看，帕卡的流动比率和速动比率远低于行业平均水平。2014年，帕卡的流动比率为0.93，尽管是5年以来的最高值，但是仍然不到1，这个数值在七家商用车企业中是最低的。这说明帕卡的流动资产对流动负债的保障程度始终处于较差的水平。另外，虽然帕卡的流动比率从数值上来讲近年在逐步增加，但是考虑到帕卡从2010年到2014年这5年期间的存货占流动资产的比重是逐年增加的，从2010年的13.85%增加到了2014年的17.56%，而且存货周转速度也放缓了，库存变现能力减弱，所以帕卡流动比率数值的增加并不能证明其短期偿债能力的变强。帕卡的速动比率始终低于0.6，也是七家商用车企业中最差的一家，这更说明了它的流动性差。但是，帕卡的现金比率还没有上面两项那么糟糕，刨除存货销售及应收账款的影响，帕卡立即偿还到期债务的能力还算良好。

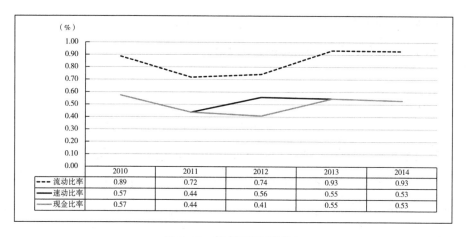

图 3-49　帕卡短期偿债能力

数据来源：彭博数据库

营运能力良好

从应收账款周转天数、库存周转天数及应付账款周转天数来看，帕卡的营运能力要领先于其他企业。当斯堪尼亚、沃尔沃的应收账款周转天数接近 100 天的时候，帕卡却轻轻松松维持着不到 20 天的周转天数。连行业老大戴姆勒也在 50 天左右。可以说，坏账风险对于帕卡来说影响不大。

表 3-30　帕卡营运能力数据（单位：天）

财务指标	2012 年	2013 年	2014 年
应收账款周转天数	16.93	16.98	16.39
库存周转天数	19.42	20.72	20.33
应付账款周转天数	25.07	23.50	24.87

数据来源：彭博数据库

严格来讲，帕卡在营运能力上与其他六家商用车企有如此明显的优势，主要根源是商业运作模式的不同。帕卡的低成本战略，使得卡车生产一方面面对客户实行批量订制的销售方式，以销定产，以客定型，这样就大大减少了商业库存以及应收账款；另一方面在商用车组装生产中采取零部件采购制，依靠北美强大的零部件市场，保持稳定的供应商关系。这种较为简化的业务结构是帕卡的营运能力优于竞争对手的主要原因。

杜邦分析

帕卡的 ROE 在经历了 2009 年和 2010 年的低谷期之后，在 2011 年便恢复到与 2008 年接近的水平，近几年呈现平缓的波动。ROA 与 ROE 的变动趋势基本相似，但是 2012 年，当 ROE 较之 2011 年略有上升时，ROA 则略有下降，这主要是由于权益乘数在这一年的上升造成的。

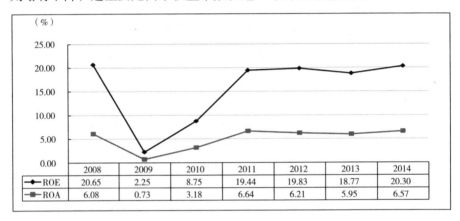

图 3-50　帕卡的净资产收益率（ROE）和总资产收益率（ROA）变化趋势

数据来源：彭博数据库

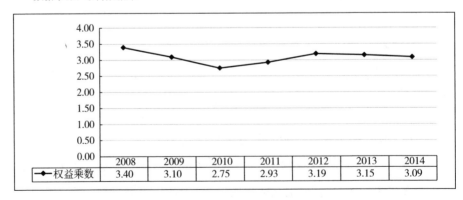

图 3-51　帕卡的权益乘数

数据来源：彭博数据库

通过对 ROE 的解构，我们可以看出，净利润率自 2009 年大幅下降之后，便持续上涨。净利润率的增加保证了资产收益率整体上扬的大趋势。但是，总资产周转率的变动与 ROE、ROA 的变化最为一致。特别是在 2011 年以后，当净利润率稳步增加时，总资产周转率在 2012 年和 2013 年的连续下降以及 2014 年的小幅上扬使得总资产收益率也经历了一个先下降再上升的过程。在 2012 年和 2013 年，帕卡的销售收入和总资产都增加，但是新增的资产并没有提高原有资产的产出能力，管理者在这段时间内对于更大规模的资产管理效率，没有赶上相对小额的资产管理效率。所以才使得帕卡这两年的总资产收益率下滑。

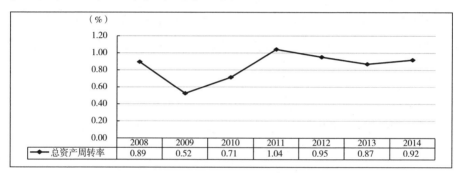

（%）	2008	2009	2010	2011	2012	2013	2014
总资产周转率	0.89	0.52	0.71	1.04	0.95	0.87	0.92

图 3-52　帕卡总资产周转率变化趋势

数据来源：彭博数据库

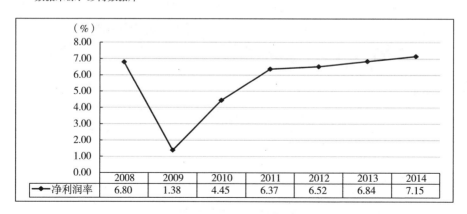

（%）	2008	2009	2010	2011	2012	2013	2014
净利润率	6.80	1.38	4.45	6.37	6.52	6.84	7.15

图 3-53　帕卡净利润率变化趋势

数据来源：彭博数据库

坐上了过山车，帕卡未来会被带到何处？

帕卡目前在七家企业中表现优秀，也是除戴姆勒以外唯一一家仍具有竞争性的企业，其表现不凡的利润水平加上其慷慨的股东红利恐怕就是帕卡的股价在 2015 年之前持续上升的主要原因。但是帕卡的最大麻烦在于缺失过硬的核心技术，使得其已经失去了长远发展的良好展望。帕卡为了追求低成本和高利润，其零部件长期依赖美国的外部配套环境。如果只根据财务数字就说帕卡这家企业在整体经营上优于其他企业的说法，其实并不公平，应该说北美的整套商用车生产体系使得帕卡和康明斯、Webco 等企业绑在一起，能够顺畅地运转并且获取了不错的利润。但是，这个链条上一旦任一环节有了变化，帕卡的这种优势便会变为劣势。自 2015 年第 2 季度以来，北美商用车及零部件的几家大型企业（包括纳威司达、康明斯）的股价普遍下跌，帕卡即便在财务上并没有什么明显变化，却也止不住"跟随大流"股价下滑的脚步。这便是一家企业过度依赖外部环境的最大问题，也是其"鸡肋"所在。当市场对这个行业不再看好时，缺乏独立生存发展能力的企业会让投资者备感担心。

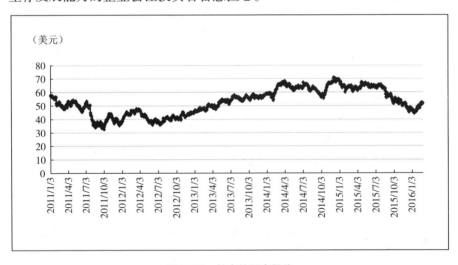

图 3-54　帕卡的历史股价

数据来源：彭博数据库

　　更何况，在帕卡高盈利的背后还有着高负债隐忧，特别是附息长期债务的高比重始终是帕卡身后挥之不去的阴影。借别人的钱来追求更大的商业利益，帕卡这样做虽然可以在经济上行的时候带来高的收益，但也会在经济周期下行的时候放大损失。帕卡的偿债能力本就不强，一旦出现问题，对于资本决定一切的美国企业而言将是致命伤害。这就像游乐园中的过山车，向上冲刺时风光无限，一旦过了最高点，只要一点推动，迎面而来的便是加速冲到谷底。要知道在美国，从来不乏这种因为杠杆过高而走向困境的公司。

　　股东们显然已经不把帕卡当作一家高端装备制造企业来看待了，之所以还没有离开，无非是基于帕卡高额的股东红利。帕卡原先的大股东兼领导者皮高特家族已经急速减少了对帕卡的持股。1994 年，皮高特家族已经只持有 12.7% 的股份，到了 2015 年，皮高特家族的持股比重更是下降到了 2.61%。与 20 世纪带领帕卡横扫美洲，剑指欧洲的雄心壮志相比，皮高特家族显然清楚如今的帕卡只是一项暂时盈利还不错的金融资产，就算将来再一次迎来商用车行业的春天，研发投入不断萎缩的帕卡恐怕也无法抢得发展先机。至于现在的其他大股东——那些金融投资机构，更是把帕卡的股票当成低利率环境下的一项收益率还算不错的金融证券。美国的货币政策正常化进程已经启动，加息的步伐也已经迈出，帕卡在未来的几年将会付出什么样的代价才能使得自己的收益率高过其他债券，从而留住财务投资者的心呢？

七、戴姆勒——狮王老去，犹守望当年雄风

虽然从集团的整体营收来看，戴姆勒集团并非汽车行业的第一名——它 2014 年的营收为 1725.33 亿美元，低于大众的 2689.63 亿美元。但是，戴姆勒的商用车业务却是该行业不折不扣的龙头老大，2014 年其商用车（包括卡车、客车和面包车）销售收入为 569.36 亿美元，远远超过排位第二名的沃尔沃（2014 年销售收入 413.4 亿美元）。另外，从世界商用车市场份额来看，戴姆勒自 20 世纪开始便稳居欧洲和北美市场的领先地位，特别是其早早布局北美市场的战略，不仅使得集团成为了该地区商用车行业最早的欧洲入侵者，更挤得竞争对手如本土的帕卡和纳威司达毫无超越的可能。现如今，戴姆勒在北美的商用车业务占了集团商用车营收的 1/3，其子公司福莱纳生产的 8 级重卡在北美地区有着难以撼动的地位。

生产出第一辆商用车的戴姆勒集团显然在多个方面早已是行业的佼佼者，作为欧洲和北美两个市场的龙头老大，戴姆勒若想通过收购其他商用车巨头来继续壮大自己的实力显然是难以执行的。10 年前戴姆勒在欧洲的市场份额就已经达到 22%，北美地区福莱纳的重卡市场份额也位列第一，由于反垄断法的限制，它很难再通过兼并来壮大自己的规模。倘若戴姆勒拥有足够的野心去称霸商用车行业，那么它只能壮大自己的实力，通过市场竞争从对手手中挤出市场空间，从而进一步巩固其本来就难以撼动的行业地位。

然而，现今的状况表明，戴姆勒显然没有成为一统天下的皇帝，它更像是一个守城的王，将自己的市场牢牢捂住，任凭行业其他竞争对手你来我往（如大众轻轻松松就加入了商用车战局），戴姆勒这个温润如玉的企业依然自顾自地展示着其不算坏的销售数据和还算优良的运营能力。然而，近年来

欧洲和美洲的商用车行业受到经济环境的影响，乌云笼罩、迷雾重重，戴姆勒既然没能在行业上行时做到鸟瞰天下，那么当它和其他对手继续在同一层次混战时，谁又能有绝对的把握在之后的商战中取得最后的胜利呢？

分解市值：商用车业务本质上就是"金融鸡肋"

如果按照商用车的销售额简单来看，戴姆勒确实是商用车行业第一。但是在我看来，戴姆勒庞大的销售额并不能掩盖一个事实，那就是戴姆勒的商用车业务在财务投资者眼中本质是一只"金融鸡肋"。这是因为，戴姆勒高达892.96亿美元的市值（2014年）主要是由其乘用车业务支撑的，而非商用车业务。我们在考察戴姆勒在商用车领域的成就时，必须刨除其乘用车业务的影响。

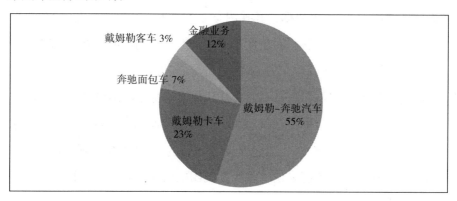

图 3-55　戴姆勒 2014 年各业务营业收入占比

数据来源：戴姆勒 2014 年企业年报

表 3-31　戴姆勒 2014 年营业收入和 EBIT

业务	财务指标	2014 年（百万欧元）
戴姆勒奔驰汽车	营收	73584
	EBIT	5853
	EBIT/营收	8%
戴姆勒卡车	营收	32389
	EBIT	1878
	EBIT/营收	5.8%

续表

业务	财务指标	2014 年(百万欧元)
奔驰面包车	营收	9968
	EBIT	682
	EBIT/ 营收	6.8%
戴姆勒客车	营收	4218
	EBIT	197
	EBIT/ 营收	4.7%
金融业务	营收	15991
	EBIT	1387
	EBIT/ 营收	8.7%

数据来源：戴姆勒 2014 年企业年报

直到今日，戴姆勒集团的业务依然是以乘用车为主要构成的。根据戴姆勒集团 2014 年的年报数据，其乘用车业务收入占了集团总营收的 55%，而商用车则只有 33%。从利润角度来说，戴姆勒乘用车的 EBIT 在 2014 年为 58.53 亿欧元，同年商用车的 EBIT 则为 27.57 亿欧元。

戴姆勒集团的主要利润驱动也来自其乘用车业务。2014 年，戴姆勒乘用车业务的息税前利润率（EBIT/ 营收）为 8%，而同期，戴姆勒卡车业务的息税前利润率则为 5.8%，面包车业务该值为 6.8%，客车则只有 4.7%。所以说，从利润率的角度来说，戴姆勒集团的乘用车业务显然比其商用车业务更"赚钱"。

表 3-32　戴姆勒 2011—2015 年主要财务数据(单位：百万美元)

财务指标	2011 年	2012 年	2013 年	2014 年	2015 年
市值	46874.89	58216.23	92804.11	89295.46	90199.32
销售收入	148347.2	146971.7	156717.2	172533.4	165909.6
毛利润	35530.08	32851.55	33470.86	37568.32	35346.00
EBITDA	17121.05	15753.26	16443.20	20477.32	20544.04
净利润	7890.8	8265.6	9088.3	9248.9	9350.7
股价(美元)	43.96	54.63	86.80	83.85	84.65

数据来源：彭博数据库

在乘用车的销售收入和利润率都远远超过商用车的情况下，我们不妨重新来审视戴姆勒892.96亿美元的市值。如果按照戴姆勒集团乘用车和商用车部门EBIT的比重来划分，如表3-33所示，我们可以清楚地看到，2014年戴姆勒商用车业务的EBIT占集团EBIT的32.02%，而乘用车业务的该数值则为67.98%。按照这个比重去拆分市值，戴姆勒商用车的市值应该在285.93亿美元左右。

这个数值显然是不甚理想的。要知道，2014年销售收入为413.4亿美元的沃尔沃的市值为220亿美元，倘若按照这样的市售比推算，如果沃尔沃的销售收入达到569.36亿美元，则对应的市值应该达到303亿美元。显然按照上面我们估算的市值来对比，戴姆勒商用车在财务投资者眼中，甚至不如早已是一只"鸡肋"的沃尔沃。

表3-33　戴姆勒商用车、乘用车市值估算

2014年	EBIT（百万欧元）	占集团EBIT之比（%）	估算市值（百万美元）
商用车	2757	32.02	28593.21
乘用车	5853	67.98	60702.24

数据来源：彭博数据库

乘用车才是集团业务核心

戴姆勒集团显然是把乘用车业务作为其企业发展战略的重点，这一点，我们从戴姆勒对核心技术的投入就可见一斑。戴姆勒集团每年投入大量的研发费用在动力系统和安全技术的新产品研发上，但是显然，戴姆勒集团将这些研发费用更多地用在乘用车业务领域。2014年，集团总共投入57亿欧元研发费用，其中40亿欧元用在乘用车部门，占研发费用总数的70%；商用车（卡车、客车和面包车一共）却只有17亿欧元。况且，从研发费用占销售收入的比重来看，戴姆勒的乘用车部门2014年研发费用占比为5.47%，卡车部门（3.67%）、客车部门（4.31%）和面包车部门（2.94%）均低于该数值。2015年，戴姆勒集团追加了9亿美元的研发投入，

其中 7 亿美元投入到乘用车部门, 1 亿美元追加到卡车部门, 1 亿美元追加到面包车部门, 而客车部门则没有研发费用增加。

诚然, 目前戴姆勒乘用车的利润确实好过其商用车业务。但是就行业大环境而言, 商用车行业的利润前景或许更为辉煌。随着世界经济增长模式的转变, 特别是物流业的迅速发展, 商用车需求还会迎来下一轮高潮, 而且其行业进入壁垒高, 同业竞争也不像乘用车行业那么激烈, 再加上乘用车企业需要盈利的规模门槛更高, 所以长期来看在商用车行业赚取利润对于已经拥有最大市场份额的戴姆勒而言或许更为容易一些。戴姆勒这种持续以乘用车为集团重心的战略, 恐怕更多的是基于对当下利润的渴望, 同时也是过于短视的。

百年老店的通病: 成本管理有待加强

戴姆勒集团的毛利润率一直维持在行业领先水平, 除经济危机最严重的 2009 年低于 20%, 其余年份都稳定在 22% 左右。其净利润率近年来稳中有升, 到 2015 年达到 5.64%, 在商用车巨头企业里名列前茅。但是, 和沃尔沃一样, 戴姆勒的销售和行政管理费用过高, 例如在 2014 年有 1.3 亿美元的管理支出增加用于 IT 和人事费用。戴姆勒在 2012 年便开始尝试通过推迟加薪来削减成本, 部分解释了 2013 年、2014 年的营业利润率升高到 6.62% 和 7.23%, 但之后如果加薪, 又会影响营业利润率。戴姆勒较高的净利润率更多地是得益于利息和异常项目较少。戴姆勒正在进行的"Fit for leadership"项目, 针对优化生产、降低生产材料成本和固定成本进行调整, 在 2013 年和 2014 年, 节省了约 27 亿美元的成本。在将来, 不排除戴姆勒的利润会增加。

资产负债率连续上升

就资产结构而言, 戴姆勒集团和其他商用车企业一样, 其资产负债率呈上升趋势, 其原因可能是戴姆勒近年来在新项目上的大量投资使得其必

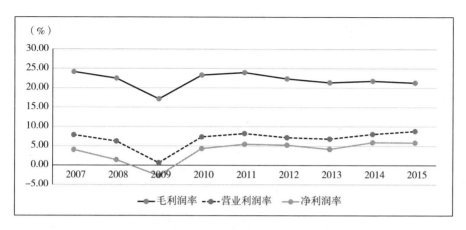

图 3-56　戴姆勒各项利润率

数据来源：彭博数据库

须增加长期债务，所以在戴姆勒的总负债中，总债务占总负债的比重达到了 55.6%。戴姆勒的债务虽然持续上升，但是在其良好的盈利状况下，债务负担目前尚且不是问题。其总债务和 EBITDA 的比值近几年一直维持在一个稳定的比重，同时由于利息支出 2014 年和 2015 年显著减少，所以 EBIT 对于利息支出的比重有了大幅攀升，2015 年达到了 21.16。

表 3-34　戴姆勒资产负债结构表（单位：百万美元）

财务指标	2011 年	2012 年	2013 年	2014 年	2015 年
总资产	191979.1	215192.9	232369.5	229458.4	235972.6
总负债	138406.3	163289.1	172576.2	175511.7	176618.1
股东权益	53572.8	51903.8	59793.2	53946.6	59354.4
资产负债率	72.09%	75.88%	74.27%	76.49%	74.85%
总债务	70530.9	85872.9	91830.6	92289.1	98188.4
短期债务	31924.4	36970.1	37536.4	36603.7	39595.7
长期债务	38606.5	48902.8	54294.2	55685.4	58592.7
总债务 /EBITDA	4.44	5.36	5.47	5.30	4.99
总债务 / 总资产	36.74%	39.91%	39.52%	40.22%	41.61%
EBIT/ 利息支出	6.89	8.63	8.84	13.13	21.16

数据来源：彭博数据库

从资产的流动性来看，戴姆勒的流动资产比重在近些年超过 40%，流动性较好。而在流动资产的构成中，其现金及等价物金额 10 年来较为稳定，但是应收账款和票据在 2009 年经历了一个跳跃式飞涨，这或许可以理解为经济危机带来影响，但是应当注意的是，自 2009 年的跳跃式增长以后，应收账款和票据一直呈现持续升高的走势，销售信用期逐渐拉长，或许戴姆勒面对低迷的市场需求，不得不加长了经销商的回款账期。

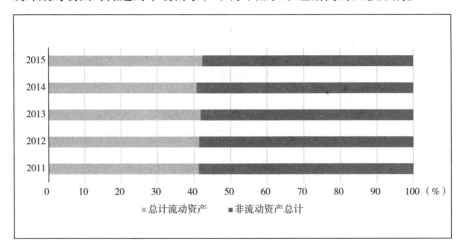

图 3-57　戴姆勒资产结构

数据来源：彭博数据库

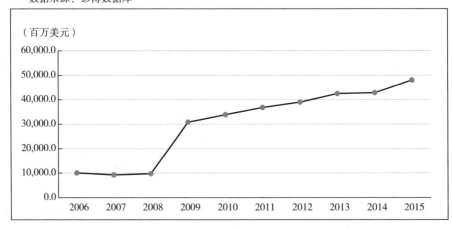

图 3-58　戴姆勒应收账款和票据走势

数据来源：彭博数据库

404

2007 年开始，戴姆勒显著减值其商誉，到 2009 年，商誉已经削减到
9.2 亿美元，少于 2006 年 22.27 亿美元的一半。2013 年，戴姆勒开始对无
形资产整体的投入减少，商誉和其他无形资产都有所下降。无形资产特别
是商誉占总资产的比率下降，是戴姆勒优越于沃尔沃的一大显著特点。

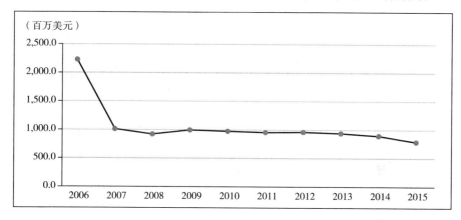

图 3-59　戴姆勒商誉历史走势

数据来源：彭博数据库

经营性现金流减弱，融资现金流增强

从现金流量表来看，尽管戴姆勒的利润在逐年增加，但其经营性现金
流却较 2010 年之前有了大幅下降。这主要是因为戴姆勒在 2010 年之后，
其应收账款有了显著增加，特别是在 2014 年，经营性现金流中的应收账
款增加了 115 亿美元。这使得戴姆勒的高盈利数据对集团的积极影响打了
一个很大的折扣；另一方面，戴姆勒的投资性现金流在 2012 年之后开始
减少，特别是 2014 年较 2013 年减少了近 41 亿美元的支出。这主要与减少
购买有价证券有关，2014 年，戴姆勒购买证券支出 33.41 亿美元，比 2013
年该项支出 65.66 亿美元少了 32.25 亿美元。戴姆勒融资性现金流在 2011
年之后持续为正，主要是来自长期债务所得现金的增加，这展示出戴姆勒
集团依赖于金融借贷的特征，也为今后的债务风险带来一定的隐忧。

表 3-35　戴姆勒集团现金流量表（单位：百万美元）

财务指标	2007 年	2008 年	2009 年	2010 年	2011 年	2012 年	2013 年	2014 年
经营活动所得现金	17941.0	4714.2	15284.4	11334.6	−969.1	−1414.5	4363.5	−1692.5
投资活动所得现金	26426.3	−11549.4	−12480.2	−415.2	−9102.2	−11398.0	−9071.1	−3598.9
融资活动所得现金	−34549.6	−4287.6	1473.9	−10017.2	8134.4	14795.3	5120.7	3021.0

数据来源：彭博数据库

营运能力较好

从运营能力上来看，集团的应收账款、库存、应付账款的周转天数近几年来变化不大，且一直处于行业的领先水平。其中，库存周转天数和应付账款周转天数是持续略有下降的，表明戴姆勒集团加强了库存管理，结合应收账款金额的增加可以看出，很多库存都转化为了应收账款。

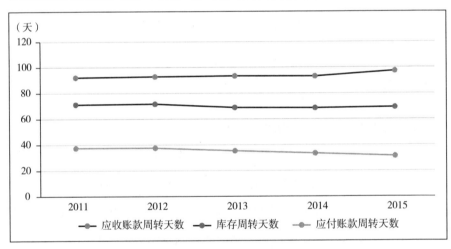

图 3-60　戴姆勒营运能力

数据来源：彭博数据库

表 3-36　戴姆勒营运能力（单位：天）

财务指标	2011 年	2012 年	2013 年	2014 年	2015 年
应收账款周转天数	92.10	92.78	93.34	93.04	97.21
库存周转天数	71.23	71.70	68.93	68.58	69.21
应付账款周转天数	37.50	37.53	35.36	33.42	31.37

数据来源：彭博数据库

偿债能力尚可

从集团的短期偿债能力上来看，戴姆勒的流动比率和速动比率与行业内其他企业接近，低于 1.2 的流动比率表明戴姆勒变现资产偿还短期负债的能力较弱。但是，戴姆勒的现金比率略高于 0.2，表明其直接支付能力没有太大问题，同时也没有影响企业获利能力。

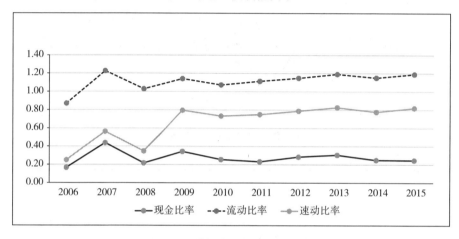

图 3-61　戴姆勒短期偿债能力数据

数据来源：彭博数据库

杜邦分析

戴姆勒近 10 年的 ROE 除了在 2009 年跌破零点以外，整体趋势是积极的。2009 年的异常表现主要是由于全球经济危机的震荡对汽车制造业的负面影响。在 2014 年轻度下滑后在 2015 年增长势头更盛。ROA 和 ROE 的走势基本一致，但 ROA 的走势更显平缓，增势并不明显。

2006 年，集团的权益乘数最高达到 5.71，2007 年、2008 年这两年迅速降低，之后就基本保持在 4 左右。从 2011 年开始又小幅度逐渐增加，但整体稳定。因为权益乘数的增幅不大，它对 ROE 变动的影响不是很大。但不得不说戴姆勒近 10 年一直都在高负债运营，特别是近几年，戴姆勒长期债务显著增加，这或许是由于欧洲宽松的信贷环境使得集团无所顾忌，但长期来看，这无疑是增加了不必要的风险。

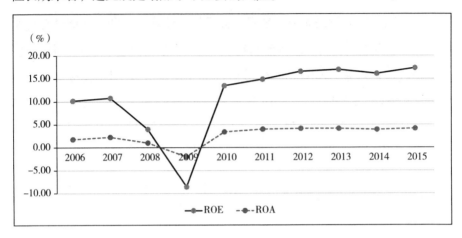

图 3-62　戴姆勒 ROE 和 ROA

数据来源：彭博数据库

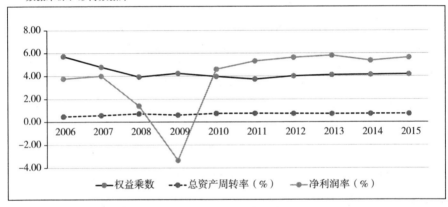

图 3-63　戴姆勒的权益乘数、总资产周转率和净利润率

数据来源：彭博数据库

　　集团 ROE 的曲折变化主要归因于净利润率的波动。从图 3-63 可以
看出，净利润率和 ROE 的走势几乎一致，净利润率在 2009 年跌至低谷
（–3.34%），但很快在 2010 年便恢复到金融危机前的水平。此后继续增长，
在 2013 年突然增高的主要原因是由于成本得到了一定的削减，2014 年、
2015 年较为稳定。

百年老店的博弈

如果仅从股票价格来看，资本市场对戴姆勒还是持比较乐观的态度的。从 2012 年之后，戴姆勒的股价便处于波动上升的走势。市值与销售额的比值在 2008 年跌到 30%，随后便再也没有超过 60%，但在 2011 年之后还是上升态势的，且明显优于其他六家商用车企业。但是，我们不应该忘记的是，戴姆勒的市值主要来自其乘用车业务的贡献，按照我在文章开头的测算，其商用车业务在投资者眼中甚至还不如沃尔沃。这里的根源到底是什么呢？

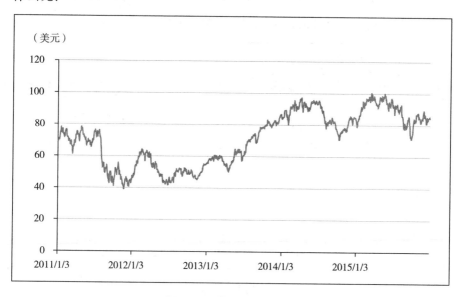

图 3-64　戴姆勒股价历史

数据来源：彭博数据库

在我研究戴姆勒这位温吞吞的悠哉王爷时，常常有这样一种感慨，像戴姆勒这样的欧洲"百年老店"，往往存在一种窘境。一方面随着企业的发展需要，它们不得不去到全球资本市场上去融资，以扩展自己的规模，如果没有以家族为背景的大股东，那么很有可能就是零散的投资机构来控股，这种机构往往更注重短期的经济收益，至于企业的长期发展问题，他们完全可以得过且过，大不了在苗头不好的时候"跑路"。戴姆勒的股东结构十分分散，据年报显示，集团股东主要由科威特投资局、雷诺尼桑、机构投资人和散户组成，其中主要投资者为机构投资人，占比80.5%，其中最大的投资机构是拥有6.8%的科威特投资局，这是科威特政府所有的独立投资机构，负责管理一般储备基金（General Reserve Fund，GRF）和未来基金（Future Generations Fund，FGF），以及财政部委托其代表科威特政府管理的其他基金。从股东的地区来看，主要投资人在德国，占比33.7%，其次是美国投资者，占比26.9%，除德国以外的欧洲投资者，占比26.6%。也就是说，欧洲的投资机构占了绝大多数。

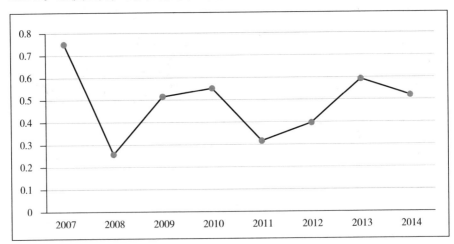

图 3-65　戴姆勒市值与销售额之比

数据来源：彭博数据库

但是，另一方面，一个企业的规模越大，越是发展到了中后期，却越发需要企业的经营管理者以企业的长久蓝图为目的去实施企业发展战略，这样做的代价可能就是短期经济利益的损失。戴姆勒由于其组织结构和企业文化的百年沉淀，管理层人员几乎都是在企业工作了几十年的老员工，对企业的发展有极强的了解和控制力。戴姆勒的管理委员会（The board of management）由8人组成，除负责法律事务的领导者只有4年工龄，以及负责大中华区的领导者有 10 年工龄以外，其余 6 位均在戴姆勒集团工作超过 20 年，特别是戴姆勒集团的 CEO 乔·凯瑟尔（Joe Kaeser），已经有 39 年的工龄了。他们大多是工程师出身，在集团从一个普通员工一步步内部晋升到了管理层的位子。实际上这样一批人，如果不考虑被辞退的风险，是完全有能力帮助戴姆勒走向商用车更大的辉煌的，毕竟他们对行业和企业的理解都是极其透彻的。但是，在短视股东的注视下，当他们几乎把自己的全部青春贡献给了戴姆勒集团，好不容易走到今天，必然不会愿意被股东轻易地换掉。

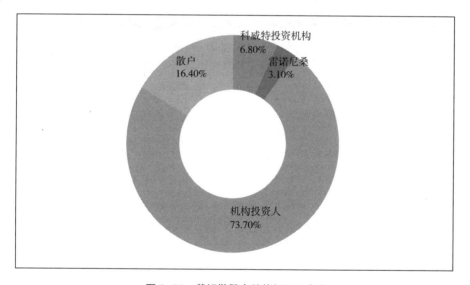

图 3-66　戴姆勒股东结构（2014 年）

数据来源：彭博数据库

　　这样一来，每一个戴姆勒的管理者考虑的问题便很难着重在企业的长久发展，反而他们都在权衡：该如何经营一个企业，才能做到满足股东的短期利益保证他们不会给自己一个经营不善的辞退理由。"股东—职业经理人"之间的博弈给企业的发展带来了桎梏。从一个企业的发展来看，若想在已经问鼎行业以后再有进一步的发展，需要有一个具有极大胆识和极远战略眼光去落实战略部署的管理者，然而在股权分散在财务投资者手中的前提下，这往往不被拥有替换管理层权力的股东们所接受。我猜想，戴姆勒集团之所以在新千年以来一直以这种犹犹豫豫、温温吞吞的态势走到今天，大概也和这种局面脱不了干系吧。财务投资者反而对戴姆勒加深了失望情绪，这从它的商用车比较市值甚至低于另一块"鸡肋"沃尔沃就能看得出来。戴姆勒商用车已经找不到今后发力的空间了，它像一只衰老的狮王，一心只想维持青壮年时抢占的地盘。商用车行业这几年闯进一个狂野的大众，肯定会令戴姆勒好一阵惊慌。2015 年，大众这个不速之客受困于"排放门"事件，老狮王戴姆勒才终于松了一口气，一颗可能高悬着的心又轻松地放了下来，看来仍然可以继续犹犹豫豫、温温吞吞地走下去。

八、风流人物俱往矣

过去的五年无疑是商用车行业进入新世纪以来最为难过的几年，金融危机虽然已经过去，但是自那时开始的行业低迷却一直笼罩在商用车企业的上空迟迟不肯散去。经历近百年的成长、发展和厮杀，并最终声名显赫地存活下来的七家商用车企业，在 2009 年这场算不上多严重的金融危机过后却无一例外地露出了疲倦之态，再也不复 20 世纪末在那场你来我往的市场抢夺战中展现出来的勃发气势。仿佛 20 世纪商用车行业争战的硝烟早已散去，再不见了当年雄姿英发杀气外露的身影。在这几年对商用车行业来说并不算多么寒冷的冬天里，却见到它们一个个缩在高高竖起的衣领里，在细雪中蹒跚而行，一心期待着下一个春天早日来临。

这样畏畏缩缩的企业显然得不到财务投资者的欢心。在他们的眼中，这些曾经带给他们不错收益回报的企业现在变成了一个个"金融鸡肋"。投资者们显然不会对"鸡肋"抱有坚定的长久信心，在弃与不弃之间，投资者们是务实的，他们只依靠中短期的利益去决定自己的态度。面对这样的投资者，商用车企业只能使出浑身解数去保证投资者的回报。从 2011 年到 2014 年，这七家商用车企业无一例外都连年进行了分红，尽管它们的销售业绩和利润水平已经不复从前，尽管它们的负债水平已经成为它们的负担，它们此时的愿望，就是讨好投资者以祈求大家抱在一起共同度过这个冬天。

然而，当企业自身的实力已经没有办法从本质上去达成这个目的时，企业的管理者不得不在现有的条件下绞尽脑汁，哪怕想出的方法可能只是治标不治本，或者可能只是短期有效，又或者可能会以损害今后的利益为代价。比如裁员、关闭厂房、拉长经销商的账期、减少投资活动、以更高的成本发行新债以偿还到期旧债、增加企业的融资现金流、继续升高企业的财务杠杆等。这些方法诚然起到了一定的作用，最起码在现阶段，这些企业依靠着这些计划和项目还能继续运转下去，也还能得到股东的支持。然而，这样的方法毕竟不是长久之计，有的方法甚至会加重企业"金融鸡肋"的特征。这我在前面都已经具体讨论过，此处就不再过多叙述。

我在本篇第一章就提到过，商用车行业这七家企业在新世纪到来以后经历了慵懒的 10 年。这 10 年，本该是这些企业趁热打铁、继续拼杀争夺市场的 10 年，本该是这些企业稳扎稳打、在技术和管理上更上一层楼的 10 年，可是这些企业却偏偏安逸了起来，彼此手拉着手，欢欢喜喜、舒舒坦坦地过了 10 年。在这 10 年里，它们依靠建立起来的行业壁垒特别是环保壁垒，共同享有了还算不错的利润。

这些企业之所以有胆量如此安逸，无外乎有两点原因：一是在新世纪最初的几年里，世界商用车市场（除了中国）已经基本瓜分完毕。经过 20 世纪末开始的兼并收购浪潮，大多数商用车企业已经被收购兼并，有实力扩大自己势力范围的早已经在欧洲和北美完成收购兼并，如戴姆勒、沃尔沃和帕卡；来不及向外扩张的，则早早打定主意在自己的传统市场称王，也拥有了瓜分所得的市场份额，如欧洲市场上的曼、斯堪尼亚和依维柯以及北美地区的纳威司达。受制于反垄断法，规模排在前几位的企业无法再继续对其他几家进行收购；而其他几家企业，彼此之间谁也没有能力去兼并整合竞争对手，曼和斯堪尼亚在 21 世纪初收购与反收购的恩恩怨怨就明明白白地说明了这一点。即便在大众收购了曼和斯堪尼亚之后，它们仍然是两家独立运行的公司，至少直到现在还看不出大众有什么办法让它们很好地合并成一家。显然，兼并这种最快最有效的扩大市场的方法既然已经不能实行，那便只有增强实力、通过市场竞争去挤压对手这第二条路了。

然而，这七家商用车企业却谁也没去走这第二条路。就像人有惰性一样，企业也会选择最轻松的方法去实现自己的目的。它们发现，除了单打独斗，或许联合起来也是个不错的主意。在商用车这个高端装备制造行业，核心技术便是这七家企业联合的武器。造成商用车企业慵懒的第二个原因，便是欧洲的环保壁垒。我在本篇第二章说过，欧洲的环保标准到了后期，特别是从欧 V 到欧 VI 的标准，真正意义上的环保方面的改进并不大，而进一步的环保指标也已经没有多大的提升空间了，其环保壁垒的色彩却越来越重。商用车七雄利用自己百年的修为筑起的环保壁垒最终发挥了贸易壁垒的作用，并且这贸易壁垒远不是亚洲这些才起步不到几十年的企业能轻松翻越的。更让商用车七雄开心的是，越来越高的壁垒显然给了这七家企业一个轻松获取利润的保障，加价远比增加销售量来得容易得多。价格的提升在环保标准的保护伞下看起来是那么的顺理成章。于是，商用车巨头手拉着手形成了"卡特尔联盟"，共同推动了欧洲市场商用车价格在近十年来持续不断的攀升。由于没有市场外来者入侵的危险，原本应该存在的自由市场竞争秩序已经消失，市场的价格需求弹性大幅缩小，销售量在这七家的垄断下很难因为价格的变动而发生改变。"看不见的手"不起作用了，市场的有效性被削减了，但是生产者剩余却增加了，商用车七雄简简单单过上了舒坦的日子。即便在 2014 年，欧盟发现了它们操纵市场价格的行动，并为此开出了指控通知单。它们也依然没有惊慌失措，只是准备一笔钱应付罚款而已。反正它们相信，无论是美国还是欧洲，都不会真正为难它们，没什么理由让它们认为舒坦的日子会结束。我甚至不认为欧盟的罚款就会令卡特尔联盟真正瓦解，只要技术和环保壁垒还在，卡特尔联盟生存的土壤就还在，只是变得更隐蔽更无形罢了。不管怎样，它们依旧可以过着安逸的日子，也还可以在慵懒的道路上越走越远。事实上，它们已经开始迷失方向，不知未来要走向何处。

商用车七雄当年挥斥方遒的气势早已被慵懒的生活消磨殆尽，商用车行业的冬天降临之时，它们都或多或少地感觉到了自己"金融鸡肋"的日子不好过。即便如此，这一丝寒意也真的来得太晚了。曾经的风流人物如今却要小心翼翼地讨好财大气粗的基金经理。如此反差甚大的日子当然很不好过。素来不好相与的大众已经借机进入了这盘棋局,显然已经搅动了这一滩沉寂了10年的死水。然而由于大众"排放门"事件,或许它也很难在短期闯出一个新的局面。不过我坚信,大众不会是最后一个闯入者,即使再闯进一只猛虎,抑或是一只雄狮,我也毫不惊讶,而且这对世界商用车格局来说未必是件坏事。毕竟只有勇者的闯入才会导致卡特尔价格联盟最终瓦解,进而导致商用车价格下降,那才是消费者的福音。我曾多次向自己发问,去打破这沉闷的格局,一条翻江倒海的中国龙是不是比一只美洲虎或者一只欧洲狮更合适些呢?

第四章　全球商用车行业并购整合之战略战术

一、大众的野心

　　全球商用车市场从来都不缺企业间并购整合的故事，这其中既有为了扩大生产能力、提高市场竞争力的横向合并，也有多样化、立体式的纵向产业链联合，以及旨在提高行业地位、分散市场风险、增强综合生产能力、降低生产成本的横纵向兼并整合。然而，在企业自身发展壮大的同时，企业产品的核心竞争力与经营策略必然要与全球经济以及市场需求的发展协调一致。并购整合之所以成为各行业常态化的商业事件，就是因为并购整合是现代企业发展最强有力的商业手段，也是微观经济领域最激烈的市场行为，同时又是最文明的双赢商业活动。既没有政治领域成王败寇的血腥，也没有买家的狂欢和卖家的屈辱。你愿买我愿卖，成交就意味着双方达成了价格上的共识。我卖出公司得到了心满意足的对价，你得到公司的同时也承担了与此相关的责任和义务。并购盛宴中的美酒对买卖双方都是分外醇香的，这就是好莱坞商业片中并购酒桌上经常有人喝得酩酊大醉的原因。

　　费迪南德·皮耶希（Ferdinand Piëch），大众创始人费迪南德·保时捷的外孙，自1993年成功担任大众集团CEO之后，其称霸汽车制造业的野心就暴露无遗。当时的大众拥有着20款基本车型，费迪南德上台后便提出，要开发出可供几个品牌同时应用的新平台，将平台数量减少了75%。虽然这种平台的技术开发难度非常大，需要耗费大量的时间和成本，但是霸气外露的费迪南德仍然坚定地选择并执行了这一公司战略，这也为大众之后的频繁兼并整合提前铺平了道路。经过20多年的发展，大众在此共用平台上不仅可以生产同一系列的不同车型，而且已经能够生产不同品牌的全系列车型。这一技术平台给大众带来了很大的成本优势以及显著的经济效益。

表 4–1　大众欧洲并购之路

时间	品牌	所属国家
1964 年	奥迪	德国
1986 年	西亚特	西班牙
1991 年	斯柯达	捷克
1998 年	宾利	英国
1998 年	兰博基尼	意大利
1998 年	布加迪	法国
2009 年	保时捷	德国
2012 年	杜卡迪	意大利
2013 年	曼	德国
2014 年	斯堪尼亚	瑞典

　　经过多年的兼并整合，大众已经成为了欧洲最大的汽车公司，也是目前世界上最大的汽车集团之一。尽管欧洲工业一直都非常发达，但是汽车品牌却不是很多。大众自1964年开始疯狂并购以来，至今已经拥有了12个欧洲知名汽车品牌。近几年，通用汽车在美国金融风暴中遭受重创，丰田经历了召回危机，给了大众攻占市场后来者居上的机会。大众通过奥迪主打高端，通过保时捷攻占跑车市场，通过兰博基尼和布加迪走豪华运动路线，通过宾利填补超级富豪的市场需求，通过其大众品牌攻占中低端市场。2014年，大众乘用车销量占据了全球乘用车总销量的14.61%。大众

的多品牌战略,不仅有效地降低了生产成本,而且迅速扩大了其产品在用户群体中的市场覆盖率。

在市场方面,由于近几年欧洲市场需求的萎靡不振,汽车产业已经出现了严重的产能过剩,销量和利润都受到了很大影响。这也加大了大众挖掘美国和中国市场的强烈需求与扩张野心。大众在美国的策略不仅是开发针对美国市场消费需求的产品,而且还通过美国田纳西州工厂和墨西哥普坎布拉工厂的投产和扩产,提高其零部件的本土化率以及增强北美售后服务和营销能力。在中国市场,大众占尽了先发优势,在改革开放初期,大众就看准了我国市场潜力,通过与上海大众和一汽大众多年来的合作经营,已经在我国汽车市场上占据了重要地位,而且自从20世纪80年代通过合资打入中国市场以来,凭借其在中国的先发优势,与欧洲其他汽车集团拉开了很大差距。

无可争议,大众已经成为了乘用车领域的佼佼者,但是大众并没有满足于这一现状而沾沾自喜。多年来,大众一直致力于将自己打造成像戴姆勒-奔驰一样,成为乘用车与商用车业务齐头并进的大型汽车集团。大众商用车自1950年面世以来,从起初的小型面包车Bulli品牌逐步发展壮大。1977年到1993年期间,大众与曼开始了16年的密切合作,共同生产轻型卡车。该款轻卡在两大集团合作期间都是以MAN-VW名字在市场销售。然而,一直以来大众的商用车仅仅停留在轻型商用车及客车领域,中重卡一直都是大众的软肋。不过,大众试图拓展旗下商用车全面制造能力的野心从未消失,大众也一直在等待这一时机的到来。

2000年,大众从瑞典银瑞达集团手中获得斯堪尼亚18.7%股权及34%投票权,其整合商用车领域的战略意图已经初见端倪。2006年,曼对斯堪尼亚推出了全面要约收购,瓦伦堡家族旗下的银瑞达集团作为当时斯堪尼亚的第二大股东,联合斯堪尼亚的管理层最终拒绝了曼的收购要求。2007年,斯堪尼亚以高出曼收购价18亿欧元的收购价格对曼提出反收购,至此,曼收购斯堪尼亚的美梦彻底落空了。

与此同时，大众趁机收购了曼 23.81% 股权，成为了曼集团当时最大的股东。同年，大众通过将其在巴西的卡车客车业务转手给曼，持有曼股权增至 28.67%。此时，曼还拥有斯堪尼亚 13.35% 的股权。与曼集团霸王硬上弓的商用车并购战略相比，大众对于商用车的整合可谓是步步为营。从表面上来看，曼商用车部门获得大众巴西业务之后，虽然得到了发展壮大，但是大众却凭此将曼股权提升至 28.67%，也接近了德国法律规定发起全面收购的基线。至此，曼虽还不是大众的囊中之物，但是大众已成为曼的相对控股股东。

此后，大众又将视线重新转向斯堪尼亚，于 2007 年将斯堪尼亚股权增至 20.59%，2008 年以 44 亿美元再次从瑞典银瑞达集团获得 16.84% 股权。2009 年又以 5 亿美元从保时捷手中获得斯堪尼亚 7.3% 的股权，再加上大众从二级市场小股东手中所收购的部分股权，截至 2009 年年底，大众已经拥有了斯堪尼亚 49.29% 的股权。在大众"处心积虑"的一步步蚕食之下，斯堪尼亚已经到手了一半。其实对于大众来说，在曼与斯堪尼亚的收购与反收购中，无论谁收购了谁，大众凭借在这两家企业足够多的股份与投票权，始终都是最大获益者，事态发展看起来也是在大众的掌控之中。

2011 年 5 月，大众对曼集团持股比例提升至 30.47%，达到了德国法律要约收购的触发点（持股 30%），全面要约之后，截至 2011 年 11 月，大众获得曼 53.71% 的股权与 55.9% 的投票权。其后，大众一直从二级市场上继续增持曼的股份，到 2013 年，曼成为了大众旗下卡车客车有限责任公司的控股子公司，大众对曼的持股比例达到了 73.98%，另外，曼持有的斯堪尼亚 13.35% 的股权及 17.37% 的投票权也全部卖给了大众，大众拥有斯堪尼亚的股权已经达到 62.64%，投票权达到 89.18%。2014 年 3 月 14 日，大众对其他小股东提出公开要约收购，又收购了斯堪尼亚 36.93% 股权与 10.48% 投票权，截至 2014 年年底，大众总共拥有斯堪尼亚 99.57%

的股权和 99.66% 的投票权，最终在 2015 年 1 月，根据瑞典法律规定，一旦大众持有斯堪尼亚的股比达到 90% 以上，就可以强迫其他投资者出局，并安排斯堪尼亚退市，也就是说将斯堪尼亚私有化。斯堪尼亚于 6 月 5 日在斯德哥尔摩的纳斯达克交易所退市。2015 年 1 月 14 日，大众拥有了斯堪尼亚 100% 的股权及投票权。

与收购斯堪尼亚相比，大众对曼的收购进程却缓慢了很多。2014 年年底，大众拥有曼 74.04% 股权及 75.03% 投票权。根据德国法律的强制排除权制度（Squeeze Out），大众必须收购到代表曼集团表决权 95% 以上的股票，才能够迫使其他小股东出售其所持股票。不过，到目前为止，还没有看到大众收购曼股权的进一步动作。2015 年 5 月，大众重组商用车部门，将斯堪尼亚与大众旗下负责轻型商用车业务的商用车品牌也一起划入了大众卡车客车有限责任公司，力图使曼与斯堪尼亚在原材料采购以及技术研发方面发挥更密切的合作。至此，大众不仅拥有着世界顶尖的乘用车制造能力，更是在商用车领域拥有了向行业领头羊戴姆勒挑战的潜力。

通过对乘用车与商用车之间的交叉立体发展，不仅可以增强大众的汽车整体制造能力，而且可以通过大众乘用车领域已经建立的高效的、范围广泛的营销与售后网络，以及与当地政经界强大的人脉关系，有效地推动商用车在全球市场的占有率。从市场来看，通过对曼和斯堪尼亚的收购，大众商用车在欧洲的占有率超越了戴姆勒与沃尔沃，在南美通过曼拉丁美洲与巴西卡车客车工厂，也获得了很大市场份额。在中国市场，大众下一步必然会利用在中国乘用车市场所取得的市场知名度以及数十年在中国政经界的人脉关系，进一步拓展大众商用车在中国市场的竞争优势。

相比起来，北美市场一直是大众的软肋和短板，大众在北美还基本没有什么市场份额，而竞争对手戴姆勒－福莱纳、沃尔沃旗下马克、纳威司达旗下万国、帕卡旗下肯沃斯和彼得比尔特等几家商用车品牌都长期占据着北美市场。因此，大众的下一个收购目标对于这个欧洲最大的汽车集团具有重大意义。近年来，关于大众有意收购纳威司达的消息不绝于耳。如果大众能够继续整合一家商用车企业如纳威司达或者帕卡，凭借其在北美市场的市场份额与竞争优势，对于大众的全球销售战略将是具有里程碑意义的重要一步。

然而，随着"排放门"事件的出现，大众的并购整合计划被暂时搁浅。2015年9月，据美国环保署指控，大众的柴油车涉嫌排放造假，在美国销售的奥迪A3、大众捷达、大众帕萨特等乘用车的电子控制系统中装有可在排放测试中作弊的软件。在尾气排放检测时，这种软件自动识别检测，使尾气排放能够达到美国严格的EPA标准。而在正常驾驶条件下，这些搭载造假软件的大众汽车尾气排放量超过EPA标准高达40倍。如此严重的排放造假事件将导致大众被美国环保署处以巨额罚金。

尽管"排放门"事件并没有给大众汽车销售额带来太大的波动，其中，商用车销售额下降了3.7%，乘用车在保时捷与奥迪两大品牌的增长拉动下，仍有2.8%上涨。但是，截至2015年9月底，其市值已经比2014年同期暴跌了34.6%，从2014年9月的777.73亿欧元降至2015年同期的508.32亿欧元，每股价格从163.48欧元下降至106.85欧元。同时，也给一向专注技术革新、严谨诚信的大众汽车品牌带来了前所未有的信任危机。

通过分析大众的财务报表不难发现，2011年至2015年在大众的经营活动中，其销售费用一直居高不下，2013年和2014年销售费用占总营业额的比重分别为9.98%和10.02%，这也极大地制约了大众的利润空间。2013年以来，大众已经开始通过降低采购成本、削减员工及工时、减少活动赞助等措施来降低集团营运成本。2015年，大众的资金压力更是到达顶峰，虽然通过推迟与中国合资企业一汽的股份增持，节省了大概50亿欧元，但是距离可能的以百亿美元计的罚款仍然有很大差距。

大众在收购了曼和斯堪尼亚之后，其总资产在2014年达到3512亿欧元，相比2009年翻了一番。但是，伴随而来的负债率也开始上升。2014年，大众的总负债为 2610 亿欧元，相比 2009 年上升了 86.78%。其中，流动负债增长率达到 137%，这主要也与曼和斯堪尼亚两个子公司近几年的高额负债率息息相关。2014 年大众资产负债率为 74.32%，负债水平明显偏高，表明其存在比较大的财务风险。此外，从企业的短期偿债能力来看，一般而言，健康良好的工业企业其流动比率通常在 2 左右，流动比率越高，表明企业短期偿付能力越强，而大众 2010 年到 2014 年的数据，都基本保持在 1.05 左右。从企业流动资产的变现能力来看，健康的速动比率通常在 1 左右，而大众 2010 年到 2014 年的速动比率基本保持在 0.7 左右，说明大众存在一定的短期偿债风险，变现能力稍弱。由此可见，从大众的现金流与负债率来分析，目前它并不具备继续整合商用车市场与戴姆勒 – 奔驰争夺商用车市场霸主宝座的实力。

如今，大众在并购整合发展壮大的同时，其体格也逐渐变得臃肿蹒跚，子公司曼和斯堪尼亚等企业的负债率居高不下，而盈利能力却在逐年下降。倘若日益上升的高负债率导致其债务评级下降的话，将会导致其借贷成本的上升，届时，恐怕其盈利压力会更大。从另外一方面来看，大众通过发行新股融资的话，也可以获得一定的资金，不过，我认为其可能性并不大。因为这可能会让保时捷集团丧失其得来不易的对大众集团的绝对控制地位。

众所周知，在 2008 年到 2009 年大众与保时捷两大集团之间上演了一场波澜壮阔的收购与反收购大戏。大众的控股公司——保时捷集团的掌门人沃尔夫冈·保时捷（Wolfgang Porsche）与大众 CEO 费迪南德·皮耶希（后来是大众监事会主席）这对表兄弟，经历多年或真或假的明争暗斗之后，最终的结果是费迪南德·皮耶希让大众集团先后于 2009 年年底以 39 亿欧元购买保时捷股份公司 49.9% 股权和 2012 年 8 月以 44.9 亿欧元再次购买保时捷股份公司 50.1% 的股权。这样大众集团就以总共 83.9 亿欧元收购了保时捷股份公司的 100% 股权，而沃尔夫冈·保时捷控制的保时捷集团用这 83.9 亿欧元，增持大众的股权达到 31.5%，投票权达到 50.73%。这场看起来是两表兄弟之间的一场恶斗，其结果是以他们两个家族拥有的保时捷集团绝对控制了大众而告终。

倘若此时大众增发新股的话，在目前股价低迷的情况下，要筹集所需的巨额资金，对现有股东的股份稀释太多，而且可能让保时捷集团丧失对大众来之不易的控制权。所以这种可能性并不大。

在巨大的财务压力以及丑闻事件的困扰下，近日关于大众可能变卖旗下曼或者斯堪尼亚的传闻也并非空穴来风。大众目前拥有 12 个汽车品牌，品牌过多且个别企业负债率过高，或导致大众脱手其商用车业务。瑞士联合银行分析师也曾预测，如果大众将旗下曼、斯堪尼亚以及大众品牌厢式货车等商用车业务出售，或可大大缓解目前大众的困境。所以，对于身陷财务压力与信任危机的大众集团来说，出售旗下汽车品牌来断臂求生也未尝不可能。

另外，纵观全球商用车市场，欧洲市场已经接近饱和，而大众旗下曼和斯堪尼亚在北美的市场基本是空白，目前还看不到大众能使出什么特别的手段来实现旗下商用车部门的全球战略整合。在市场需求越来越大的新兴市场，中国和印度将会是未来商用车企业的主要战场，大众凭借其多年来在全球乘用车市场耕耘建立的庞大的销售和售后服务体系，虽然对其商用车在中国和印度市场的推广有一定的积极作用，不过与戴姆勒 – 奔驰、沃尔沃、依维柯等其他商用车巨头相比，仍然处于劣势地位。

此外，在排放和造假事件给大众带来的严重危机还没有完全显现的时候，其股价和市值已经出现大幅下滑，短期之内很难恢复元气。总体而言，在大众乘用车市场的利润空间逐渐下降，旗下商用车企业负债率居高不下的情况下，此时的大众自保尚且乏力，更何谈继续并购扩展。曾经野心勃勃的大众商用车业务目前也只有两种清晰选择，一是雌伏几年，舐血养伤，等待下一次与戴姆勒再决高低的机会；另一个清晰选择是卖掉商用车业务部门，把曼和斯堪尼亚一起卖掉，彻底回归乘用车行业，在哪里跌倒就在哪里爬起来，用诚信和实力再铸昔日大众乘用车的辉煌。当然，还有一种云山雾罩并且是稀里糊涂的做法，即只卖出曼或者斯堪尼亚的其中一家，而另一家留着解闷，给世界商用车市场制造一个天大的悬念。

二、全球商用车行业并购整合的战略目标和战略战术

这个题目已经很长了，但要完整表达我的意思，还要加上七个字：用"引资购商"进行全球商用车行业并购整合的战略目标和战略战术，就是通过政府引导的行业并购整合基金对全球商用车行业进行并购整合。区别于一般的并购整合，"引资购商"要求在行业并购整合基金中以政府资金为劣后引导资金撬动社会资金，并服务于政府的产业政策目标，因此，"引资购商"所实施的并购整合首先必须为国家及地方政府增加GDP、增加税收、增加就业，当然更崇高的目标就是为我国的产业升级以及经济转型创造一种典范。由此可见，"引资购商"为并购整合这种商业行为设定了宏观战略目标。这就注定了本书所提出的全球商用车行业并购整合的战略目标与一般的商业野心是完全不一样的，当然也与大众的野心不一样，不仅宏观目标与大众不一样，而且操作逻辑也与大众不一样。

贸易和投资越来越自由化的今天，商用车行业的全球化趋势本来应该是不可阻挡的。我在前面的分析中已经指出来，相对于乘用车，商用车由于按照客户需求定制和装配的成分更多一些，用机器人替代在线工人实现起来要困难得多，故而劳动力成本无法大幅度下降，因此按照经济的逻辑，商用车行业必然会出现国际转移现象。从生产的角度看，零配件和零部件产业应该优先向更具有劳动力成本优势的国家转移；而从消费的角度看，全部价值链的最终实现也应向蓬勃发展的新兴市场靠拢。

如果事态完全按照国际产业转移的逻辑发展，那么我们所看到的商用车行业就不会是今天七雄垄断割据的局面了。中国凭借劳动力成本优势就可以渗透进欧美市场，并以其巨大的市场影响力在商用车的产业链体系中发挥举足轻重的作用。但是事实上我们看到了什么呢？我们看到的是10

年来牢牢控制着产业链体系的七雄和对七雄只能侧目而视的中国商用车。商用车七雄凭借其巨大的市场权力已经影响了全球产业环境和产业运行规则体系，如同捕获了一个个卫星的恒星成为质量中心，无论是相应的零配件配套供应体系，还是欧美政府的环保政策，都起到了维护和强化这个既定利益格局的作用。

在这样的产业生态环境下，我所指的行业并购整合的核心逻辑就不同于一般基于商业利益的并购，商业并购旨在实现个别企业的商业协同价值，而全球商用车的行业并购整合是以"引资购商"为利器，剑气所指的是这个既定的利益格局，通过并购突破国际产业转移的各种有形和无形的壁垒，把以整车和零配件配套关系为核心的整条产业链整体复制和移植到中国，进而对全球商用车产业的生态环境进行解构和重塑，让中国商用车从整车到零配件的整条价值链体系都实现质的跃升，我们才能逐步取得全球商用车市场的定价权，并在一场场混战中赢得我国商用车主导世界商用车市场的新格局。形象地说，星系的演化将通过星系和星系之间的碰撞、渗透和相互撕扯来实现。

在全球商用车行业生态环境中，整车和零部件的配套关系决定了行业竞争格局和组织结构，因此是"引资购商"意图进行解构和重塑的关键点。我把用"引资购商"进行全球商用车行业并购整合的具体战略目标规定如下：

1. 把被并购企业的零配件制造部分逐步转移至中国某地方政府的辖区，迅速形成商用车零配件产业配套基地，由此增强被并购企业产品的全球竞争力，压迫并吸引其他商用车企也逐步在本零配件产业配套基地采购零配件，逐步使该基地成为全球商用车规模最大并且质量最高的零配件配套供应基地。

2. 随着并购整合活动的深化以及行业竞争能力的加强，进一步扩大零配件生产规模和综合成本优势，并使出口逐步实现部件化和模块化，最终形成商用车整车向欧美及全球出口的局面，以及其全球维修维护网络以中国为核心的供应链系统。

3. 随着零配件、零部件以及模块化组件的规模逐步扩大，在中国国内形成多个价格档次的商用车生产系列和品牌，用市场手段逐步代替技术落后甚至违法的改装车，占领中国由于改装车逐步出局而形成的新的商用车市场。

我测算了实现总体战略目标所需要的基本资金，我认为要完整实现这三个战略目标至少需要 1000 亿美元。当然，由于这些资金是逐步投入的，如果由一个天才管理团队来操作，使得并购整合的效果很快显现的话，后续资金的募集应该是没有困难的，这样的话就可以使初期的资金需求大幅降低。行业并购整合永远是风险很大受益也很大的商业活动，全球商用车行业的并购整合又比一般行业的并购整合风险更大，但是，随着不可抗拒的全球经济一体化格局的最终形成，以及电子商务活动的不断蓬勃发展，全球物流和地区物流都是越发兴旺发达的行业，那么商用车行业怎么样都不会是夕阳行业，也必将会赢得更大的发展空间。

根据上述三个战略目标以及初始募集资金的规模，我把全球商用车行业并购整合的战略战术分成上、中、下三策，下策中有三种战术方案，中策中有四种战术方案，上策中又有三种战术方案，共十种全球商用车行业并购整合的战术方案。现在详述如下：

下策：下策刚刚能让我们踏入国际商用车市场，需要的资金量小，但是由于起步低，由此出发对全球商用车行业展开并购整合的困难很大，非天才不可为之。在此下策之中，又有以下三个战术方案：

下策 1：收购依维柯；

下策 2：收购纳威司达；

下策 3：收购依维柯＋纳威司达。

中策：只要有足够的耐心和能力，可由此切入全球商用车行业，加上不断的努力，具有一定的并购整合全球商用车行业之机会。在此中策之中，有以下四个战术方案：

中策 1：收购曼；

中策 2：收购斯堪尼亚；

中策 3：收购沃尔沃；

中策 4：收购帕卡。

上策：需要足够的资金，非 1000 亿美元不足以行此上策，加上足够的决心和定力，一定能并购整合全球商用车行业。在此上策之中，有以下几个战术方案：

上策 1：收购斯堪尼亚 + 帕卡；

上策 2：收购曼 + 帕卡；

上策 3：收购曼 + 斯堪尼亚 + 帕卡。

三、全球商用车行业并购整合之下策

下策 1：收购依维柯

依维柯像是一个陷入债务泥潭之中的泥足巨人，又像是一个被菲亚特集团抛弃的孩子，要实现我所说的"引资购商"行业并购整合目的，依维柯并不是一个非常理想的收购对象。

收购依维柯后将其部分零配件配套体系复制到国内是有可能的，而全面复制则是有困难的，即使能够全面复制过来，也不能实现渗透和重塑全球商用车零部件配套体系的目的。这是因为，依维柯的核心市场主要在欧洲，而且重心偏向南欧和东欧，市场影响力相对较弱，以重型卡车为例，依维柯在整个欧洲仅占 7.5% 的市场份额，这样一个规模有限的区域竞争者即使将其零部件配套体系复制和转移到中国并因此获得相当大的成本优势，但因其品牌影响力不够，在欧洲主要市场上的销量又少到可以忽略，故并不足以对于全球商用车竞争格局形成强大的压迫力，从而达到压迫其他强势商用车企业向中国转移其标准零配件配套体系的目的。总之，仅仅靠收购依维柯难以实现"引资购商"的第一个战略目标，想要凭此在中国集聚和打造最具规模和最高品质的零配件配套体系是非常困难的，这是我把收购依维柯作为"引资购商"行业并购整合的下策之选的主要原因。

从产品线和技术的角度，依维柯具有齐全的产品线和领先的技术优势。其产品涵盖轻、中、重型卡车及各类客车。由于依维柯的发展是从轻型商用车起家，它的厢式货车 Daily 在欧洲具有独占鳌头的地位。

依维柯毕竟为商用车行业欧洲五强、全球七雄之一，其产品品系齐全、产业链布局完整、满足欧 VI 排放标准，这些特点已足以为并购方带来欧洲市场的入门券。收购依维柯后，依靠我国的成本优势，依维柯将有力争夺对成本较为敏感的欧洲中低端市场和发展中国家市场，而利用国内的成本优势突出依维柯品牌在欧洲市场上的高性价比形象，在欧洲市场持续的不景气下，进一步蚕食强势竞争对手的中高端市场份额也是有可能的。此外，依维柯已建立的全球销售网络显然对于中国商用车整车和零部件出口到中东、非洲、拉丁美洲乃至全世界市场提供了现实的通路。这些好处就是收购依维柯能为并购双方带来协同价值。

对实现行业并购整合的第二、第三战略目标来说，收购依维柯也能带来一定的有利条件。依维柯的零部件平台体系完整，具有较高的管理规范性和技术优势，并具有足够拉动国内卡车需求的品牌影响力，收购依维柯有助于在国内构建高质量的零配件供应体系。不过，依维柯的零部件平台并不具备全球化战略所需要的多样性，主要在其自身体系之内发挥作用，这限制了我们以模块化零配件供应体系拓展全球市场的设想，因此对于第二战略目标的实现也是不充分的。对于第三战略目标，由于依维柯在中国已经拥有一家重卡合资工厂、一家轻型商用车合资工厂和一家发动机合资工厂，并且达到量产规模，对其国内市场基础因势利导，利用技术和品牌优势在国内形成行业规范、收拾破坏行业秩序的改装车还是大有可为的。

总之，收购依维柯只能收获有限的、区域性的战果，并不能一战而定天下。收购依维柯后必须通过蚕食其他强势竞争者的市场份额而将局部战果逐步扩大至全局，最终达到改变全球竞争格局和行业规则的目的。但是，以依维柯当前有限的市场影响力，这将是一个极为艰巨的任务，非天才的管理团队不可能完成后续所需要的并购整合和精妙运作。

需要注意的一点是，依维柯与菲亚特之间的密切联系可能会造成知识产权方面的收购风险。独立收购依维柯可能会造成很多其与菲亚特共享商业资产及客户的流失，影响短期生产和盈利能力，而核心技术和关键人才的流失风险也较大，对中期研发能力有直接影响，对企业文化也形成割裂。相对而言，如果直接对菲亚特完成收购的话，虽会面临较高的资金需求，但对于企业核心资源和优良文化的保留会较多，尤其是与母公司有商业往来的供货商和经销商，以及共享研发资源和核心技术人员。

下策 2：收购纳威司达

为摆脱当前的危机，纳威司达正在实施重大的战略转型计划，而糟糕的财务状况让纳威司达不得不再次通过资产剥离为战略转型提供资金，近期，纳威司达已陆续出售了 Monaco 房车和 Workhorse 底盘业务。与此同时，坏消息接踵而至，纳威司达的中重卡在北美的市场份额继续下滑，和福特、卡特皮勒的战略联盟宣告结束，并宣布从印度的合资企业马恒达中退出。在种种负面消息冲击下，纳威司达股价大幅下挫。不过不能否认的是，事件风险冲击有时会带来绝佳的收购机会，因为这时资本市场的反应往往是非理性的、过度的。与卡尔·伊坎不谋而合的是，我认为，单从并购可能实现的财务收益看，收购纳威司达是一个不错的生意。这家公司虽然财务状况糟糕透顶，但是却因为背景特殊很难倒掉，卡尔·伊坎正利用纳威司达的危机低价买入，耐心等待市场回暖咸鱼翻身时大赚一笔。

与财务投资者的眼光不同的是，我将收购纳威司达作为下策之选更主要考虑的是战略收益。从业务分布看，纳威司达虽然也在南美、印度、中国进行了布局，但主要还是一个以北美为核心市场的区域竞争者，这对我们实施全球化战略有一定的限制。近期，纳威司达的市场份额持续下滑，技术路线改弦易辙，资产剥离和业务线萎缩，凡此种种无不说明其品牌和技术的影响力已经动摇。

同为区域性的竞争者，纳威司达和依维柯的核心市场有所不同。依维柯的核心市场在欧洲，而纳威司达的核心市场在北美，相对于欧洲市场，北美市场的版图更加广阔和统一。同时，根据罗兰贝格公司对全球商用车行业的研究，北美到 2020 年依旧是全球成长较快的一个市场，欧洲市场则在同一时期受经济长期低迷影响陷入停滞。纳威司达在北美精耕细作了一百多年，建立了较为完善的渠道网络，而美国的技术标准和环保壁垒又是全球最高的，收购纳威司达将为渗透进入局势开阔的北美市场并以此为战略高地俯瞰全球其他市场创造一个有利条件。

作为下策，收购纳威司达对实现行业并购整合第一战略目标的作用有限。纳威司达由于偏执于一条至今尚不成熟的环保路线而备受挫折，目前已是摇摇欲坠，市场份额迅速下降，资产重组前景不明，即使纳威司达能够挺过致命风险的考验，也需要逐渐恢复其品牌地位和重建消费者信心。同时，纳威司达重卡发动机在排放技术上被迫转向 EGR+SCR 的组合，原先的"1+2+3"的产品平台战略随之需要进行调整，纳威司达是不是能够做到重新理顺其零配件供应体系以及在此基础上有所作为尚待观察。目前状况下收购纳威司达，仅能够通过将零部件配套体系向中国转移助其恢复生机，尚难凭借成本优势对北美其他竞争者形成强有力的压迫。

从收购策略的优势和机会看，由于总拥有成本和燃油经济性越来越成为全球消费者关注的焦点，纳威司达注重通用性的产品设计平台、核心发动机技术的纵向一体化、ICT 领域的良好技术储备以及北美市场上完善的售后服务体系等优势将成为并购方竞夺全球商用车市场的有利砝码。而在中国市场上，纳威司达已有一定的业务布局，其中重卡具有的耐久性、安全性、动力强大特征，有机会与国内需求实现良性对接，而困境之中的纳威司达存在进一步向中国转移核心技术和业务重心的可能性，从而有利于我们形成基本完整覆盖总成和通用零部件的研发体系，推进国内零部件配套体系向价值链上方迁移。最后，收购纳威司达还有一项不容忽略的优势，来自纳威司达的 IC 品牌校车，这一优质校车资产是收购中以战养战的有利资源。但是，这些优势和机会都是潜在的，总的来说，对纳威司达这样一家处于困境和转型之中的企业进行收购，遇到的挑战将是无与伦比的，执行战略操作的管理团队既需要有超凡的智慧和洞察力，更需要有强有力的领导力和执行力。

需要提醒的是，纳威司达的军方供应商背景、与美国政府的密切联系以及对冲基金的控制，可能成为对纳威司达发起跨境并购的主要障碍因素，这也是收购方需要加以重点关注的。

下策 3：收购依维柯 + 纳威司达

历经多年的并购整合，商用车七雄已经形成了全球垄断割据的局面，并凭借环保壁垒、技术标准和品牌优势，维持和控制着相应的零配件供应体系。以实现全球行业并购整合为目的，我们需要在北美和欧洲这两个战略要地都打入战略楔子，纳威司达和依维柯的收购组合至少体现了这一战略布局意图。但可惜的是，纳威司达和依维柯作为两个战略据点，在区域市场上都分别处于守势和劣势，自身的地位也是不牢固的，因此在全局上也不能实现我们商用车行业并购整合的第一个战略目标。

不过，相对于分别单独收购纳威司达和依维柯的方案，组合收购具有更突出的规模经济性和协同价值。这两家企业原来一个是北美市场的区域竞争者，一个是欧洲特别是南欧、东欧的区域竞争者，各自在不同的宏观经济周期中沉浮，将两家公司联合起来后，我们首先能得到更为稳健的收入和利润，这意味着更好的财务协同性，对周期性特征明显的商用车行业来说是一大优势。从市场协同性看，两家企业原先的市场重叠很小，可以避免利益冲突，而组合收购又让两个区域性品牌一跃而成为国际性品牌，利用好这两个因素进行品牌运作，就有可能实现更高的收入增长，同时，又可以获得研发、品牌发展、分销网络和信息技术等方面更高的规模经济性。综合而言，组合收购纳威司达和依维柯相对于单独收购可以有更大的财务价值增长空间。

除财务价值外，组合收购对于全球行业并购整合的战略价值也是有累加效果的。首先，虽然因为两家企业在各自核心市场上的影响力有限，因此难以实现第一个战略目标，但是两家企业联合起来关联到国内市场上的零部件供应体系的规模无疑更大，虽然由此带来的规模成本优势还是不能对国际市场上的其他强势竞争者构成压迫作用，但是这一成本优势放在国内市场上还是很宝贵的，加以利用可以使第三个战略目标更容易实现。其次，我们为了实现在国际商用车价值链上的跃升，以及实现在国内构建一个全球品质最高的零部件供应体系的战略意图，需要突破的一个关键技术壁垒是核心发动机技术及其所体现的环保壁垒。纳威司达和依维柯一个在EGR 技术上领先，一个在 SCR 技术上领先，两家企业在发动机排放技术上具有强大的互补性，如能在环保技术融合的背景下发挥出技术协同效应，我们将有希望抢占环保技术的制高点，一举克服国际市场的环保壁垒。如果仅从能够获取的技术资源来看，我甚至认为，联合收购纳威司达和依维柯比中策中单独收购帕卡要更有利，特别是再考虑到失意公司和得意公司在收购溢价和收购成本方面的差别。

但是，从全球行业并购整合的战略意图出发，最关键的掣肘因素在于，无论纳威司达还是依维柯在其核心市场的影响力都比较有限，因此，收购这两家公司无法让北美和欧洲的其他强势商用车企业如鲠在喉，也就很难压迫它们向中国转移或复制其零部件供应体系。同时，纳威司达和依维柯的财务安全性都较差，其中纳威司达的财务状况更是岌岌可危，组合收购后七分力气要放在应付巨大的财务风险上。这些问题也意味着，由于纳威司达和依维柯本身的地位不巩固，组合收购后将极可能受到竞争风险和财务风险的拖累，从而难以实现预期的战略目标，而所需要的管理资源和财务资源也更分散。

综合而言，纳威司达和依维柯还难以作为分化战略楔子改变北美和欧洲市场的竞争格局，组合收购所起到的作用仅相当于把北美和欧洲商用车原有的竞争格局各自撕开了一个小小的口子。同时，将上述所言的市场、技术、财务和战略的协同价值由可能变成现实，无疑需要更为高超的跨文化整合能力，也必将面临更大的挑战和风险。这也是我不能把这种并购整合方案上升到中策的原因。

四、全球商用车行业并购整合之中策

中策 1：收购曼

在大众的操作下，曼这只莽撞的雄狮被迫和一向高冷的斯堪尼亚关在了一起。大众对商用车业务野心很大，意图通过整合曼、斯堪尼亚这两家以技术领先著称的商用车企业一举雄霸世界。然而，一山难容二虎，曼和斯堪尼亚在历史上曾有过收购和反收购的过节，心里谁也不服谁，在零配件供应体系和产业链战略上又各具个性，这无疑对于傲慢的大众实现曼和斯堪尼亚在采购、生产、研发等方面的协同效应构成不小的阻碍。另外，由于曼和斯堪尼亚无论是区域分布还是品牌定位都有较高的重合度，在同一个屋檐下的两个昔日无比骄傲的对手能不能在多品牌运作中不计前嫌、精诚合作仍然留有悬念。事实上，我们已经发现，曼自从投身大众之后，管理层出现了较大的更替，而产品开发缺乏突破，经营业绩开始滑坡。最近，在大众爆出"排放门"丑闻后，就算大众不想出售曼，但是曼是否还愿意在大众的指挥棒下俯首帖耳也是一个问题。

从行业并购整合的角度来看，曼无疑是一个比较出色的收购对象，这也是大众看上曼的一个主要原因。曼作为欧洲老牌的重卡制造商，其主营业务集中在重卡和长途牵引车领域，具有精湛的技术和专业化优势。从市场影响力看，曼的重卡品牌地位甚至在戴姆勒之上，在中卡方面也有不错的市场份额；而客车品牌同样具有极高的声誉。从技术优势来看，由于曼的主营业务集中在重卡，使其在重卡发动机的研制方面具有领先优势，曾在 2007 年获得欧洲马力王的称号。在排放和环保方面技术成熟，拥有多项自主专利，欧 VI 发动机涵盖多个系列和种类。此外，曼在控制核心零部件技术的同时总成能力优秀,善于借助战略联盟的方式取得规模经济,模块化能力较强。

若仅以获取技术和品牌为目的,收购曼确实是一个不错的选择,但是对于实现全球行业并购整合来说仍有不足。曼虽然部署了全球化战略,但是超过一半以上的业务仍在欧洲市场,生产性资产也集中在欧洲地区,对于全球其他区域涉足有限,特别是对北美地区未能深入渗透,因此,收购曼后所能够建立的市场权力仍将是区域性的,这对于我们建立全球技术标准和规则体系制高点的战略意图来说是一大缺憾。

从实现第一战略目标的优势和机会看,德国工会的强势使得曼很难通过削减工人工资的办法改善成本支出状况,同时,曼在与大众、斯堪尼亚的磨合中各项销售和管理费用控制不力,是造成曼经营业绩下滑的主要原因,因此,曼本身具有通过业务区域重组寻求销售增长和成本控制的动力,这为收购曼后在兼具劳动力成本优势和市场潜力的中国建立其部分零部件的配套基地提供了可能性。此外,从曼的供应链策略看,曼主要掌控发动机技术,模块化能力强,但变速箱等关键零部件和其他非核心零部件主要从外部采购,整体上看,曼的零部件体系的通用性较高。在面临较大的竞争压力时,曼的模块化策略使得曼能够通过把通用性零配件外包出去的方式调整其供应链体系,这也是向中国复制和转移其通用性零配件部分的有利因素。

收购曼并在国内建立相应的零部件配套基地后,以曼的技术实力和品牌地位,再结合中国零部件配套体系所带来的相当大的劳动力成本优势,显然会对欧洲的竞争者构成较大的打击,由此压迫戴姆勒、沃尔沃也向中国靠拢、从而改变全球竞争格局就有了五成以上的把握。而曼的模块化能力和动力总成能力,对于我们建立平台化和模块化的中国零配件供应体系也具有足够强大的支撑。此外,曼品牌的国际地位远高于依维柯,目前,曼已与中国重汽在发动机技术上展开合资合作,如能在国内建立较为完善的业务体系，随着国内环保和排放标准的提高，假以时日，在国内抢占高端市场份额之后向中端市场俯冲动力还是十分强劲的。

综合来看，曼如同一把利剑，只要提得起这把剑，收购曼将有机会震动全球商用车的半壁江山，但要完全改变全球商用车的竞争格局还需要耐心、坚持和能力。当然，目前这把利剑还受制于大众，对于收购者来说，这也带来了收购过程中可能令收购方十分头疼的、剪不断理还乱的三角关系。但是，只要我们敢想，一切皆有可能。

中策 2：收购斯堪尼亚

斯堪尼亚和帕卡分别是欧洲和北美商用车的典范，它们同样保持了连续数十年超乎寻常的、极其稳健的盈利，表现出极强的驾驭潮流的能力。但帕卡已通过旗下的道夫深入欧洲腹地，而同样定位在重卡中高端的先锋品牌斯堪尼亚纵使十八般武艺样样精通，在南美和除中国之外的部分亚洲地区都有突破并形成了一定市场份额，却始终无法在北美市场有所建树，这是斯堪尼亚内心深处十分隐秘的伤痛。

从地利因素看，欧洲市场不如北美市场开阔和统一，因此斯堪尼亚的成功更加来之不易。斯堪尼亚聚焦在欧洲的中高端重卡，通过在商用车核心技术上持续的、执着的高研发投入取得技术领先地位和产业链定价权，并通过不断强化的"模块化"战略争取有限利基市场（Niche Market）的利润最大化。虽说天下市场唯创不破，但是一面是技术领先战略所要求的持续高研发投入，一面是欧洲有限的中高端利基市场和强势竞争对手的不断侵蚀，加上南美市场和中国之外亚洲市场的不稳定性，斯堪尼亚辉煌的背后有着难以言说的艰难。我相信，斯堪尼亚一定对沃尔沃和帕卡在横跨大西洋的世界商用车最奢华的欧美市场都有稳定的市场份额羡慕不已，但是，斯堪尼亚也认识到，仅凭技术优势难以挑战北美根深蒂固的在位者，不用说挑战北美霸主戴姆勒，就是从帕卡和沃尔沃的北美市场份额中分一杯羹也实属不易，甚至从"软柿子"纳威司达那里捏出汁儿来也力不从心，况且仅凭一己之力从无到有地营造品牌地位也是极不经济的。

回顾十多年来围绕斯堪尼亚那充满戏剧性的股权纷争，我们会发现，斯堪尼亚并不像表面看起来那样高冷，斯堪尼亚内心很清楚，其技术领先战略所要求的持续高投入、中高端重卡的利基定位、对欧洲市场的过度依赖无不构成斯堪尼亚的金融软肋。以全球化的视野看，欧洲中高端这一利基市场的销售和利润增长终究是有限的，精明的金融投资者一俟发现销售和利润增长的瓶颈迹象就会毫不犹豫地用脚投票，而在欧洲不景气的经济背景下，让消费者为高研发投入的技术创新埋单也越来越困难。因此，除了寻求层层加码的环保壁垒和技术标准的庇护，斯堪尼亚一直苦苦寻找着一把财务上的保护伞。不过，如同一位为了江山社稷而联姻的伯爵夫人，斯堪尼亚对心目中理想的联姻对象是十分挑剔的：一要门当户对，二要家财万贯，三要自主持家……看穿了这一点，我们就不难理解，为什么斯堪尼亚和沃尔沃有一段"露水姻缘"，为什么斯堪尼亚对曼的"求婚"如此排斥，为什么斯堪尼亚又最终接受了大众这个"野汉子"。

可惜可叹的是，斯堪尼亚很骄傲，而大众更霸道，两家企业的战略构想存在着若干不和谐的因素。大众霸气地将斯堪尼亚和曼都纳入麾下，希望通过整合斯堪尼亚和曼的采购、研发和生产以实现协同效应，但是，斯堪尼亚的老当家雷夫·奥斯汀（Leif Oestling）在多个场合公开宣称他并不相信存在协同效应。对斯堪尼亚和曼这两个技术尖子，大众煞费苦心地要求它们在重型卡车的变速箱上首先展开合作，以期最终实现双方产品开发平台的共享，但是迄今为止双方技术融合和组织融合的进展十分缓慢。此外，已经在中国建立了牢固渠道和品牌优势的大众显然不想缺席中国这个全球最大的卡车市场，而斯堪尼亚的中国区总裁何墨池（Mats Harborn）却声明，斯堪尼亚要在中国市场的价值观念和高效观念培养起来之后再考虑进入。现在，在这种种不和谐音调之外又加上了大众"排放门"的狗血剧情，实在让人怀疑斯堪尼亚是否还会对这段"婚姻"寄予厚望？实际上，因受大众"排放门"的拖累，标准普尔已于2015年年末将斯堪尼亚的信用评级调低至BBB+。

单从技术层面看，收购斯堪尼亚具有突出的战略价值。斯堪尼亚拥有强大的发动机设计和制造技术，与其他六家企业相比，是唯一一家没有在康明斯购买过发动机的企业。在发动机、变速箱等核心技术的研发上，斯堪尼亚积累了雄厚的技术优势，其发动机以强悍的动力、突出的耐久性和燃油经济性著称。而作为模块化设计理念的开创者，斯堪尼亚更不断将模块化战略推向极致。收购斯堪尼亚使得我们能够一举取得欧洲高品质零部件供应体系的核心市场权力，在此基础上对其零部件供应体系实行全球布局调整就有了操作可行性。同时，由于斯堪尼亚和其供应商体系的"模块化"关系，其通用型零部件的供应体系具有较高的向中国转移的战略操作空间。而斯堪尼亚极致化的"模块化"战略也意味着我们有可能以最少的产品平台对接最大范围的全球出口市场。但同时也应考虑到，其和供应商体系的专用性依赖关系又是其零配件供应体系转向中国的障碍。总之，从全球商用车并购整合战略第一目标和第二目标看，收购斯堪尼亚有助于我们实现国内零部件供应体系的品质跃升，并且能够大力借助斯堪尼亚在欧洲的产业链核心地位提升国内零部件体系的总成能力和模块化能力。

但以斯堪尼亚高端利基市场的狭窄，即使有了中国零部件产业链的嫁接而积聚成本优势之后，也不见得能大力压迫欧洲的其他竞争对手把零部件产业链移向中国，同时，斯堪尼亚的"模块化"战略意味着其零部件供应体系的专用性和复杂性较高，如果缺乏极大的规模效益，很难让其专用型零部件供应商产生向中国转移的动力，因此第一个战略目标只能有限实现。而第二个战略目标的实现，技术上也有难度，需要克服文化上和商业理念上的障碍。另外，以斯堪尼亚的"高冷"，绝不会轻易放低身段屈身俯就中国的中低端市场。以上所言向中国靠拢的战略操作无疑具有很大的操作难度，也使得我们实现全球商用车行业并购整合第三战略目标存在一定的困难。

不过，需要再一次强调的是，斯堪尼亚绝对不像表面上看起来那样"高冷"。斯堪尼亚的金融软肋以及斯堪尼亚与其零部件体系的"模块化"关系为我们提供了战略操作点，而斯堪尼亚缺乏连贯一致的领导以及缺乏全球区域分布一方面是斯堪尼亚极大的不利条件，另一方面也是我们可以加以利用的战略杠杆，如果进行精妙的战略运作，完全可以实现对斯堪尼亚零部件供应体系的区域重组。

中策3：收购沃尔沃

十多年前的沃尔沃看准了全球化带来的巨大商机，走上了一条通过并购整合快速拼装其全球化版图的快车道，今天的沃尔沃能够坐上"千年老二"的宝座的确要感谢自己当年进取的并购整合策略。

但是，沃尔沃十多年来以收购为驱动的快速扩张也带来了一系列的隐患，在资产和销售规模迅速超越竞争对手的同时，负债居高不下，资产盈利能力和经营利润率日渐落后，这已成为沃尔沃的一大心病。于是，沃尔沃在2012年至2015年期间由时任CEO欧罗夫·佩尔森操刀，力图通过削减成本、消除组织冗余、甩掉低盈利资产的办法提高集团的盈利能力，但这一系列的操作收效非常有限，这其实也让沃尔沃帝国的短板浮出水面，也就是：沃尔沃还做不到无缝拼接全球化版图中风格不同的各个板块，从而实现传说中的协同效应。意识到这一点后，2015年年末，沃尔沃从外部空降了原斯堪尼亚的CEO马丁·隆德斯特德取代已经慨叹技穷的佩尔森。众所周知，斯堪尼亚的看家本领是其通用零部件的模块化平台，虽然隆德斯特德尚未提出明确的战略主张，但是我认为沃尔沃此举应该是为了构建和梳理出更为完整的通用化模块体系并形成高效的生产平台。沃尔沃当前的战略调整从一个侧面反映出，沃尔沃虽然自矜其大，但还是有心虚之处的。

当然，从全球行业并购整合所要求的业务规模看，沃尔沃足够大，分布足够广泛，因此收购沃尔沃足以影响全局。从规模上看，沃尔沃紧随戴姆勒之后在全球重卡市场上位居第二，在全球工程设备领域、大马力柴油发动机领域也都不遑多让、名列前茅。从业务多样性看，沃尔沃的产品线齐全，是全系列卡车制造商，囊括了从轻卡到重卡、从经济型到豪华型的各类产品线，其中，雷诺 Renault 卡车是主要在欧洲销售的中高端品牌，马克品牌卡车是在北美地区销售的高端重卡和工程卡车，UD Truck 是面向亚洲市场的中端重型卡车，而与印度 Eicher 公司、中国东风公司合资生产的卡车主要面向中低端市场。从区域分布看，沃尔沃通过积极的并购，不仅在西欧和北美市场上站稳了脚跟，而且还在日本、中国、印度等地区重点布局，进而向新兴市场国家和发展中国家渗透。暂不论沃尔沃多年来非有机成长所带来的瑕疵，沃尔沃的全球化战略一向是非常坚定和清晰的，这使得沃尔沃成为一个全球竞争者，也使得我们若收购沃尔沃便足以牵扯全球商用车全局。

沃尔沃所具有的品牌和技术优势则进一步夯实了沃尔沃的市场地位，这也将提升我们收购沃尔沃后整合全球商用车资源的能力。

从品牌看，沃尔沃以安全性作为产品核心价值，并且这一产品形象久经历史积淀已深入人心。罗兰贝格公司在国际重卡行业未来发展趋势的研究中指出，安全性将是全球买家共同重视的购车要素。沃尔沃在安全气囊、安全座椅、ABS 防抱死系统、车辆稳定控制系统 VSC 等各类安全设备及安全系统上具有领先的优势，从品牌形象上强化"以人为本"的价值观。很显然，沃尔沃在安全性上树立的良好形象有利于我们把握未来趋势。

从技术看，沃尔沃的零部件总成能力是比较优秀的，在其零部件配套体系中，沃尔沃掌握和控制核心的发动机、电子控制及传动系统，并以此为内核在模块化、标准化的概念上建立了产品共同架构和技术分享体系

（Common Architecture and Shared Technology），对于其他非核心零部件则采取外包采购的办法，根据沃尔沃 2015 年的年报，沃尔沃拥有 43000 家一级（Tier 1）供应商，其中约 6500 家供应汽车零部件，对于供应商体系，沃尔沃已经建立了较为完善的评价监督机制。在发动机方面，沃尔沃注重大马力发动机的研发，并多次获得欧洲马力王的称号，此外，底盘制造技术精良，在重卡自动变速箱、动力转向系统、传动系统、自适应巡航等方面都具有自身的专利技术。

利用以上所述沃尔沃所拥有的资源优势，在收购沃尔沃后，我们完全能够在国内复制出一个极具规模、品质优良的零部件配套供应体系，从而获得相当大的成本优势和产业链影响力，至少可以做到压制除戴姆勒之外的其他国际商用车企业调整其供应链体系和向中国寻求劳动力成本优势。我认为，收购沃尔沃使得我们能够比较有希望实现第一个战略目标，至少能部分实现第一个战略目标。对于第二个战略目标，由于沃尔沃本身拥有多个品牌和多条产品线，并且建立了本地化的供应链体系，因此在收购沃尔沃后，我们在零部件平台化和总成方面的能力会有较大的提升，以至于可以逐步实现商用车整车出口。对于第三个战略目标，以沃尔沃品牌的国际性、安全性及其在国内中低端已经具有的市场基础，应该是不难实现的。

但是，需要再次强调的是，沃尔沃是看上去很美的一个收购对象，给我的总体感觉是够大但是不够强，并且由于忙于四处收购，其技术方面正在快速的平庸化，战略方面也正陷入僵局。我们收购沃尔沃的根本目的并不在于坐上全球老二的宝座，而是要通过改变全球竞争格局提升中国商用车的产业链地位，从这个视角出发，一方面，以沃尔沃的品牌地位，即使结合来自中国的劳动力成本优势，我们在欧美一时还是难以挑战戴姆勒，在欧洲也不能压制住曼和斯堪尼亚，而在北美对付帕卡和纳威司达也很吃力，同时，沃尔沃的全球化版图不仅有缝，缝还挺大，所以沃尔沃在区域市场的竞争优势并不巩固，在区域强势竞争对手的撩拨下容易露出破绽，而一旦品牌市场地位动摇就会给我们后方零配件配套环节带来极大的风险，使得既定的战略意图不能很好地实现；另一方面，对于够大不够强的沃尔沃来说，由于其自身规模已经很大，进一步的规模并购必须要顾虑到反垄断审查的限制。

总的来说，我认为，在收购沃尔沃后真正做到改变全局还需要多几分工匠的耐心和坚持。

中策 4：收购帕卡

时至 2015 年，帕卡已经保持了连续 77 年盈利的纪录，给人以无比深刻的印象。但这是否意味着帕卡在全球化浪潮的冲刷下依然能笑傲江湖呢？我对此保持深深的怀疑，越来越多的迹象表明，帕卡那貌似固若金汤的产业基石正在被浩浩荡荡的国际化浪潮所侵蚀，出现了起初虽微小终将被放大的缝隙。如果帕卡继续保持着它那北美式的骄傲自大而无视国际化浪潮，我断言，它终有一天会发出"浪花淘尽英雄"的慨叹。

毫无疑问，帕卡在一个高度周期性的行业中能够保持持续盈利状态，特别是在金融危机袭击后的一片悲鸿声中依然能够盈利，这是很了不起的，也充分证明了帕卡是一家管理控制能力十分强大的公司。但是，从根本上看，帕卡的成功源于一个特定的产业环境，这个产业环境有两点是非常特殊的：其一是北美四通八达的道路基础设施网络所形成的大市场及其所孕育出的深厚的卡车文化；其二是北美品质卓越、技术领先的商用车零配件供应商网络体系。这两张网一个从需求端提供了北美富有个性化色彩的客户价值，一个从供给端提供了高效的、市场化的零部件供应体系。帕卡的过人之处在于利用供给端的力量去撬动和攫取客户价值，而维系这个精妙平衡的价值杠杆的支点就是帕卡的品牌运营。真正看懂帕卡的人会发现，帕卡虽然在年报中把自己描述成是全球性的技术领先企业，但与其说帕卡以技术取胜，不如说它是一个极其出色的品牌运营商，它契合着北美富裕的消费能力，定位于中高端重卡这一利基市场，通过"按单定制"、六西格玛以及基于卡车互联互通趋势的一系列运营策略，突出中高端客户需求中的个性化、高品质和售后附加价值，并利用品牌影响力所赋予的市场力量将成本效率和客户价值攫取到极致。

从技术的角度看，帕卡在研发方面的投入在全球七雄中仅处于中下水平，和主要竞争者比较起来，在发动机、变速箱等核心零部件上对外部的依赖度很高，近年来，随着竞争局势日益吃紧，帕卡试图增加对北美外部供应体系的掌控能力，开发了基于道夫技术的 MX-13 重卡发动机，开始搭载在其北美肯沃斯和彼得比尔特品牌的卡车上。但是帕卡发动机在北美市场上的份额小于 10%，从市场认可度看，这一做法仅具有防守价值。在我看来，帕卡把自己装扮成是一个全球性的技术领先企业实在是非常牵强的，但帕卡又不能不这么做，对于极其依赖外部市场化的零部件供应体系的帕卡来说，最可怕的是被核心供应商和客户看作是一个豪华的壳子，而比这更可怕的是被投资者看穿这一点。也正因为这个原因，帕卡对于重卡行业中极其流行的战略术语"模块化"保持着谨慎的观望，帕卡深知，"模块化"虽然能降低产品开发的复杂性和成本，但同时也意味着核心大供应商的市场权力进一步上升，这将不利于帕卡撬动产业链体系中的价值杠杆。

帕卡虽然连续 77 年盈利，然而向上看去，北美中高端市场的天花板伸手可及，无论再怎样的深耕细作，其成长机会终究是有限的，一旦行业周期从峰值回落，登高必跌重，定位北美中高端市场的帕卡难以确保无虞。国际竞争者对于北美市场一直也是虎视眈眈，20 世纪 90 年代初，帕卡就曾被戴姆勒轻松抢去北美市场霸主桂冠。近十年来，全球化浪潮的推进已使得北美市场的竞争更加激烈，而在道夫于欧洲市场销量逐步萎缩而指望不上的情况下，帕卡在北美市场又受到戴姆勒和沃尔沃上下挤压。而最大的麻烦还在于，全球化浪潮正在使北美商用车的产业链体系发生质的转变，虽然这种转变可能需要较长的时间，但是这意味着帕卡的产业基石已经不再牢固了。

在全球化大潮的席卷下，商用车的供应链体系正在发生变化，北美市场也不例外。主要的变化表现在：其一，大多数垄断竞争的商用车企业都采取了全球化战略，把目光投向成长潜力更高的新兴市场国家，而这些垄断竞争者所捕获的一级零部件供应商以及其他零部件供应体系的市场重心也随之发生转移；其二，成熟市场和新兴市场的零部件供应体系正在通过合资、战略联盟以及并购等方式发生着相互渗透；其三，在越来越大的研发竞争压力和经营风险影响下，以康明斯为首的核心零部件供应商在聚焦于技术创新的同时开始向产业下游发展，希望能通过与终端客户建立更为密切的联系从而增加品牌影响力。总之，帕卡和产业链其他利益关联方的共生关系正在发生着转变，在这些变化的不断侵蚀之下，终有一天，帕卡所依赖的产业生态会发生质变，帕卡将面临失去其原有竞争优势的危险。

通过对帕卡商业模式的分析展望可以看出，收购帕卡存在一些瑕疵。首先，帕卡虽然在欧洲收购了道夫，但仍然是一个区域竞争者，其市场重心主要在北美；其次，帕卡缺乏全球化基因，缺乏国际性的产品开发平台；再次，从技术层面看，帕卡也缺乏强大的关键核心技术支撑。

但是以帕卡在北美卓越的品牌价值，收购帕卡可以对全局战略起到扭转的作用。

首先，通过收购帕卡我们可以优化帕卡零配件供应体系的全球区域分布，更多地将其外包采购环节复制或者转移向中国，由此突出的成本竞争优势将对于北美市场的其他竞争者构成威胁；而由于北美是一个发达的成熟大市场，帕卡在北美的竞争地位提升也会间接影响北美之外的竞争格局，成为其他全球垄断竞争者的心头大患；此外，帕卡所拥有的在欧洲腹地的道夫卡车如果得到成本竞争优势之后，也必将是撬动欧洲市场的有力杠杆，并能与北美局势相互呼应，起到夹击的功效。综合以上三方面的战略效果，以帕卡的品牌影响力，收购帕卡将会有效地增加国际商用车企业向中国转移其零部件供应体系的压力。

其次，从目前中国与发达国家商用车的市场差异和技术差距看，本土化的零部件供应体系首先要解决的是质量问题，在突破了这一限制之后，再谈技术突破和创新能力培养才有意义。帕卡极其注重卡车品质，收购帕卡将有利于我们移植和学习帕卡在质量管理方面的成功经验以打造国内高品质的零配件供应体系。

最后，帕卡在缺乏关键核心技术的情况下仍然有着超强的系统集成能力，收购帕卡将有利于我们提升国内零部件总成能力。

由以上三方面看，收购帕卡能够真正地向实现全球行业并购整合第一战略目标迈进。但对于全球商用车行业并购整合第二、第三战略目标来说，此方案存在一些挑战。由于帕卡强调个性化的"按单定制"，帕卡所拥有的区域性的产品平台并不少，但大多数定位在发达市场的中高端。以帕卡的品牌地位和所拥有的产品平台特点，做到对接欧美发达国家出口市场的国内零部件体系的部件化、模块化并不是太难。问题在于，这些平台即使在经过改造之后可能仍然难以对接发展中国家和新兴市场国家的需求，开发能够适应这些市场特点的新平台需要较长的开发周期，同时，以帕卡中高端的品牌形象，向下走本土化也是有风险的，并可能存在水土不服的问题。由此可见，我们在收购帕卡之后要形成全球化的平台体系还需要多一些耐心和毅力，在面向国内市场调整其营销策略和品牌运作方面也需要较为高超的技能。

帕卡的成功让我们更深刻地领略了全球商用车行业的竞争实质。帕卡的成功其实是一个产业体系的成功，一个在欧美高筑的技术标准、环保壁垒和政治利益保护下的产业体系的成功，改变这个原有的产业体系，只能依靠行业并购整合。而作为行业并购整合，收购帕卡使得我们能够攻取对于全球产业格局影响至关重要的北美高地，从而加速全球商用车产业链体系的变化，其战略意义是极其重大的。

五、全球商用车行业并购整合之上策

上策 1：收购斯堪尼亚 + 帕卡

实施全球商用车行业并购整合战略最关键的操作在于对全球商用车产业链中整车和零配件关系进行解构和重塑，并由此引发国内和国际两个现在井水不犯河水的产业体系之间的冲突、碰撞和渗透，最终实现中国商用车体系在全球产业链中的地位提升、品质和技术的大幅升级以及自身产业秩序的完善。

我之所以将收购策略分成上、中、下三个层次，主要是以实现三个战略目标的高效性、确定性和灵活性为评价标准。所谓高效性就是并购整合之势如高屋建瓴又如排山倒海，能够一举形成对于战略全局的钳制能力；所谓确定性就是步步为营又一气呵成，不至于生出枝枝节节的风险；所谓灵活性就是品牌和技术等战略性资源能够通过各种有效法律途径实现向中国产业体系的外溢和转移。从实现战略目标的高效性、确定性和灵活性出发，我在七雄中选出三家最符合要求的标的：帕卡、斯堪尼亚以及曼进行组合以形成上策。在商用车产业链中，重卡在发动机排放技术及燃油效率、传动系统的变速箱等关键核心技术方面的复杂程度相对最高，而帕卡、斯堪尼亚和曼这三家企业在重卡上有着最高的品牌影响力，此外，帕卡、斯堪尼亚以及曼不仅在各自的核心市场有着非常巩固的竞争地位，还在区域产业体系中承担着系统集成的核心角色和作用。

帕卡和斯堪尼亚分别是北美和欧洲商用车产业体系和商业模式最典型的代表。之前我分别将单独收购斯堪尼亚、帕卡定为中策，之所以不能上升为上策，是因为倘若分别收购这两家，难以一举形成对于战略全局的钳制能力，而在其各自半壁江山的整合上也有明显的短板。从对战略全局的钳制能力看，两家企业的核心市场分别在北美和欧洲，尤其是斯堪尼亚，对于北美大市场一直没能渗透进去。在分别对于半壁江山中整车和零部件产业关系的解构、复制和转移方面，帕卡的短板主要是在发动机、变速箱等核心部件上严重依赖外部供应体系，缺乏强大的自主核心技术支撑，而斯堪尼亚的短板又是过于依赖其技术领先型战略，导致整车与零部件关系的专用性过强，同时市场狭隘，在品牌定位上放不下身段。我认为，组合收购这两家商用车企业能互相补其所短，长其所长，并且在对国际商用车产业体系的解构和重塑中起到相互呼应的战略效果。

组合收购斯堪尼亚和帕卡，首先能够在欧洲和北美这两个产业链高地牢牢嵌入战略分形楔子。战略分形楔子必须足够尖锐，足以让竞争对手如芒刺在背，战略分形楔子还必须居高临下，足够牢固，能够充当退可守进可攻的战略据点。从斯堪尼亚和帕卡在各自核心市场所具有的品牌地位看，这两家企业完全符合这些要求。在中高端重卡上，帕卡和斯堪尼亚已然在品牌影响力上处于居高临下的地位，在各自的产业体系中具有相当高的市场影响力。同时，这两家企业的盈利能力和盈利稳定性在七雄之中都是最好的，而组合收购意味着我们拥有了更好的财务协同性，在对抗商用车行业的周期性风险上将拥有更大的优势，由此，这两个战略分形楔子是非常牢固的。

在解构和复制产业链关系方面，组合收购斯堪尼亚和帕卡具有充分的协同效应以及战略呼应效果。

第一，北美和欧洲的中高端重卡市场规模叠加在一起，能够很快摊薄研发成本，有效缓解两家的研发压力。具体来说，斯堪尼亚技术领先战略的财务风险和压力将因区域扩张和市场规模扩大而得到有效缓解，而帕卡所获得的发动机等核心技术远比道夫有优势，从而在欧洲能够夺取技术制高点，在北美不仅能强化帕卡之前的技术防守策略，甚至还能让帕卡有底气采取更为积极的技术领先策略。由此，组合收购能够让斯堪尼亚和帕卡在各自的产业链体系中的核心地位更加凸显，从而能够更有力地撬动和支配区域零部件供应体系。

第二，组合收购使得我们能够对斯堪尼亚和帕卡的技术平台进行优化和共享，由此能收获三个方面的效果：其一，在产品平台精简和融合的基础上实现采购、研发、生产和营销整条价值链的规模经济性，从而将帕卡和斯堪尼亚在北美和欧洲中高端重卡的领先成本效率做成行业标准，以此压迫戴姆勒、沃尔沃等其他品牌在北美和欧洲市场上没有足够的回旋余地而只得将零部件配套环节向中国转移，以取得防守效果和自卫能力；其二，技术平台的融合让双方的零部件平台体系整体上具有更高的通用性，从而增强其零部件供应体系的可复制性和可转移性。在平台体系上，斯堪尼亚和帕卡各有特点。帕卡的平台数量较多因而规模经济性不突出，但是和供应商体系的关系更加市场化，这样的零部件供应体系的可复制性和可转移性较高；斯堪尼亚平台数目精简因而规模经济和范围经济明显，但和供应商体系的关系具有更高的专用性和模块化特征，其零部件供应体系不太容易实现向中国的复制和转移。组合收购将为平台融合和提高零部件体系通用性的战略操作创造条件，从而使得体系叠加之后的零部件体系总体的可复制性和可转移性提高；其三，体系融合之后关联到中国国内的零部件配套生产规模将上升到一个相当大的数量级，由此所体现出的相对于单独收购而倍增的规模成本优势也将强有力地改变全球商用车整车厂商的供应链格局，进一步吸引其通用型零部件供应体系向中国转移，并促使其专用型和模块化的零部件供应体系也逐步向中国转移，由此，组合收购相对于单独收购对复制和转移专用性和模块化程度较高的斯堪尼亚的零部件供应体系有更加明显的收效，也在压迫其他国际商用车企业向中国转移其零部件体系方面形成更加确定的效果。

第三，组合收购两家企业之后，在策略上可以相互支援和策应，逼迫全球竞争者如戴姆勒和沃尔沃等在欧洲和北美洲双线作战，对于区域竞争者也将构成更大的竞争压力。在北美，帕卡和斯堪尼亚抱团作战将使市场份额暂时处于第一的戴姆勒从梦魇中惊醒，也让本来就不如帕卡的沃尔沃前行之路充满荆棘。在欧洲，道夫和斯堪尼亚的强强联手将进一步挤掉戴姆勒和沃尔沃的市场份额，让两者在北美战场疲于奔命之时，又遭遇后院起火的窘境。而在研发上，斯堪尼亚和帕卡的联手将进一步抬高斯堪尼亚的技术地位，也让帕卡有了更强大的技术支撑，不用再担心失去对康明斯等供应商的掌控权。总的来说，强强联手将使得国际商用车的其他垄断竞争者在战略犄角的夹击之下不得不服膺于国际产业转移规律，向新兴国家特别是中国寻求市场成长空间和劳动力成本优势。

总之，组合收购斯堪尼亚和帕卡将能全面完整地实现全球商用车行业并购整合的前两个战略目标，更充分地实现将帕卡和斯堪尼亚的大部分零配件供应体系转移复制至中国，并在倍增的成本优势下形成对于其他垄断竞争者的强大压力，最终形成以中国为核心的、部件化和模块化的零配件供应体系。在实现了前两个战略目标后，第三个战略目标的完成便指日可待了。当中国成为全世界最大的、品质最高的、系统集成能力更强的商用车零配件供应国家之后，在综合成本优势的叠加催化作用下，将从供给侧带动整个商用车产业实现转型升级，从猖獗的非法改装车向符合载重、环保标准的正规车迈进，从低质量向高品质转变。而且，中国商用车市场目前已经出现向高端发展的趋势，在形成了以中国为核心的高品质、模块化的零配件供应体系后，高端商用车的市场需求将进一步扩大。那时，在需求侧巨大商业利益的吸引之下，桀骜难驯的帕卡和斯堪尼亚也必将自愿主动地从定位在发达国家中高端的神坛走下来，向中国市场迈进。

由上可见，组合收购斯堪尼亚和帕卡具有高效、确定和灵活的战略效果，两家企业在商业模式、体系规模、技术平台、零配件配套体系及售后服务体系上都具有互补之利，强强联手的天作之合将让全球商用车产业体系的重心向中国转移，促进国际和国内产业体系相互之间的大融合和大开放，充分打开中国商用车向产业链高端环节发展的空间。组合收购斯堪尼亚和帕卡无疑是实现全球商用车行业并购整合之上策。

上策2：收购曼+帕卡

十多年来，全球商用车行业逐渐形成了由极少数商用车寡头瓜分和控制市场所形成的相对区域化的产业体系，由此所形成的竞争格局不仅是巨头和巨头之间的产品竞争，也是各自的零配件和零部件产业体系之间的竞争。这些零配件和零部件产业体系逐渐发展出复杂的、各具技术特色的专业化分工，而凭借政治利益、行业标准、环保壁垒、核心技术知识产权以及品牌影响力等进入壁垒的保护，商用车巨头们不仅固守着各自瓜分所得的市场，也牢牢把控着各自的零配件和零部件产业体系。

理解了这一点，我们或许就能解释十年来为什么中国商用车企业空守着十倍的成本优势，甚至连零配件和零部件都打不进欧美市场的原因，从而理解为什么只能通过"引资购商"完成对全球商用车行业整车与零部件关系的解构和重塑之后，中国的商用车行业才能获得产业升级的机会，中国商用车企业才能获得国际竞争力。

从20世纪80年代起，中国就从欧美和日本引进了关键零部件技术，并逐渐形成了国内商用车完整的产业链和零部件供应体系。但是，在国际商用车巨头基于对先进产业体系的垄断而形成的割据局面之下，无论我们如何强调自身业已形成的完整的零配件和零部件产业体系，如何强调中国巨大的市场潜力和劳动力成本优势，如何致力于国内零配件和零部件技术水平、产品质量的不断提升，都无法使中国成为全球商用车零配件和零部件的配套供应中心。最多只是凭借着国外十倍于国内的成本差距，封杀了全球商用车七雄涌入中国商用车中低端市场的机会。说来脸红，这种封杀的力量主要还是源于中国非法改装车在个体商用车车主这些技术落后市场上的主宰地位。

我们自主品牌的商用车零配件和零部件难以进入国际商用车一级供应商行列，同时，整个产业体系由于零配件和零部件供应体系的质量和技术低下被牢牢锁定在价值链的低端。其实，国内外零配件和零部件供应体系在技术和质量上的差距只是"低端锁定"的表面原因，最关键的障碍还在于国际产业体系之间那道无形的专用配套关系的藩篱。这一点，我们只要看看曼、斯堪尼亚和帕卡就能明白。曼和斯堪尼亚这两家欧洲商用车企业在全球商用车行业无疑有着极高的技术水准，对欧洲的零配件和零部件供应体系也有着出色的控制能力，但是，尽管如此，却对北美的市场一筹莫展、徒唤奈何，而在商用车模式上极尽精妙，甚至被哈佛商学院引为战略范本的帕卡也是通过并购欧洲的道夫才进入了欧洲腹地。

更需要指出的是，现阶段国内零配件和零部件通过自主创新实现价值链地位的跃升是根本行不通的。国内的商用车市场目前仍处于以价格竞争为主的低级发展阶段，市场秩序混乱，自主品牌零配件和零部件的研发没有足够的高端市场基础作为支撑，在这种情况下让企业主动进行创新无异于缘木求鱼。而在国际化浪潮推动之下，外资零配件和零部件虽然也布局了在华业务，但是由于仍处于原有国际产业体系的束缚之下，结果不仅没有实现核心技术的外溢和转移，反而以其强势对于国内自主品牌零配件和零部件的技术进步形成抑制。

十年来目睹中国商用车行业之窘状，我深深以为，只有一把宝剑才能斩断中国商用车的"低端锁定"束缚，那就是"引资购商"。只有通过"引资购商"，我们才能完成对全球商用车原有产业关系的分化和解构，也才能在此基础上实现国际产业体系之间的大融合和大开放，在国际市场的融合和开放与平台体系及技术标准的融合和开放之间建立正反馈。只有在这样的新型国际产业生态条件下，我们才能在国内重塑一个以品质和技术为中心的全新产业体系，最终让全球化浪潮的巨大冲击力得以充分释放，而中国的商用车产业才有可能在巨大的市场潜力和劳动力成本优势叠加之下成为全球商用车的零配件和零部件配套中心。

实现对全球商用车整车和零部件关系的解构和重塑，有三大决胜要领。其一，关联到中国零配件和零部件配套体系的规模经济和成本优势，以此层层瓦解国际商用车强势品牌对于现有零配件供应体系的控制和依赖。其二，平行进入北美和欧洲的平台体系，以此实现平台融合以及提高零配件和零部件供应体系的通用性和模块化水平，逐渐形成以中国零配件和零部件为配套基础的技术平台体系。其三，从出口替代入手破解"低端锁定"难题，利用出口市场的领先竞争地位对国内自主研发形成强力支撑，以此形成正反馈机制促进国内商用车向价值链高端发展。

相对于中策单独收购曼或帕卡，组合收购曼和帕卡完整地体现了以上三个决胜要领。具体来说：

首先，从规模效应看，帕卡对北美零配件和零部件供应体系具有卓越的控制和融合能力，而曼对欧洲零配件和零部件供应体系不仅同样具有出色的控制和融合能力，而且曼还拥有自身的核心零部件生产能力和生产规模。两大零配件和零部件供应体系即使首先在层级较低的非核心零配件和零部件上向中国复制和转移，叠加后的规模经济效应也将十分显著，而由于两大品牌分别在欧美市场处于领先地位，由此获得的成本竞争优势将对其他强势国际品牌形成强有力的压迫作用。

其次，从平台融合战略看，帕卡的平台数目众多，但缺乏国际化平台，而曼已经形成了国际化的平台体系，并特别注重对新兴商用车市场的平台开发。目前来看，区域化的产业体系使得国际商用车平台体系总体上过于繁杂，相对于商用车作为生产资料的性质来说，平台框架和技术标准之间的竞争处于过度冗余状态。因此，我提出产业平台体系和技术标准大融合、大开放的概念，在差异化的区域需求中抓住品质、安全、成本、绿色等共性需求要素，从而在平台融合和共享的基础上更好地实现全球范围的规模经济和成本优势。在进行平台精简和降低体系专用性之后，两大品牌的零配件供应体系在中国基地的融合将更加深入，由此累进的更大程度的规模经济效应和成本优势将压迫国际领先零配件供应体系向中国国内由下而上的层层移转，最终通过技术外溢实现国内零配件出口模块化能力和系统集成能力的提升。需要特别指出的是，曼的多产品线、多区域分布以及产业链半模块化特点将极大提升平台融合战略的效果。

最后，从国内产业体系的重塑看，帕卡所在的北美零配件和零部件供应体系和曼所在欧洲零配件和零部件供应体系都已经在国际化浪潮中出现向中国市场的入侵趋势。例如，北美体系的康明斯、江森自控，欧洲体系的博世、大陆、舍弗勒等，而曼对中国市场极为重视，在中国国内的合资企业已经有较为完整的产业链布局、极高的品牌影响力和良好的市场基础，尽管曼在中国存在的目的仅仅只是为了切入中国市场，而且目前只囿于中国高端市场，故而整车和配套产业链的生产规模都还很小，但是有此雏形，扩展起来就没有技术障碍，有的只是市场需求不足的障碍而已。曼和帕卡的组合使我们能够在更大规模上实现对于国际领先的零配件和零部件供应体系的重塑。此外，由于国内零配件和零部件自主研发在曼和帕卡的组合中有足够高品质市场需求的支撑，将会出现有利的正反馈机制。随着零配件和零部件自主研发能力和系统集成能力的提升，国内自主品牌的商用车在国际市场上将能够利用曼和帕卡已有的渠道网络进入中低端价值区域，与曼和帕卡在全球商用车市场形成强大的互补作用，并进一步扩大我国商用车零配件和零部件配套系统的规模优势，在国内也将不断推动市场竞争的性质从价格竞争向品质和技术竞争转变，最终打造出一个良性的产业发展环境，使得我们"引资购商"之后形成的高中低端商用车产品体系，能够迅速填补非法改装车淘汰出局之后所腾出来的市场空间。

如果说"引资购商"是一把宝剑，组合收购曼和帕卡如同双剑合璧。组合收购曼和帕卡将实现对其他国际商用车巨头的步步紧逼，有力瓦解现存的国际整车和零部件关联关系，促进国际零部件高价值工序和环节向中国的全面复制和转移。组合收购曼和帕卡将突破国际平台框架和技术标准竞争所形成的"堰塞湖"，让国际化的浪潮充分宣泄，从而在国际平台体系和技术标准的大融合和大开放中逐渐打造出一个以我国为主的国际化的新型平台体系。组合收购曼和帕卡将实现国内市场竞争性质的转变，推动国内商用车产业升级和产业秩序完善，最终让中国成为全球商用车产业体系的品质和技术中心。

总之，组合收购曼和帕卡必将破解十年来全球商用车行业的"达芬奇密码"，可谓是全球商用车行业并购整合之上策。

上策 3：收购曼 + 斯堪尼亚 + 帕卡

2004 年，我收购了亚星客车和襄阳汽车轴承两家中国 A 股上市公司之后，又收购了河南商丘冰熊冷藏车公司、法国 EURO AUTO HOSE 汽车配件公司、英国 LPD 商用车设计公司，又把收购目标锁定在英国五月花客车公司和另外几家欧洲公司。在法国里昂机场候机的空隙，我们香港公司的副总裁，一个充满激情的瑞典人，硬是拉着我讨论曼的收购机遇问题，坚持说服我收购曼远比收购英国五月花客车公司的价值大。辩论从候机室转到摆渡车，然后又转到了此后我们几乎所有空闲时间的休闲场所，他不仅让我见识一个韩国女婿的激情，而且也让我见证了一个北欧人的执着。尽管其后我很快就陷入了不幸入狱，但是曼的名字连同曼公司的基本资料却被牢牢刻印在我的脑海之中。

2012 年 9 月 6 日我出狱后，一直忙于自己的冤案。可是，当我知晓了曼被大众收购并最终被并入大众卡车客车有限责任公司的时候，我还是被一种莫名其妙的失落情绪笼罩了。特别是 2014 年年底，大众再一次将斯堪尼亚私有化，并同样并入大众卡车客车有限责任公司的时候，失落的情绪更甚。一方面我常常自嘲：吹皱一池春水，干卿何事；另一方面，中国业界进行全球商用车行业并购整合的上策眼见得就都丧失了机会总是令人黯然神伤，其实也就类比于刘备闲困于新野，久不驰骋，自叹髀肉复生而已。然而命运之神对中国商用车行业关上一扇门的时候，又悄然地打开了一扇窗。2015年9月，大众"排放门"丑闻发生，而且很快臭满天下。就像我在本章第一部分《大众的野心》中所说的那样，在"排放门"不断发酵之下，深不见底的巨额罚款肯定会接踵而来，曾经野心勃勃的大众集团商用车业务又面临再次被卖出的可能，而且在欧洲新闻界和商用车业界隐隐约约的变卖传闻似乎也不像空穴来风。在那一部分，我断言卖和不卖都是大众的理性选择，唯独卖一家、留一家解闷不应是大众清晰的选择，当然也不是大众明智的选择。

如果能从大众手中收购曼和斯堪尼亚，作为全球商用车行业并购整合的上策，还是必须进一步收购帕卡，不然缺少北美市场的全球商用车行业并购整合的商业战略战术是残缺不全的。即使能够基本实现我所设定的第二个战略目标和第三个战略目标，但肯定是不可能实现我所设定的第一个战略目标的。加上帕卡，那就是全球商用车行业并购整合的上策中的上策了，显然能够轻松实现我设定的所有战略目标。

如果能收购曼+斯堪尼亚+帕卡，在北美市场将立即拥有29%的重卡市场份额、12%的中卡市场份额；在欧洲市场将立即拥有44%的重卡市场份额、39%的中重卡市场份额。即使由于欧洲反垄断法的要求而最终不得不出售道夫商用车业务的话，显然，也仍然能够轻松实现我所设定的全部战略目标。假以时日，有望占有欧美商用车市场的半壁江山，在南美洲将肯定能轻松超过半壁江山，当然也能够控制中国非法改装车淘汰出局之后的市场格局，中国商用车行业由此转型升级，并能够为中国GDP增长贡献至少1%。

商用车行业之于我，有十年之痒，不思量，自难忘。不幸入狱，哪堪十年空茫。全球商用车行业并购整合的窗口期最长不过五年，而实施全球商用车行业并购整合上策的最佳窗口期也就是这一两年而已，一旦大众渡过"排放门"劫难，则全球商用车行业并购整合之上策将不复存在，那时即使再出现哪一位雄才大略的枭雄，也必然是一场无法速战速决的鏖战，面对被唤醒的老狮王戴姆勒，鹿死谁手，焉能断知？

第五章　答学生问

问：校长，我是您的MBA培训班第7期学生陈婕，我想请教一个问题，您在本书测算了总额要1000亿美元才能完成全球商用车行业的并购整合操作，为什么要这么大一笔钱呢？

顾雏军答：《史记·白起王翦列传》中有一段秦灭楚的故事。

秦始皇既灭三晋，走燕王，而数破荆师。秦将李信者，年少壮勇，尝以兵数千逐燕太子丹至于衍水中，卒破得丹，始皇以为贤勇。于是始皇问李信："吾预攻取荆，于将军度用几何人而足？"李信曰："不过用二十万人。"始皇问王翦，王翦曰："非六十万人不可。"始皇曰："王将军老矣，何怯也！李将军果势壮勇，其言是也。"遂使李信及蒙恬将二十万南伐荆。王翦言不用，因谢病，归老于频阳。李信攻平与，蒙恬攻寝，大破荆军。信又攻鄢郢，破之，于是引兵而西，与蒙恬会城父。荆人因随之，三日三夜不顿舍，大破李信军，入两壁，杀七都尉，秦军走。

始皇闻之，大怒，自驰如频阳，见谢王翦曰："寡人以不用将军计，李信果辱秦军。今闻荆兵日进而西，将军虽病，独忍弃寡人乎！"王翦谢曰："老臣罢病悖乱，唯大王更择贤将。"始皇谢曰："已矣，将军勿复言！"王翦曰："大王必不得已用臣，非六十万人不可。"始皇曰："为听将军计耳。"于是王翦将兵六十万人，始皇自送至灞上。王翦行，请美田宅园池甚众。始皇曰："将军行矣，何忧贫乎？"王翦曰："为大王将，有功终不得封侯，故及大王之向臣，臣亦及时以请园池为子孙业耳。"始皇大笑。王翦既至关，使使还请善田者五辈。或曰："将军之乞贷，亦已甚矣。"王翦曰："不然。夫秦王怚而不信人。今空秦国甲士而专委于我，我不多请田宅为子孙业以自坚，顾令秦王坐而疑我邪？"

王翦果代李信击荆。荆闻王翦益军而来，乃悉国中兵以拒秦。王翦至，坚壁而守之，不肯战。荆兵数出挑战，终不出。王翦日休士洗沐，而善饮食抚循之，亲与士卒同食。久之，王翦使人问军中戏乎？对曰："方投石超距。"于是王翦曰："士卒可用矣。"荆数挑战而秦不出，乃引而东。翦因举兵追之，令壮士击，大破荆军。至蕲南，杀其将军项燕，荆兵遂败走。秦因乘胜略定荆地城邑。岁余，虏荆王负刍，竟平荆地为郡县。因南征百越之君。而王翦子王贲，与李信破定燕、齐地。

秦始皇二十六年，尽并天下，王氏、蒙氏功为多，名施于后世。

在我这本书里，我讲述了全球商用车行业并购整合的下策、中策和上策，也许大家看上去，下策和中策并不需要 1000 亿美元就能启动，也许下策只需要 200 亿美元就能启动，中策看起来也是 500 亿美元以下就能够启动，那么为什么我说一定要 1000 亿美元呢？其实这就和当年秦灭楚的故事有相似的道理，所以一开始我就把这个故事讲给了你们听。如果用 200 亿美元去进行下策的并购整合，并不是没有这个可能，但必须要由一个天才来操作。这就相当于秦始皇拿 20 万人去灭楚，如果是白起为将就有可能成功，因为白起是一个军事天才，而少将李信虽是名将，但称不上天才，所以全军覆没。那用 50 万人去灭楚行不行呢？如果是白起的话，成功的可能性就会更大，但如果王翦去就未必能够成功，甚至也可以认为即使白起去灭楚，也需要率 60 万大军。白起长平之战时，我估计他对付纸上谈兵的赵括至少用兵 30 万以上，那么对付身经百战的项燕，估计没有 60 万人也不行。其实无论是 50 万人还是 60 万人，秦国都是倾举国之力来进行这统一大业中最大的一场战争，如果战败的话，极有可能到最后统一六国的就不是秦国而是楚国了，这个战败的风险，王翦承担不了，王翦认为秦始皇也承担不了。这样说来，派50万人，王翦依然可能要面对全军覆没的风险，或者说仍有战败的风险，至少说有不能完成战略目标的风险，但是派60万人，王翦就会有足够大的把握取得成功，因为以这样规模的人力和对应的物力，楚国即使倾举国之力也是完全不能与秦国抗衡的，所以王翦坚持要60万。那么，我们开展全球商用车行业并购整合也是一样，如果选择下策，也许200亿美元是可以启动的，但是200亿美元肯定实现不了全球商用车行业并购整合的战略目标，甚至连我提出的三个目标中的第一个目标都实现不了，而500亿美元，也许能够实现中策，但我认为肯定不能全部实现三个战略目标，很可能处于胶着状态，甚至仍久居下风而无所作为。所以道理很简单，我们与其拿200亿美元、500亿美元去做一件失败风险很大的事，还不如坚持用1000亿美元去做一件足够有把握成功的事，一举实现所有战略目标。经我测算，如能实现本篇第四章所说的三个战略目标，就可以至少拉动我国 GDP 一个百分点以上的增长，这对"十三五"保 6.5% 的 GDP 增长是十分重要的。200亿美元、500亿美元都是一笔大钱，失败了都会倾家荡产，我素来不做风险不能承受的事。希望大家明白这个道理。

问：校长，我是您的 MBA 培训班第11期学生王建伟，我接着陈婕的问题向校长请教一个问题，如果由校长您和您的团队来进行全球商用车行业的并购整合，需要的最少启动资金是多少？

顾雏军答：首先我不是白起，而且我认为百胜之将必不弄险，白起灭楚也必须用兵60万。如果我来进行全球商用车行业的并购整合，我不想由于资金的匮缺，以至于最后做出"一锅半生不熟的夹生饭"。尽管1000亿美元总是可以一步一步到位的，可能先需要用200亿美元，再可能需要用300亿美元，最后才需要1000亿美元全部到位，但是我必须在有足够把握能够及时得到 1000 亿美元的承诺时，才敢动手做这件事情。就像王翦所说的那样，老臣老且多病，更有甚者，我的案件已被拖延 10 次之久，戴枷之人，不敢不谨慎从事。

问：校长，我是第 13 期田小锋，请教校长如果您和您的团队已经有了 1000 亿美元，您会先收购哪一家企业或者是哪几家企业？

顾雏军答：如果我和我的团队能够得到 1000 亿美元的金诺，我不会告诉你先收购哪一家或者哪几家企业，但是我可以告诉你有一家企业不能先行收购，这家企业就是沃尔沃，这个中的道理请大家仔细研讨和揣摩。

问：校长，我是第 20 期任来玲，我想接着田小锋的问题向校长请教，如果大众坚决不肯把曼和斯堪尼亚卖出来，甚至两家企业中的任何一家都不肯卖，那么在您的商用车并购整合方略中，是不是就没有任何一个上策能够实现了？

顾雏军答：是的，那就是没有上策了。当然，我们可以先选择中策，然后等待大众改变主意。在行业并购整合的故事中，蛰伏待变，毅力和恒心是十分必要的，大众收购曼和斯堪尼亚也差不多花了十年工夫，时间也见证了大众的毅力和恒心。

问：校长，我是第 14 期梁鸿，我想继续接着任来玲的问题向校长请教，如果大众坚决不肯出卖曼和斯堪尼亚中的任何一家，就像您所说的只能执行中策，而在您关于田小锋问题的回答中，又明确指出当您拥有 1000 亿美元的资金时，不能先收购沃尔沃，那只有一个可能就是收购帕卡了，请教校长收购帕卡之后还能干什么呢？

顾雏军答：是的，如果采取中策的话，那就只能收购帕卡。当然，我们可以先从帕卡开始，把中策做得尽善尽美，虽然不能完全实现三个战略目标，至少可以开始实现三个战略目标。接下来就是依赖我们的毅力和耐心，等待全球商用车行业新兴格局的产生，也许那个时候大众会改变主意。

问：校长，我是第 24 期唐宗友，我还想接着梁鸿的问题向校长请教，在您的全球商用车行业并购整合的十个战术方案中，您好像没有哪一个方案是收购全球商用车七雄之首戴姆勒的，请教校长有何深意？

顾雏军答：戴姆勒是一家很好的商用车企，但要想成功收购戴姆勒，需要准备的启动资金就要达到 1500 亿美元左右，倘若再加上后续资金，收购资金总额将会超过 2000 亿美元。这样的资金数目过于庞大，很难筹集，进而会使基金的前期运作难度变得十分巨大，以至于很难实现。

问：校长，我是第 1 期薛岩，我想向校长请教，在您提出的全球商用车行业并购整合的十个战术方案中，有一个下策是收购纳威司达，但是请教校长纳威司达既然都濒临倒闭了，还有作为行业并购整合目标的价值吗？

顾雏军答：从表面上来看，在全球商用车行业中，纳威司达销售额排名第七，是七雄之末，而且经营状况每况愈下，特别是净资产为负，环保战略也遭遇巨大挫折，目前确实是濒临倒闭的样子。但是，在全球商用车行业中纳威司达是一家非常重要的公司，曾屡经挫折不倒，必然有它独特的内在支撑。实际上，在我对全球商用车行业并购整合的这盘棋中，我认为纳威司达是一颗重要的棋子，并且能用好此棋子者必为大师，将来你们可以在这个行业的并购整合中验证我所说的话。

问：校长，我是第 4 期苏挽，我想向校长请教的是，书中您讲到了大众更像是商用车领域的一匹黑马，曾经一举收购了七雄中的两个：曼和斯堪尼亚，似乎可以看成是"引资购商"的一个样板，但是"排放门"事件令其陷入了极其艰难的境地，请教校长我们是否可以直接收购大众，一下子就能实现您并购整合战略的上策，并且还顺带进入乘用车的领军行列呢？

顾雏军答：2015 年大众"排放门"事件之后，大众的市值曾一度低至500 亿欧元以下，而 2016 年 3 月 15 日前后，大众的市值也只有 620 亿欧元左右，收购大众的确非常划算。但是目前来看直接收购大众是不可能的，因为保时捷家族拥有大众 31.5% 的股权和 50.73% 的投票权，如果他们不愿意卖，即使恶意收购也进行不了，这是一个绕不开的法律障碍。

问：校长，我是第 10 期陈少君，我想请教一个问题，在您的全球商用车行业并购整合的上、中、下三策中，都是把商用车行业并购整合第一个战略目标的实现与否作为最主要的划分依据，请校长指点个中的深意？

顾雏军答：看一个国家的商用车行业是否强大，不是看其拥有多少家商用车企，也不是看其每年的商用车产量。我国拥有近百家商用车企，2010 年我国生产了大约 436 万辆商用车，差不多是全球商用车总产量的半壁江山，但我国是商用车行业的强国吗？不是，我国只是商用车行业的大国，不是强国，我国的商用车行业并不能生产出高质量、高技术水平以及在欧美发达国家有竞争力的商用车。出现这种状况的根本原因就是我国没有建立起一个高质量、高技术水平的商用车零配件、零部件的配套工业体系，美国有这个配套工业体系，所以帕卡可以用外购零配件和零部件的方法生产世界最先进的商用车，并且能使成本最小化，我国是由于没有这一套自主知识产权的配套工业体系，所以才不能生产出与七雄竞争的自主品牌的商用车。自主知识产权的商用车零配件、零部件甚至模块化组件的配套工业体系，才是商用车强国最根本的标志，这就是我把商用车零配件、零部件配套工业体系的建立列为"引资购商"第一个战略目标的根本原因。

问： 校长，我是第 20 期高定基，我接着陈少君的问题请教一个问题，是不是正是由于我国没有一套先进的商用车零配件、零部件配套工业体系，才没有对全球商用车七雄的霸主地位形成实质性的挑战？

顾雏军答： 你的这个理解是完全正确的，没有一套技术先进、质量可靠的商用车零配件、零部件配套工业体系，建成全球商用车产业强国就是无源之水、无本之木。相反，有了这一套技术先进、质量可靠的商用车零配件、零部件配套工业体系，以我国目前熟练技术工人的劳动力成本优势，想要成为世界商用车行业的强国，也是完全没有困难的。以前也有一些地方政府想要建立这套配套工业体系，但是以前地方政府的思维是招商引资，想让商用车七雄的某一家来建这套配套工业体系，只要看一看欧盟对商用车价格卡特尔联盟的罚款单，就会知道这一想法是十分天真幼稚的。商用车七雄并没有多少降低成本、挑起价格竞争的动力，更没有培养出中国这个强大对手的好心，要达到这个局面，只有"引资购商"这一绝招。你们仔细想想是不是这个道理。

问： 校长，我是第 13 期王映东，我想请教的问题是，您的全球商用车行业并购整合的第三个战略目标是占领国内改装车退出后形成的商用车市场，这很容易会与商用车国企产生巨大的矛盾，怎么解决这些矛盾？

顾雏军答： 这个问题其实是一个伪命题。当我们用 1000 亿美元完成了全球商用车行业并购整合，并且实现了第一个和第二个战略目标的时候，国外商用车零配件、零部件、乃至模块化的组件都会转移到中国来，并在中国建立起规模最大、质量最高的零配件配套供应基地，那时我们的商用车国企也会来我们的基地采购或委托加工，从而成为我们供应链系统中的重要客户，这么说来，我们之间本质上就是利益共同体关系，构成巨大不可调和的矛盾是不太可能的。

问：校长，我是第 10 期汪平，我想请教一个问题，在书中您已经将戴姆勒、沃尔沃、帕卡等七家商用车企业视为"金融鸡肋"了，那"引资购商"如何能够让"鸡肋"变成"鸡腿"呢，换句话说在基金组建和运行的过程中，如何能够让投资人彻底打消对"金融鸡肋"的担心和疑虑呢？

顾雏军答：我所说的"金融鸡肋"，是指要把七家商用车企的股票作为一种金融产品来投资的话，他们都是财务投资者眼中的"鸡肋"，但若针对我提出的全球商用车行业并购整合的三个战略目标的实现，也就是对于战略投资者而言，他们显然都不是"鸡肋"。关于这一点我已经在第二篇第四章说得很明白了，这里我只是把"金融鸡肋"的内涵和外延再进一步解释清楚，相信大家只要仔细研读我这本书，就能深刻理解这层意思。

问：校长，我是您的金融 MBA 培训班第 1 期学生刘礼，我想向校长请教，全球商用车行业并购整合的最大风险是什么？

顾雏军答：全球商用车行业并购整合的最大风险，就是东西方战争，包括一场新的东西方冷战，因为战争会让全球经济一体化进程停止，这样所有并购资金都将打水漂。换句话说，只要在和平环境，只要全球经济一体化的脚步不停，中国就始终都能在国际贸易中受益，而且也必须继续在国际经济一体化的进程中受益，中国才能最终跨过"中等收入陷阱"，因而中国最终都必须参加全球商用车行业的并购整合。我多说一句，就是中国必将是世界和平的坚定的捍卫者。战争从来就是利益的驱使，当然和平是比利益驱使更崇高的人类活动，和平的生活是全世界人民幸福生活的基本保证，只有世界和平，并且继续坚持全球经济一体化的进程，中国才能跨过"中等收入陷阱"，最终迈进发达国家行列，所以中国必将捍卫世界和平。让我们回到本题中来，你们可以这样理解：在全球经济一体化不断前行的脚步声中，我国企业开展全球商用车行业并购整合就是没有多大风险的商业行动，或者更严格来讲，所有的风险事件都可以用这 1000 亿美元来解决，因为我测算的 1000 亿美元已经考虑到了所有风险的可控需求。

问：校长，我是您的 MBA 培训班第 13 期学生孙长国，我想向校长请教的是，您觉得商用车的行业并购整合更看重的是技术，还是品牌？

顾雏军答：当然，所有人都会告诉你，进行全球商用车行业并购整合应该将技术与品牌并重对待，如果一定要分出谁轻谁重的话，那我只能说 60% 看重的是技术，40% 看重的是品牌。

问：校长，我是第 27 期司晓龙，我想请教的问题是，现在乘用车市场那么大，为什么校长不选择乘用车产业并购整合，而选择商用车产业并购整合？

顾雏军答：这一点我在第二篇第一章的引言部分就讲到过，这是由商用车本身特点决定的，它不易用机器人替代人工生产，这意味着劳动力成本将在商用车行业占有很大比重。目前我国工人技术水平已经很高，但工资水平仍和欧美国家熟练工人工资水平有很大差距，所以较低的劳动力成本进而较低的生产成本，能够让我们商用车企业具备明显的竞争优势，这是非常容易从我国商用车和欧美国家商用车巨大的价格落差中看出来的。乘用车则完全不同，由于生产规模大、批量大，未来乘用车会越来越多采用机器手乃至机器人在现代流水线上生产，人工成本变得无足轻重，这样一来，欧美企业和国内企业生产的乘用车就基本没有成本差别，甚至欧美企业使用机器手和机器人生产的乘用车精度更高、质量更好，甚至比国内卖的更便宜，比如现在美国市场上的乘用车零售价就比中国便宜 30%，豪华车甚至便宜 50% 以上。总的来说，相比商用车，并购整合乘用车行业应该是一个更艰难的商业行动，也需要有更高明的战略和更天才的运作团队才能成功。

问：校长，我是第 11 期陆许辉，我想向校长请教，您在这本书中把所有的全球商用车行业并购整合的战略战术都明明白白地写出来了。如果有一个土豪按照您的方案抢先实施了怎么办？

顾雏军答：如果真的有一个能够控制 1000 亿美元的土豪，那我首先要恭喜他，因为按照我的方案，他真可能实现对全球商用车行业的并购整合，并且也可能达成我所提出的三个战略目标，由此也会为我们国家未来的 GDP 增长和跨过"中等收入陷阱"做出巨大贡献。但如果是一个只能够控制 200 亿美元或者 500 亿美元的土豪，那我就不得不有些为他担忧了，因为到头来他很有可能会将一席丰盛美味的大餐变成一锅东北乱炖，就像我在回答第一个问题时说的，用 200 亿美元实现下策，有全军覆没的风险，用 500 亿美元实现中策，有可能陷入胶着状态，甚至久居下风而无所作为。

问：校长，我是第 24 期胡家春，您的书中说"全球商用车行业并购整合的窗口期最长不过五年，而实施全球商用车行业并购整合上策的最佳窗口期也就是这一两年而已"，可见这个时间是非常紧张的。那么请教校长应该如何在这么短时间内争取天时、地利、人和，去实现这个伟大的战略目标呢？

顾雏军答：现在大众困于"排放门"，目前市值只有 600 多亿欧元，显然大众并不能轻松走出来，而且未来还要面对深不见底的巨额罚款，大众很可能会做出断臂求生的决定，卖出曼和斯堪尼亚其实应该是大众为数不多的选择之一，甚至是大众保住元气的唯一招数。这就是天时，是机不可失时不再来的天时，而且这个天时就实实在在地摆在面前，我抓紧时间出版这本书，就是为了告诉有志者们现在出现了一个并购整合全球商用车的窗口期，并告诫那些有志者们应抓牢这个天赐良机。中国的制造业正处在由大变强的关键时期，而商用车产业又是中国制造业由大变强绕不过去的产业，中国现在几乎所有地方政府都需要新的经济增长点，至少有五个省是有条件通过"引资购商"来并购整合全球商用车产业，以实现 10 年内 GDP 万亿元规模增长的，这同时也能拉动中国 GDP 增长 1 个百分点以上。这就是我们所追求的地利，而且是一个比较容易得到的地利，这种积极性几乎有条件的地方政府都有，所以赢得地利不会太难。最难的是人和，要组织一支能够胜任全球商用车并购整合以致"一战定天下"的团队是最困难的事。事实上，能组建千亿美元商用车并购整合基金的地方政府很多，至少一半以上的省级地方政府都有这个能力，但找到能操刀运作这个千亿美元规模的商用车并购整合基金的管理团队很有难度，笃信这支团队将更有难度。一旦信任浅薄如赵括、马谡之辈，则会扫落一地乌纱帽，结果不是人和，而成了人祸。找到一支职业道德高尚、既高屋建瓴又谋划缜密的管理团队是全球商用车行业并购整合成功的关键，也是有实力、有魄力的地方政府官员最大的难题，其实这也是中国所有工业行业"引资购商"的最大难题。

问：校长，我是第 4 期林涛，我想向校长请教一个问题，我们都知道您是家电行业的专家，为什么这本书只研究商用车行业并购整合，而没写您最擅长的家电行业并购整合？

顾雏军答：我的确对家电行业很熟悉，之所以没有写，是因为全球家电行业并购整合对我们国家 GDP 增长的帮助没有那么大，不像商用车行业的成功并购整合，可以至少拉动我国 GDP 增长一个百分点以上，这一点非常重要。另外，从全球范围内来看，家电行业的并购整合其实已经进行得差不多了，白电就基本上是美国的惠而浦和瑞典的伊莱克斯在雄霸天下，而且未来家电行业的并购整合更应该发生在我们国家，正如我在第一篇第四章中所做的预测："未来五年中国最重要的家电公司（包括黑白家电）不会超过三家，兼并收购将是中国家电业未来五年的主线。"但即使家电行业完成并购整合，其对我国 GDP 增长的贡献也不会像商用车行业那么大，所以在这本书中，我最终选择写商用车行业应该是十分合理的。而实际上，我们对商用车行业的了解也并不亚于家电行业，相信看完这本书的读者都会同意我这个观点。

问：校长，我是第18期李国华，我想向校长请教，书中讲到未来十年中国改装车这只中国商用车市场的拦路虎会逐渐失去它的威风，这似乎意味着到时中国的中端、中高端卡车与客车市场会出现爆发式增长，那么倘若某家国外企业也看准了形势，采取了"引资购商"的上策、中策或者下策，我们又该如何应对呢？

顾雏军答：从目前全球商用车行业格局来看，最容易这样做的国外企业就是大众，因为大众已经拥有了曼和斯堪尼亚，而且大众乘用车，包括奥迪、斯柯达等所有品牌，在中国市场所占份额也是最大的，大众实施我的这套"引资购商"战略战术，是有得天独厚的优势的。但是从大众在中国实行的乘用车战略来看，它似乎并不想把零配件生产和研发中心全部转移到中国，而只是想通过零配件及其技术专利输入中国来赚取比在欧美国家大得多的额外利润。实际上，国外这七家商用车企也都是一样的态度，他们的商用车在中国市场都卖得很贵，无意占领低端市场，他们在耐心等待这块低端市场由于环保限制而自然消亡，到时再以尖端的技术和同样高的价格在中国赚取丰厚的超额利润。所以我还看不出来，我这本书能够带来如此大的震动，以至于让他们突然改变一直都想在中国发横财的想法，当然如果我这本书的出版真的能有这么大影响，能够让他们在中国建立零配件和零部件的配套产业基地，帮助中国实现GDP至少一个百分点的增长并且跨过"中等收入陷阱"，甚至让中国成为向欧美市场发力的根据地，那意味着我进行全球商用车行业并购整合的三个战略目标都会实现，我的意愿也就达成了，那这真是一件非常值得高兴的事。到时，我会为我的这本书自豪，因为这必然会在我国跨过"中等收入陷阱"的经济发展史上写上浓墨重彩的一笔。不过，我更怀疑这种天上掉馅饼的事会不会发生。

问：校长，我是第 27 期彭力国，我想继续向校长请教的是，未来这七家商用车企业巨头有没有可能也在国外某个国家或地区建立一个零配件配套产业基地，而与我们建立的这个零配件配套产业基地相抗衡呢？

顾雏军答：建立全球商用车零配件配套产业基地，也就是我所说的包含零配件、零部件乃至模块化组件的配套产业基地，一般需要两个条件：一是要有强大的工业基础和工业生产能力，二是要有庞大的高素质的劳动力池。中国经过 30 年的改革开放，到目前为止这两个条件都已经完全具备，可以说有了强大的工业生产能力和由庞大熟练技术工人构成的劳动力池的支撑，任何一个产业搬到中国，都不会使我们劳动力池里工人工资有2—3 倍这样的迅速翻番，也就是说我们的生产力成本优势将不会因某个行业的全力进入而很快消失。但是欧洲和亚洲其他国家就不存在这样同时具备两个条件的地方。比如匈牙利，其实是一个很好的设立基地的地方，十年前我去欧洲考察的时候，就曾试图将商用车组装厂建在匈牙利，然后借此向欧洲其他国家和地区销售商用车，但是因为匈牙利是个很小的国家，只承接组装环节可能还不会带来工人工资的翻番上涨，但如果将零配件、零部件乃至模块化的组件都转移到那里，匈牙利的工人工资就会上涨到和德国、意大利等西欧国家的工人工资没什么差别的地步，这样最初想让生产成本大幅度下降的目的自然就实现不了，而且可能在建立基地的庞大费用还没有收回的时候，生产成本就已经不划算了。而像东欧国家，如波兰、捷克、斯洛伐克、罗马尼亚、保加利亚等地也是如此，都是由于劳动力池太小，当产业转移过来之后，他们无法平抑工人工资翻倍增长，池子里的水就会很快漫出来，劳动力成本就会变得毫无竞争力。另外像印度、印度尼西亚等亚洲的其他国家，虽然他们的劳动力池足够大，但工业基础不够强大，不具备强大的工业生产能力，所以目前也不具备建立商用车零配件及零部件配套产业基地的条件。但是印度正在快速发展，其工业生产能力正在迅速强大起来，而且其劳动力池也足够大，所以留给我们的时间已经不多了。只有"引资购商"才能赢得足够快的时机，所以商用车行业的"引资购商"操作应快马加鞭，只争朝夕。当然我已告知出版社此书不会翻译成英文出版，尽量不让印度那些擅长收购兼并的私人财团很快读懂我这本书。

参考文献

1. Christopher Nürk，Michael A. Maier. Truck Market 2024. Deloitte. 2014.09

2. CNH Global. Annual Report. 2011

3. CNHI. Annual Report. 2013

4. Colin Brash，Fredrik Vernersson，Michael W.Rüger. The truck industry in 2020. 2014

5. Competing in the Global Truck Industry. KPMG. 2011.09

6. Daimler.Company history.https://www.daimler.com/company/tradition/

7. Daimler. Annual Report. 2010-2015

8. EXOR.Annual Report.2011，2012

9. Fiat Group. Annual Report. 2010-2013

10. Fiat Industrial. Annual Report.2010-2012

11. MAN . Annual Report. 2010-2014

12. Navistar . Annual Report. 2010-2014

13. Navistar. Our history. http://www.navistar.com/navistar/whoweare/heritage

14. Paccar. Annual Report.2010-2014

15. Scania. Annual Report.2000，2010-2014

16. Transportation: Past，Present And Future. The Henry Ford. 2011

17. Volkswagen Group. Annual Report.1999-2014

18.　VOLVO Group. Annual Report.1998-2014

19.　包崇美，闫石．六大汽车产业聚集区发展指标分析．汽车工业研究月刊．2015年第7期

20.　蔡施浩．一场只有赢家的交易——浅析福特购并沃尔沃．中外企业家．1994.04

21.　陈超，李浩，邓成林，庞海龙．柴油车排放法规最新动态．内燃机与动力装置．2010.06

22.　陈成勇．SCR技术的控制原理．汽车电器．2010.05

23.　陈映璇．到欧洲并购去．汽车商业评论．2015.07

24.　崔勇．欧Ⅳ商用车SCR排气控制系统的设计．客车技术与研究．2009.05

25.　纪鹏飞．东风集团结盟沃尔沃借合作走向国际市场．焦点．2013.02

26.　K. Hoffmann, M. Benz, M. Weirich, H. O. Herrman. Mercedes-Benz公司用于中重型载货车的新型天然气发动机．国外内燃机．2015.05

27.　邝蕾．《2005年欧洲汽车工业报告》商用车部分解读．商用汽车新闻．2005.12.05

28.　李永钧．新克莱斯勒驶向何方．时代汽车．2009.07

29.　刘碧磊．销量持续下滑，菲亚特要靠克莱斯勒"长大"．轻型汽车技术．2011(9)总265

30.　刘松．传奇车型60载，奔驰乌尼莫克历史简介．卡车之家．2011.06

31.　刘雨亭．世界大中型商用车工业的兼并重组．世界汽车．2001年第9期

32.　柳献初．当代跨国重卡企业并购重组风云．商用汽车．2012.09

33.　柳献初．斯堪尼亚品牌内功的百年修炼．商用汽车．2010.10

34.　罗晓岚．梅赛德斯-奔驰欧Ⅵ发动机：拥有更佳的功率曲线．商用汽车．2011.08

35.　蒙佳．马尔乔内重估克莱斯勒菲亚特再入中国．21世纪经济报道．2009.07.08

36.　宁文祥．国际卡车行业发展概况及预测．市场．2013.04

37. 牛晓涵. 菲亚特收购克莱斯勒打出如意算盘. 中国贸易报. 2010.05.06

38. Oliver Willms. 2 款天然气重卡大比拼——依维柯 Stralis 440S33 LNG VS 斯堪尼亚 P340 CNG. 卡车天地. 2014

39. 潘明, 王建海, 田冬莲, 杨正军, 王小臣. 日本"后新长期规定"对汽车 PM 排放的技术要求研究. 国际交流. 2010

40. 前瞻产业研究院. [2013-2017] 中国重卡汽车行业产销需求投资预测分析报告. www.qianzhan.com/report

41. 商彦章, 邵子桐. 商用车巨头 2012 年经营状况盘点(二). 商用汽车. 2013.04

42. 商彦章. "长鼻子"卡车在欧洲. 卡车天地. 2013 年第 5 期

43. 商用汽车特稿. 2015 年商用汽车行业十大新闻. 商用汽车. 2016.01

44. 申城. 秀外慧中梅赛德斯 – 奔驰 Axor 卡车. 世界汽车. 2005.01

45. 司康. 商用车发动机分区域主要企业现状及行业发展趋势(上). 轻型汽车技术. 2013(3)总 283

46. 宋晓艳. 菲亚特拯救计划难见效克莱斯勒出售资产. 轻型汽车技术. 2010(5/6)总 249/250

47. 万桂芹, 秦肖肖. DPF 再生技术的分析和研究. 轻型汽车技术. 2013

48. 王二明, 苑伟超. 美国重卡半世纪发展中的"两涨"与"两调". 国家信息中心经济咨询中心. 汽车纵横. 2015.03

49. 王健. 中国与欧洲客车业界的交流. 客车技术与研究. 2005.06

50. 王培. 受阻多重因素成功与否言之过早东风与沃尔沃合资仍然迷雾重重. 商用汽车新闻. 2008 年 2 月 25 日 – 3 月 2 日(总第 73 期)

51. 王培祥. 博物馆中的沃尔沃商用车"编年史". 商用汽车. 2013.02

52. 王昕. 中外重型车排放标准研究. 机械工业标准化与质量. 2014

53. 吴启金. 德国汽车工业的历史沿革及发展现状. 中国机电工业. 2002 年第 21 期

54. 晓辰 . 单靠菲亚特拯救不了克莱斯勒 . 轻型汽车技术 . 2009（7/8）总 239/240

55. 熊仆，原顺法，高明臣 . 盘式制动器在我国中重卡上应用的可行性分析 . 商用汽车 . 2012. 08

56. 杨锋磊 . 商用车十堰思考 . 汽车商业评论 . 2015. 08

57. 杨与肖 . 大众集团变形记 . 汽车商业评论 . 2015. 07

58. 杨与肖 . 大众造假门的关键时刻 . 汽车商业评论 . 2015. 10

59. 杨再舜 . 北美重型卡车市场生态扫描 . 汽车与配件 . 2014，No. 12

60. 叶亿 . 雷诺与沃尔沃在重型车制造方面的联合 . 汽车科技 . 2001 年第 1 期

61. 依维柯品牌的三十年发展历程 . 建筑机械 . 2012. 11（上半月刊）

62. 于晶 . 体验 + 艺术 = 完美——凯斯纽荷兰工业集团欧洲采访体验 . 商用汽车 . 2015. 08

63. 于晶 . 在全球市场成就卓越，首要追求利润率——跟随戴姆勒卡车管理层去读戴姆勒卡车全球战略布局 . 商用汽车 . 2012

64. 宇文百度 . 菲亚特底线生存 . 中国经济和信息化 . 2011. 09. 25

65. 翟亚男 . 全球车业重组序幕拉开克莱斯勒菲亚特火线结盟 . 华夏时报 . 2009. 05. 09

66. 张蕊 . 驰骋八十载纵横行天下 . 卡车文化 . 2007. 04

67. 张天阔 . 沃尔沃收购式扩张 . 汽车商业评论 . 2007. 03

68. 张颖 . 北美之行专题（一）美国商用车的沿革 . 汽车与配件 . 2011，No. 48

69. 长生 . 依维柯首批进口重卡入华交付 . 运输经理世界 . 2014. 04

70. 赵磊，鲍晓峰 . 国外重型车排放标准体系研究 . 大气污染物减排与区域环境质量改善技术与措施 . 中国环境科学学会学术年会论文集 . 2012

71. 赵奕 . 菲亚特拆分马尔乔内筹钱增持克莱斯勒 . 第一财经日报 . 2011. 01. 05

72. 中国驻瑞典使馆经商处 . 沃尔沃集团的跨国并购及其启示 . 中国贸易报 . 2005. 01. 25，第 003 版

73. 重型卡车行业分析与预测报告 . 中国汽车产业咨询网 . www. sinomind. cn

74. 周静.看风往哪儿吹欧系重卡在中国精耕细作.商用汽车新闻.2015.08.10

75. 祝虹.谁将为"菲克并购"买单.中华工商时报.2014.01.10.

76. 庄严.2家欧洲企业跨国收购的背后.卡车天地.2007年第4期

77. 邹龙，杨海龙.高压共轨、单体泵和泵喷嘴燃油喷射系统分析.柴油机设计及制造.2007

图书在版编目（CIP）数据

引资购商：中国制造2025新思维 / 顾雏军 著 . — 北京：东方出版社，2016.2

ISBN 978-7-5060-8958-6

Ⅰ . ①引… Ⅱ . ①顾… Ⅲ . ①制造工业—工业发展—研究—中国 Ⅳ . ①F426.4

中国版本图书馆CIP数据核字（2016）第032010号

引资购商：中国制造2025新思维

（YINZI GOUSHANG：ZHONGGUO ZHIZAO 2025 XIN SIWEI）

作　　者：顾雏军

责任编辑：贺　方

出　　版：东方出版社

发　　行：人民东方出版传媒有限公司

地　　址：北京市东城区东四十条113号

邮政编码：100007

印　　刷：三河市金泰源印务有限公司

版　　次：2016年6月第1版

印　　次：2016年6月第1次印刷

印　　数：1—20000册

开　　本：710毫米×1000毫米　1/16

印　　张：30.75

字　　数：409千字

书　　号：ISBN 978-7-5060-8958-6

定　　价：58.00元

发行电话：（010）85924663　85924644　85924641